职业教育旅游类专业教材系列

中国旅游地理

郭盛晖　主编

科学出版社
北　京

内 容 简 介

本书按照基于工作过程系统化的课程开发思路编写而成，采用项目、任务式架构，设置了11个项目，49个任务。以“初识中国旅游理”开篇，概述中国地理环境、旅游资源、旅游地图、旅游交通后，继以“游历京津冀”等项目，逐一介绍东北三省、华北四省、华东五省市、华中四省市、华南三省、西南三省区、西北四省区、青藏区、港澳台等10大旅游区的旅游资源与环境、旅游业发展与规划、旅游城市与景区、旅游线路与行程设计等具体内容。本书资料丰富新颖，语言通俗易懂，图文并茂，实用性强，既可做高等院校旅游专业师生的教学用书，也可做旅游从业人员和旅游爱好者的业余读本。

图书在版编目(CIP)数据

中国旅游地理/郭盛晖主编. —北京：科学出版社，2010.9
(职业教育旅游类专业教材系列)
ISBN 978-7-03-028617-8

Ⅰ.①中… Ⅱ.①郭… Ⅲ.①旅游地理学-中国-高等学校-教材
Ⅳ.①F592.99

中国版本图书馆CIP数据核字（2010）第158462号

责任编辑：沈力匀/责任校对：柏连海
责任印制：吕春珉/封面设计：东方人华平面设计部

科学出版社出版
北京东黄城根北街16号
邮政编码：100717
http://www.sciencep.com
新科印刷有限公司 印刷
科学出版社发行 各地新华书店经销
*
2010年9月第 一 版 开本：787×1092 1/16
2020年3月修 订 版 印张：20 1/4
2020年3月第五次印刷 字数：480 000

定价：52.00元

(如有印装质量问题，我社负责调换〈新科〉)
销售部电话 010-62134988 编辑部电话 010-62135235（VP04）

序 一

近年来，高等职业教育受到世界各国的普遍重视，我国的经济建设也越来越凸显出对技术应用型和高技能人才的需求。为此，我国将发展高等职业教育作为实现我国优化人才结构、促进人才合理分布、推动经济建设的战略措施。为满足社会对技术应用型和高技能人才的需求，我国的高等职业教育近几年实现了跨越式发展，办学规模不断扩大，办学思路日益明确，办学形式日趋多样化，取得了显著的办学效益和社会效益。

中国的高等职业餐旅管理与服务类专业教育，一方面，尽管在20世纪80年代才形成规模发展，但积累了许多成功的经验。但另一方面，由于起步晚、基础差，在发展中还存在不少问题，主要集中在四个方面：第一，培养目标不够明确；第二，课程体系不够科学；第三，教学方式比较落后；第四，教学设施明显不足。

中国高等职业餐旅管理与服务教育要实现可持续发展，需要树立以市场为导向的新思维，实现观念上的四大结合：第一，实现服务社会与结合市场的结合；第二，实现学科建设与市场的结合；第三，实现追求规模与追求规格的结合；第四，实现政府供给与社会供求的结合。以实现在优化人才培养机制、优化专业和课程设置、优化教学内容和教学过程、改革教学管理等方面有所创新。

教材建设是优化教学内容和教学过程、提高高等职业餐旅管理与服务类专业教育教学质量的重要环节，而如何打破传统的教学内容和教学方法，使之适合高等职业教育的特点，更是迫切需要进行深入研究和实践的。

“高职高专餐旅管理与服务类专业”系列教材是2006～2010年教育部高等学校高职高专餐旅管理与服务类专业教学指导委员会组织一批双师型的教师，在对当前高职高专餐旅管理与服务类专业的教材和教学方法、教学内容进行充分调查研究、深入分析研究的基础上编写的。本套教材以理论知识为主体，以应用型职业岗位需求为中心，以素质教育、创新教育为基础，以学生能力培养为本位，力求突出以下特色：

（1）理念创新：秉承“教学改革与学科创新引路，科技进步与教材创新同步”的理念，根据新时代对高等职业教育人才的需求，体现教学改革的最新理念，使本套教材内容领先、思路创新、突出实训、成系配套。

（2）方法创新：摒弃“借用教材、压缩内容”的滞后方法，专门开发符合高职特点的“对口教材”。在对职业岗位所需求的专业知识和专项能力进行科学分析的基础上，引进国外先进的课程开发方法，以确保符合职业教育的特色。

（3）特色创新：加大实训教材的开发力度，填补空白，突出热点。对于部分教材，提供“课件”、“教学资源支持库”等立体化的教学支持，方便教师教学与学生学习。对于部分专业，组织编写“双证教材”，注意将教材内容与职业资格、技能证书进行衔接。

（4）内容创新：在教材的编写过程中，力求反映知识更新和科技发展的最新动态。将新知识、新技术、新内容、新工艺、新案例及时反映到教材中来，更能体现高职教育专业设置紧密联系生产、建设、服务、管理一线的实际要求。

我们相信在2006～2010年教育部高等学校高职高专餐旅管理与服务类专业教学指导委员会专家的指导下，在广大教师的积极参与下，这套餐饮管理与服务类专业系列教材，一定能为我国餐饮服务与管理行业培养出适用的新型人才。

2006～2010年教育部高等学校高职高专
餐旅管理与服务类专业教学指导委员会
科学出版社

序　二

随着改革开放的深入和社会经济的崛起，我国旅游业发展蓬勃、影响日显。作为世界旅游大国的中国，已开始向世界旅游强国进军！在旅游发展大好背景下，我国旅游高等职业教育的发展也如火如荼，形势喜人。全国80%的高职院校开设了旅游类专业，为我国旅游业的快速发展和世界旅游强国的建设，培养、储备了数以万计的高素质的、应用型的旅游专业人才。

教育部《关于全面提高高等职业教育教学质量的若干意见》（[2006] 16号文件）颁布以后，我国旅游高等职业教育遵循“以就业为导向、工学结合”的人才培养指导思想，在专业建设、人才培养模式、课程改革等方面取得了一系列卓有成效的改革成果。与此相应，高职旅游专业教材的开发与建设也呈现出百花齐放、百家争鸣的大好景象。

“中国旅游地理”是旅游类专业的传统科目，也是许多高职院校旅游专业的必修课程。近年来，围绕“中国旅游地理”课程的教学改革产生了不少新成果，也出版了许多新教材。由广州番禺职业技术学院青年教师郭盛晖主编的、普通高等教育“十一五”国家级规划教材——《中国旅游地理》就是其中之一。出版之际，郭老师将书稿寄来给我，让我为其做个序。作为老教师，培养、鼓励年轻教师是我辈责任，不便推辞，现谈些读后感，权当作序。

此书给我感受最深的是，编者在体例和内容上所做的改革与创新。

体例上，此书打破了传统教材按教学内容排序的章、节架构，以课程教学的项目、学习任务作为篇章结构进行编写。按地理空间结构，一个旅游大区设计一个教学项目（如游历京、津、冀，游历东北三省等），每个项目下设计若干个学习型任务（如在游历京、津、冀项目中设区域认知、畅游北京、畅游天津、畅游河北等任务），把“遵循学生职业能力培养的基本规律”、“基于工作过程的课程开发与设计”等高职教育改革新思路体现到课程教材中，使教材的教与学、学与用能够更直观、更直接。

内容上，本书既涵盖了旅游环境与资源、旅游城市与景区等旅游地理的传统内容，也包含了旅游交通认知、旅游地图识读、旅游业掠影、旅游线路设计等新项目、新内容。使教材内容既体现了“根据行业企业发展需要和完成职业岗位实际工作任务需要，选取教学内容”的教学改革要求，也满足学生职业基本能力的培养和职业拓展能力的养成，让学生“既见树木，也见森林”。

此外，此书在编写队伍组成、资料收集整理等方面也让我颇有感受。此教材的编写打破了教师孤军编写教材的现状，编写团队由高校教师和旅游企业职业经理人组合而成，体现了“与行业企业共同开发教材”高职教改新思路，一定程度上提升了教材的实用性与实践性。在资料的整理上，本书基本采用2008年、2009年的数据资料，并将广武高速铁路、海南国际旅游岛等行业最新发展动态和研究成果纳入教材，以保证教材内容资料和我国旅游业日新月异的发展同步。

基于工作过程的课程开发是我国高职教育课程改革和教材建设的新思路。以项目化、任务式体例开发教材是一种创新和尝试，与其他任何新生事物一样，它也有一个发展、完善的过程。我希望本书出版后，能在使用和推广应用中不断总结、修改和完善。同时，也希望有更多教师特别是青年教师加入高职教育改革行列，关心和关注高职教育教材建设，为我国旅游类专业的高职教育做出更多的贡献，培养更多的高素质应用型人才，为我国早日实现世界旅游强国的伟大目标而努力。

是为序。

教育部高职高专旅游管理类专业教学指导委员会主任、

华侨大学旅游学院院长、教授、博士生导师

郑向敏 博士

2010年5月

前　言

“中国旅游地理”是旅游类专业的核心课程之一，通过本课程的学习，旨在掌握和提高学生对中国旅游资源的赏析、旅游城市与景区的解说、旅游线路的设计等方面的知识与技能。为此，本书按照基于工作过程系统化课程开发之思路，设置了 11 个教学项目，以“初识中国旅游理”开篇，简要介绍中国地理环境、旅游资源、旅游地图、旅游交通概况，继而以“游历京、津、冀——畅游北京”等项目，分京、津、冀、东北三省、华北四省、华东五省市、华中四省市、华南三省、西南三省、西北四省区、青藏区、港澳台等 10 个旅游大区逐一介绍其旅游资源与环境、旅游业发展与规划、旅游城市与景区、旅游线路与行程设计等详细内容。

本书是普通高等教育“十一五”国家级规划教材。在内容选取和编写体例上尝试性地进行了一些改革，采同类教材之所长，凸现以下特色和创新：其一，在内容选取上，除了对旅游资源与环境、旅游城市与景区等内容进行详细介绍外，还将旅游地图、旅游交通、旅游线路等纳入教材内容；其二，在编写体例上，打破传统教材的章、节体系，以项目、任务式结构进行编排，全书共设置 11 个教学项目，49 个教学任务；其三，资料力求翔实、新颖，所引资料、数据绝大部分更新到 2008 年或 2009 年，充分反映了我国旅游行业发展的最新动态与成果；其四，突破了院校教师孤立开发教材之局限，采取了与行业企业（广东省佛山市上游国际旅行社、广州番禺职业技术学院、青岛酒店管理职业技术学院、内蒙古建筑职业技术学院、广州华南商贸职业学院）合作编写之形式，力求实际与适用；其五，图文并茂，以图说话，全书插入地图与景观图 100 多幅，以增强教学内容的空间性和直观性。

本书由郭盛晖担任主编，石媚山、曾兰君、解程姬担任副主编，陈木丰、邝志强、杨栋、刘雪姿参与编写。具体分工如下：郭盛晖负责大纲设计、统稿定稿并编写项目 1 和项目 7，石媚山编写项目 2，曾兰君编写项目 6 并协助主编统稿，解程姬编写项目 3 和项目 9 并协助统稿，陈木丰编写项目 8、项目 10 和项目 11 并协助统稿，邝志强编写项目 5 和附录，杨栋编写项目 4，刘雪姿负责插图的设计与绘制。

本书引用和参考了许多优秀教材、专著、报纸杂志及网络资料，因篇幅所限，有的文献未能在参考文献中一一列举，在此谨向这些著作者表示歉意和谢意。

感谢教育部高等学校高职高专旅游管理类专业教学指导委员会主任、华侨大学旅游学院院长郑向敏教授对本书的关心与帮助，百忙之中为本书写序言，更体现了他对本专业的倾注和对青年教师的提携与关爱。感谢衡阳师范学院杨载田教授的指导与帮助。感谢广州番禺职业技术学院的支持与鼓励。

因写作时间仓促，加之编者水平所限，书中可能存在一些错漏或不当之处，敬请广大读者、专家谅解并批评指正。

目　　录

项目1 初识中国旅游地理

目标与导读

“中国旅游地理”是一门以中国及其各区域的旅游业为学习对象，以区内各旅游要素的布局、特色及地理环境为主要内容的课程，其目的是要明确区域旅游的发展特征与水平、景观特色与成因，学会科学讲解与推介区域旅游资源，设计合理的旅游线路与方案。本项目是中国旅游地理学习的基础与前导，通过本项目的学习，了解我国旅游业和旅游地理环境的基本概况，掌握我国旅游资源和旅游交通的主要特征与布局，学会识读和应用旅游地图。

任务1.1 认识中国的旅游地理环境

旅游是人们为了休闲、娱乐、商务及其他目的，离开常居地到外地游玩和逗留，但连续停留时间不超过一年的活动。旅游活动是人类的一种生活需求，是较高品位和格调的消费方式，是精神追求和文化享乐的新型载体。旅游业是一个集食、住、行、游、购、娱于一体的综合性产业，旅游业的发展需要一定的自然、社会、经济和文化条件，这些因素和条件共同构成一个国家或一个地区的旅游地理环境。

一、优越的区位与辽阔的疆域

中国，位于亚洲东部、太平洋西岸，是一个海陆兼备的国家。陆地面积960万km^2，地大物博，疆域辽阔，仅次于俄罗斯和加拿大，为世界第三大国。领土介于北纬3°52′～53°33′、东经73°40′～135°03′之间，最东端为黑龙江和乌苏里江的主航道中心线相汇处，最西端在帕米尔高原附近，东西相距约5000km，最南端为曾母暗沙，最北端在漠河以北黑龙江主航道的中心线上，南北相距约5500km。

我国陆地疆界长2.28万km，与朝鲜、俄罗斯、蒙古、哈萨克斯坦、吉尔吉斯斯坦、塔吉克斯坦、阿富汗、巴基斯坦、印度、尼泊尔、锡金、不丹、缅甸、老挝、越南等15个国家相邻。大陆海岸线长达1.8万km以上，加上大小6300多个岛屿的海岸线，总长达3.2万km以上。渤海、黄海、东海、南海以及台湾东岸太平洋海域的5个海区及台湾海峡、琼州海峡环列于大陆海岸线外侧。隔海与日本、韩国、菲律宾、文莱、印度尼西亚和马来西亚等国家相望。

我国现行行政区基本划分为省（自治区、直辖市）、县（自治县）和乡（镇）三级，省级行政单位包括23个省、5个自治区、4个直辖市和2个特别行政区。由于历史因素，香港、澳门曾长期被英国、葡萄牙占领，现已先后回归祖国，分别成立香港特别行政区和澳门特别行政区，实行“一国两制”，成为我国领土不可分割的一部分。

优越的地理位置和广袤的地域空间，孕育了我国复杂多样的地理环境，为多种自然旅游资源的形成提供了良好载体。广阔的沃野良田，众多的江河湖泽，丰富的自然资源，复杂的天象气候以及悠久的历史，为我国独具特色的人文景观旅游资源创造了得天独厚的条件。

二、众多的人口与丰富的民族

中国人口众多，为世界第一人口大国，2008年年末，全国总人口为132802万人（不含香港、澳门和台湾），其中男性68357万，女性64445万。重庆、上海市、北京、成都、天津和广州等许多大城市人口均超过1000万，成为世界特大城市。

我国是以汉族为主的多民族大家庭，除汉族外，还有蒙古族、回族、藏族、维吾尔族、苗族、彝族、壮族、布依族、朝鲜族、满族、侗族、瑶族、白族、土家族、哈尼族、哈萨克族、傣族、黎族、傈僳族、佤族、畲族、高山族、拉祜族、水族、东乡族、纳西族、景颇族、柯尔克孜族、土族、达斡尔族、仫佬族、羌族、布朗族、撒拉族、毛南族、仡佬族、锡伯族、阿昌族、普米族、塔吉克族、怒族、乌孜别克族、俄罗斯族、鄂温克族、德昂族、保安族、裕固族、京族、塔塔尔族、独龙族、鄂伦春族、赫哲族、门巴族、珞巴族、基诺族等55个少数民族。各民族语言文字、生产生活习惯各不相同，在神州大地上以“大杂居、小聚居”之形式和谐相处。

丰富多彩的民族及其各自特殊的民居、服饰、饮食、宗教信仰、节日庆典等风俗习惯形成了多种独具特色的人文旅游资源。

三、复杂多样的地形

中国的地形复杂多样，地貌轮廓具有两个明显特征：一是地势西高东低，呈阶梯状分布；二是地表形态多种多样，以山地居多。

1. 地势自西向东呈阶梯状逐级下降

中国地势西高东低，大致可分为三级阶梯。第一级阶梯分布在西部，以“世界屋脊”的青藏高原为主体，平均海拔4500m，由极高山、高山、大高原及其间的河谷平原与盆地构成，如昆仑山、冈底斯山、唐古拉山、喜马拉雅山、横断山、羌塘高原、拉萨河谷平原、雅鲁藏布江河谷平原等，其地貌界线为昆仑山—祁连山—岷山—邛崃山—横断山；第二级阶梯由青藏高原外缘至大兴安岭—太行山—巫山—雪峰山一线之间的一系列高山、高原和盆地组成，平均海拔1000～2000m，主要包括阿尔泰山、天山、秦岭、准噶尔盆地、塔里木盆地、四川盆地、内蒙古高原、黄土高原和云贵高原等；第三级阶梯分布于东部沿海，由坦荡的平原和低缓的丘陵构成，海拔多在500m以下，主要包括东北平原、华北平原、长江中下游平原及东南丘陵等。

2. 地貌类型丰富，以山地为主

中国拥有山地、高原、丘陵、平原、盆地等各种地形，地貌类型齐全多样，除常态地貌类型外，还广泛存在喀斯特地貌、丹霞地貌、雅丹地貌、冰川地貌、海岸地貌等千姿百态的特殊地貌形态。各种地貌类型除集中连片分布外，往往还交错或叠加在一起，形成错综复杂的地表结构，如高原上卧伏着大山，平原上镶嵌着丘陵山地，山地里怀裹着平原、盆地。

多山是我国地形的主旋律。山地、丘陵和高原构成的广义山区约占全国国土总面积的69%。其中，海拔1000m以上的山地高原，占全国总面积的一半以上，西部许多山脉都在3500m以上，喜马拉雅山主峰珠穆朗玛峰海拔高达8848.13m，成为世界最高峰。

复杂多样的地貌类型不仅丰富了我国的自然景观，而且为我国古老、独特的人文景观的形成创造了良好条件，正是因为受西部高山、高原这些天然屏障的影响，我国与印度、西亚、欧洲和非洲的古代文明隔离开来，形成相对独立的地域空间，从而创造出独具特色的华夏文明。此外，受地势的约束，我国河流大多发源于西部山区，穿行于高原、盆地与丘陵间，蜿蜒流淌于平原之上，然后滚滚东流入海；还有众多的流泉飞瀑和天然湖泊点缀在复杂的地貌之上，使本来变幻多奇的中国山水名胜，更增添了种种神秘色彩（图1.1）。

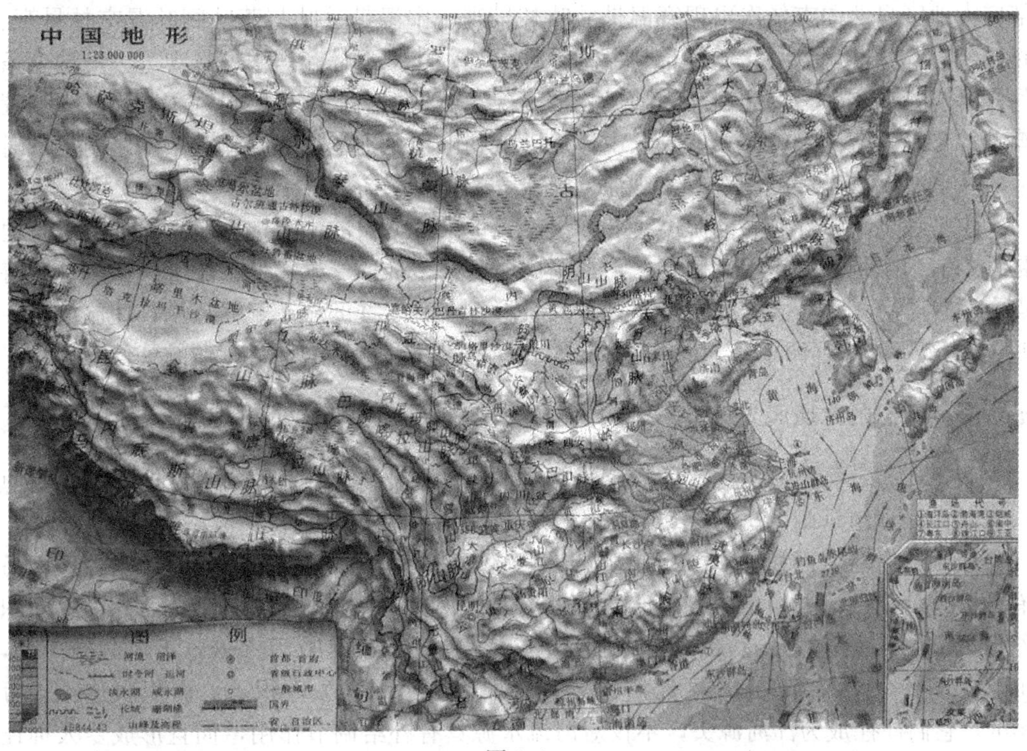

图1.1

四、复杂多变的气候

我国大部分地区属于温带大陆性季风气候，但受地理位置和地形等因素的影响，气候类型复杂多样。就光热条件而言，我国从南到北可分为赤道带、热带、亚热带、暖温带、中温带、寒温带等 6 个温度带；按照雨水条件的不同，从东到西可分为湿润、半湿润、半干旱、干旱等 4 个干湿区；许多山地因高差较大，由山麓到山顶可能出现从热带到亚热带、温带、寒带的气候渐变，呈现出“山下百花盛开，山上飞雪满天”的奇特景观，从而形成“一山有四季，十里天不同”的垂直变化。

我国季风气候的特点为春夏秋冬四季分明，冬季气候干冷，盛行从陆地吹向海洋的偏北风，寒冷干燥；夏季气候湿热，盛行从海洋吹向陆地的偏南风，高温多雨；春季气温上升快，大气层不稳定，多大风；秋季气温下降快，大气层稳定，秋高气爽。季风给我国东部地区的农业和森林植被带来雨露的惠泽，使大自然显现无限生机。季风气候的季节性和多变性，让我国许多旅游资源呈现明显的季相变化，多姿多彩，但同时也带来气候的不稳定性甚至灾变性。

我国西北地区由于深处内陆，又受高山阻隔，海洋湿润气流难以深入，形成典型的温带大陆性气候，气温年较差和日较差大，且干旱少雨。而平均海拔在 4500m 以上的青藏高原，是一个相对特殊的气候单元，形成了极为独特的高寒气候，紫外线强，终年低温少雨。

我国气候的这些特点，使我国的自然景观也呈现相应特色，受光热条件的影响，东部广大地区自北向南依次出现寒温带针叶林景观、中温带针叶与落叶阔叶混交林景观、暖温带落叶阔叶林景观、亚热带常绿阔叶林景观、热带雨林和季雨林景观等。受湿度条件的影响，从东南沿海到西北内陆又相继出现森林景观、森林草原景观、草原景观、荒漠草原景观、荒漠景观。一些高大山体从山麓到山顶，则在相对高差数千米之内出现对应于从低纬度到高纬度的自然景观递变现象。

由呈纬度地带性分布的温度带和略呈经度地带性分布的干湿地区组合，加上垂直地带性与非地带性的地形因素影响，形成了中国复杂多样的气候类型。中国气候的这一特点，不仅孕育了多种多样的自然景观，而且形成多种多样的旅游气候环境，使旅游者在我国的不同地域、不同季节可产生不同的心理感受，获得各种适宜度假的气候环境。

五、千姿百态的水域风光

我国还是一个山高水长、河川纵横交错、湖泊星罗棋布、泉眼瀑布众多、冰川雪原广布、海洋沙滩辽阔的国家。

全国共有流域面积 1000km^2 以上的江河 79 条，100km^2 以上的江河 5000 多条，另有数以万计的溪流遍布全国各地。面积在 1km^2 以上的天然湖泊 2800 多个，湖泊总面积约 8 万 km^2，另外，还有众多人工湖泊（水库）。天然泉眼 10 万多处，不仅分布广泛，而且类型齐全。西部高山地区还广泛分布着现代冰川和永久性积雪，面积多达 4.4 万 km^2，它们往往成为江河源头，不仅对河流水源具有补给调节作用，而且形成令人神往的高山冰雪奇观。它们同辽阔的海域，共同构成了中国极富活力的水域景观旅游资源。

六、丰富多彩的生物资源

中国是世界上动植物资源最丰富的国家之一。全国有陆栖脊椎动物2000多种，占世界的10%，其中，大熊猫、金丝猴、白鳍豚、褐马鸡、丹顶鹤、扬子鳄等珍稀动物为中国所独有，举世闻名的大熊猫在地球上已有400万年的历史，目前仅分布在我国的四川、甘肃和陕西交界的山区，极为稀贵。有高等植物353科、3184属、27150多种，仅次于马来西亚和巴西，居世界第三位，仅云南一省就有高等植物10200种，是全欧洲的2倍；属于中国所特有的植物达196属，其中水杉、鹅掌楸、银杏被称为“世界三大活化石”，只在中国长江流域才有自然分布。

种类繁多的动植物不仅为人类提供了丰富多彩的食物原料，而且具有美化环境和观赏功能，让自然环境生机勃勃，丰富多彩。

七、悠久的历史与灿烂的文化

我国是人类历史文明的主要发源地之一，我们的祖先从远古年代就在中华大地上休养生息。考古研究表明，早在170万年前的旧石器时代，我国的史前文化就已形成了华北和华南两大文化谱系，其中包括著名的元谋文化、蓝田文化、许家窑文化、丁村文化等。到距今9000～4000年的新石器时代，中国形成了旱地农业、稻作农业和狩猎采集三个史前文化区。其中距今7000～4600年黄河流域的仰韶文化、大汶口文化和长江流域的马家窑文化等，已经显示出此时期农业已有了相当大的进步和发展，定居村落已四处可见。考古工作者在河北武安磁山新石器时代的一个遗址中，发现了300多个长方形储粮窟穴，估计储粮1万kg以上。距今4600年的黄河下游文化，不仅出现了铜器和发达的制陶业，而且出现了卜骨和巫师，即出现了宗教和国事活动，说明当时中华民族的历史脚步将跨入文明的时代。

文字的出现，是人类文明开始的重要标志。在我国，公元前16世纪的商代就出现了甲骨文。周代形成了以礼、乐为中心的政教系统，并达到鼎盛时期。至春秋、战国时期出现了以儒、墨、道、法为代表的诸子百家争鸣，学术空前繁荣的崭新局面，把我国文化推到了高峰，并使其一直延续发展经秦、汉至明、清。

在中国历史长河中，在不同时期的政治、经济、社会制度背景下，形成了风格各异、内容丰富的历史文化，留下了许多不同时代特色的文物古迹，具有很高的史学和美学价值，成为人文景观旅游资源的重要内容。

八、欣欣向荣的现代社会经济

1949年新中国成立以后，特别是改革开放以来，我国国民经济快速发展，社会事业欣欣向荣、日新月异，为旅游业的发展提供了良好环境与条件，既创造了丰富的旅游资源，又产生了巨大的市场需求。现代化建设造就了许多建筑设施、文化场馆，成为各地宝贵的旅游资源，如上海的东方明珠电视塔、金茂大厦，北京的中央电视塔、鸟巢、水立方，广州的新白云机场、火车东站广场、天河体育中心、新电视塔等。车水马龙的繁华都市、世外桃源的乡下农庄、高峡平湖般的三峡大坝、天堑变通途的青藏铁路、上海黄浦江观光隧道等无不显现了社会经济发展给旅游业带来的巨大影响。

任务 1.2　解读中国的旅游业

一、我国旅游业发展概况

相对世界旅游业及国内其他产业来说，我国的旅游业起步较晚、起点较低，但发展速度很快、发展潜力很大、发展前景很好。改革开放前，我国旅游业以外事接待为主，只具备产业雏形，还没有形成真正的规模产业。1978 年之后，我国旅游业以其巨大的资源优势和国际市场积蓄多年的需求存量，领改革开放之先，受改革开放之惠，借改革开放之力，30 多年来持续、快速发展，逐渐成为我国国民经济中的重要产业和国际旅游大舞台上异常活跃、极富生命力的新生力量。特别是近年来，旅游业坚持“大力发展入境旅游，积极发展国内旅游，适度发展出境旅游”的发展方针，取得了举世瞩目的成绩，形成了“三个市场”相互驱动、相互补充的良好局面，旅游大国的地位在多个领域、在全球范围内得到空前的巩固和提高。

到 2008 年，我国旅游业虽然连续遭受金融危机和各种突发事件、不利因素的冲击，经受了前所未有的考验。面对严峻的旅游市场形势，全国旅游行业克服困难，总体上保持了平稳发展。全年共接待入境游客 1.30 亿人次，实现国际旅游外汇收入 408.43 亿美元，分别比上年下降 1.4%和 2.6%；国内旅游人数 17.12 亿人次，收入 8749.30 亿元人民币，分别比上年增长 6.3%和 12.6%；中国公民出境人数达到 4584.44 万人次，比上年增长 11.9%；旅游业总收入 1.16 万亿元人民币，比上年增长 5.8%。

国务院 2009 年发布《关于加快发展旅游业的意见》，提出了未来我国旅游业的发展目标，到 2015 年，国内旅游人数达 33 亿人次，年均增长 10%；入境过夜游客人数达 9000 万人次，年均增长 8%；出境旅游人数达 8300 万人次，年均增长 9%。旅游消费稳步增长，城乡居民年均出游超过 2 次，旅游消费相当于居民消费总量的 10%。经济社会效益更加明显，旅游业总收入年均增长 12%以上，旅游业增加值占全国 GDP 的比重提高到 4.5%，占服务业增加值的比重达到 12%。每年新增旅游就业 50 万人。旅游服务质量明显提高，市场秩序明显好转，可持续发展能力明显增强，力争到 2020 年我国旅游产业规模、质量、效益基本达到世界旅游强国水平。

二、我国旅游业发展的区域格局

区域旅游业的发展水平与国民经济的发达程度有较强的正相关性，不管是国内旅游还是入境旅游，我国旅游业的区域格局呈明显的东、中、西部梯度推移态势。就旅游经济规模和效益来说，东部沿海特别是珠三角的广东省，长三角的浙江省、江苏省，环渤海的山东省明显高于其他省份，年旅游总收入均超过 100 亿元，是我国旅游经济效益最好的地区。这些省区经济较发达，区位条件较好，旅游交通与宾馆饭店等设施完善，因而在我国旅游业中占主导与核心地位，是我国的旅游大省。

中部的北京、河南和四川、湖南、湖北也是我国国内旅游收入较多的省份，其效益与规模在全国占中间、过渡地位。

旅游经济效益较低的省份大多分布在我国的西部地区，这些省区经济发展水平相对落后，旅游业配套条件较差，因而旅游产业规模较小，但与其丰富的旅游资源相比，旅游产业发展空间较大。

三、我国各类旅游企业的发展业绩

就旅游景区而言，伴随着旅游业的发展，景区作为旅游产业核心要素的地位越来越显著。当前，旅游景区已成为我国旅游产业的重要组成部分，各地出现了一批年接待人数过百万、门票收入超亿元的景区，形成了“开发一个景区、形成一个产业、带动一个地区”的成功案例。到2008年底，我国已开发各级各类景区2万多家，其中5A级景区66家，4A景区1008家。世界遗产36项，其中世界文化遗产25项，世界自然遗产7项，世界文化与自然双遗产4项。国家重点风景名胜区187个，国家地质公园138个，国家森林公园565个，国家自然保护区243个，国家级文物保护单位2826处。

就旅行社而言，到2008年末，全国纳入统计范围的旅行社共有20110家，其中国际旅行社1970家，国内旅行社18140家。各类旅行社共实现营业收入1665.48亿元，实际缴纳税金11.29亿元，共招徕入境游客1324.69万人次、5806.21万人/天，组织国内过夜旅游者8541.07万人次、25413.99万人/天。

就旅游饭店而言，到2008年末，全国共有星级饭店14099家，其中五星级饭店432家，四星级饭店1821家，三星级饭店5712家，二星级饭店5616家，一星级饭店518家。拥有客房159.14万间，拥有床位293.48万张，星级饭店的全年平均客房出租率为58.30%，营业收入总额1762.01亿元。

任务1.3　概说中国旅游资源

旅游资源是旅游业发展的凭借和旅游者参观游览对象物，它是自然界和人类社会中凡能对旅游者产生吸引力，可以为旅游业开发利用，并可产生经济效益、社会效益和环境效益的各种事物和因素。旅游资源是旅游业发展的基础和重要条件，在一定程度上可以说，没有旅游资源就没有旅游业。

一、类型齐全，数量丰富

在中国复杂地理环境和悠久历史文化背景下，其旅游资源的数量与质量在世界上也是首屈一指、丰富多彩的。根据2003年由中国科学院地理科学与资源研究所、国家旅游局规划发展与财务司制定并实施的《旅游资源分类、调查与评价》方案所设置的8大类、31亚类和155个基本类型的旅游资源中，在我国都可以找到其典型代表，而且每个类型还可细分出许多亚类，如楼阁可分酒楼、茶楼、戏楼、城楼、钟楼、箭楼、筒楼、风雨楼、观景楼、藏书楼、藏经楼、过街楼等；奇花异草中仅观赏性菊花就有3000多种，兰花2000多种，梅花200多种，充分显示出中国旅游资源的多样性和丰富性。

二、历史古老，风格独特

我国是世界四大文明古国之一，其历史发展从未因异族入侵而中断。5000多年血脉相承，世代相传，一直保持着自己的独特风格，其历史遗存、文物古迹、风土人情、风味食品、文化艺术等无不打上古老文明的印记。在已发掘的古人类遗址中，云南禄丰石灰坝发现的800万年前的古猿化石，是世界上发现的晚中新世到早上新世古猿中第一个古猿头骨；京杭大运河始凿于公元前5世纪的春秋末期，比世界最古老的瑞典果达尔运河要早2000年；古长城修筑历史延续2500余年，被称为“世界七大奇迹”之一；中国的园林艺术始于轩辕皇帝时代；梅花、菊花有3000年以上的栽培历史；养蚕取丝织绸的历史已有4000～5000年以上。

中国的旅游资源不仅古老，而且独特，可称为世界之最的奇绝旅游资源数以千计。如世界最高峰珠穆朗玛峰8848.13m；世界最深的峡谷虎跳峡深达3000多m；世界上最古老的敞肩桥赵州桥（又名安济桥）；世界上最大的广场天安门广场；世界上最大的宫殿建筑北京故宫；世界上最大的皇家园林承德避暑山庄；世界上最大的石雕佛像乐山大佛等，无不具有独特性和垄断性。

三、分布广泛，但相对集中

我国丰富多样的旅游资源，遍布全国各地城乡。即使在号称“地球第三极”的珠穆朗玛峰，也有冰峰可供旅游者攀登探险，在最低的艾丁湖面有盐池景观可供旅游者观赏，黑龙江和乌苏里江汇合处的东方红日，新疆阿拉山口的夕阳，内蒙古的草原羊群，海南岛的椰林以及偏远山区小县的所谓“八景”或“十景”等，表明了我国旅游资源分布广泛的特征。同时，又具有相对集中的特点。如果从黑龙江省的黑河镇至云南的瑞丽连一条直线，正好把全国分成面积相等的两部分。从宏观上看，此线以东集中了我国的七大古都、五岳、四大佛教名山、四大道教名山、三大古建筑群、江南三大名楼，以及全国著名的园林都市、绝大部分国家级重点风景名胜区和历史文化古城。我国的旅游资源还有呈条块集中分布的特点。如长江沿岸从江西庐山到重庆之间，自东而西有“匡庐奇秀甲天下”的庐山，有“龟蛇锁大江”的武汉，有“山、湖、楼浑然一体”的岳阳，有壮丽的长江三峡以及江陵、秭归、白帝城等历史文化名城，赤壁、当阳等三国古战场以及附于它们的人物传说、碑林石刻，加上葛洲坝、长江三峡水利枢纽等现代工程，共同构成了巨幅长江山水文化长轴画卷。南北大运河、万里长城、茶马古道、“丝绸之路”以及珠江三角洲、长江三角洲、环渤海湾地区、四川盆地等，都是我国旅游资源成线、成片集中分布之地（图1.2）。

四、季节性明显，地域性强烈

由于中国绝大部分地区位于季节性变化明显的温带和亚热带，故自然景观上春季草长莺飞，百花吐艳；夏季高温高湿，万象峥嵘；秋季天高气爽，果木飘香；冬季雨雪纷飞，山河露骨。夏季北方的海滨和中纬度地区的山地，凉爽宜人的环境是避暑度假的理想之地；冬季的海南岛海滨又成了人们避寒度假的好处所。观泰山的日出以冬春二季最

图 1.2

佳；看黄山云海最好是春夏之交。由于人类的社会活动往往受制于自然环境，使得我国的不少人文旅游资源同样具有明显的季节性。如南岳衡山的“香市”以金秋八月最旺，内蒙古草原的牛羊以夏秋季节最肥，以及五月端午划龙舟、八月中秋看明月、元宵灯会等节庆活动，无不显示出季节性特征。

受地理环境影响，不同地域其旅游资源风貌迥异。如我国的风景地貌，桂林山水以岩溶风光见长，福建武夷山、广东丹霞山却以丹霞取胜，湖南张家界的砂岩塔状峰林为世界仅有；民居有北京的四合院、陕北的窑洞、云南的一颗印、广西的干栏、福建的客家土楼等，均显示出强烈的地方特色和民族风格。

五、自然景观和人文景观交相辉映

中国人民自古具有崇尚自然的特点，“仁者乐山，智者乐水”，古代的帝王将相、文人墨客、高僧名道，喜欢出没于名山秀水之间，并留下众多文化胜迹，使得一些风景名胜地往往集自然景观与人文景观于一体，融历史文化与山水名胜于一身。例如，湖南省的岳阳古城不仅出现了“遥看洞庭山水翠，岳阳楼上对君山”的名楼、名山、名水相融的胜景，而且在一个仅有 0.98km^{2}的君山 72 峰之间出现了 48 庙以及二妃墓（舜帝的娥皇、女英二妃）、秦始皇的封山印、汉武帝射蛟台、朗吟亭、杨么寨、柳毅井等，并附有许多美丽动人的神话传说，著名的道教名山湖北武当山，集中了 72 峰、36 岩、24

涧、11 洞、9 泉、8 宫、2 观、36 庵堂、12 亭、10 祠、72 庙等自然与人文景观，使其更具美学、科学和历史文化价值，从而具有强烈的吸引功能。

任务 1.4 认知中国旅游交通地理

一、旅游与交通的关系

旅游交通是指为旅游者在旅行游览过程中，提供所需要的交通运输及因其而产生的一系列社会经济活动，它是旅游业的三大支柱之一，是一个国家或地区旅游业发展的重要标志。

旅游交通是区域旅游开发的先决条件。通达便利的交通是实现客源地与目的地联系的基础，是旅游行为得以实现的基本条件，也是旅游地开发的前提条件。旅游行为是发生在居住地以外地区的行为，必须借助适当的交通工具实现旅游者的空间位移。旅游者一次完整的旅游行为在空间移动上分为三段，即以其居住地到旅游景区；在旅游地各景区间游览；从旅游地返回居住地。这三段可以概括为“进得来、散得开、出得去”。

旅游交通是旅游业收入的重要来源。在旅游活动中，旅游交通费用是旅游消费的最基本费用，在旅游者所支付的旅游费用中占有相当的比重。旅游交通费用与旅游地的空间距离成正比，距离越长，费用也就越大。另外，以旅游交通为载体的旅游活动，为旅游业带来了更高的附加值，以此吸引更多的客流，增加了旅游业的收入。

旅游交通可以构成富有吸引力的特殊旅游活动。旅游交通方式多种多样，既有各具地域特色的传统方式，如骑马、骑骆驼、坐轿子、划竹筏等，又有各种现代交通方式，包括游艇、游轮、气垫船、专列、直升飞机、索道、缆车等。这些以存在于旅游地为主的、以特殊工具为载体为主的交通方式，或给人以新奇、惊险的娱乐性、刺激性享受，或给人以豪华、优雅、宽松的舒适性休闲观光享受，都可能对旅游者产生特殊的吸引力。

二、主要的旅游交通方式及其特点

旅游交通按其路线和运输工具的不同，可分为铁路、公路、航空、水运以及其他特种交通方式。各种旅游交通方式各有特点和优势，在旅游业的发展过程中有机结合、优势互补，形成网络化、立体化发展。

1. 铁路旅游交通

铁路交通是我国最重要的中、长途旅游交通方式，具有运载量大、运输能力强、运价低、长途运输成本低、远距离持续行驶能力强、受季节气候影响小等突出的优点。作为旅游交通方式，铁路交通经济、安全、方便，游客可在车厢内尽情饱览沿线风光，朝发夕至的列车还可方便游客夜间乘车休息，白天下车游览，从而成为游客较喜欢长途旅游交通方式。其缺点是铁路建设造价高、工期长、短途成本高、灵活性差，与其他交通方式相比，其速度低于航空运输，运载量低于水路运输，灵活性不及汽车运输，而且受地区经济和地理条件的局限明显，地形过于复杂的山区不便修筑铁路。

近年来，我国铁路部门为了增强铁路旅游交通的吸引力，陆续开辟了旅游专列和高速铁路，采取了提高行车速度、增加服务项目、减少停靠站点等措施，以保证旅游者在旅途中的舒适和到达目的地的准时性，极大地提高铁路旅游交通的效率。

2. 公路旅游交通

公路旅游交通是我国最重要的短途运输方式，它不仅可以独立完成运送游客的任务，更是其他交通方式不可缺少的联运伙伴。其优点是：灵活、方便、随意，能深入到旅游区内部，实现“门到门”的运送；对自然条件适应性强，路面地形要求不高；道路建设费用少、工期短、见效快。坐汽车旅行，途中可以随意停留，任意选择旅游景点，深入到旅游目的地各游览点。但是，公路交通也存在运量小，安全性能较差，汽车尾气对大气污染较为严重等缺点。

随着我国家庭小汽车的普及，自驾车、房车等旅游方式不断发展，公路旅游交通的灵活性、方便性及重要性则日益凸显。

3. 水路旅游交通

水路运输是以船舶、排筏等作为交通工具，在海洋、江河、湖泊等水域沿航线载运旅客的一种运输方式。水路旅游交通包括内河航运、沿海航运和远洋航运。水路旅游交通的优点：从交通运输角度比较，具有经济（不包括豪华游轮）、舒适等特点，从旅游的角度比较，沿河、沿海地区往往是旅游资源丰富而集中的地区，人们可以一边航行一边游览，这种融行、游于一体的突出特点是其他交通方式所无法比拟的。缺点是由于航道地理走向、水情等自然因素制约以及轮船速度限制，水路旅游交通在运输速度、准时性、连续性等方面比较差。

4. 航空旅游交通

航空旅游交通的出现，特别是大型喷气式客机的使用，不仅缩短了空间距离，更缩短了旅途耗费的时间，为进行远距离的国际旅游和国内大尺度的旅游行为提供了前所未有的条件。因此，有无航空交通成为能否大规模开展旅游业的前提，航空运输业的发达程度是衡量各国旅游业发展水平的重要标志。航空交通的优点是快捷、舒适。旅途越长，这种优势表现得越突出。例如，北京到广州乘坐特快列车约需 20 多个小时，乘飞机只需 2.5h。

航空交通也具有一些不足。如只能从点到点，即从一个机场到另一个机场，不直接将客人送到住地或景点；飞机起降时噪音非常大，对周围环境影响也大；候机时间较长，从住地到机场需要一定的时间，加上安检、登机所耗时间也较长，对于短途旅行省时的优越性并不明显；航空交通易受天气状况的影响。飞机在起降阶段，需要高能见度的天气，能见度太低，容易造成空难事故，因此，在雾天、阴雨天，容易造成班机延误、转道甚至被迫取消。

5. 特种旅游交通

特种旅游交通方式很多，可分为自然力特种交通、畜力特种交通、人力特种交通、机械动力特种交通等四种类型。

自然力特种交通是指借助风力、水力、下坡重力等自然力量来推动或滑行的运输方式，它包括帆船、漂流艇、滑雪板、滑沙板等。这类交通工具的使用受环境地形等条件的限制，通常应用于特定地区，在一定程度上反映了区域自然文化特色，可以满足旅游者增长见识、追求新奇、锻炼身体等需求。

畜力交通是指以牲畜为动力的交通，它包括马、驴、骆驼、大象、牛及其他牲畜。这类交通具有原始性、地方性，多用于现代交通工具无法到达的地区。乘坐这些交通工具，本身就是一项非常有趣的旅游体验，如在草原上的骑马驰骋，在沙漠中骑骆驼，在雪地里乘坐狗拉雪橇等，能给人以亲切感，满足人们休闲、接近自然、回归自然的心理需求。

人力特种交通包括自行车、三轮车、人力车、独木舟、人力轿、竹筏、乌篷船等。这类交通具有很强的地域性和传统文化性，是一些地区传统的交通形式，反映了当地民族文化特色。在现代旅游活动中，利用这种交通工具开展专项旅游，可使旅游者在娱乐中了解并吸取旅游目的地民俗文化。

机械动力特种交通主要是指以燃油、电等能源为动力的交通工具，包括索道、观光电梯、电瓶车、潜艇等多种形式。这种交通能寓游于乐，满足人们省时、省力、新奇、刺激的需要，既可减轻旅游者的徒步之劳、登山之苦，尤为老、幼、病、残者提供了方便，对于提高客运量、吸引游客，同样具有十分重要的意义。

索道是特种旅游交通方式中最主要的一种类型，它是由驱动机带动钢索牵引车厢在空中运行的交通方式。索道的优点在于对地形的适应能力强、爬坡角度大、建设速度快、资金消耗小、距离短、运行安全等。它是地形复杂景区内被广泛利用的特种旅游交通方式，它对扩大客源市场，改变风景区旅游交通条件有不可低估的作用。

三、我国旅游交通的空间布局

1. 铁路线网的布局

铁路交通是我国主要的旅游交通方式，自 20 世纪 90 年代起，我国铁路为适应旅游形势和市场经济发展的需要，进行了一系列改革和发展。列车多次提速，加快了火车的运行速度；修建了铁路复线，进行了电气化改造；开设了各种旅游专列和高速铁路，不仅提高了车速，而且让车厢内设备更完善，舒适、清洁，极大地满足了旅游者的需求。目前，全国铁路总里程达到 8 万多千米，形成了以北京为中心，由“五纵三横”主干线构成的密如蛛网式铁路运输系统（图 1.3）。

“五纵”是指五条南北向铁路主干线，其中，一纵为京哈—京广线，北起哈尔滨，经长春、沈阳至北京，再经郑州、武汉、长沙到广州，这是我国南北交通的主动脉。二纵为京沪线，北起北京，南至上海，贯穿东部河北、山东、安徽、江苏四省，连接北

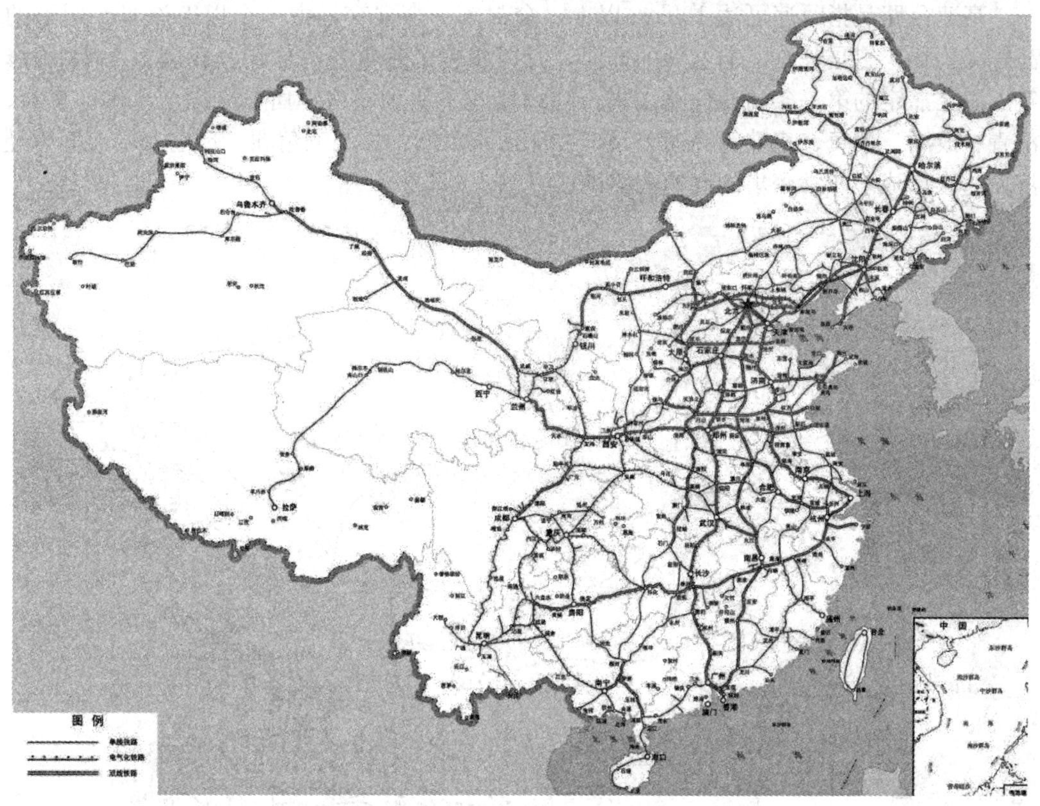

图 1.3

京、天津、上海三大直辖市。三纵为京九线，由北京至香港九龙，沿途经过了京、津、冀、鲁、豫、皖、鄂、赣、粤九省市，是介于京广、京沪两线之间的又一条南北交通动脉。四纵为集二—同蒲—焦柳线，由内蒙古的二连浩特至广西柳州，北接蒙古、俄罗斯铁路，通往莫斯科，南连湘桂线抵凭祥市与越南铁路接轨。五纵为宝成—成昆线，北起宝鸡经成都南至昆明，是西南地区一条重要的南北交通干道。

“三横”是指三条东西向铁路主干线，其中，一横为京包—包兰—兰青—青藏线，东起北京经包头、兰州、西宁至西藏拉萨，是联系东北、华北、西北“三北”地区的交通干线。二横为陇海—兰新线，东起江苏连云港，西至新疆阿拉山口，途经徐州、开封、郑州、洛阳、西安、天水、兰州等著名的旅游城市，是我国东西交通的主动脉。三横为沪杭—浙赣—湘黔—贵昆线，东起上海，经杭州、鹰潭、株洲、贵阳至昆明，是我国南部地区东西交通的主干道之一。

2. 公路线网分布

我国的公路由国道、省道和一般公路组成。国道是全国公路网的主骨架，它贯穿了首都北京和各省会城市，在全国综合运输中起着重要作用。我国现有国道 70 多条，从北京出发的国道命名为 101 线至 112 线，共 12 条，其他南北纵向国道命名为 201 线至 228 线，共 28 条，东西横向国道线命名为 301 线、302 线等。

高速公路是指时速可达 100km 以上、全封闭、全立交，由 4 个以上汽车专用道的高等级公路，它是公路运输发展的方向，发挥着越来越重要的作用，我国自 1988 年修筑上海至嘉定的第一条高速公路以来，陆续修建了沈大、京津唐、广深、广佛、京石、济青、成渝、贵黄、京珠等高速公路，在珠江三角洲、长江三角洲、环渤海城市群等经济发达区形成了非常密集的高速公路网线（图 1.4）。

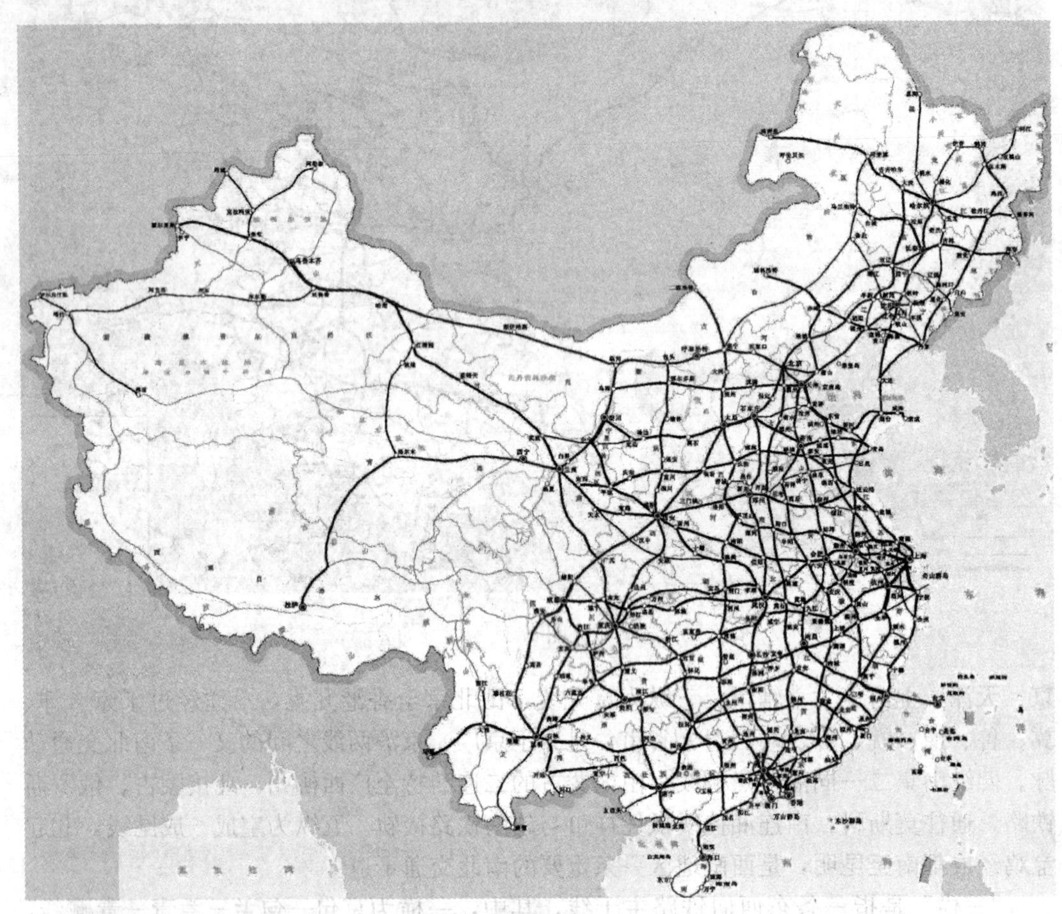

图 1.4

3. 航空网线的分布

自 20 世纪 20 年代起，我国开始发展航空交通，但发展速度极为缓慢。1978 年改革开放以后，我国的航空交通才大规模发展起来，客运需求以每年平均 20%的速度增长。现有国内机场 100 多个，形成了以北京为中心，辐射全国各大中城市和边远地区的数百条国内航线。有北京首都机场、上海虹桥机场、广州新白云机场等数十个国际机场，通往全球 100 多个国家和地区。为了旅游开发的需要，许多边远的旅游区，如喀什、伊宁、西双版纳、九寨沟等地，相继开辟了航空线。形成了网络状的航空网线（图 1.5）。

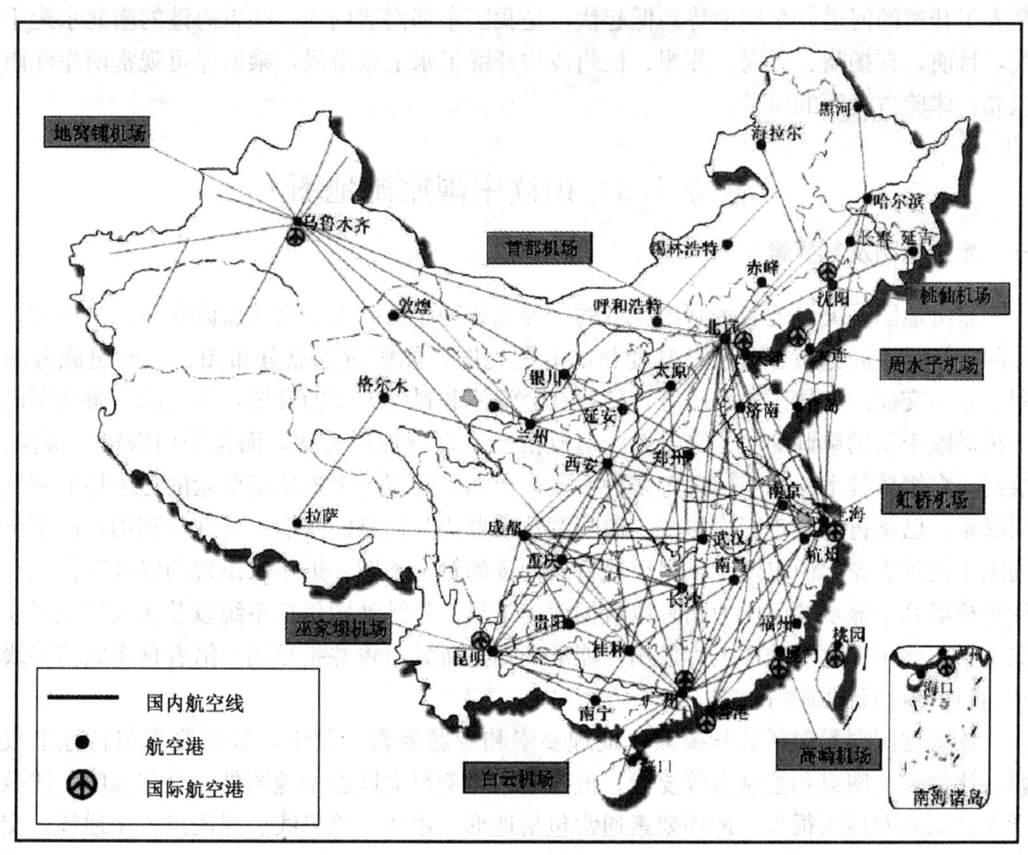

图 1.5

4. 水上交通

我国发展水上交通的条件十分优越，现已基本形成了具有相当规模的水运体系。远洋航线有30多条，与世界150多个国家和地区的400多个港口相联系。沿海航线以厦门为界，分北方航线和南方航线，从鸭绿江口到厦门之间为北方航线，以上海和大连为中心，厦门以南至广西北仑河口为南方航线。沿海主要港口深水泊位已达490个，规模较大的有：大连、天津、青岛、上海、厦门、香港、黄埔、湛江等，其中，上海、香港为世界著名港口。

我国内河航运里程达10多万千米，内河航道中，水深1m里程已达6万km；内河主要港口深水泊位已达52个；轮驳船平均吨位已达198t，重要的内河航运干线有：长江、珠江、黑龙江、松花江、京杭大运河等航线。这些航线沿途风光秀丽、景色迷人。享有“黄金水道”之称的长江航线，沿途重要港口有重庆、宜昌、武汉、九江、南京、上海等，其中，长江三峡是世界著名的风景区，现有“神女”、“昆仑”、“巴山”、“长江明珠”等多艘游轮在三峡景区接待游客。漓江水运线从桂林至阳朔共83km，乘游船可以欣赏桂林的“山青、水秀、洞奇、石美”四绝，还可沿江领略“深潭、险滩、流泉、飞瀑”等佳景。广州珠江航线深度开发正大力推进，珠江游规模不断拓展。京杭大运河是人工开凿的河道，全线地势高低起伏，是我国东部沟通内河、联系海港的南北水运干线，目前，在扬州、无锡、苏州、杭州段均开辟了水上旅游线，乘游船可观赏两岸江南风光，体验古运河的风采。

任务 1.5　识读中国旅游地图

一、旅游地图及其要素

旅游地图是突出地表示制图区域的一种或数种旅游要素，反映旅游客体、主体和媒体的时间、空间分布、联系及其变化的专题地图，如旅游景点分布图、旅游设施分布图、旅游交通图、景区导游图等。随着社会经济和科学技术的发展，现代的旅游地图已不再局限于运用单调的地图符号系统对旅游要素进行抽象表达，而是采用摄影、摄像、绘画、多媒体技术、数字信息等多种手段，全面、客观地表现旅游要素的形象特征和空间联系；已不再局限于图像形式，而强调数字形式与信息的获取、处理与利用；已不再局限于视觉表象，而出现了供黑夜或盲人判读的触觉地图。近年来出现的以数字信息在计算机屏幕上显示的电子地图，以数据库为工具的旅游地图信息系统以及从人造卫星获取资料，显示在电子地图上，使用户能准确知道所处位置并指导用户沿着预定旅游路线到达目的地的智能旅游地图。

旅游地图要素包括数学要素、地理要素和专题要素。其中，数学要素包括地图投影、比例尺、图廓和控制点等要素。但除了小比例尺大区旅游地图外，全部标明上述数学要素的旅游地图很少。地理要素通常包括地形、水体、境界线、居民点、交通线，交通港和政治、经济、文化中心等，常用图例在左下角列出。专题要素则包括旅游资源要素和旅游设施要素两大系列。

旅游资源要素是旅游者的主要欣赏目标，是旅游地图应表现的第一要素，应放在第一层面上突出表示。为了让所表示的旅游资源更直观形象，便于识别，根据制图区内旅游资源赋存状况，可以分成若干类型，例如，名山、登山地、风景湖、岩洞、瀑布、峡谷、土石林、名泉、自然保护区、长城、古城堡、古园林、公园、游乐场、古陵墓、寺观宫殿、名人故居、祠庙等。旅游设施要素是指为旅游者提供食、住、行、游、购、娱等各项服务的设施要素，包括旅游饭店、旅行社，景区内游览交通线及附属设施、餐厅、饮食点、野炊地、休疗养区、医院、影剧院、体育场馆、交易会、购物中心、商业区、问询处、邮局等。

二、旅游地图的主要特征

1. 符号直观易读

旅游地图是为旅游业服务的，其使用对象包括旅游者、导游者、旅游管理者和旅游科研工作者等。在旅游地图中，使用面最广、发行量最大的是面向旅客的旅游地图。旅客是一个由不同行业、不同层次，不同年龄、不同文化素质的人所组成的群体，针对这些读者编制的旅游地图应该通俗易懂，直观易读。为了达到这个目的，旅游地图往往采用象形符号和透视符号，形象直观、象征性强，美观生动，易于为读者接受。例如，在绘制历史文化游览点的旅游地图，对于古遗址、古遗迹、文物、古建筑、古陵墓、古石窟、宗教寺庙、古碑石及名人故居等内容，多以这些制图对象的透视符号来表示。

2. 内容广泛

旅游地图的信息丰富多样，不仅具有较丰富的空间信息，还有较多的非空间信息。在图面配置和结构上，并不是单纯地利用图形符号的形式，而是以图形符号为主，文字、彩照相结合，综合地反映主题内容。由于地图有限的图面载负量和读者使用地图能力有限，必要的文字说明和图表是地图不可或缺的一部分，文字说明不仅是对地图内容的补充，而且是对难以用制图方法表达的事物的拓展显示。例如，旅游区（点）的自然和社会经济概貌、民俗风情、历史简况、交通信息以及详细的说明（如旅游饭店号码之类），是旅游地图必不可少的反映。旅游区（点）典型特征的彩色照片，直观性、可读性很强，选用具有代表性的、质量较好的彩色照片与地图相结合，或插于图中，或置于图边，互相搭配，相得益彰，融知识性、趣味性、艺术性于一体。除了照片之外，旅游地图上有时还附加透视立体图、素描图、鸟瞰图等，以增强直观效果和感染力。

3. 形式多样

旅游地图读者对象的主体是旅游者，编制目的是服务于旅游事业，因此其开本和装帧必须适应旅游流动性、露天室外性，注重使用方便、小巧实用。开本一般不大，常见的是4开或8开，也有大于4开（如对开）或小于8开（如16开）等。采用形式多样的展开折叠型，双面彩色印刷，纸张耐磨损。

4. 实用性强

实用性是旅游地图的重要特性之一，不管什么样的地图，如果大部分游客看不懂内容，内容设计上不能满足游客的需要，不便携带、查阅，则不是好地图，不能算是成功的。所以旅游地图的总体设计、内容表示、符号拟定、开本大小、装帧制作等，都要以便于使用为目的，体现人性化、大众化，能为游客的旅游活动、旅游行业人员的服务和管理工作提供参考和帮助。

三、旅游地图的作用

1. 导游服务

狭义的旅游地图就是导游图，这类图的主要作用就是为旅游者提供导游服务，是旅游地图中数量最大、应用最广泛的种类，构成了旅游地图的主体。所以，旅游地图最明显的作用就是导游服务，景区导游图和城市旅游交通图，主要表示景点名称、特征、分布，联系景点的交通线、交通方式，游览线路、游程安排、交通班次、最佳游览和观赏时间、地点以及为游客提供游、购、娱，吃、住、行等方面服务的设施位置、规模、档次等内容。力争使游客一图在手，万事不愁，消除在旅游地的陌生感，明确自身的位置和行将游览的方向和目的。随着电子技术的发展，多媒体技术的推广，智能电子导游图将提供图文声像导游服务，使旅游地图的导游功能日臻完美。

2. 决策参考

任何区域发展决策，都基于对区内状况的了解和分析。区域旅游发展决策的产生，也必须首先熟知区内旅游要素的基本情况，能直观、形象、综合、全面反映区域内旅游要素状况的参考材料，旅游地图首当其冲。旅游资源分布图、旅游区划图、旅游发展规划图、旅游路线组织图、旅游市场分布图、旅游客流图及旅游设施布局图等，就是专门为旅游管理部门正确决策提供参考作用的旅游地图，能够直观、便捷地为研究人员和管理人员提供准确的旅游空间信息，以作为决策的信息载体，是执行决策的依据。所以说，旅游地图在旅游管理部门制订决策、表述决策和实施决策中，具有重要的参考作用。

3. 宣传广告

为了吸引众多的旅游者，旅游地图往往尽宣传广告之能事，力求设计新颖、印制精良。通过游客的传播途径，扩大旅游资源、旅游设施的影响力和旅游企业的经济收益。旅游地图实质上是一种综合性的地理艺术品，是以地理为背景，以旅游为对象，集地图艺术、摄影艺术、绘画艺术、文学艺术、广告艺术等多种艺术形式之大成，在咫尺方寸之间，展现旅游天地的风采，用地图语言表述旅游活动的游、购、娱，吃、住、行及相关要素的空间分布，展示旅游产品的自然美、社会美和意境美，诱发旅游者的旅游欲望和激情。旅游地图的宣传广告作用，与其实用功能、服务功能结合为一体，宣传广告效果尤其明显。在五花八门的旅游宣传广告媒体中，旅游地图具有相当大的发行量和覆盖面，是最好的宣传广告媒体之一。旅游地图除了具有自发性的宣传广告作用外，还可以刊登旅游商品广告，既为商品广告开辟了便捷、经济、高效的新渠道，又为旅游地图的设计和编制提供了经济支持，使其质量不断刷新。富有创意的广告构思、精炼隽永的广告语言、鲜艳生动的广告色彩，也使旅游地图版面活泼、新颖。

4. 收藏纪念

设计合理的旅游地图也能当做一种工艺纪念品。台湾曾出版过一种旅游地图，将旅游点、旅游路线用黄色字符烫印在锦旗似的大红金丝绒布上，做工精细，富丽堂皇，既具有一定的美学意义又具较强的收藏价值，从而让人爱不释手。人们外出旅游，除了有追求休闲娱乐的动机外，还有文化交流、传递友谊的因素，一幅（件）色彩悦目，制作精良，取材独特，信息丰富的旅游图（图册），很可能被人们当做工艺饰品，装点书案，收藏纪念。

四、旅游地图的应用与绘制

1. 景区游览示意图的应用

为指导游客的游览，每个景区一般都设有游览示意图。游览示意图通常是绘制在景区入口或景区内主要路口的标示牌上，或者印制在门票上，或者制作成专门的小册子。不管形式如何，其内容是将景区内各游览线路，游览点，主要旅游功能区的范围、布局，以及各类旅游服务项目和设施（如餐饮点、小卖部、厕所、停车场、码头、保卫处、电话亭等）要素，以文字、图案的形式绘制成图。与普通的旅游图相比，游览图中各要素间的方位、距离只具有相对性、示意性，不具有可测量性。

在使用游览示意图时，首先要辩识示意图的方位，明确自己的所处的位置，具体方法可采用地物定位法或后方交会定位法；其次，从示意图上了解景区各功能分区的面积、位置、景观特色，以便于根据自己的时间、兴趣等具体情况有所取舍地安排游览活动；第三，熟悉示意图中各类图标的含义，以便充分利用这些资源、设施，获取愉悦的旅游体验（图1.6）。

图1.6

2. 旅游交通图的应用

与景区游览图相比，旅游交通图包括更大的区域空间、遵循更科学的制图原理、拥有更完善的旅游要素、图中各要素具有可测量性。旅游交通图通常将区域内各景区、交通线路、宾馆饭店等要素准确地绘制到地图上。其内容广泛涉及景区的类型、特色、数量、位置，交通线路的排布、规格、类别、密度、港口、车站及车次，宾馆饭店的数量、级别等。

阅读和使用旅游交通图，首先，游客可以根据区域内各景区的资源特色，确定旅游内容和游程，从而确定到哪些旅游区去旅游及游览的时间和顺序；其次，可根据景区间的距离和交通状况因地制宜地选择交通工具，如果选择火车，可以通过旅游交通图明确到哪里乘坐火车，坐什么时间的火车；第三，根据区域内食宿设施的布局情况，分析宾馆饭店与旅游区的距离、相对位置，从而确定在哪里住，在哪里吃。此外，游客还可以利用旅游交通图，了解旅游区的气候、地形、风土人情、土特产等知识（图 1.7）。

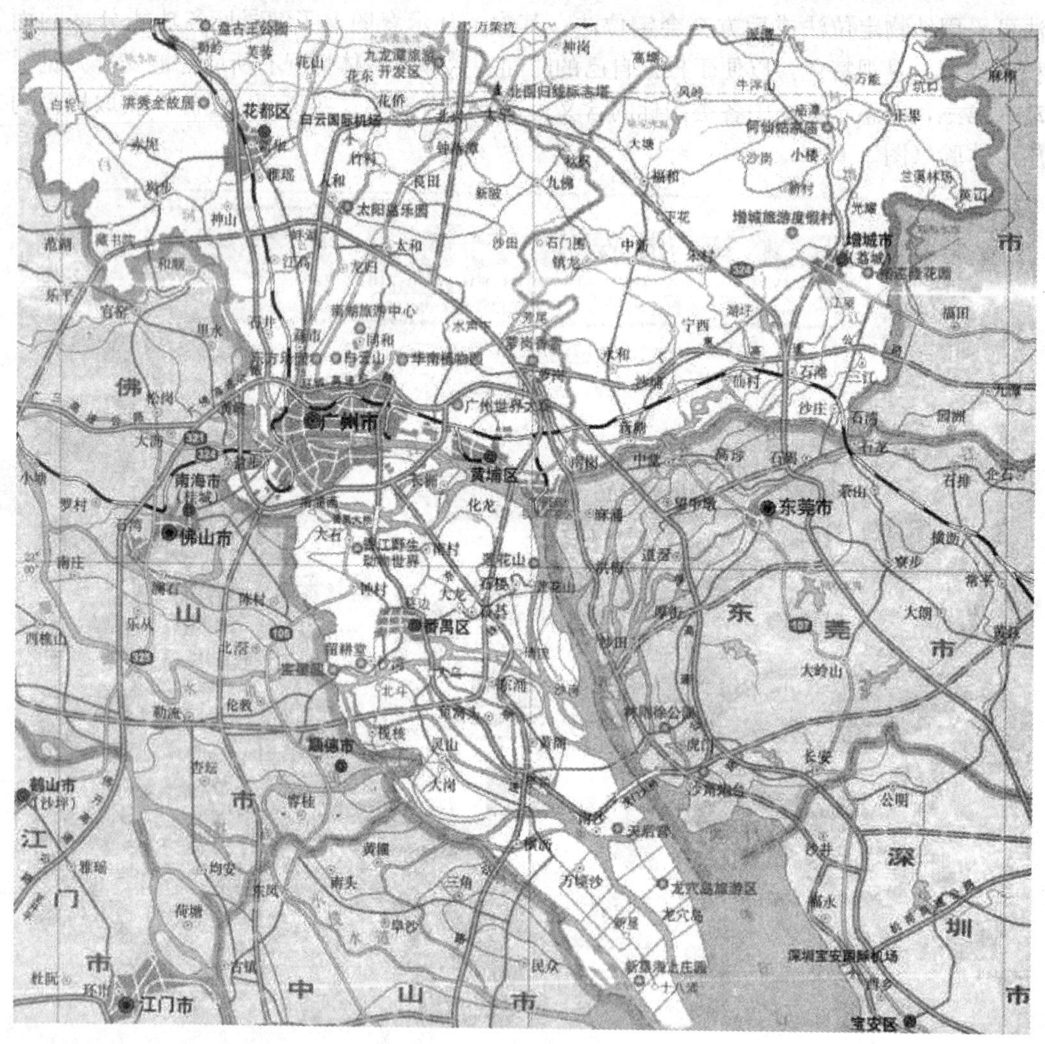

图 1.7

3. 旅游地图的绘制

旅游地图绘制要从编图目的、表现内容和表现形式等几方面着手。

（1）要明确编图目的。设计旅游地图，必须要搞清楚地图是为哪些读者服务，提供哪些旅游空间信息；要在哪些方面较以往的同类地图有所改进和更新，了解编制旅游地图的总体要求；要做到目的明确，就要有针对性地选取旅游区的目标信息，选取便于旅游者游览和生活的有关信息。设计者要充分利用已有的资料，如旅游资源状况、区域自然与社会环境及有关地图、照片、绘画等，还要进行实地考察，对旅游地图使用者的要求进行调查研究，对前人的资料进行验证和补充，以便胸有成竹，具有明确的指导思想和处理材料的原则。

（2）明确地图内容。根据地图用途、比例尺、开本规格、制图区域的景观特征及使用者的需求，选取和强化主要的、典型的、对主题表现有重要作用和影响的内容，舍去次要的、与地图主题关系不大或无关的内容，按照从整体到局部、从高级到低级、从主要到次要的入选顺序选择内容。不同类型的旅游地图，取舍内容各不相同。旅游交通图类，要对交通线、等级、交通港（站）详尽表述，而对与交通、旅游无关的要素（如厂房、土壤、地质等）则需舍弃。导游图类则应清楚地标明旅游资源、游览线路、以及与旅游者游览、生活有关的游、购、娱、食、住、行方面的信息，对区外或远离景点的交通线、交通港可以从略。旅游地图概括与取舍程度，因比例尺大小而不同。在小比例尺旅游图上，旅游资源及其他要素要高度概括，城市要合并街区，甚至用分级同心圆圈表示，风景区只能用一个小小的象形符号表示。在大比例尺旅游图上，局部都可表现得较详尽，城市的每一条街道，甚至每一栋建筑，风景区的每一条小路、每一座山峰、每一个游览点，都要较准确地表现出来。

（3）选择合理的表现形式。要根据编图的目的和主要内容，确定投影形式和比例尺，为旅游者服务的导游图，对投影形式无特别要求，但对比例尺有要求，尽可能用大比例尺详尽地表现景点与服务设施的空间关系；为汽车司机或长途旅行者服务的旅游交通图，则要求投影变形小，路线长度精确，对范围较大的区域，要用小比例尺；旅游行业地图，要求精密规划，投影变形符合规律，比例尺测算准确；合理选择环境与要素表示方法，如风景区地貌可用写景法或晕渲法，而不用或少用等高线、分层设色等方法；选择好设计版面、图幅形式、规格、附图（表）形式、开本大小和装帧规格。

任务1.6　区划中国旅游地理

一、旅游区划的基本原则

1. 相对一致性原则

旅游环境、旅游资源等方面在地域空间上虽千差万别，但在某一范围内总可以区分出若干相似程度较大而差别较小的区域合为一个旅游区，以示与其他旅游区的差别。相对一致性原则包括旅游资源成因的共同性、形态的类似性和发展方向的一致性三重含义。旅游区划就是要把旅游资源类型一致性程度最大者列在同一旅游区内。

2. 地域完整性原则

旅游资源的形成、开发和利用，因受自然条件和人文因素的影响，分布上具有明显的地域性，形成各具一格的客观存在的旅游区；同时，各个等级的旅游地理区，都是相对独立的地域综合体，能独立承担一定的职能。因此，旅游区划应保证每一等级的旅游区在地域和职能上的完整性。旅游业是一项综合性产业，涉及到许多经济部门，离不开行政管理部门的综合平衡。因此，在我国现行行政管理体制条件下，旅游区划还必须考虑保持原行政区划区域的完整性。

3. 主导因素原则

旅游区内部往往由多种类型的旅游资源组成，各种类型的旅游资源在旅游区内所起的作用并不完全一致，往往是其中某种类型的旅游资源在起主导作用，制约着旅游区的属性特征、功能和利用方式，使其主题鲜明、重点突出、有强烈的个性。因此，旅游区划应突出某种类型的旅游资源，作为划分旅游区的主要依据。

二、本书的旅游区划方案

目前，对于我国的旅游区划，不同的专家学者根据不同的区划标准，得出了 10 余种不同的区划方案，诸方案各有特色、各有所长。本书从教学的角度，在借鉴已有区划方案的基础上，根据前述区划原则，主要依据各旅游区的区位特征、资源特色和旅游业发展方向的共性与个性，将我国划分为 10 个旅游区（图 1.8）。

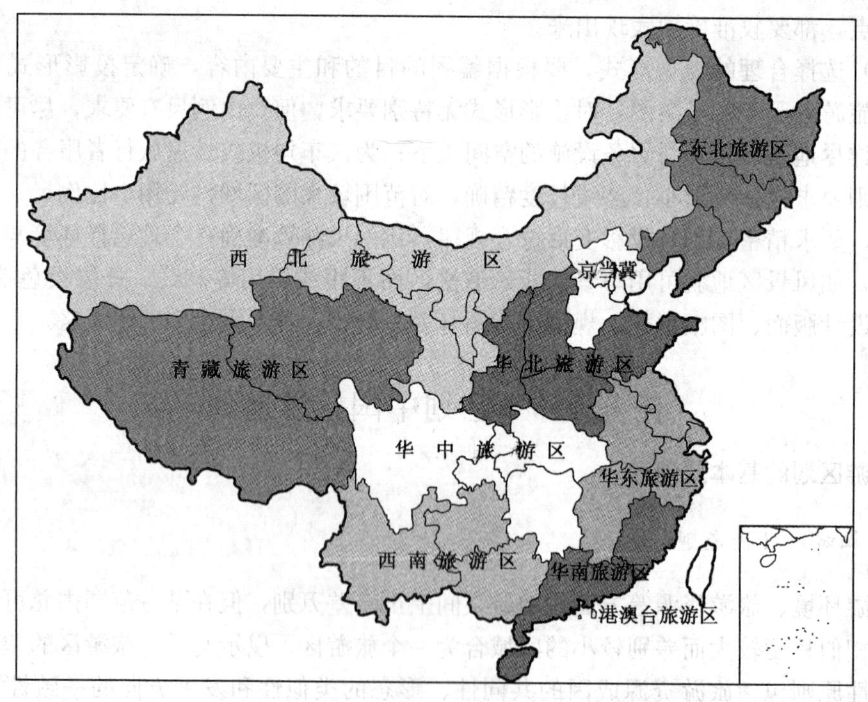

图 1.8

1. 京津冀旅游区

本区以北京为中心，包括天津、河北两省市。自古至今是我国的政治、经济和文化中心，古都风貌与现代都市融为一体，是国内外游客最多的地区之一。

2. 东北旅游区

本区位于我国东北部，包括辽宁、吉林、黑龙江三省。沃野千里、交通发达、气候湿润、林木特产丰富。冰雪气候、滨海风光、山川湖泊、火山奇景、特有动物、极光与极昼现象等，构成了以北国风光为特色的自然旅游资源；以清朝前期满族文化遗存为代表的历史文物及以满族、朝鲜族、鄂伦春族、赫哲族为代表的少数民俗风情，则构成了本区别具一格的人文旅游资源。

3. 华北旅游区

本区包括山西、山东、陕西、河南四个省，是中华民族的发祥地，文化古迹遍布。从仰韶文化、半坡遗址、商城殷墟到抗日战争圣地，数千年历史在这里演绎。有三大古都、两大石窟、五岳名山有三居此，历史文化名城占全国四分之一。

4. 华东旅游区

本区包括上海市、江苏省、安徽省、江西省和浙江省。景色秀美，风光旖旎，以都市风光、古典园林、吴越文化及湖光山色吸引国内外游客，成为我国最重要的旅游区之一。

5. 华中旅游区

本区包括重庆市、四川省、湖北省和湖南省，位于我国中部的长江中上游地区，是全国唯一既不靠海又无陆地国境线的旅游区。旅游资源兼有山、河、湖之胜，历史文化悠久，蜀荆湘楚文化浓郁，文化古迹颇丰。

6. 华南旅游区

本区包括福建省、广东省和海南省，位于我国最南端。具有典型的热带和亚热带山海风光，是我国冬季的避寒胜地；处我国改革开放的前沿，经济发达，是海外游客的主要入境口岸区，旅游业发展优势突出。

7. 西南旅游区

本区包括广西壮族自治区、贵州省和云南省，位于我国西南部、青藏高原东侧。区内岩溶景观发育典型，分布广泛；热带和亚热带高山、高原及峡谷风光独特，动植物资源极为丰富；少数民族众多，民族风情浓郁；旅游资源丰富多彩，特点突出，是我国旅游业发展较为重要的一个区域。

8. 西北旅游区

本区包括新疆维吾尔自治区、内蒙古自治区、宁夏回族自治区和甘肃省。古文化遗存丰富，沙漠、草原景观典型，是我国北方少数民族主要居住区，丰富多彩的民族文化，能歌善舞的民族风情，无不令人神往。

9. 青藏旅游区

本区位于我国西南部的青藏高原，号称“世界屋脊”，包括青海省和西藏自治区。高原上独特的冰雪世界、高寒草原、湖泊热泉以及高原、高山峡谷和原始森林等构成奇异的自然旅游资源；具有原始色彩的藏族风情、文化与建筑又构成神秘的人文旅游资源。

10. 港澳台旅游区

本区包括香港特别行政区、澳门特别行政区和台湾省。地处我国南部亚热带、热带地区，面对广阔海洋，背靠祖国大陆，在行政管理体制上具有特殊性。除台湾旅游资源较为丰富外，香港和澳门地域狭小，旅游资源贫乏，但其凭借各自优越的条件，旅游业独具特色，以吸引国际游客为主。

实训与思考

（1）简述我国旅游地理环境的基本特征。
（2）简述我国旅游资源的主要特色。
（3）想以最方便快捷的方式坐火车从广州到乌鲁木齐，应经过哪些铁路线及省会城市。
（4）用 A4 纸徒手绘制校园导游图一幅。
（5）用 A4 纸徒手绘制中国旅游地图一幅，标注省名、省会名及周边邻国。

项目2

游历京津冀

目标与导读

京津冀是我国重要的旅游大区，在我国旅游业中占据着战略核心地位，尤其是在文化旅游方面占据重要地位。通过本项目学习，全面了解本区旅游资源的整体状况、旅游业的发展现状与水平、旅游城市和景区的布局，掌握各省市旅游发展的特色，科学理解本区域的重点景区特征及其优势资源，能够根据旅游的需求推荐、设计、开发不同的旅游线路。

任务2.1　区域认知

一、位置与范围

本区包括北京、天津、河北三个省市区，位于我国华北平原的背部，东临渤海、西靠太行山区、链接东北、华北、西北区（图2.1）。京津冀总面积21.6万km^2，占全国总面积的2.3%，总人口9300万（2008年底）。这里是我国的首都所在地，是全国政治、经济、科技、文化和国际交流中心，是我国的重要旅游区和旅游热点区域，该区旅游资源丰富，自然旅游资源种类繁多，历史文化悠久，尤其是燕赵文化极具特色，在我国旅游业中占据战略核心地位。京津冀构成的都市圈，更是被誉为中国经济增长的第三极，在中国经济战略布局中同样地位显要。

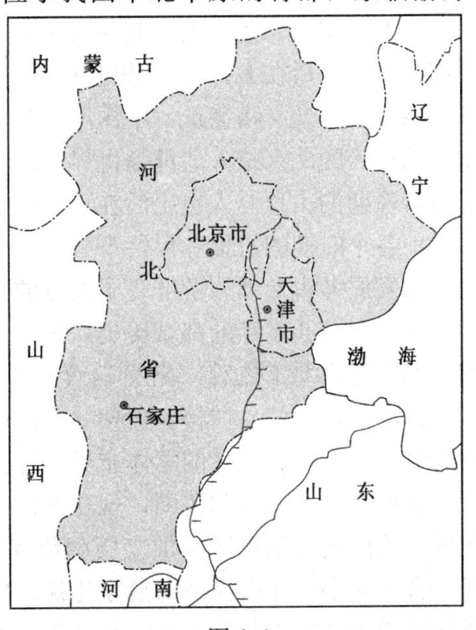

图2.1

二、旅游环境与资源

1. 依山临海形成得天独厚的自然旅游资源

本区地处沿海，位于平原向高原过度的地

带，西靠太行山脉，东临渤海，平原面积广阔，丘陵山地起伏垂直变化明显，并拥有640km的海岸线。山地往往是旅游资源中最集中最具表现力和最适合开发旅游景观的旅游资源，本区内的高原、山地、平原的面积比例为1∶5∶4，适合旅游资源和景观的开发。丰富的地貌类型使得本区的自然旅游资源得天独厚，并有着鲜明的地域特色，具有较高的游览、观赏和疗养价值。

区内山地多峡谷和关隘，如河北涿鹿县境内的小五台山、北京市内的东灵山等，都是有名的山峰；著名的关隘有居庸关、古北口、喜峰口、马兰关、二道关等。丘陵、山地与平原相接处有众多风景名胜，如太行山东北端接近华北平原一带的地山丘陵，称为"北京西山"。由于地势起伏跌宕，山水交相辉映，集中分布着北京历代名园名寺，颐和园、圆明园、香山、玉泉山、卧佛寺、碧云寺、八大处、法海寺均位于此。平原多以湖泊为胜，有名的白洋淀由100多个湖泊组成，是平原上的一处大型淡水湖泊群，已开发为湖泊风景旅游区。北京北海、中南海、什刹海等都是在平原洼淀基础上经人工开凿而成的湖泊，龙潭公园、北京游乐园、紫竹院公园、玉渊潭公园、稻香湖湿地公园、颐和园及天津水上公园等都因湖泊而成为游客向往的旅游胜地。该区海滨大多是著名的旅游度假避暑胜地，渤海沿岸地区因为大多是淤泥质海岸，并且受到海水影响地下水水质较差，植物覆盖率较低，自然景观相对比较单调，但是在滦河以北的海岸地区，海滩沙质顺软，气候温和，风舒浪缓，适合避暑疗养，成为著名的避暑疗养胜地。秦皇岛市的北戴河、南戴河、昌黎黄金海岸等都已经成为旅游者称道和向往的旅游避暑度假胜地。

2. 京畿要地展现博大精深的人文历史景观资源

本区文明久远，人类历史古迹众多，历史上的辽、金、元、明、清等均以北京为都城，北京又是新中国的首都，这些都让本区成为京畿要地，其留下的人文旅游资源景观博大精深，成为具有强劲竞争力的旅游资源集群。

云南元谋人、蓝田人、北京人都是早期直立猿人的著名代表。早在70万年以前，北京猿人就生活在太行山与华北平原交接的地带，在这里留下了不同时期的古人类化石、原始工具及文物遗址，中国历史各个阶段都是历史遗存，堪称是人类发展史的博物馆。周口店的北京猿人遗址是世界上最具代表性、资料最丰富、最完整的古人类遗址。旧石器晚期的山顶洞人也生活在这一带。河北省临漳县有春秋战国时期的邺城遗址；其后各地各个时期的遗址和保留下来的建筑、文字、壁画、塑像等种类繁多，浩如烟海，为当前发展考古专项旅游准备了充分的物质条件。

北京有700多年的都城历史，其中600多年是作为首都存在，并相对集中在明清两朝。明朝定都北京之后，花了14年的时间修筑都城，该城分为内城、皇城和宫城，城墙宏伟高大，城门、城楼、角楼一应俱全，建筑考究，并附有许多庙坛陵园等建筑。清朝全盘接受了明北京城的总体布局，进行了整修和扩建，并在城内外修建了大量规模宏大、富丽堂皇的园林和苑囿，现在保存完好，使北京成为拥有五项世界文化遗产和大量国际一流的核心旅游区。加之历朝历代长时间的都城建设，给这里留下了大量类型齐备、数量众多、保存完整的皇家建筑，使得北京以其独特的古都风貌吸引了一批批海内外旅游者到此旅游和进行探究性旅游。本区不仅是中国古典园林代表的集大成者，还是中国古代皇家建筑代表作品的集大成者。皇家建筑气势宏伟，规模庞大，结构完整，布局严谨，享誉国内外。其中最具代表性的是北京故宫。北京故宫为世界五大宫殿之首，其他四殿分别是法国凡尔赛宫、英国白金汉宫、俄国克里姆林宫和美国白宫。北京故宫是世界上现存规模最大、最完整的古代木构建筑群，为明清两代的皇宫。

本区伟大工程闻名于世，宗教建筑荟萃于此。万里长城是中国古代最伟大的军事工程，滦平县内的金山岭长城被誉为“第二八达岭”，是万里长城上构筑最复杂、楼台最密集的一段。另外京杭大运河的通惠河段、北运河段位于本区，卢沟桥、赵州桥、北京古观象台都是历史的载体和见证。本区佛寺、道观众多，著名的有卧佛寺、碧云寺、法源寺、独乐寺等。

京津冀不仅历史遗迹众多，同时又拥有丰富的红色旅游资源，这里是革命根据的起源地、名人聚居地，革命遗址、纪念地众多，如卢沟桥、西柏坡、北大红楼等，成为历史教育和爱国主义教育的重要阵地。

3. 典型的大陆性季风气候形成显著的旅游业淡旺季

本区地处中纬度欧亚大陆东岸，具有典型的暖温带大陆性季风气候特征。春旱多风，夏热多雨，秋高气爽，冬寒少雪。春秋短暂而冬夏绵长，冬冷夏热，对比悬殊。降水量年平均值在340～800mm，偏少且集中于夏季。春夏秋三季自然景观丰富多彩，而冬季略显单调，因此，本区旅游业淡旺季明显。每年的4～5月平均气温13～21℃，温和宜人，山清水秀，万紫千红，此时为旅游旺季，游客众多；6～8月年平均气温24～26℃，炎热多雨，清凉宜人，备受避暑度假旅游者的青睐；9～10月为秋季，天高气爽，风和日丽，红叶似火，景色宜人，常常出现连续晴朗的天气，是一年中旅游的黄金季节。11～3月为冬季，平均气温在－3.4～6℃，其中1月份平均气温都在0℃以下，一些海港封冻，草木凋零，景观较为单调，除大雪纷飞之时能够吸引部分旅游爱好者之外，多数情况旅游不如其他季节，因而成为旅游淡季，淡旺季明显的特征对该区的旅游业发展有重大影响。

4. 古都文化催生特色饮食繁荣发展

本区饮食以北京风味最为著名。北京菜是我国十大菜系之一，现在的北京菜已经发展为集鲁菜、清真菜、宫廷菜、官府菜和江南风味于一体的京都风味。北京菜以油爆、酱爆、白扒、烤、涮等烹调方法见长，其中以清代宫廷大菜和满汉全席最为著名，亦有法式、俄式、美式等各式西餐和民族风味餐。全聚德为代表的老字号、北海仿膳饭庄为代表的宫廷菜、莫斯科餐厅为代表的西餐和京味儿四小吃最具代表性。其中北京烤鸭堪称一绝，是到京旅游者的必尝佳品。爆肚、灌肠、豆腐脑、面茶、豆汁、羊头肉、卤煮火烧、蜜麻花、炸糕、豌豆黄、炒肝等都是久负盛名的小吃。天津狗不理包子、桂发祥麻花名扬天下，耳朵眼炸糕也有百年历史，包子、麻花、炸糕并称天津三绝。河北石家庄的空心宫面、饶阳杂面、唐山蜂蜜麻花、秦皇岛八仙宴、白洋淀松花蛋等都是令人叫绝的独特风味佳品。

5. 中心地带孕育独树一帜的民族传统技艺

京剧作为我国国粹之一，起源于清中叶的道光咸丰年间，是由当时“二黄”和“西皮”两种曲调结合而成。京剧融合南北戏剧之长，形成了行当齐全、表演精湛、内容广泛、人才辈出的艺术形式，是中国戏剧的代表剧种；评剧起源于河北唐山一带，俗称“唐山落子”，因其上演剧多有“惩恶扬善”、“警世化人”、“评古论今”之新意，改称评剧，评剧刻画人物细腻生动，唱腔甜润，深受欢迎；河北梆子形成于清代，唱腔高亢悲壮，表演真实火爆，颇具特色。京韵大鼓、梅花大鼓、天津时调、相声、快板书等都形成了其独特的艺术风格和流派，成为流传甚广的民族传统技艺。

任务 2.2 畅游北京

一、地理环境概述

北京是中华人民共和国的首都，是中央四个直辖市之一。北京位于华北平原的北端，东南局部地区与天津相连，其余为河北省所环绕，市中心位于北纬 39°54′，东经 116°23′。北京有着 3000 余年的建城史和 850 余年的建都史，是全球拥有世界文化遗产最多的城市，其最初见于记载的名字为“蓟”。土地面积约 1.6 万 km^2，其中市区面积约 1368km^2，建成区面积约 1254km^2（中国城市第 1 名）。山地面积约 1.04 万 km^2，占全市面积的 62%；平原面积 6390km^2，占全市面积的 38%。北京市总人口 1695 万（2008 年底），其中市区人口 1043.9 万（2008 年，中国城市第 2 名，次于上海），外来人口 465.1 万人。北京市是一个齐聚 56 个民族的城市，其中少数民族人口为 480384 人，占全市总人口数的 3.84%（2008 年）。全市 95.69%人口为汉族，除汉族外，满族、蒙古族、回族人口均过万人（图 2.2）。

北京地区处于亚洲大陆东岸，地处暖温带半湿润地区，气候受蒙古高压的影响，属大陆性季风气候，年降水量 644mm。北京四季分明，冬季干燥，春季多风，夏季多雨，秋季晴朗温和，年平均气温约 12℃。每年 9～10 月，秋高气爽，气候宜人，空气质量最佳，是一年中最美的季节。北京地区的主要河流有属于海河水系的永定河、潮白河、北运河、拒马河和属于蓟运河水系的泃河。这些河流都发源于西北山地，乃至蒙古高原。它们在穿过崇山峻岭之后，便流向东南，蜿蜒于平原之上。其中泃河、永定河分别经蓟运河、潮白新河、永定新河直接入海，拒马河、北运河都汇入海河注入渤海。

北京历史源远流长，早在西周初年，周武王即封召公于北京及附近地区，称燕，都城在今北京房山区的琉璃河镇，遗址尚存。又封尧之后人（一说黄帝后人）于蓟，在今北京西南。后燕国灭蓟国，迁都于蓟，统称为燕都或燕京。自秦汉以来，北京地区一直是中国北方的军事和商业重镇，名称先后称为蓟城、燕都、燕京、涿郡、幽州、南京、中都、大都、京师、顺天府、北平、北京等。1949 年 10 月 1 日，中华人民共和国成立，北京为首都，古城的历史揭开了新的一页。

北京在历史上曾为五代都城，在从金朝起的 800 多年里，建造了许多宏伟壮丽的宫廷建筑，使北京成为我国拥有帝王宫殿、园林、庙坛和陵墓数量最多，内容最丰富的城

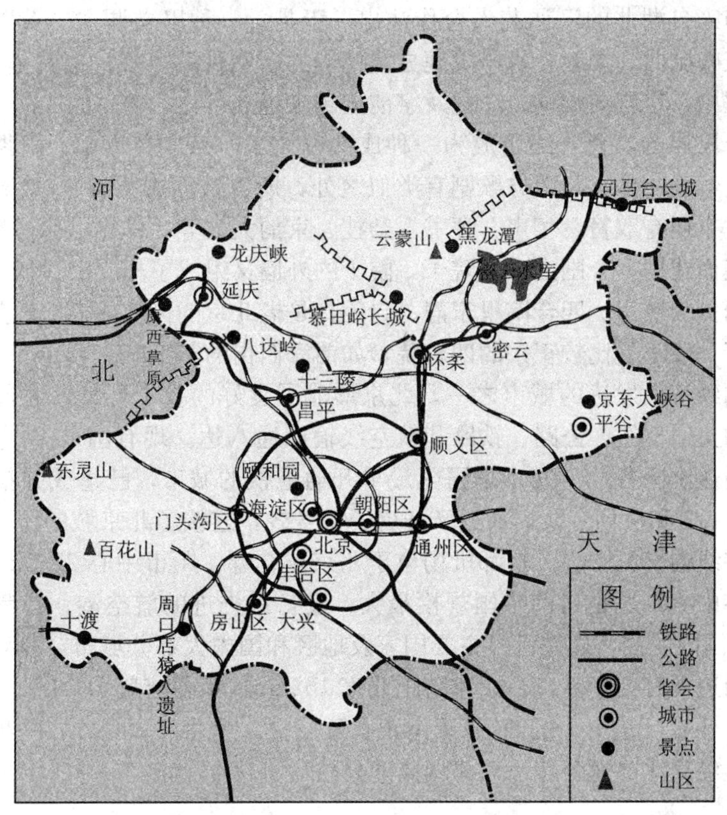

图 2.2

市。其中北京故宫又称紫禁城，这里原为明、清两代的皇宫，住过24个皇帝，建筑宏伟壮观，完美地体现了中国传统的古典风格和东方格调，是我国乃至全世界现存最大的宫殿，是中华民族宝贵的文化遗产，1961年被列为全国重点文物保护单位。天坛以其布局合理、构筑精妙而扬名中外，它是明、清两代皇帝“祭天”和“祈谷”的地方，是我国现存最大的古代祭祀性建筑群，也是世界建筑艺术的宝贵遗产。颐和园是我国最有名的园林，园中山青水绿，阁耸廊返，金碧辉煌，在中外园林史上享有盛誉，这里有全国最长的游廊——长廊，把远山近水连成一体，具有很高的艺术价值。明十三陵是北京最大的古墓群，内有明代13个皇帝的陵墓，尤其是现代发掘的定陵，规模浩大，极为壮观。胡同是最具北京特色的民居之一，最早起源于元朝，“胡同”一词在蒙古语中是“小街巷”的意思。北京的大小胡同星罗棋布，数目达到7000余条，每条都有一段掌故传说。胡同的名称五花八门，有的以人物命名，如文丞相胡同；有的以市场、商品命名，如金鱼胡同；有的以北京土语命名，如闷葫芦罐胡同等。经调查，北京最古老的胡同是三庙街，至今已有900多年的历史；最长的胡同就是东西交民巷，全长3250m；最短的胡同，长不过十几米；最窄的胡同要数前门大栅栏地区的钱市胡同，宽仅0.7m。京剧是地道的中国国粹，深受京城老百姓的喜爱，走在北京的街头，经常可以听到路边传来抑扬顿挫的京戏段子。京剧的源头还要追溯到几种古老的地方戏剧，1790年，安徽的四大地方戏班（三庆班、四喜班、春公班、和春班）先后进京献艺，获得空前成功。徽班常与来自湖北的汉调艺人合作演出，于是，一种以徽调“二黄”和汉调“西皮”为主，兼收昆曲、秦腔、梆子等地方戏精华的新剧种诞生了，这就是京剧。在200年的发展历程中，京剧在唱词、念白及字韵上越来越北京化，使用的二胡、京胡等乐器也融合了多个民族的特色，终于成为一种成熟的艺术。京剧集歌唱、舞蹈、武打、音乐、美术、文学于一体，与西方歌剧有类似之处，所以被西方人称为“peking opera”。除京剧外，北京还有双簧、相声、评书、杂技、京韵大鼓等，样样堪称国粹。四合院就是东南西北四面建房，合围出一个院子，院子的外墙又组成了胡同的边墙。院内北房为正房，东西两侧为厢房。四合院里宁静、封闭，是老北京的传统住宅。散落在市区的名人故居和王府一般都是比较正宗的四合院，如前海西街的恭王府。

作为全国经济最发达的城市之一，北京形成了良好的投资环境，尤其是在交通领域，是中国的交通枢纽。公路、铁路和航空线输四通八达。现有国道11条，其中高速公路6条，通达全国各地。北京是国内最早开通地铁的城市，已建成并投入运营的是1、2、5、10、13和机场专线，最近又开启了4号线，连接了北京城的每一个角落。北京是中国航空线的交汇中心。首都机场位于北京东北郊，距市中心23.5km，是中国航空枢纽和周转中心，也是目前中国规模最大、设备最先进的航空港。首都机场已开通800多条国际国内航线，通往世界主要国家及地区和国内大部分城市，是亚洲最繁忙的机场。北京周边现有3个港口。天津港距北京162km，年吞吐量1.2亿t；秦皇岛港距北京340km；年吞吐量1.1亿t；京唐港正在建设中，距北京230km，一期设计年吞吐力上千万吨。经京沈高速公路、京津塘高速公路可直达3个港口。

二、旅游业掠影

北京市经济发达、古迹众多，自然与人文旅游资源丰富，城乡居民购买能力强，国内、国际旅游同步发展，在我国旅游业发展中占据重要地位，国内旅游人数、入境旅游人数、国内旅游收入、入境旅游收入等各项指标在全国旅游业发展中占据较大比重，在中国旅游行业中具有重要地位（见表2.1）。

表2.1　2008年北京市旅游业发展情况一览表

省份及其在全国的地位	国内旅游人数/万人次	入境旅游人数/万人次	国内旅游收入/亿元	旅游外汇收入/亿美元	星级酒店数/家	旅行社数/家	4A级以上景区数/家
北京市	14181	379.04	1907	44.60	836	830	58
全国总数	171000	13003	8749	408	14099	20110	872
占全国比例	8%	3%	22%	11%	6%	4%	7%
在全国排名	—	5	5	3	5	9	4

北京将加强区域协作与主动构建区域一体化的环首都旅游圈作为战略，打造世界级旅游目的地。今后旅游开发的重点是全面提升传统观光旅游，大力推进都市旅游，完善发展商务会展旅游，深度开发城区民俗旅游，合理开发休闲度假旅游，培育拓展乡村旅游，多功能开发其他专项旅游，策划精品节庆旅游。大力构建“一区两圈”，即都市旅

游区、郊区旅游圈、环首都旅游圈的大北京旅游发展格局。并确立了奥林匹克公园、前门——大栅栏传统商业区、“新国展”会展旅游区、什刹海历史文化旅游区，以及天安门红色旅游中心区、小汤山保健休闲旅游区、平谷农业观光特色休闲旅游区、大兴绿色田园生态旅游区等，成为今后重点建设的景区。

三、旅游城市与景区览胜

1. 北京中心旅游区

本区包括4个功能区。

（1）内城观光政务、商务旅游区，含东城、西城、崇文、宣武四城区，是皇宫、王府等古建筑集中区，也是中央政府各部委机关集中地域和北京城市商务活动中心。

（2）海淀皇家园林科教娱乐旅游区，是皇家园林、名牌大学、科研院所、文化娱乐设施密集地区。

（3）朝阳城区康体娱乐会展旅游区，主要集中于朝阳区的三里屯使馆区、大屯亚运村一带。

（4）丰台石景山游乐运动旅游区，主要有世界公园、石景山游乐园等人造景观和娱乐项目，体育与旅游集合为其特色。本圈旅游精品有天安门广场、故宫、天坛、北海公园、恭王府、国家体育场（鸟巢）、国家游泳中心（水立方）、世界公园、北京海洋公园、中华民族园等。

① 天安门广场。天安门位于北京市中心，南北长880m，东西宽500m，面积达44万m^2，可容纳100万人举行盛大集会，是当今世界上最大的城市广场。广场每天早晨举行的庄严隆重的升国旗仪式已成为首都的一大景观。天安门广场中央耸立着人民英雄纪念碑和毛主席纪念堂，东边的中国革命博物馆、中国历史博物馆与西侧的人民大会堂遥遥相对。天安门城楼坐落在广场的北端。天安门建于明永乐十五年（1417年），原名承天门，清顺治八年（1651年）改建后称天安门，取“安邦治民”之意。城门五阙，重楼九楹，通高33.7m。在2000余km^2雕刻精美的汉白玉须弥基座上，是高10余米的红白墩台，墩台上是金碧辉煌的天安门城楼。城楼下是碧波粼粼的金水河，河上有5座雕琢精美的汉白玉金水桥。城楼前两对雄健的石狮和挺秀的华表巧妙地相配合，使天安门成为一座完美的建筑艺术杰作（图2.3）。

图2.3

天安门广场记载了北京人民不屈不挠的革命精神和大无畏的英雄气概，五四运动、一·二九运动、五·二〇运动都在这里为中国现代革命史留下了绚丽的一笔。1949年10月1日，毛泽东主席在天安门城楼上宣告中华人民共和国成立，并亲手升起第一面五星红旗。从此天安门城楼成为新中国的象征，它庄严肃穆的形象是我国国徽的重要组成部分。

② 故宫。故宫位于北京市中心，旧称紫禁城。是明、清两代的皇宫，无与伦比的古代建筑杰作，世界现存最大、最完整的木质结构的古建筑群。先后有 24 位皇帝在这里登基执政，其中明朝 14 位，清朝 10 位。故宫始建于明永乐 4 年（1406 年），1420 年基本竣工，是明朝皇帝朱棣始建。故宫南北长 961m，东西宽 753m，面积约为 72.5 万 m^2。相传故宫一共有 9999.5 间，实际据 1973 年专家现场测量故宫有房间 8704 间。宫城周围环绕着高 12m，长 3400m 的宫墙，形式为一长方形城池，墙外有 52m 宽的护城河环绕，形成一个森严壁垒的城堡。故宫宫殿建筑均是木结构、黄琉璃瓦顶、青白石底座，饰以金碧辉煌的彩画。故宫有 4 个门，正门名午门，东门名东华门，西门名西华门，北门名神武门。面对北门神武门，有用土、石筑成的景山，满山松柏成林。在整体布局上，景山可说是故宫建筑群的屏障。故宫的建筑依据其布局与功用分为“外朝”与“内廷”两大部分。“外朝”与“内廷”以乾清门为界，乾清门以南为外朝，以北为内廷。故宫外朝、内廷的建筑气氛迥然不同。外朝以太和殿、中和殿、保和殿三大殿为中心，是皇帝举行朝会的地方，也称为“前朝”，是封建皇帝行使权力、举行盛典的地方。此外两翼东有文华殿、文渊阁、上驷院、南三所；西有武英殿、内务府等建筑。内廷以乾清宫、交泰殿、坤宁宫后三宫为中心，两翼为养心殿、东六宫、西六宫、斋宫、毓庆宫，后有御花园。是封建帝王与后妃居住之所。内廷东部的宁寿宫是当年乾隆皇帝退位后养老而修建。内廷西部有慈宁宫、寿安宫等。此外还有重华宫，北五所等建筑（图 2.4）。

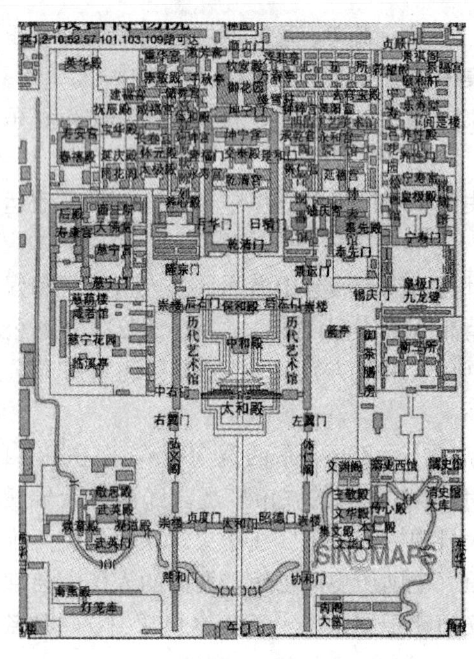

图 2.4

1961 年，国务院宣布故宫为第一批“全国重点文物保护单位”；1987 年故宫被联合国教科文组织列为“世界文化遗产”；2007 年，故宫被评为 5A 级风景区。北京故宫金碧辉煌、庄严绚丽，为世界五大宫殿之首，其他四殿分别是法国凡尔赛宫、英国白金汉宫、俄国克里姆林宫和美国白宫。故宫博物院内收藏有大量古代艺术珍品，为国内收藏文物最丰富的博物馆，也是世界著名的古代文化艺术博物馆。

③ 北海公园。北海公园位于北京市中心区，城内景山西侧，在故宫的西北面，与中海、南海合称“三海”。北海公园属于中国古代皇家园林，这里原是辽、金、元建离宫，明、清辟为帝王御苑，是中国现存最古老、最完整、最具综合性和代表性的皇家园林之一，是中国保留下来的最悠久最完整的皇家园林，为中国全国重点文物保护单位，是国家 4A 级旅游景区。

北海公园内亭台别致，游廊曲折。全园以神话中的“一池三仙山”（太液池、蓬莱、方丈、瀛洲）构思布局，形式独特，富有浓厚的幻想意境色彩。这里水面开阔，湖光塔影，苍松翠柏，花木芬芳，亭台楼阁，叠石岩洞，绚丽多姿，优如仙境。琼岛上有高 67m 的藏式白塔（建于 1651 年），还有清乾隆帝所题燕京八景之一的琼岛春阴碑石及假山、邃洞等。东北岸有画舫斋、濠濮涧、镜清斋、天王殿、五龙亭、九龙壁等建筑；其南为屹立水滨的北海团城，城上葱郁的松柏丛中有造型精巧的承光殿。北海东邻故宫、景山，南濒中海、南海，西接兴圣宫、隆福宫，北连什刹海，是北京城中风景最优美的前“三海”之首。北海是我国迄今保留下来的历史最悠久，保护最完整的皇诚宫苑，有独特的造园艺术风格，是我国古代园林的精华和最珍贵的人类文化遗产之一。

北海公园继承了中国历代的造园传统，博采各地造园技艺所长，兼有北方园林的宏阔气势和江南私家园林婉约多姿的风韵，并蓄帝王宫苑的富丽堂皇及宗教寺院的庄严肃穆，气象万千而又浑然一体，是中国园林艺术的瑰宝。

④ 天坛。天坛位于北京市东南部，是明清两代皇帝祭天祈谷的地方，始建于明朝永乐十八年（1420 年），是我国现存规模最大、建筑艺术最精美的一处坛庙建筑群。占地约 270 万平方米，整个面积比紫禁城（故宫）还大些，有两重垣墙，形成内外坛，主要建筑祈年殿、皇穹宇、圆丘。圆丘建造在南北纵轴上。坛墙南方北圆，象征天圆地方。圆丘坛在南，祈谷坛在北，二坛同在一条南北轴线上，中间有墙相隔。圆丘坛内主要建筑有圆丘坛、皇穹宇等，祈谷坛内主要建筑有祈年殿、皇乾殿、祈年门等。祈年殿建于明永乐十八年（1420 年），初名“大祀殿”，是一个矩形大殿。祈年殿高 38.2m，直径 24.2m，里面分别寓意四季、十二月、十二时辰以及周天星宿，是古代明堂式建筑仅存的一列。圜丘建于明嘉靖九年。每年冬至在台上举行“祀天大典”，欲称祭天台。

天坛集明清建筑技艺之大成，是中国古代建筑中的珍品，也是世界上最大的祭天建筑群。1961 年，被国务院公布为“全国重点文物保护单位”，1998 年，被联合国教科文组织确认为“世界文化遗产”，2007 年，被国家旅游局评为 5A 级景区。

⑤ 国家体育场（鸟巢）。国家体育场（鸟巢）坐落在奥林匹克公园中央区平缓的坡地上，是 2008 年北京奥运会主体育场，奥运会期间，承担开幕式、闭幕式、田径比赛、男子足球决赛等赛事活动，能容纳观众 10 万人，其中临时坐席 2 万座。场馆结构的组件相互支撑，形成了网络状的构架，它就像树枝编织的鸟巢，更像一个摇篮，寄托着人类对未来的希望，2009 年入选世界 10 年十大建筑。“鸟巢”不仅为 2008 年奥运会树立一座独特的历史性的标志性建筑，而且在世界建筑发展史上也具有开创性意义，为 21 世纪的中国和世界建筑发展提供历史见证。

⑥ 国家游泳中心（水立方）。国家游泳中心（水立方）位于北京奥林匹克公园内，是 2008 年北京奥运会的主游泳馆，也是 2008 年北京奥运会标志性建筑物之一，与“鸟巢”分列于北京城市中轴线北端的两侧，一方一圆，遥相呼应，构成了“人文奥运”的独特风景线。最引人注意的是其外围形似水泡的 ETFE 膜（乙烯-四氟乙烯共聚物）。ETFE 膜是一种透明膜，能为场馆内带来更多的自然光，其内部是一个多层楼建筑，对称排列的大看台视野开阔，馆内乳白色的建筑与碧蓝的水池相映成趣。“水立方”是世界首个基于“肥皂泡理论”建造的多面体钢架结构建筑。

2. 北京西北旅游区

本区集中了自然山水、自然山地和人造山水等多种类型的皇家园林和私家园林，也集中继承了古典园林的造园传统，成为后世了解中国古典园林艺术的范本和参照。主要景区景点有颐和园、圆明园、香山、玉泉山等。

(1) 颐和园。颐和园是我国现存规模最大，保存最完整的皇家园林，为中国四大名园（颐和园、承德的避暑山庄、苏州的拙政园、苏州的留园）之一，被誉为皇家园林博物馆。颐和园位于北京市西北近郊海淀区，距北京城区 15km，是利用昆明湖、万寿山为基址，以杭州西湖风景为蓝本，汲取江南园林的某些设计手法和意境而建成的一座大型天然山水园，也是保存得最完整的一座皇家行宫御苑。颐和园总面积 290hm^2，计各种形式的宫殿园林建筑 300 余间，可概括为政治、居住、游览三个活动区域，布局适宜，建筑精美，风格独特。它以高大的佛香阁为主体，把园外数十里的西山群峰和玉泉山的宝塔，都组织到园内画面中来；而园右山青水秀、阁耸廊回、金碧辉映，为我国园林艺术中讲求“虽由人作，宛自天成”的典范。

(2) 圆明园遗址。圆明园坐落在北京西郊海淀区，与颐和园紧相毗邻。它始建于康熙 46 年（1709 年），由圆明园、长春园、万春园三园组成。有园林风景百余处，建筑面积逾 16 万 km^2，是清朝帝王在 150 余年间创建和经营的一座大型皇家宫苑。“圆明园”，是由康熙皇帝命名的。康熙皇帝御书三字匾牌，就悬挂在圆明园殿的门楣上方。对这个园名雍正皇帝有个解释，说“圆明”二字的含义是：“圆而入神，君子之时中也；明而普照，达人之睿智也。”意思是说，“圆”是指个人品德圆满无缺，超越常人；“明”是指政治业绩明光普照，完美明智。这可以说是封建时代统治阶级标榜明君贤相的理想标准。圆明园曾经是世界上规模最大、建筑艺术最为精湛的皇家园林，是中华民族乃至全人类的文化瑰宝，被誉为“万园之园”。清咸丰十年（1860 年）被英法联军劫掠一空，并纵火焚烧，现在只留下残垣断壁，衰草荒烟。它记载了中华民族被帝国主义欺辱的一段耻辱岁月（图 2.5）。

图 2.5

3. 北京西南旅游区

本区拥有丰富的自然景观、民俗文化、历史遗迹等旅游资源，山、水、洞、寺齐全，古、野、新、奇特色鲜明，是北京市重要的旅游区。主要景区景点有周口店风景区、卢沟桥、十渡风景区、石花洞风景区等。

(1) 周口店北京猿人遗址。周口店北京猿人遗址属全国重点文物保护单位，位于北京市西南房山区周口店镇龙骨山北部，是世界上材料最丰富、最系统、最有价值的旧石器时代早期的人类遗址。自 1921 年发现以来，在约 2km^2 范围内发掘出 26 个化石点，包括北京猿人、新洞人、山顶洞人 3 种古人类化石。建国后，在此建立了陈列馆，展示了中国猿人的生活和与大自然作斗争的场景，现已成旅游胜地。

（2）卢沟桥。卢沟桥亦作芦沟桥，在北京市西南约15km处丰台区永定河上。因横跨卢沟河（即永定河）而得名，是北京市现存最古老的石造联拱桥。卢沟桥全长266.5m，宽7.5m，最宽处可达9.3m。有桥墩十座，共11个桥孔，整个桥身都是石体结构，关键部位均有银锭铁榫连接，为华北最长的古代石桥。1937年7月7日，日本帝国主义在此发动全面侵华战争。宛平城的中国驻军奋起抵抗，史称"卢沟桥事变"（亦称"七七事变"）。中国抗日军队在卢沟桥打响了全面抗战的第一枪，拉开了抗日战争的序幕（图2.6）。

图2.6

卢沟桥还以其精美的石刻艺术享誉世界，桥的两侧有281根望柱，每根望柱上有金元明清历代雕刻的数目不同的石狮，这些石狮蹲伏起卧，千姿百态，生动逼真，极富变化，是卢沟桥石刻艺术精品，具有较高的艺术价值。

4. 长城十三陵旅游区

本区主要由两大著名旅游景区组成，一个是世界著名的八大奇迹之一的万里长城，一个是世界上保存最完整、埋葬帝王最多的明十三陵。

（1）万里长城。长城是古代中国在不同时期为抵御塞北游牧部落联盟侵袭而修筑的规模浩大的军事工程的统称。长城东西绵延上万华里，因此又称做万里长城。长城的历史要追溯到2000多年前的春秋战国时代，北京现存的长城遗迹主要为始建于14世纪的明长城，西起嘉峪关，东至辽东虎山，全长8851.8km，平均高6～7m、宽4～5m。其中保存最完好、气势最雄伟的有四处：八达岭、清水岭、禾子涧、笔架山一线；龙泉岭、西水峪、黄花城、慕田峪一线；古北口、金山岭、司马台、关门一线；还有密云东部的墙子路一带南北走向的一段长城。长城是我国古代劳动人民创造的伟大的奇迹，是中国悠久历史的见证。它与天安门，兵马俑一起被世人视为中国的象征。它是中华文明的瑰宝，也是世界文化遗产，可与埃及金字塔齐名，是人间的奇迹。

（2）明十三陵。明十三陵位于北京昌平区北部天寿山南麓群山环抱中，是明代13个皇帝的陵墓。这里自永乐七年（1409）五月始作长陵，到明朝最后一帝崇祯葬入思陵止，其间230多年，先后修建了13座皇帝陵墓、7座妃子墓、1座太监墓。共埋葬了13位皇帝、23位皇后、2位太子、30余名妃嫔、1位太监。

图2.7

明十三陵总面积约120km²，距离北京约50km。十三陵地处东、西、北三面环山的小盆地之中，陵区周围群山环抱，中部为平原，陵前有小河曲折蜿蜒，山明水秀，景色宜人。十三座皇陵均依山而筑，分别建在东、西、北三面的山麓上，形成了体系完整、规模宏大、气势磅礴的陵寝建筑群。明代术士认为，这里是“风水”胜境，绝佳“吉壤”。因此被明朝选为营建皇陵的“万年寿域”。该陵园建于1409～1644年，距今已有300～500多年历史。陵区占地面积达40km²，是中国乃至世界现存规模最大、帝后陵寝最多的一处皇陵建筑群。

四、旅游线路与行程设计

1. 短线

1）北京经典一日游

长城一日游：八达岭长城、十三陵、十三陵水库、皇家四合院、居庸关外景、古神道、石牌坊、博览城、水晶宫、小人国。

古都一日游：故宫、天坛、钟鼓楼、颐和园、恭亲王、老北京四合院。

奥运一日游：鸟巢、水立方、奥运村、国家大剧院、颐和园、万寿寺。

文化一日游：香山、圆明园、恭亲王府、清华、北大、白塔寺、钟鼓楼、中世纪坛。

2）北京经典二日游

明十三陵-长陵，游览我国明朝十三陵首陵、十三陵水库、御鹿苑、万里长城、居庸关、八达岭长城、2008奥运主会场——“鸟巢”、世界现存的最大古代皇家建筑群——故宫紫禁城、古代皇家祭祀上天的场所——天坛公园、老北京中轴线的北端最高建筑——鼓楼和钟楼、皇家园林——颐和园、夏季避暑胜地——玉泉山（玉泉塔）。

2. 中长线

1）北京品质四日游

天安门广场、毛主席纪念堂、国家博物馆以及人民大会堂、故宫博物院、景山公园、天坛公园、恭王府、王府井步行街、金肆维玉器城、明皇蜡像宫、八达岭长城、奥林匹克公园、万寿寺、颐和园昆明湖、百年名校清华和北大、圆明园、西洋大戏楼、大水法、十二生肖兽头原址、谐奇趣等遗址、海底世界。

2）京津精品五日游

天安门广场、毛主席纪念堂（关闭时参观外景）、国家博物馆以及人民大会堂、故宫、神州第一街“平安大道”、皇城遗址公园、景山公园、景泰蓝制作工艺、恭王府、王府井步行街、金肆维玉器城、长陵、明皇蜡像宫、八达岭长城、奥林匹克公园、“鸟巢”、“水立方”、万寿寺、颐和园、圆明园、中华世纪坛和中央电视台外景、天坛公园、天津站新面貌、中华世纪钟、解放桥、古文化街、泥人张彩塑、杨柳青年画、风筝魏风筝、天津之眼、金汤桥、袁世凯旧居、冯国璋故居、奥匈领事馆、鼓楼。

任务 2.3　畅 游 天 津

一、地理环境概述

天津是中国四个直辖市之一，地处华北平原东北部，东临渤海，北依燕山，西靠首都北京，介于北纬 38°34′～40°15′，东经 116°43′～118°04′之间。天津市位于环渤海经济圈的中心，是中国北方最大的沿海开放城市、近代工业的发源地、近代北方最早对外开放的沿海城市之一、我国北方的海运与工业中心。2009 年国务院批复同意天津市调整滨海新区行政区划，天津滨海新区被誉为“中国经济未来第三增长极”。全市面积约 1.2 万 km^2，南北长 189km，东西宽 117km，海岸线长 156km。常住人口 1176 万，其中本市户籍 968.87 万。汉族占全市人口的 97%，另有回族、满族、蒙古族、朝鲜族等 49 个少数民族（图 2.8）。

天津位于中纬度欧亚大陆东岸，主要受季风环流的支配，是东亚季风盛行的地区，属温带季风气候。虽临近渤海湾，但半封闭的内海海湾对天津的气候影响不大。主要气候特征是，四季分明，春季多风，干旱少雨；夏季炎热，雨水集中；秋季气爽，冷暖适中；冬季寒冷，干燥少雪，因此，春末夏初和秋天是到天津旅游的最佳季节。天津年平均气温在 11.4～12.9℃，市区平均气温最高为 12.9℃。1 月最冷，平均气温在－5～－3℃；7 月最热，平均气温在 26～27℃。天津季风盛行，冬、春季风速最大，夏、秋季风速最小。

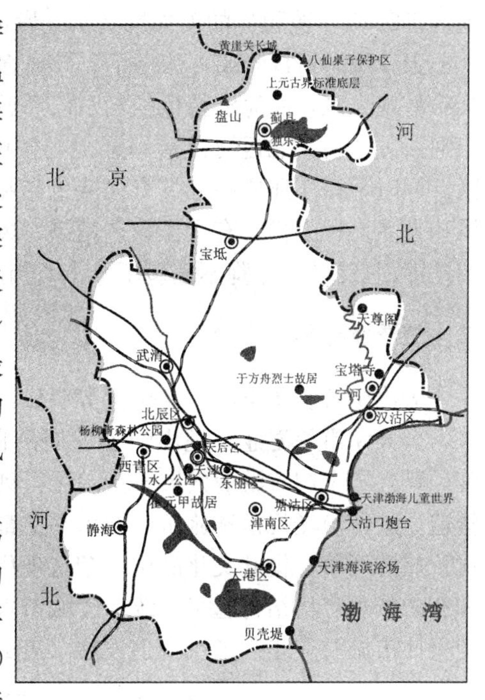

图 2.8

天津区位条件优越。天津港是我国北方第一大港，也是我国沿海港口码头功能最齐全的港口之一，并跻身于世界港口 20 强，2003 年港口货物吞吐量达 1.62 亿 t，集装箱超过 300 万标箱。天津已基本形成以港口为中心的海陆空相结合立体交通网络。铁路和公路辐射华北、西北、东北广大地区。对内拥有 200 万 km^2 的辽阔腹地，对外与 170 多个国家和地区的 300 多个港口通航。天津滨海国际机场是目前北方最大的货物空运中心，目前已开通国内外航线 40 多条。

天津是著名的历史文化名城。现有全国重点文物保护单位 15 处，包括独乐寺、大沽口炮台、望海楼教堂、义和团吕祖堂坛口遗址等。其中，独乐寺坐落在蓟县，始建于唐，重建于 984 年，是我国仅存的最古老的大型木结构楼阁建筑，楼阁中 16m 高的观音菩萨，是我国现存最大的泥塑之一。被列为世界文化遗产的黄崖关古长城，有各种造型的烽火台 20 多座，盘旋于群山峻岭之中，四周风景优美如画。全市现有市级重点文物保护单位 113 处，区县级重点文物保护单位 100 多处。著名的有天后宫、玉皇阁、文庙、天主教堂、清真大寺、大悲禅院、广东会馆，以及周恩来青年时代在津革命活动旧址等。近年来，新建的周恩来邓颖超纪念馆、平津战役纪念馆、天津科技馆，已成为爱国主义教育基地和青少年科技教育场所。天津各博物馆、纪念馆现有藏品达 53 万件，其中一、二级品达 1000 多件。

天津的城市建筑独具特色。既有雕梁画栋、典雅朴实的古建筑，又有众多新颖别致的西洋建筑，有英国的中古式、德国的哥特式、法国的罗曼式、俄国的古典式、希腊的雅典式等，天津人通常把这些西洋建筑称之为“小洋楼”。全市现有英、法、美、俄、意、奥、比、德等国的历史风貌建筑 870 幢、156 万 m^2。这些建筑都饱含着中国近代史的底蕴，具有极高的开发价值。在一座城市中，保存着大量民族风格的古建筑和如此众多的西洋建筑，这在中国乃至世界城市中都是不多见的。故天津素有万国建筑博览会之称。现在旅游开发较为成熟的有位于河北区的意大利风情街区和位于和平区的五大道地区，2010 年英租界的英式风情区开发也列入发展规划中。

天津旅游资源丰富，旅游活动丰富多彩。天津有以自然风景和名胜古迹为特点的蓟县旅游观光区，有海湾特色的塘沽滨海游乐区，已形成以海河为风景轴线，以津河、卫津河、月牙河、北运河，繁华金街，鼓楼商贸街，异国风貌五大道为辅的市中心旅游区。同时，每年还要举办具有民族色彩和天津特色的各种赛事及娱乐活动。天津传统的风味食品多种多样。有操作技艺精湛，风味香醇，营养丰富，深为广大群众和外宾称赞的“津门三绝”，即狗不理包子、十八街麻花和耳朵眼炸糕。

二、旅游业掠影

天津旅游资源丰富，区位优势明显，市场前景广阔，发展潜力巨大。“十一五”以来，全天津市旅游业呈现出快速发展的良好态势，旅游收入保持年均两位数的增长速度，跨入了全国旅游业发展较快地区行列。在旅游资源整合、服务设施建设、旅游品牌塑造、旅游市场规模和旅游产业水平上都实现了较大幅度的提升，近年来，天津市积极优化旅游环境，提升文化品位，塑造现代都市形象。把传统文化和现代理念、地方特色和旅游景观有机结合起来，统一于城市现代化进程中，大力推进旅游业又好又快发展，使天津市旅游业步入了快车道发展（表 2.2）。

表 2.2　2008 年天津市旅游业发展情况一览表

省份及其在全国的地位	国内旅游人数/万人次	入境旅游人数/万人次	国内旅游收入/亿元	旅游外汇收入/亿美元	星级酒店数/家	旅行社数/家	4A 级以上景区数/家
天津市	7004.05	122	810.71	10.01	114	267	12
全国总数	171000	13003	8749	408	14099	20110	872
占全国比例	4.1%	0.94%	10%	2.5%	0.8%	1.3%	1.4%
在全国排名	23	15	11	—	29	26	26

天津市的总体城市规划提出，全市的旅游资源开发以建设现代化滨海大都市型旅游为目标，充分利用其资源优势，突出天津的历史文化名城和滨海大都市的特点，把旅游资源开发与当地的城市建设、历史文化、民俗风情、经贸购物、科学教育、体育运动、工业项目以及山、河、湖、海相结合，加快开发具有地方特色的旅游资源和大型项目。要深入挖掘天津现代文化底蕴，着力打造“近代中国看天津”核心旅游品牌，发展以海河为轴线、以市区为中心、以蓟县和滨海为两翼，带动周边共同发展的旅游总体格局；加速推进京津冀旅游一体化，积极加强环渤海区域乃至东北亚区域的旅游合作。

天津市在旅游规划中指出：用3～5年时间，基本建成“一带五区”旅游骨干产品体系——海河旅游观光带、市中心综合旅游区、蓟县山野名胜旅游区、滨海观光度假旅游区、津西南民俗生态旅游区、津西北现代休闲娱乐区。把天津发展成为环渤海地区具有强大辐射力和吸引力的旅游休闲中心城市，成为浓缩近代文化、凝聚现代文明的中国北方滨海旅游名城。全力打造和推出“近代中国看天津”文化旅游品牌。树起“渤海明珠、近代缩影”的崭新旅游形象。

三、旅游城市与景区览胜

1. 天津市区

本区是全市旅游发展的龙头，其开发建设的思路是围绕海河中心轴线，开发一条观光游览线即海河观光游览线；4个旅游功能区即商业购物游览区、旅游综合服务区、异国风情旅游区，民俗旅游区；3个旅游系列即社会文化交流系列、参观游览系列和文体游乐系列。主要旅游景区景点有水上公园、天津市艺术博物馆、古文化街等。

1）水上公园

天津市中心城区最大的综合性城市公园，坐落在天津市南开区，邻天津电视塔。其特色是整座公园由东、西、南三大湖和分散在湖中的11个岛屿组成，因此称之为水上公园。公园始建于1950年，总面积160hm^2，其中水域面积100hm^2，是天津市规模最大的综合性公园。公园由三湖五岛构成（东湖、西湖、南湖；春岛、夏岛、秋岛、冬岛、瀛岛）。环湖绿树成荫，湖面荷花吐艳，玉带碧水之间众岛与眺远亭遥相辉映；七座石拱桥与多处仿明清建筑争相媲美；三处明清式长廊镶嵌绿阴之中，姿态婀娜，引人入胜；“水景长堤”、“水晶广场”多姿水景，步移景异，诱人眼帘；盆景园、神户园、水生植物园风格独具，美不胜收；翠堤览胜、桃柳宜春、秋宇清霜、冬宜雪韵等景观区域季相突出，风貌宜人。胜似西湖美景珠落津门。高耸的天津电视塔位于公园中心，塔上部建有观景娱乐厅。

2）古文化街

古文化街位于天津三叉河口西岸，原是祭祀海神和船工聚会娱乐的场所，1986年修建成包括天后宫及宫南、宫北大街在内的古文化街，全长580m，两端有巨型仿古牌楼，缀有古色古香的彩画1500多幅，砖雕500多件。店内商品琳琅满目，有文物古玩、古旧书籍、文房四宝、工艺美术等。附近的天后宫为中国三大妈祖庙之一，内设天津民俗博物馆，宫前广场及戏楼常有民间文艺及戏曲表演。整个文化街富有浓厚的历史味、

图 2.9

文化味和天津味。现为国家 5A 级旅游景区（图 2.9）。

2. 天津郊区

本区旅游资源丰富，集自然景观资源和人文风光于一体。主要旅游景区景点有独乐寺、盘山、大沽炮台、天津海岸自然保护区等。

1）盘山风景区

盘山风景区是国家重点风景名胜区、国家 5A 级景区。盘山，犹如十里锦屏，巍然屹立于京东，历史上被列为中国十五大名胜之一。盘山位于城西北 12km 处，为燕山余脉，海拔 500m 左右，面积 $106km^2$，素以五峰（挂月峰、自来峰、紫盖峰、九华峰、舞剑峰）、八石（悬空石、摇动石、晾甲石、将军石、夹木石、元井石、蛤蟆石、蟒石）、三盘（上盘、中盘、下盘）之胜地著称，尤以“三盘胜景”（上盘松胜、中盘石胜、下盘水胜）最具盛名。全山林峦参异，山水清丽，寺庙、碑刻众多，并有“早知有盘山，何必下江南”（清·乾隆）等颂扬名句，享有“京东第一山”盛誉。

2）独乐寺

独乐寺俗称大佛寺，位于天津蓟县城内西大街。传说安禄山起兵叛唐，在此誓师，因他想做皇帝，“思独乐而不与民同乐”而得寺名。古寺建于唐贞观十年，辽统和二年（公元 984 年）重建，是中国仅存的三大辽代寺院之一，为国务院 1961 年首批公布的全国重点文物保护单位。该寺山门和观音阁为辽代建筑，其他都是明、清所建。布局、结构都比较奇特。全寺建筑分为东、中、西三部分；东部、西部分别为僧房和行宫，中部是寺庙的主要建筑物，白山门、观音阁、东西配殿等组成，山门与大殿之间，用迴廊相连结。其中，观音阁为纯木结构，是中国木结构建筑的代表作，阁内有 11 面观音菩萨像，高 16m，是我国最大的泥塑之一。两侧的协待菩萨和山门内的天王像及观音阁下的四壁彩色壁画，均为艺术珍品（图 2.10）。

图 2.10

3）大沽口炮台

天津是北京的门户，大沽海口是“津门之屏”，清朝咸丰八年（1858）为加强海防，确保京畿安全，在天津共建炮台 6 座，分别以“威”、“震”、“海”、“门”、“高”5 个字为名号，另一座建在北岸石壁上。如今在天津市东南 60km 处，海河与渤海的交汇处，仍保存着以“威镇海”三字命名的三座炮台。大沽口炮台兴建于道光二十年，当时建有炮台 4 座，大炮 30 尊。第二次鸦片战争中，大沽口提督史荣椿率部坚守炮台，与英军激战，打沉了八国联军军舰四艘，史称第一次大沽口保卫战。战后，清政府重新修建大沽口炮台，共修建炮台 5 座，拥有大炮 64 尊，防务比以前更为坚固，但是仍然不敌八国联军的军舰炮火，1900年再次被占领。1901年《辛丑条约》签订后，大沽口炮台被拆除，现仅存“海”字炮台。

四、旅游线路与行程设计

1. 天津市内短线

市内一日游：静园、五大道、意式风情区、梁启超纪念馆、文化街、杨柳青、石家大院、杨柳青年画馆

市内一日游：自然博物馆、天津科技馆、周邓纪念馆、塘沽基辅号航母、开发区

市内二日游：宝成集团奇石园、驴驹河、北塘出海打鱼、外滩广场、食品街、文化街

2. 天津中长线

天津经典四日游：水上公园、古文化街、水滴、中山路商业街、独乐寺、盘山、大沽口炮台、海滨旅游度假区

3. 独乐寺精品旅游线路

1）渔阳名胜游

独乐寺—盘山（一日游）

独乐寺—黄崖关（一日游）

独乐寺—清东陵（一日游）

独乐寺—黄崖关—清东凌—盘山（二日或三日游）

2）乾隆胜迹踏寻游

独乐寺—盘山—清东凌（二日游）

3）周末休闲游

独乐寺—渔阳古街—白塔—鲁班庙—府君山—翠屏湖（一日游）

独乐寺—梨木台（一日游）

独乐寺—九山顶（二日游）

独乐寺—八仙山—清东凌（二日游）

独乐寺—石趣园—盘山（二日游）

任务2.4　畅游河北

一、地理环境概述

河北省简称冀，位于东经113°04′～119°53′，北纬36°01′～42°37′，地处华北，漳河以北，东临渤海，西为太行山地，环绕京津，面积为18.77万km^2，人口7000万。全省最高峰小五台（海拔2882m），43%的平原海拔不到100m。作为清代皇室的“郊游”场所，河北省东北部的承德是我国最早命名的历史文化名城之一，这里有清代最大的皇家古典园林承德避暑山庄，中国最大的皇家寺庙群——“外八庙”，清代皇家游猎

的场所——木兰围场。河北是中国的文物大省，有全国重点文物保护单位 168 处，名列全国第三位，著名的还有邯郸赵王城遗址、涉县娲皇宫、响堂山石窟，衡水景州塔（景县舍利塔）、北齐高氏墓群，保定直隶总督署、古莲花池、清西陵、满城汉墓、定州塔，唐山清东陵、沧州铁狮子、赵州桥、正定隆兴寺、邢台大开元寺、邢台唐帝陵、邢台殷商遗址、内邱扁鹊庙、沙河宋璟碑、崆山白云洞、天河山、邢台峡谷群、南和白雀庵等。在悠悠历史古迹的背后，河北省也不乏拥有风景秀丽的自然景观：北戴河、南戴河和唐山沿海的天然海滨风光，优美旖旎的邢台南太行自然风光，辽阔壮美的坝上草原，野趣天成的涞水野三坡，险峻又不失秀美的嶂石岩……山、水、草原各种景致相映相成，为“燕赵大地”增添了不少色彩。部分地区古属冀州，故简称冀。河北地处华北、渤海之滨，首都北京周围，近郊天津。早在商代时期，邢台即为首都，西周时为燕国、邢国之地，春秋战国时为燕、赵之地，汉、晋时置冀、幽二州，唐属河北道，元属中书省，明属京师，清为直隶，1928 年始称河北省。现辖 11 地级市、22 县级市、109 县、6 自治县（图 2.11）。

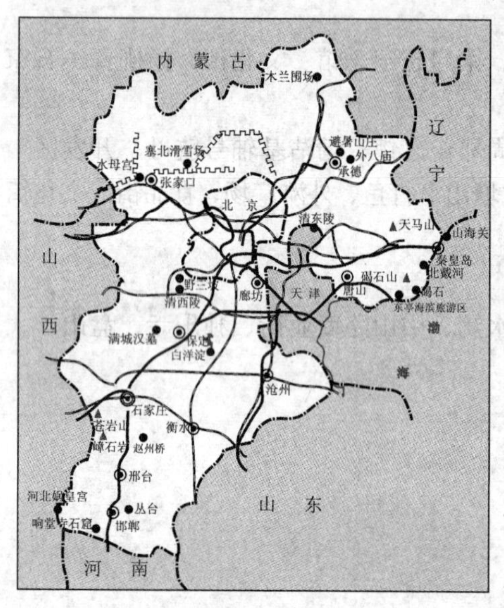

图 2.11

河北省位于华北平原的北部，兼跨内蒙古高原。属温带大陆性季风性气候，特点是冬季寒冷少雪，夏季炎热多雨；春多风沙，秋高气爽。全省年平均气温在 4～13℃之间，一月－4～2℃，七月 20～27℃，地势西北高东南低，各地的气温年较差、日较差都较大，全年无霜期 110～220 天。全省年平均降水量分布很不均匀，年变率也很大。一般的年平均降水量在 400～800mm。燕山南麓和太行山东侧迎风坡，形成两个多雨区，张北高原偏处内陆，降水一般不足 400mm。春季降水少，春旱、夏涝对农业生产威胁较大。大部分地区四季分明。年日照时数2400～3100h；年无霜 70～200 天；年均降水量 300～800mm；一月平均气温在 3℃以下，七月平均气温 18～27℃。

河北地区历史悠久，在河北全省各地，遍布着早期人类的遗址，远在 200 多万年以前，就繁衍、生息着古老的人类，河北地区经历了原始人群、母系氏族社会、父系氏族社会诸阶段。传说中的黄帝、炎帝就曾活动在河北地区，这里也留下了远古先皇尧、舜、禹的足迹。

二、旅游业掠影

河北省具有内环京津、外绕渤海的地理区位优势，是我国重要的旅游资源大省，旅游资源数量多、规模大、种类全、品位高。主要体现在以下四个方面：其一，文物古迹众多，有国家级文物保护单位 167 处，居全国第 3 位；世界文化遗产 3 处（长城、避暑山庄及外八庙、清东陵和清西陵）；国家级历史文化名城 5 座（承德、保定、邯郸、正定、山海关)。其二，自然风光秀美，是全国唯一兼有海滨、平原、湖泊、湿地、丘陵、沙漠、高原的省份，地形地貌齐全。全省拥有国家级风景名胜区 7 处，国家级森林公园 11 处，国家地质公园 5 处，国家级自然保护区 7 处。其中全国十大风景名胜 2 处，全国旅游胜地四十佳 3 处。其三，红色文化丰厚，现有国家级爱国主义教育基地 15 处，其中西柏坡中共中央旧址、涉县 129 师司令部旧址、阜平晋察冀军区司令部旧址、冉庄地道战遗址等革命纪念地闻名全国，狼牙山五壮士、白洋淀雁翎队、平原游击队、党的创始人李大钊、战斗英雄董存瑞、民族英雄马本斋等光辉事迹影响深远。此外，还有独特的民俗文化，如沧州武术、永年太极、吴桥杂技、井陉拉花、涿州灯会等；精湛的传统工艺，如武强年画、衡水内画、蔚县剪纸、丰宁布糊画、白沟箱包、唐山工艺陶瓷等；丰富的土特产品，如京东板栗、赵县雪梨、宣化葡萄、深州蜜桃、安国药材、沧州小枣等。

近年来，河北省旅游业持续快速发展。河北省旅游业的增长速度既高于全省国民经济的增长速度，也高于全国旅游的平均增长速度。截止 2009 年底，全省拥有旅游景区（点）近 500 处，中国优秀旅游城市 7 个，星级饭店 350 家，旅行社 923 家，旅游车船公司 30 多家，4A 级以上景区 51 处，全国工农业旅游示范点 25 家，初步形成了“食、住、行、游、购、娱”旅游六大要素综合配套的产业体系和以观光旅游为主，度假旅游、专项旅游不断发展的产品结构。

无论是数量规模，还是价值品位，河北都堪称是全国的旅游资源大省。璀璨的历史文化与秀美的湖光山色交相辉映，构成了独具特色的燕赵旅游百花园（表 2.3)。

表 2.3 2008 年河北省旅游业发展情况一览表

省份及其在全国的地位	国内旅游人数/万人次	入境旅游人数/万人次	国内旅游收入/亿元	旅游外汇收入/亿美元	星级酒店数/家	旅行社数/家	4A 级以上景区数/家
河北省	9746.9	75	535.5	2.74	441	1039	51
全国总数	171000	13003	8749	408	14099	20110	872
占全国比例	6%	0.58%	6%	0.67%	3.13%	5.2%	5.8%
在全国排名	15	22	20	22	13	5	5

河北省旅游发展迅速，其旅游发展目标是要在今后 10 年时间内，建设旅游强省，打造具有国际水准的旅游目的地，将突出抓好环京津、环渤海、环省会 3 大旅游圈建设，构筑京津石、京承秦、京津秦、京津保、京保张及京承张 6 大旅游三角板块；重点打造中华始祖、长城精绝、皇家胜迹、红色文化、健身休闲、滨海度假、多样生态、商务会展 8 大产品系列。通过重点工程建设，培育一大批国家级和世界级旅游精品，并将积极推进京津冀都市圈旅游一体化建设，积极建设“宜居宜游”旅游城市。

三、旅游城市与景区览胜

1. 石家庄

河北省省会，全省的政治、经济、文化中心，是紧邻北京和天津的特大交通枢纽城市，地理位置优越，交通通讯便捷，素有“南北通衢、燕晋咽喉”之称。

石家庄旅游资源十分丰富，既有名山胜水、古寺名桥，又有故城遗址、革命圣地。其中，有风景名胜区嶂石岩、苍岩山；有国家级历史文化名城正定；有建于隋代的世界桥梁鼻祖赵州桥；有新中国的摇篮西柏坡。全市共有国家级重点文物保护单位 18 处，省级文物保护单位 105 处。抱犊寨、驼梁、封龙山、蟠龙湖、五岳寨等一大批旅游景点，也以其特有的魅力吸引着八方游客。

目前，全市已形成了红色旅游、绿色旅游、古文化旅游和新都市旅游四大系列旅游特色产品，可谓各具特色，异彩纷呈。

1）西柏坡

全国著名的革命纪念地和爱国主义教育基地。位于太行山东麓、河北省平山县境内柏坡岭下。这个光耀中国革命史册的名字，原本是河北省平山县一个只有百十来户的普通山村。1947 年 5 月，中共中央工委选定这个地方，1948 年 5 月，毛泽东同志率领中共中央、中国人民解放军总部移驻这里，使这个普通的山村成为“解放全中国的最后一个农村指挥所”，成为中国共产党领导全国人民和人民解放军与国民党进行战略大决战，创建新中国的指挥中心。从此，西柏坡以其独特的贡献，彪炳于中国革命史册，竖起一座不朽的历史丰碑。这里有中共中央旧址、解放军总部旧址、西柏坡纪念碑、石刻园等，有毛泽东、刘少奇、朱德、周恩来、任弼时五位领袖铜铸像和旧居等（图 2.12）。

图 2.12

2）赵州桥

赵州桥又名“安济桥”，位于赵县城南的洨河上，为隋代开皇大业年间（公元590～608 年）李春创建。桥梁全长 50.82m，桥面宽 9.6m，跨径 37.37m，由 28 条并列的石条组成，弧形平缓，桥拱肩两端各设两个小拱，为世界桥梁中的首创，因全部用石料创造，俗称大石桥。赵州桥是我国现存的最古老的桥梁，也是世界上现存最大的敞肩桥。

3）苍岩山

苍岩山位于石家庄市西南井陉县境内，总面积 108km^2，素有“五岳奇秀揽一山，太行群峰唯苍岩”之誉。大自然的鬼斧神工使苍岩山中心地带形成了奇异的断崖绝壁及优越的生态环境。俯瞰苍岩，东西双峰对峙于前，南北一岭横亘于后，峰岭相向的侧面，壁立百丈悬崖，福庆寺就建在谷中崖间。苍岩山最大的特点是：这里不仅自然风光优美，而且宗教寺庙众多，山峦中有不少名殿古刹。这里奇峰异石林立，青松翠柏常青，历史文化悠久，是旅游休闲、消夏避暑、健体科研等多功能风景名胜区和旅游胜地，宛如一颗璀璨的明珠，镶嵌在太行山中。苍岩山素以“一奇”、“三绝”、“十六景”、“七十二景观”著称。景区丰富多彩，群峰巍峨，怪石嶙峋，深涧幽谷，古树名木，清泉碧湖，构成了奇特、幽雅、秀丽的自然景观。千年古刹以悠久的历史和卓越的建筑艺术构成了奇异壮观的人文之美。在这些峰峦之间，散落着众多禅房、古刹、亭台、碑碣，大都是明清时期的遗物，这些建筑或建于峭壁之上，或坐落于断崖之下，雕梁画栋，古色古香。主要的有福庆寺、书院、万仙堂、公主祠、桥楼殿、玉皇顶、峰回轩、藏经楼等。

2. 秦皇岛

秦皇岛是中国唯一以皇帝名号冠名的城市，为河北省省辖市，辖海港、北戴河、山海关 3 个城市区和抚宁县、昌黎县、卢龙县、青龙满族自治县 4 个县。

秦皇岛地处河北省东北隅，华北和东北两大区的接合部，北倚燕山，南襟渤海，东接辽沈，西近京津。市中心距首都北京仅 280km，地理位置十分重要，自古有“京畿咽喉、两京锁钥”之称，现已成为连接环渤海和环京津两大经济圈的枢纽和内地通向海外的重要门户。素以北方天然不冻良港、历史名城山海关和避暑胜地北戴河而闻名中外，为我国北方著名的旅游城市，也是我国首批对外开放的 14 个沿海城市之一和首批中国优秀旅游城市。

1）北戴河

因地处戴河之北而得名，海滨地处河北省秦皇岛市中心的西部。受海洋气候的影响，夏无酷暑，冬无严寒，常年保持一级大气质量，没有污染，没有噪音，城市森林覆盖率 54%，人均绿地 630m^2。这里气候宜人，10km 长、曲折平坦的沙质海滩，沙软潮平，背靠树木葱郁的联峰山，自然环境优美。与北京、天津、秦皇岛、兴城、葫芦岛构成一条黄金旅游带，北戴河处于旅游带的节点。北戴河海滨避暑区，西起戴河口，东至鹰角亭，东西长约 10km，南北宽约 1.5km。戴河背靠联峰山，其上古迹众多，奇岩怪洞密布，各种风格的亭台别墅掩映其中，如诗如画。南面是舒缓漫长的海滨沙滩，沙软潮平，是优良的天然海水浴场。沿海岸线内向，有秦皇宫、北戴河影视城、怪楼奇园等。

2）山海关

山海关位于秦皇岛市东 15km 处，是明代万里长城最东端的关城，被誉为是“天下第一关”。山海关古称榆关，也作渝关，又名临闾关，明朝洪武十四年（1381 年），中山王徐达奉命修永平、界岭等关，在此地创建山海关，因其北倚燕山，南连渤海，故得名山海关。

山海关景区内名胜古迹荟萃、风光旖旎、气候宜人，是著名的历史文化古城和旅游避暑胜地，区内有开发和观赏价值的名胜古迹达 90 多处。山海关旅游区现为国家 5A 级景区，以长城为主线，形成了“老龙头”、“孟姜女庙”、“角山”、“天下第一关”、“长寿山”、“燕塞湖”6 大风景区。“天下第一关”匾额，长 5m 多，高 1.5m，为明代著名书法家萧显所书，字为楷书，笔力苍劲浑厚，与城楼风格浑然一体，堪称古今巨作。明万里长城的东起点老龙头，长城与大海交汇，碧海金沙，天开海岳，气势磅礴，素有

图 2.13

“京师屏翰、辽左咽喉”之称；孟姜女庙，演绎着中国民间传说——姜女寻夫的动人故事。中国北方最大的天然花岗岩石洞——悬阳洞，奇窟异石，泉水潺潺，宛如世外桃源。塞外明珠燕塞湖，美不胜收（图 2.13）。

3. 承德

地处冀北山区，毗邻京、津，距北京仅 200 多千米。西顾张家口，东接辽宁，北倚内蒙，南邻秦皇岛、唐山，素有“紫塞明珠”之称。

承德旅游资源得天独厚、风格奇特。在这片美丽而神奇的土地上，有许许多多的“世界之最”：世界最大的皇家园林——避暑山庄；世界最大的皇家寺庙群——外八庙；世界最大的木制佛——千手千眼观世音菩萨；世界最短的河流——热河；世界最大的皇家狩猎场——木兰围场。这些景观以避暑山庄及其周围寺庙群为中心，辐射外围。北有承德皇家狩猎名苑——木兰围场；南有昔日皇家御苑——雾灵山国家自然保护区；西有京北第一草原和白云古洞；东有朝阳洞、辽河源国家森林公园和塞外蟠龙湖。这些独具特色的人文景观和风光秀丽的自然景观，使承德成为著名的京北皇家风情旅游带。

承德物华天宝、人杰地灵，这里有许多久誉盛名的特色物产和民间工艺。兴隆红果、京东板栗等驰名中外；被称为“华夏一绝”的滕氏布糊画、丰宁剪纸、丝绸挂锦以及各种匠心独具的根雕、核艺、瓷刻、盆景等举不胜举。

1）避暑山庄

避暑山庄位于承德市北部，是我国现存占地面积最大的帝王宫苑，1994 年 12 月被列入世界遗产名录，现为国家 5A 级景区。避暑山庄原为清代皇帝避暑和从事各种政治活动的场所。始建于清康熙四十二年（1703 年），至乾隆五十五年（1790 年）完成。总面积 569hm^2，古建筑 100 余处，兼有南秀北雄之美。山庄分为宫殿区和苑景区两部分。宫殿区在山庄南部，包括正宫、松鹤斋、万壑松风、东宫（现已无存）四组建筑。宫殿全部为青砖素瓦，与北京故宫庄严豪华迥然不同。苑景区包括湖区、平原区、山区三部分。湖区是山庄风景的中心，显示一派江南风光。湖区以北是平原区，著名的“万树园”为当年赛马场。山区约占全区面积的 4/5，分布在山庄西北部。登上山巅，外八庙就在眼前。外八庙为清代建筑，依山而建，形式各异。普宁寺的大乘之阁有一尊高 22m 的千手千眼观世音菩萨，是我国最大的木雕佛像（图 2.14）。

图 2.14

2）木兰围场

木兰围场位于河北省东北部，与内蒙古草原接壤；曾经是清朝的皇家猎场，这里自古以来就是一处水草丰美、禽兽繁衍的草原。“千里松林”曾是辽帝狩猎之地，“木兰围场”又是清代皇帝举行“木兰秋狝”之所。1681年清帝康熙为锻炼军队，在这里开辟了1万多平方千米，含72围的狩猎场。每年秋季，这里都举行一次军事色彩浓厚的狩猎活动，史称“木兰秋狝”。在清代康熙到嘉庆的140多年里，就在这里举行木兰秋狝一百零五次。清朝在沿途修建了许多行宫，于是有了承德避暑山庄、外八庙。如今在青山碧野之中仍存有古朴典雅的七通碑，独特的庙宫合一建筑——东庙宫，富有传奇色彩的练兵台、将军泡子，成为游人凭吊怀古的好去处。

4. 保定

位于河北省中部，西倚雄伟的太行山，东部有著名水乡白洋淀，南距河北省省会石家庄市131km，东北距北京市152km，与京、津呈三足鼎立之势，素有“首都南大门”之称。

保定是尧的故乡，是一座拥有2300多年历史的文化古城。清代以来至1968年前，一直为直隶和河北省的政治、军事、文化中心。现辖管25个县（市、区）面积2.21km^2，总人口1100万人。1986年被国务院公布为中国历史文化名城，2004年被公布为中国优秀旅游城市。保定市是红色之城，保定人民有着光荣的革命斗争传统。“二师学潮”遗址、留法勤工俭学运动纪念馆、冉庄地道、狼牙山五勇士纪念塔、阜平城南庄晋察冀军区司令部旧址等都表现保定人民的不朽之功。保定还是绿色之城，这里有山青水秀的避暑胜地凉城，神奇俊美的太行绝胜野三坡，苇绿荷红的华北明珠白洋淀……这些奇特、秀美的自然景观令人心旷神怡、流连忘返。

1）白洋淀

白洋淀位于保定市东的新安县境内，现为国家5A级景区。它上汇九河，下通津门，大小淀泊100多个，其中百亩以上的有99个，湖内有大面积的荷花种植。淀区有“东堤烟柳”、“白洋垂钓”、“鸭圈印月”、“西淀河水”等新安古八景，其中以“风淀荷花”最盛。湖中鱼虾丰富，为多种鸟类提供食源。白洋淀地区民风古朴，每年农历七月十五放荷灯，观河灯习俗延续至今。湖滨有温泉出露，为清初皇家夏游狩猎之地。据史料记载，早在康熙年间，康熙帝便来白洋淀围猎先后近40次，并修建了行宫4座，还留有“溪光玉带”题字；乾隆皇帝也曾4次来此巡视，并留有“谁来今北赵，大似问松西”名句。今白洋淀人利用这里的水清、鸟鸣、苇绣、荷花、温泉以及民俗已开发“观光农业示范园”、“水上农家乐”，并还将建设“白洋淀温泉城”、“高尔夫球场”、水上娱乐场等休闲度假项目。

2）野三坡

野三坡地处河北省西北部，保定市涞水县境内。它以“雄、险、奇、幽”的自然景观和古老的历史文物，享有世外桃源之美誉。野三坡由6个各具功能的景区构成，分百

图 2.15

里峡自然风景游览区、拒马河避暑疗养游乐区、白草畔原始森林保护区、鱼谷洞奇泉怪洞游览区、龙门天关长城文物保护区、金华山灵奇狩游乐区。6 个景区分布着百余个景点。在天成地造的 $600km^2$ 内，地质遗迹丰富多彩，拒马河水川流不息，生态环境原始自然，历史文物稀有珍贵。这里浓缩了太行之情、燕山之华，汇聚了五岳神秀，再现了十四亿年来地质演化过程，传承中华古老文明。是融雄山、碧水、春花、秋叶、瀑布、冰川、奇峡、怪泉、摩崖石刻、长城古堡、名树古禅、高山草甸、空中花园于一体的独特自然风景区。野三坡的地址遗迹具有典型性、稀有性、系统性，是华北板内造山带的典型代表（图 2.15）。

5. 其他旅游城市与景区

1）廊坊

廊坊位于河北省中部，是一座被绿色环抱的花园城市，北临首都，东邻天津，南接沧州，西连保定，素有“京津走廊上的明珠”之称。廊坊资源丰富，有典型的盆地地貌和原始森林；有灵山、蒋福山风景区、洵河水上风景区、潮白河左岸风景区、国家级无公害蔬菜基地、森林草场、高新技术农业园区、花卉基地等自然资源，有距今 1300 多年历史的被称为“中国银杏王”的三河大掠马银杏树，距今 800 年历史的香河白果树，距今 600 多年历史的大城古槐及具有南方水乡韵味的胜芳古城，见证历史的永清宋辽古战道，古老的屈家营音乐等旅游资源。

2）邯郸

邯郸位于河北省南部，西靠太行山，东依华北大平原，地处晋冀鲁豫四省交界地带，距首都北京 440km，距省会石家庄 170km。邯郸下管辖 4 区、1 市、14 县。邯郸扼四省“通衢要冲”，交通便利，旅游资源极其丰富。全市列入省级以上的文物保护单位 97 处，市级的文物保护单位 150 处。主要古迹和游览景点有武灵丛台、黄梁梦吕仙祠、娲皇宫以及响堂山石窟等，还有新开发的长寿村、京娘湖、武当山等民俗风景区。

3）涿州

涿州市位于河北省保定市的最北部，距首都北京 62km。东西横距 36.5km，南北纵距 25.5km。东邻固安，南连高碑店，西接涞水，北与北京市房山区、大兴县毗邻。全市总面积 $742km^2$，总人口 59.4 万。涿州是中国优秀旅游城市、全国双拥模范城。250 多年前，清乾隆皇帝南巡路过涿州这块京畿重地时写下了“日边冲要无双地，天下繁难第一州”的诗句。涿州有丰厚 的历史文化资源，是北京周边和河北省文化底蕴最深厚的县（市）之一。在 2300 多年的历史长河中，涌现了汉昭烈帝刘备、汉桓侯张飞、东汉政治家卢植、中国地理学之父郦道元、北宋哲学家邵雍、宋太祖赵匡胤、禅宗六祖慧能等一大批历史名人，使这座拥有“中国优秀旅游城市”称号的古城更加显得厚重、辉煌。如今的涿州，正以其得天独厚的区位优势和资源优势，承接着难得的发展机遇。

4）清东陵

清东陵位于遵化市境内，是我国现存规模最宏大、体系最完整、布局最得体的帝王陵墓建筑群之一，是世界文化遗产，国家 4A 旅游景区。清东陵规模浩大，气势恢弘。北有昌瑞山做后靠，如锦屏翠帐，南有金星山做前朝，如持笏拜揖，中有影壁山做书案可凭可依，东有鹰飞倒仰山如青龙盘卧，西有黄花山似白虎雄踞，东西两条大河环绕夹流似两条玉带。群山环抱的格局辽阔坦荡，雍容不迫，可谓景物天成。占地 78km^2 的 15 座陵寝中，埋葬着 5 位皇帝孝陵（顺治）、景陵（康熙）、裕陵（乾隆）、定陵（咸丰）、慧陵（同治）、15 位皇后、136 位妃嫔、3 位阿哥、2 位公主共 161 人。其中有入关第一帝顺治，开创康乾盛世的康熙大帝，文武兼备的十全老人乾隆，辅佐世祖、圣祖的孝庄文皇后，两度垂帘听政的慈安、慈禧，给人以扑朔迷离之感的香妃，还有咸丰、同治等。

清东陵的建筑恢弘、壮观、精美。由 580 多座单体建筑组成的庞大建筑群中，有我国现存最宽的石牌坊，五间六柱十一楼的仿木结构巧夺天工；我国保存最完整的长 6000 多米的孝陵主神路，随山势起伏极富艺术感染力；被誉为“石雕艺术宝库”和“地下佛堂”的乾隆裕陵地宫，精美的佛教石雕令人叹为观止；慈禧陵“金、木、石”三绝举世罕见，三座装修豪华的贴金大殿与“凤上龙下”、“凤引龙飞“的石雕匠心独具。

5）清西陵

清西陵是世界文化遗产，国家 4A 旅游景区，位于河北省易县城西 15km 的永宁山下，是我国规模最大、保存最完整、品种最齐全的清代皇家陵墓群之一，是中国两千年来陵寝建筑艺术最杰出的代表。在清西陵 8300hm^2 的保护范围内，建有 4 座皇帝陵，3 座皇后陵，4 座王爷、公主、阿哥园寝，共 14 座陵寝和两座附属建筑（永福寺、行宫）。埋葬着雍正、嘉庆、道光、光绪 4 位皇帝，9 位皇后，57 位妃嫔，2 位王爷，6 位阿哥，共计 78 人。

陵区内矗立着千余间宫殿建筑和百余座石建筑，其建筑形式和规制明显地体现着封建社会典章制度。四座帝陵、三座后陵均用黄色琉璃瓦盖顶；妃嫔、公主、王爷园寝则以绿琉璃瓦或灰布瓦盖顶，被苍松翠柏环抱，在浩瀚的林海中竞相峥嵘。还有五色祥云萦绕的永宁山，绵绵屏立于陵寝之后。悠悠易水河缓缓流淌于大红门之前，更使得清西陵乾坤聚秀，规模宏大，颇具气势。

五、旅游线路与行程设计

1. 短线

石家庄一日游：西柏坡—赵州桥—嶂石岩—隆兴寺—天桂山

秦皇岛一日游：北戴河—山海关

承德一日游：避暑山庄—木兰围场

清陵一日游：清东陵—清西陵

2. 中长线

(1) 四日游路线：革命圣地（西柏坡）—西柏坡参观纪念馆-中共中央旧址—七届二中全会会址—石刻园—瞻仰五大伟人雕塑—天下第一桥（赵州桥）—河北省佛学院—柏林禅寺—天下奇寨—抱犊寨—南天门、五百罗汉堂、万佛阁、金阙宫。

(2) 承德五日红色旅游线：游避暑山庄—普宁寺—小布达拉宫—城隍庙—魁星楼—董存瑞纪念馆—普乐寺—班禅行宫—双塔山—鸟语林—棒槌山。

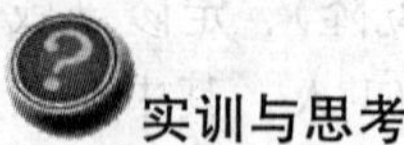

实训与思考

(1) 请以小组为单位，通过网上搜索和图书馆资料查阅的调研方式，调查北京市自然景观资源，并以多媒体成果展示的形式提交调研成果。

(2) 谈谈个人对万里长城的理解与感悟。

(3) 设计一条京津冀文化旅游线路。

(4) 论述河北省旅游发展的现状与对策。

项目3

游历东北三省

目标与导读

本项目主要就黑龙江、吉林、辽宁三省区的旅游地理环境、旅游业发展状况、特色旅游资源和旅游线路等方面进行了介绍。通过对本项目内容的学习，应了解黑龙江、吉林、辽宁三省的旅游地理环境特征、特色旅游资源，熟悉各省区内的主要旅游城市及旅游景点概况，掌握各省旅游业发展现状与趋势，并能通过对既有旅游线路的学习，培养根据不同的旅游主题和市场需求设计相宜旅游线路的能力。

任务3.1 区域认知

一、位置与范围

本区包括辽宁、黑龙江、吉林三个省，位于我国东北边疆，故称东北三省。其西部与内蒙古自治区为邻、西南与河北省毗连，北部与俄罗斯相接壤，东部隔日本海与日本相望，东南部以鸭绿江为界河，与朝鲜民主主义人民共和国隔江相望，南濒浩瀚的渤海和黄海（图3.1)。东北三省土地总面积78.73km^2，占全国的8.2%，总人口约1.1亿人，约占全国的8.1%。其中少数民族占10%以上，有满、蒙古、朝鲜、鄂伦春、赫哲、达斡尔、鄂温克等民族，是我国少数民族聚居区之一。本区工农业基础雄厚，交通运输网络稠密发达，并与日本、韩国、俄罗斯等经济发达国家有较深的历史与地理联系，是我国对东北亚地区开放的窗口，旅游业的发展潜力很大。

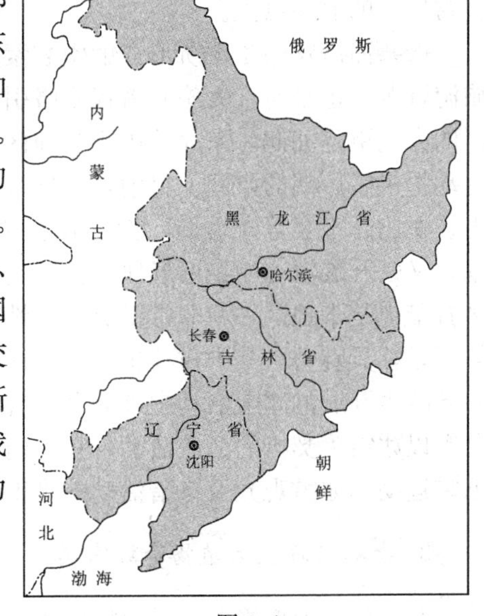

图3.1

二、旅游环境与资源

1. 山环水绕，沃野千里，自然地理环境优越

本区地貌类型丰富，河湖较多，山地丘陵与平原的面积大体相当，但分布很有规律。整个地区的河流、山脉和平原大体呈三层半环状合围而向南部沿海突出，最外一环是黑龙江、乌苏里江、图们江、鸭绿江等河谷谷地；中环为大、小兴安岭及长白山地构成的山体；内层为松嫩平原和辽河平原构成的低陷平原。东北部三江平原是打破环状连续性的一个缺口，西南部则有辽西走廊与关内相通。

东北地区山地众多，但山地不高，多为海拔500～1000m的低山，而且山地多为河流的发源地。本区长度在1000km以上的河流有黑龙江及其支流松花江、额尔古纳河、嫩江以及辽河。而这些河流大多主要发源于东部山地，白头山就是松花江、图们江、鸭绿江三江的发源地。山与水的结合构成了山环水绕，沃野千里的局面，其中尤以白山黑水最为著名，白山即长白山，黑水即黑龙江，因此东北地区又有“白山黑水”之称。东北境内的旅游景点也体现了“山”“水”景色，山有长白山、千山、医巫闾山等，水有镜泊湖、松花湖、五大连池等著名山地风景湖泊。

2. 中温带、寒温带季风气候造就了北国风光、冰雪旅游资源

东北地区是我国纬度最高的地区，除辽东半岛附近为暖温带外，大部分属中温带，还有大兴安岭北端更属寒温带。总体气候类型为温带季风气候，气候特征为冬季寒冷而漫长，夏季温湿而短促。冬季受西部蒙古高压的控制，盛行西北风，一月平均温度−30～−12℃，而最低温度均在−20℃以下，是世界上同纬度陆地气温最低的地区。黑龙江省漠河地区曾记载下了−52.3℃的全国最低值，被称为中国“寒极”。冬季一般长达6～8个月，降雪日多，积雪期长，积雪可厚达50cm左右，呈现出“千里冰封，万里雪飘”的北国风光。

严寒而漫长的冬季所形成的银装素裹、玉树琼花的冰雪世界，是本地区得天独厚的旅游资源，也是对广大旅游者极富吸引力的一项旅游资源，尤其对于长期生活在温暖地区的人们更是如此。东北境内不少地区坡度和缓，雪盖稳定、雪被质量好，为开展滑雪运动提供了广阔的空间。目前，本地区一些高等级的滑雪场享誉国内外，如黑龙江亚布力、桃山、玉泉等滑雪场，长白山冰雪基地等。冬季冰厚可达2m，冰面光滑的众多河湖，又是开展滑冰的绝好场所。借助高坡或风力开展冰橇与冰帆运动极有情趣。冬季林区狩猎也是本地区一项非常富有刺激性的活动。而本地区的树挂、冰雕、冰灯等冰雪奇景更是独具魅力。其中树挂也称“雾凇”、“冰花”，以吉林树挂为全国最胜。哈尔滨与齐齐哈尔开展的冰雕活动中外著名。吉林雾凇冰雪节、哈尔滨国际冰雪节、长白山冰雪节等以冰雪为契机的节庆活动，在国内享有很高的知名度。总之，东北地区是我国开展冰雪运动、冰雪观光及冬猎活动的难得天地、最佳场所。

3. 森林与野生动植物资源富集

受气候与地形影响，东北地区成为我国温带森林与野生动植物的主要分布区。本区

森林主要分布于海拔不高的广大山地区域，如以兴安落叶松为主的著名大兴安岭针叶林区，以挺拔的红松和冷杉为标志的小兴安岭、长白山针叶与针阔混交林区，以及别具北国情调的次生白桦林。另外，东北地区也是我国原始森林总面积最大的地区，本区有大面积的原始森林，分布在大小兴安岭、张广才岭、完达山、老爷岭、长白山等山区。有利的自然条件加上有限的开发历史，使本区拥有的森林面积和原始森林总面积在全国各大旅游区中皆居首位。素有“林海”之称的森林景观成为本区又一大类地位突出的旅游资源。

茂密的森林不仅具有很强的观赏性，而且还蕴藏着不少珍贵的野生动植物资源。东北虎、紫貂、熊、麝、梅花鹿、猞猁、狐等珍稀动物即活动于其中。人参、貂皮、鹿茸被称为“东北三宝”。此外，在三江平原等沼泽湿地还栖息着丹顶鹤、野天鹅等珍贵美丽的禽类，大连还有著名的蛇岛及老铁山候鸟景观等。为了保护本区丰富的森林与野生动植物资源，本区已建立多处自然保护区，如长白山自然保护区（吉林）；丰林自然保护区（黑龙江伊春）；医巫闾山自然保护区（辽宁义县）；庄河仙人洞自然保护区（辽宁庄河）；七星砬子自然保护区（黑龙江桦南）；凤凰山自然保护区（辽宁凤城）；扎龙丹顶鹤自然保护区（黑龙江齐齐哈尔）等。其中长白山自然保护区和丰林自然保护区（红松母林）已被联合国教科文组织列为世界生物保护圈网络成员。

4. 历史古迹众多，以清代遗迹居多

东北地区不同历史时期的文物古迹众多，上至春秋、下及清代的历史古迹皆有发现，且富有民族风格和地方特点。尤以清代遗迹数量最多、保存最完整，而且历史价值和旅游价值也较高。著名的古迹有沈阳故宫和清朝关外三陵（福陵、昭陵、永陵）。沈阳故宫是清室入关以前的皇宫，独具满族生活色彩与艺术风格，是融合满、汉两族建筑风格的经典之作，是不可多得的我国古代皇家宫殿建筑群，于2004年7月被列入世界文化遗产。关外三陵则是清室进入山海关以前的祖先和皇帝陵寝，现今保存完好、规模宏大。此外，本地区规模较大的如吉林省集安市的高句丽（前37年～668年）古建筑、古墓群和壁画，是国家重点文物保护单位，2004年7月世界遗产大会正式将其定为世界文化遗产；黑龙江省宁安市上京龙泉府遗址，也是国家级文物保护单位，为唐朝渤海国遗址；黑龙江阿城的上京会宁府遗址是金代前期的都城，历经四帝38年，如今断墙残壁依稀可见。另外，本区还有著名的明代古城——宁远卫城，以及兴城城墙、辽阳白塔、六顶山古墓群等类型众多的历史古迹。

5. 古朴的关东文化、丰富多彩的民俗风情

东北是我国少数民族聚居地之一，本区除有满、蒙、回、鲜等少数民族外，还有鄂伦春、鄂温克、达斡尔、赫哲等少数民族。鄂伦春、鄂温克民族长期生活在大兴安岭森林中，以游牧狩猎为生。赫哲族人主要聚居在黑龙江、松花江、乌苏里江，以渔猎为生。由于地理环境、社会环境和生产活动的不同，使得这些民族形成了各具特色的信仰和风俗，如鄂伦春族和鄂温克族的游猎风情、赫哲族的渔猎文化，这为本区增添了独特的民俗风情旅游资源。

农耕与渔猎文化交织而成的民俗风情，展开了一幅幅独具关东文化特色的生活画卷。最能代表关东农耕文化的民俗风情，当属乡土气息极为浓郁的“二人转”。东北“二人转”，亦称“蹦蹦”，是东北地区喜闻乐见、具有浓郁地方色彩的民间艺术。作为一种自娱性民间歌舞艺术形式，它直接导源于东北农村民间歌舞“大秧歌”，至今已有三百多年的发展历史。这种艺术形式具有机动灵活、活泼风趣的特点，它的唱本语言通俗易懂，幽默风趣，充满生活气息。集中反映了东北民歌、民间舞蹈和口头文学的精华，最能充分表现关东农民直率、豪爽的性格与气质特征，深受东北广大群众、尤其是当地农民的欢迎。在民间流传着“宁舍一顿饭，不舍二人传”的说法，可见“二人转”在群众中的影响之深。长期生活在大森林中的鄂伦春、鄂温克民族，吃兽肉、穿兽皮、乘驯鹿拉的雪橇，生活充满了洪荒时代的山野气息，他们判断野兽行踪的能力也令人称奇。长期生活在乌苏里江上的赫哲族人，则是我国唯一靠打鱼为生、使用狗拉爬犁的民族。世世代代的水上劳作，使他们的叉鱼技术举世罕见，冬季凿冰网鱼的巧妙方法也颇具奇趣。

冰雕、冰灯等以天然冰雪资源为材料的雕塑艺术，更是一项独具北国风采，体现传统与现代的关东文化神韵，直接用于观赏的创造性杰出造型艺术形式。在中国，东北是冰雕、冰灯艺术发展最好的地区，哈尔滨是中国冰雪艺术的摇篮。自清代起哈尔滨就有制作冰雕、冰灯的传统，现在每年的冰雕艺术展期间依旧有相当多的游客拜访，而且规模也一年比一年大，不仅参展的艺术家变多了，而且冰雕的主题也变得更丰富。由于东北严寒的气候，冰随手可得，因此雕刻的体积也变得越来越大，成为以冰建筑得名的名副其实的冰雕世界，如城墙、溜梯等。这也使得哈尔滨成为了举办国际冰雕比赛的重要城市。另外，哈尔滨的冰灯也是驰名中外，饮誉华夏的。哈尔滨大规模、有组织地制作和展出冰灯始于 1963 年，自 1985 年起，哈尔滨在举办冰灯游园活动期间，又创办了哈尔滨冰雪节，增加了滑冰比赛、滑雪比赛、冬泳比赛、冰洞捕鱼、坐冰帆、打冰猴、溜冰、冰上婚礼、参加冰雪节文艺晚会等丰富多彩的冰雪运动与娱乐活动，吸引了国内外大量的游客。

6. 中西合璧、古今结合的多元化城市建设风貌

东北地区长期以来受外来文化影响极为明显，建筑特色受文化影响而呈现多元的格局。明清之前，东北主要受少数民族游牧文化的控制，同时又受中原文化影响，因此文化遗址中既有游牧民族的风格，又可发现中原文化对其的影响，是满、汉两民族建筑风格的巧妙融合。清代末年以后，东北地区曾是各帝国主义国家侵占中国的前沿阵地，沙俄和日本以城市为据点对东北进行殖民化统治，在本区修建了大量欧式和日式建筑。新中国成立后，东三省又进行了以城市为中心的现代工业与经济文化建设，从而在客观上形成了中西合璧、古今结合的多元化城市建设风貌。特别是其间所形成的大量欧式、日式和多种文化融合式的建筑，使本区城市建筑风貌呈现出与关内截然不同的风格。这种特征以哈尔滨最为典型，哈尔滨实际上是沙俄 1896 年侵入黑龙江以后才逐步发展起来的一座现代化城市，20 世纪初伴随着中东铁路的修建，哈尔滨成为沙俄的统治基地，从城市规划到城市建设都采用俄罗斯的风格，同时又吸收当时先进的西方建筑艺术特

色，因而使得哈尔滨素有“东方莫斯科”、“东方小巴黎”之称。继沙俄后，30多个国家十多万侨民的涌入，使该市现今保存下来的多达500余处的代表性早期建筑中，绝大部分为欧式建筑，其中不乏俄罗斯式索菲亚教堂、拜占廷式东正教堂等代表性建筑。一座座哥特式、巴洛克式、拜占庭式、折中主义、新艺术运动和后现代主义等各种风格的建筑，像一个个凝固的音符，有欧洲中世纪的浪漫，有中国古典的典雅，也有现代的奔放，构成了哈尔滨特有的中西合璧的城市风貌。长春则遗存有伪满时期兼具中国宫殿和日式建筑风格的“八大部”建筑及伪满洲国皇宫，是日本帝国主义侵略中国的物证，也是中日合璧的建筑物。大连市集中于中山广场周围的日式低层庭院式住宅区，也是该历史时期遗留下来的典型建筑。这些既反映历史又反映城市独特风貌的建筑，无疑是东北地区可供利用的人文旅游资源。另外，沈阳作为东北最大的近现代工业城市与历史名城，大庆作为新中国在荒原上建立起来的著名石油新城，也都是本区富有吸引力的城市旅游资源。

任务3.2　畅游黑龙江

一、地理环境概述

黑龙江省位于我国东北隅，以边境大河黑龙江而得名，简称黑。其北部、东部以黑龙江、乌苏里江为界，与俄罗斯相望；西部与内蒙古自治区毗邻；南部与吉林省接壤。介于东经121°11′～135°05′，北纬43°25′～53°33′之间，是中国最东北部。本省古为肃慎地，唐时东部为渤海国所在地，辽金时分属东京、上京二道和上京路，元属岭北和辽阳行省，明为女真地，清初为黑龙江将军辖区，清末置黑龙江省。全省土地面积为45.48万平方千米，总人口3825.0万人（2008年末），省会哈尔滨。境内居民以汉族为主，另有满、朝鲜、蒙古、回、达斡尔、鄂伦春、赫哲、柯尔克孜、鄂温克等53个少数民族（图3.2）。

本省的地势大致是西北部、北部和东南部高，东北部、西南部低，主要由山地、台地、平原和水面构成。西北部为东北——西南走向的大兴安岭山地；北部为西北——东南走向的小兴安岭山地；东南部为东北——西南走向的张广才岭、老爷岭、完达山脉；东北部为三江平原；西部为松嫩平原，是中国最大的东北平原的一部分。全省境内江河湖泊众多，有黑龙江、乌苏里江、松花江、嫩江和绥芬河五大水系。全省属高寒温带大陆性气候，冬寒夏凉，年降水量400～700mm，森林、湿地广布。境内松嫩平原、三江低地一带有大片沃土荒原，曾为著名的“北大荒”，现已成为全国有名的粮仓和养牛基地。

在交通方面，已基本形成了航空、铁路、公路、水运相结合的交通体系。黑龙江现有哈尔滨、齐齐哈尔、牡丹江、佳木斯、漠河、黑河、大庆、伊春、鸡西等9个民用机场，其中哈尔滨太平国际机场是全国八大民航机场之一，已成为我国东北第二大国际航空港。黑龙江也是我国修建铁路最早的省份之一，交通运输以铁路为主干。黑龙江省境内目前有60条铁路干线、支线和联络线，铁路营运里程超过5460km（其中地方铁路超过492km），铁路专用线超过1030km，均居全国第一位。干支线以哈尔滨、齐齐哈尔、

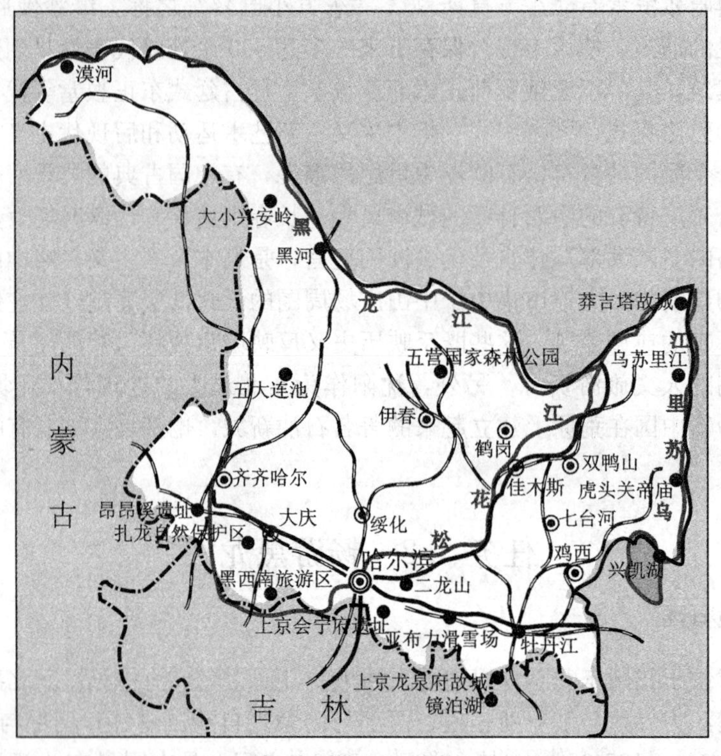

图 3.2

牡丹江、佳木斯 4 个经济中心城市为轴心向四周辐射，并通过国际干线和国内干线外接俄罗斯、朝鲜，内联吉林、辽宁和内蒙古。另外，黑龙江省现有国道 7 条，公路通车里程居全国第 5 位。全省内河通航里程达 4696km，现有直营客运航线 9 条，以松花江、黑龙江、乌苏里江为骨干，以哈尔滨和佳木斯港为枢纽的水运网贯穿全境。

二、旅游业掠影

黑龙江省地域辽阔，四季分明，文化厚重，物产丰富，产业门类齐全，经济比较发达，为发展旅游业奠定了良好的基础。近几年来，黑龙江省始终强化旅游业的发展地位，发挥后发优势，旅游业正以前所未有的态势向前迈进。“十一五”期间，在“十一五”规划的指导下，黑龙江省旅游业获得了长足的发展，初步达到了建设旅游强省的目标（表 3.1）。

表 3.1　2008 年黑龙江省旅游业发展情况一览表

省份及其在全国的地位	国内旅游人数/万人次	入境旅游人数/万人次	国内旅游收入/亿元	旅游外汇收入/亿美元	星级酒店数/家	旅行社数/家	4A 级以上景区数/家
黑龙江	8553	200.6	502	8.7	285	487	18
全国总数	171200	13003	8749.3	408.43	14099	20110	872
占全国比例	5%	1.54%	5.74%	2.13%	1.93%	2.34%	2.06%
在全国排名	20	11	23	11	21	19	24

黑龙江省拥有全国最大面积的森林、众多的江河湖泊、独特的火山地貌及丰富的冰雪旅游资源。此外，富有个性的城市风光、浓郁的北方少数民族风情以及对俄边境旅游也是别具特色的旅游资源。黑龙江依托丰富的旅游资源，先后开发了冰雪、森林、湿地、界江湖泊、边境旅游、都市风光及少数民族风情等系列旅游产品，建设了数百个旅游景区点、几十条精品旅游线路。哈尔滨冰雪大世界、太阳岛雪雕艺术博览会、哈尔滨冰灯游园会闻名中外，已成为世界级冰雪旅游产品。滑雪产业已走在全国的前列，建有以亚布力、吉华、龙珠二龙山为代表的滑雪场近百家，以中国雪乡——牡丹江大海林为代表的观雪、赏雪、戏雪特色旅游产品享誉海内外。以镜泊湖、扎龙、五大连池、兴凯湖、五营森林公园为代表的夏季休闲避暑旅游产品越来越受到国内外游客的欢迎，黑龙江已成为夏季休闲避暑旅游新热点。以绥芬河、黑河为代表的边境游、跨国游依然受到国内外游客的推崇。同时，黑龙江采取多条渠道，综合营销手段推出旅游精品线路。先后创办了中国哈尔滨国际冰雪节、中国黑龙江国际滑雪节、中国黑龙江森林生态旅游节、哈尔滨之夏音乐会、哈尔滨国际啤酒节、中国黑龙江火山旅游节暨五大连池饮水节、黑龙江五花山观赏节等20余个节庆活动。国内游形成了以东北基础市场，华北近程市场、东南沿海远程市场为重点并逐步向西部市场延伸的市场格局；入境游形成了以俄罗斯为主体、中国港澳台、日本、韩国、东南亚为重点，逐步向欧美延伸的市场格局。此外，旅游交通、通讯及旅游配套设施、接待服务都得到了极大的完善提高。

按照《黑龙江省旅游业发展总体规划》，黑龙江省将深入挖掘以哈尔滨为重点的冰雪文化、金源文化、欧陆文化、犹太文化、工业文化以及建筑文化等观光旅游项目，以此提升哈尔滨国际旅游城市的文化品味。此外，还将推出齐齐哈尔鹤文化、佳木斯三江文化、大庆石油文化、伊春和大兴安岭林业文化、黑河和绥芬河中俄口岸文化等区域特色文化旅游产品，繁荣黑龙江省的文化旅游市场。同时，将以渤海上京遗址、金上京遗址、黑龙江瑷珲新城遗址、黑龙江督军府遗址等为代表的边疆历史旅游文化产品作为重点，进行深入挖掘，以此打造黑龙江省历史名城的旅游品牌。另外还将重点挖掘少数民族和民间民俗文化，推出以赫哲、鄂伦春、鄂温克等少数民族文化和民间民俗文化为特色，集餐饮、服饰、表演为一体的旅游新产品。

三、旅游城市与景区览胜

1. 哈尔滨市

哈尔滨，雅称“冰城”、“丁香城”，是黑龙江省会。哈尔滨的旅游资源丰富，产品特色突出，许多都是垄断性的资源，国际公认的世界三大旅游资源——冰雪、森林与海洋，哈尔滨就占有两项。哈尔滨是以冰雪、避暑旅游为主要特色的旅游城市，“哈尔滨之夏”音乐会，确立了哈尔滨音乐名城的地位。哈尔滨市郊的二龙湖、松峰山风景区以及国内著名的滑雪胜地——亚布力滑雪场更是观光、旅游的好去处，其隆冬冰雪节的国际冰雕雪塑等招牌节目更是吸引愈来愈多的国内外游人一睹冰雪城市——哈尔滨的现代风采。哈尔滨有中国第一个滑雪场、第一座电影院、第一列旅游列车，今天又有以中央大街步行街、圣·索菲亚教堂、果戈理大街为显著标志的异国风情和以太阳岛、防洪纪念塔为代表的美丽的城市风光，这些都成为哈尔滨城市文化的主体。哈尔滨已被国务院批准为历史文化名城和首批中国优秀旅游城市，并正向着东北亚重要经贸城、音乐名城和国际旅游名城的目标迈进。

(1) 太阳岛风景名胜区。坐落在哈尔滨市松花江北岸，是全国著名的旅游避暑胜地。面积 38km^2，外围保护地带规划控制面积为 88km^2，是江漫滩湿地草原型风景名胜区。现有景观景点 70 余处，其中太阳石、太阳门、水阁云天、鹿苑、松鼠岛、太阳瀑、音乐名人堤、俄罗斯风情小镇、俄罗斯艺术馆、东北抗联纪念园、阳光浴场等 10 余处景点最具代表性。一年一度的太阳岛国际雪雕艺术博览会，作为哈尔滨国际冰雪节的重要内容早已驰名中外。2007 年，哈尔滨市太阳岛景区经国家旅游局正式批准为国家 5A 级旅游景区。2009 年，太阳岛冰雪艺术馆以占地 5000m^2、馆内净高 7m 的规模入选中国世界纪录协会世界最大的室内冰雪艺术馆，创造了太阳岛世界之最。

(2) 圣·索菲亚教堂。一座典型的巴洛克建筑，始建于 1907 年，原为沙俄东西伯利亚第四步兵师修建的随军教堂，为全木结构。1911 年，在木墙外砌了一层砖墙，成为砖木结构式教堂。1923 年，教堂进行重建，1932 年 11 月 25 日落成，成为远东地区最大的东正教教堂，以其精美的建筑艺术和丰富的历史文化内涵享誉中外。它的设计者是俄国建筑师科亚西克夫。教堂平面布局为不等臂的“十”字形。能容纳 2000 人的大殿由巨大的穹顶所覆盖，在中央构成特殊的球形，形成大而丰富的室内空间，圆顶伸出屋面呈八面体的大柱墩，每面各开一高侧窗，形成“洋葱头”式穹顶和“帐篷顶”（图 3.3）。教堂装饰十分精美，罗马风格的连续拱券，方圆形壁柱，火焰形尖券等既有雄浑壮阔的外貌，又有华丽多彩的细部。碧蓝的晴空下，白云映衬着古红色的砖墙、墨绿色的穹顶呈现出庄严、肃穆的姿容。

图 3.3

(3) 亚布力滑雪度假区。亚布力滑雪度假区位于尚志市东南部亚布力镇，距哈尔滨市 193km，距离牡丹江市 120km。亚布力滑雪度假区，是由风车山庄、国家体委、交通山庄、大青山滑雪场、通信山庄、电力山庄、云鼎山庄、好汉泊雪场以及农家院共同组成。亚布力雪山山高林密，海拔高度 137.4m，年平均气温 2～10℃。冬季山下积雪深度为 30～50cm，山上积雪厚达 1m 左右，雪质优良，硬度适中，年积雪期 170 天，滑雪期 120 天，每年的 11 月中旬至次年 3 月下旬是这里的最佳滑雪期，是我国开展竞技滑雪和旅游滑雪的最佳场所。1996 年的第三届亚洲冬季运动会使亚布力声鸣鹊起，并逐步发展成为中国最大，设施最先进，条件最为优越的雪上运动场所。国家赴南极考察队的适应性训练基地就建在这里，同时，这里也是 2009 年第 24 届世界大学生冬季运动会雪上项目的承办地。

2. 五大连池市

五大连池市隶属于黑龙江省黑河市，原为德郡县。位于黑龙江省西北部，小兴安岭与松嫩平原的过渡地带。东邻逊克县，西与克山县、讷河市、五大连池风景区毗连，南接北安市、克东县，北与孙吴县接壤，西北与嫩江县隔河相望。五大连池市自然资源极为丰富，境内的沾河国家森林公园是我国最大的森林湿地，大沾河漂流享有“神州第一漂”的美誉。境内30多条河流纵横交错，300多眼泉水星罗棋布，境内偏硅酸矿泉水已引入市区作为居民生活饮用水，使五大连池成为继法国维希之后世界第二、亚洲第一个矿泉城。由于火山地质形成的强大全磁环境和特殊的植被生态作用，空气清新纯净，负氧离子含量高于一般城市十多倍，是天然大氧吧。得天独厚的地理位置和资源禀赋使五大连池市成为了中国唯一的矿泉水之乡，中国十大休闲城市之一，中国县级旅游百强县之一，中国最佳保健养生城市。

五大连池位于黑龙江省西北部的五大连池市、小兴安岭西南侧山前台地上。五大连池风景区的主要游览点有：五大连池、药泉山公园、火山博物馆等。五大连池是由于火山喷发的熔岩流堵塞了白河河道，形成了五个相连的火山堰塞湖，因其形如串珠状，故称“五大连池”。五大连池的五座池之间相互连通，纵长20km，池水面积40km^2，最深处100余米。在五大连池周围分布有14座火山和60多平方千米的熔岩台地。药泉山公园内的药泉山海拔350m，是14个火山锥中规模最小的一个，因为泉水有药物作用，被称为“圣水”，园内有各种风景建筑。火山博物馆，是由于老黑山、火烧山喷发于1719～1721年，为我国最新期火山，有保存完整的火山地质地貌，这一带便被称为火山博物馆。目前，五大连池风景区已开发了12大观光区、8大奇观、400多个景点。12大旅游观光区包括：黑龙山——新期火山地质观光区、白龙湖——火山堰塞湖游览区、药泉——矿泉康体养生区、温泊——火山小九寨休闲观赏区、龙门石寨——古火山科考观光区、水晶宫、白龙洞——火山熔洞地质观光区、药泉山——火山宗教朝圣区、卧虎山——野生动物的观赏游乐区、龙山——原始森林生态观光区、天池——古火山生态游览区、灰鹤湿地——远古湿地生态观光区、药泉古镇——旅游服务生活区。八大奇观有：雄峻陡峭的山巅火口；波澜壮阔的翻花石海；造型奇绝的喷气锥碟；霜花似玉的熔岩冰洞；碧水一泓的天池胜景；云雾蒸腾的石龙温泊；鬼斧神工的龙门石寨；景色如画的群山倒影。目前，五大连池已荣获两项世界级桂冠，即世界地质公园、世界人与生物圈保护区。

3. 牡丹江市

牡丹江市位于黑龙江省东南部与吉林省交界地区，与俄罗斯接壤，是中国大陆最大的边贸城市之一。因松花江上最大支流之一的牡丹江横跨市区而得名，风光旖旎，景色天成。有世界第二大火山熔岩堰塞湖、世界地质公园——镜泊湖风景秀丽；中国北方地区最大的人工湖——莲花湖山清水秀，森林虎园惊心动魄，冰雪旅游独具特色，跨国旅游风情迥然。目前，已开发利用的主要风景名胜古迹及人文景点还有唐代渤海国上京龙泉府遗址、火山口国家森林公园、牡丹峰国家森林公园和国家自然保护区、雪乡滑雪场、牡丹峰滑雪场、“八女投江”江滨公园等。

镜泊湖位于黑龙江省牡丹江市南部，张广才岭与老爷岭之间，即宁安市西南50km处，距牡丹江市区110km。镜泊湖历史上称阿卜湖、呼金海、忽汗海。由于它水平如镜，光彩照人，明代始称镜泊湖，镜泊湖是我国最大的火山堰塞湖，也是世界上少有的高山湖泊之一。它是大约1万年前，第四纪的中晚期火山爆发，玄武岩浆形成堵塞牡丹江道而成为火山熔岩堰塞湖泊。湖深平均为40m，由南向北逐渐加深，最深处达62m，湖身纵长50km，最宽处9km，最窄处枯水期也有300m，全湖总面积90.3km^2。由西南至东北走向，蜿蜒曲折，呈S型，湖岸多港湾，湖中大小岛屿星罗棋布，而最著名的镜泊湖八大景是吊水楼瀑布、大孤山、小孤山、白石砬子、城墙砬子、珍珠门、道士山和老鸹砬子。八大景中，以吊水楼瀑布最为著名，它位于镜泊湖北端，湖水漫过熔岩大堤，穿林越障，落入熔岩塌陷而形成的黑龙潭中，形成落差约20m，宽约40m的瀑布（图3.4）。

图3.4

4. 齐齐哈尔市

“齐齐哈尔”，为达斡尔语，是“边疆”或“天然牧场”之意。位于黑龙江省西南部的松嫩平原。东北与本省绥化市、东南与大庆市、南与吉林省白城市、西与内蒙古自治区呼伦贝尔市、北与本省黑河市接壤。齐齐哈尔市旅游资源丰富，人文历史悠久，有独特的自然风景、典雅的古建筑、悠久的历史遗迹。特别是闻名中外的世界珍禽丹顶鹤之乡——扎龙自然保护区；四面环水、景色宜人、天然成趣的明月岛；湖光山色、亭阁别致、风景秀丽的龙沙公园；新石器时代的昂昂溪文化遗址、大乘寺、清真寺、关帝庙、石碑山、塔子城等历史文物遗迹，为旅游者所青睐，每年都吸引着大量中外宾客前来观光、旅游。

扎龙自然保护区，“扎龙”为蒙古语，意为饲养牛羊的圈。扎龙自然保护区位于黑龙江省齐齐哈尔市东南26km处，面积21万公顷。保护区内芦苇沼泽广袤辽远，湖泊星罗棋布，苇草肥美，鱼虾丰盛，环境幽静，风光绮丽，是鸟类繁衍的“天堂”，保护区内栖居鸟类150多种，其中鹤的种类多，数量大，颇为世人瞩目。丹顶鹤又称仙鹤，是十分珍贵的名禽，此区现有500多只，约占全世界丹顶鹤总数的四分之一，因此素有“鹤的故乡”之称。保护区内的野生珍禽，除鹤以外，还有大天鹅、小天鹅、大白鹭、草鹭、白鹳等，真可谓野生珍禽的“王

图3.5

国”。该区于1976年由黑龙江省林业厅开始筹建，1979年黑龙江省人民政府批准建立黑龙江省扎龙自然保护区，成立扎龙自然保护区管理局，1987年4月国务院批准扎龙自然保护区为国家级自然保护区。1992年中国加入《关于特别是作为水禽栖息地的国际重要湿地公约》，扎龙保护区被列入国际重要湿地名录（图3.5）。

5. 其他旅游城市与景区

此外，黑龙江省还有大庆、黑河、伊春、漠河等旅游城市。其中，大庆已开发了石油文化、湿地景观、历史遗迹、草原赛马、水上狩猎和以观赏丹顶鹤为代表的野生动物保护区旅游等项目。其中自然景观项目有连环湖国际水禽狩猎场、林甸温泉等；石油文化项目有被列为国际旅游景点的石油科技博物馆、铁人王进喜纪念馆、大庆油田的发现井——松基三井等；历史遗迹项目有新石器时代遗址、辽金古城遗址、寿山将军墓遗址等。黑河市与俄罗斯阿穆尔州首府布拉戈维申斯克市，是中国与独联体国家7400km边境线上唯一一对规模最大、距离最近、规格最高、功能最全的对应城市。中俄边境风情游堪称黑河旅游的一大亮点。另外，世界罕见的五大连池天然火山地质博物馆，闻名遐迩的爱辉古城，民族风情浓厚的鄂伦春、达斡尔少数民族聚居地，惊险奇特的沾河漂流，茫茫的小兴安岭林海，两岸文明迥异的中俄大界河——黑龙江，也为黑河旅游增添了无穷魅力。

伊春市旅游则以山川林海著称。区内著名的景点有五营国家森林公园、小兴安岭恐龙博物馆、小兴安岭资源馆、小兴安岭石苑、中国林都木雕园、恒山古墓群、抗联遗址以及少数民族风情园等。漠河位于中国最北端，其境内的北极村是我国唯一可观赏到北极光和极昼现象的地方。村内有“中国最北一家”、“北陲哨兵”碑、“神州北极”碑、望江楼等旅游景点。此外，漠河境内还有五花山、李金镛祠堂、五·六火灾纪念馆、松苑原始森林公园、漠河观音山、北极星广场、九曲十八弯、黑龙江第一湾、乌苏里浅滩等景点。

四、旅游线路与行程设计

1. 短线

（1）哈尔滨经典一日游：哈尔滨科技馆、太阳岛、东北虎林园、大型极地海洋主题乐园、防洪纪念塔、斯大林公园、中央大街、圣·索菲亚教堂广场、龙塔。

（2）哈尔滨生态一日游：太阳岛、葡萄王国、哈尔滨植物园、省农科院园艺分院。此线可游览太阳岛都市园林风光，各种葡萄采摘、葡萄酒品尝，游都市植物园林、赏秋季美景，各种果蔬采摘、农业科技参观。

（3）哈尔滨—二龙山一日游：滑草、登山、游湖、溜索、攀岩、野果采摘、“五花山”观赏、篝火晚会。

（4）桃山一日游 ：八仙湖、动物标本室、原始森林、猎人宿营地。

（5）亚布力滑雪两日游：哈尔滨、亚布力滑雪旅游度假区。此线可滑雪、游欧式别墅群、风车网阵、乘索道观雪山胜景。

2. 中长线

(1) 哈尔滨—五大连池—齐齐哈尔五日游：太阳岛、东北虎林园、防洪纪念塔、斯大林公园、中央大街、圣·索菲亚教堂广场、龙塔、南泉、北泉、龙门石寨、黑龙山火山口、自然冰洞、嫩江公园、齐齐哈尔防洪纪念塔、卜奎公园、和平广场、龙沙公园、扎龙自然保护区。

(2) 哈尔滨—牡丹江—镜泊湖四日游：哈尔滨、镜泊湖、避暑山庄、吊水楼瀑布、火山口、地下森林。

(3) 哈尔滨—兴凯湖四日游：哈尔滨、密山市容、青年水库、书法碑林、莲花池赏莲花、湖滨鹿苑、北大荒纪念碑、弘法寺、圣·索菲亚教堂广场、太阳岛。

3. 特色旅游线路

(1) 冰雪风光游：①哈尔滨—玉泉—乌吉密—亚布力—镜泊湖。

②哈尔滨—桃山—朗乡—带岭。

(2) 边境跨国游：①绥芬河（或东宁）—符拉迪沃斯托克（俄罗斯）。

②黑河（逊克、呼玛）—布拉戈维申斯克（俄罗斯）。

③佳木斯—同江—抚远—哈巴罗夫斯克（俄罗斯）。

(3) 疗养度假游：哈尔滨—黑河—五大连池。

(4) 特种专项游：①狩猎观鸟：桃山—连环湖—扎龙。

②蒸汽机车观赏：哈尔滨—南岔—朗乡—五营。

任务 3.3　畅 游 吉 林

一、地理环境概述

吉林省位于我国东北地区中部，“吉林”为满语“沿江”之意，简称吉。其东部与俄罗斯相接壤，东南隔图们江、鸭绿江与朝鲜民主主义人民共和国相望，南连辽宁省，西接内蒙古自治区，北邻黑龙江省。介于东经 121°38′～131°17′，北纬 40°52′～46°18′之间。唐属东北民族地；辽属东京路；金属上京路；元属辽阳行省；明属奴儿干都司；清设吉林将军，清末 1907 年建吉林省，省名至今未变。全省土地面积为 18.74 万平方千米，占全国总面积的 2%，总人口 2734.21 万人（2008 年末），省会长春。境内居民以汉族为主，另有满、朝鲜、蒙古、回、锡伯等 43 个少数民族（图 3.6）。

吉林省地势东南高，西北低，从东到西，各具风采。东部长白山区，一般海拔在 1000m 以上，素以“林海雪原”著称。中西部为松辽平原，海拔 200m 以下，素称“粮豆之乡”。全省属显著的温带大陆性季风气候，四季分明，雨热同季，春季干燥风大，夏季高温多雨，秋季天高气爽，冬季寒冷漫长，全省年降水量一般在 400～900mm，自东部向西部有明显的湿润、半湿润和半干旱的差异。固有的地形与气候条件形成了吉林省丰富的资源，其中尤以长白山区野生动植物资源为最。吉林省是闻名中外的东北三宝——人参、貂皮、鹿茸的故乡。灵芝、天麻、北芪及松茸、猴头蘑等也都在国内外很

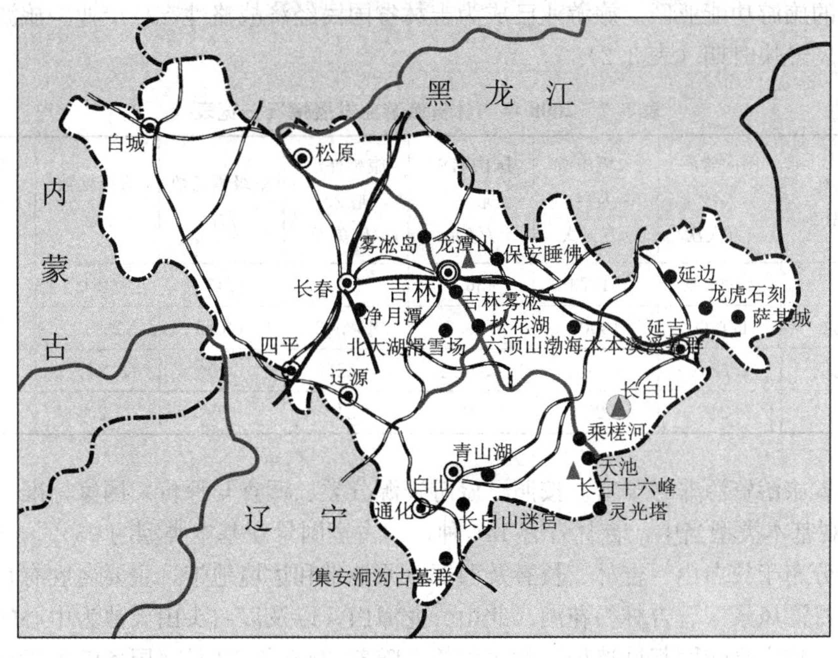

图 3.6

有影响。长白山区有植物资源 2300 多种，其中经济价值较高的有 900 多种。拥有陆生动物资源达 437 多种，其中珍贵的皮毛动物有梅花鹿、紫貂、水獭、猞猁、东北虎、金钱豹、花尾榛鸡等；名贵药源动物有马鹿、麝、熊、獾子、田鸡、林蛙等；经济利用价值较高的有野猪、狍子、山鸡等。

在交通方面，吉林省铁路交通十分发达，是我国铁路网密度较大的省区之一。吉林省铁路以长春为中心，以吉林、四平、白城、梅河口、郑家屯（双辽市主站）等为主要枢纽，以京哈、长图、长白、平齐、沈吉、四梅、梅集、大郑等线路为干线，形成连接全省各市、州及广大城乡的铁路网。公路则以长春、吉林、通化、白城、四平、延吉等地为中心延伸全省各地，四通八达。省内水路运输以松花江为主干，主要通航河流有嫩江、松花江、图们江和鸭绿江。一般 4 月中旬至 11 月下旬为通航期。有内河港口 3 个，大安港、吉林港和扶余港。长春、吉林、延吉等城市均辟有航空线路，可直达北京、上海、广州、海口、宁波、大连、昆明、香港、深圳、韩国首尔、日本仙台等地。

二、旅游业掠影

吉林省是一个旅游资源大省，不仅具有得天独厚的生态旅游资源，而且具有别具特色的民俗文化基础。近年来，吉林省旅游显现出快速发展的势头，特色旅游吸引了大批中外游客。“十一五”期间，吉林省坚持以效益为中心，以改革开放和体制、机制创新为动力，促进吉林省旅游产业体系建设。确立了以长春、吉林、长白山为全省旅游业发展的三大主核心，以延吉、通化、白城作为全省旅游业发展的另外 3 个核心，以“中心三角”和“外围三角”带动全省旅游的共同发展；构建了以长春、吉林两市为中心，以延边、通化地区为两翼的重点旅游发展格局；形成 3 大旅游带，7 个旅游功能区，16 个重点开发的旅游功能亚区。旅游业已成为吉林省国民经济战略性支柱产业。旅游业步入历史上发展最快时期（表 3.2）。

表 3.2　2008 年吉林省旅游业发展情况一览表

省份及其在全国的地位	国内旅游人数/万人次	入境旅游人数/万人次	国内旅游收入/亿元	旅游外汇收入/亿美元	星级酒店数/家	旅行社数/家	4A 级以上景区数/家
吉林省	4496.92	61.73	436.1	2.11	243	451	15
全国总数	171200	13003	8749.30	408.43	14099	20110	872
占全国比例	2.63%	0.47%	4.98%	0.52%	1.7%	2.24%	1.72%
在全国排名	24	25	24	24	25	20	25

吉林省旅游资源非常丰富。按照《旅游资源分类、调查与评价》国家标准，在全国 155 种景观基本类型当中，吉林省有 144 种，约占全国景观基本类型的 93%。全省旅游资源主要分布于长白山、吉林、长春及西部草原地带和边境地带，主要名胜有长春伪满皇宫、净月潭风景区、吉林松花湖、北山、龙潭山，以及以白头山天池为中心的长白山旅游胜地、集安高句丽都城遗址、将军坟等。随着 2009 年 12 月《国务院关于加快发展旅游业的意见》的颁布实施，旅游业将被全力培育成国民经济的战略性支柱产业和人民群众更加满意的现代服务业。

三、旅游城市与景区览胜

1. 长春市

长春市是吉林省省会，是全省政治、经济、文化、商贸中心，是全国重要的汽车工业、农产品加工业基地和科教文贸城市。素有“电影城”“汽车城”之称。长春是一座美丽的城市，物华天宝，人杰地灵，自然与人文景观俱佳，拥有丰富而独具特色的旅游资源。长春市是一座“森林城”，城市绿化率已经达到 78%，居于亚洲大城市之冠。长春有很多著名的人文景观，农安辽代古塔，许多日伪时期的遗迹，有中国现存三大帝王宫殿之一的伪满皇宫和八大部。冬季冰雪旅游更是长春的热点，在这里不但可以滑雪、溜冰、参加雪地汽车拉力赛，还可以欣赏冰雕、雪雕等各类冰雪艺术品。作为中国首批优秀旅游城市之一，长春市现已形成了食、住、行、游、购、娱诸要素协调发展的旅游产业体系。以净月潭森林、冰雪为主打产品的生态旅游；以伪皇宫、八大部为代表的伪满遗迹游；以长影、电影城为主的影视文化游；以一汽、汽车城为龙头的汽车工业游等四大名牌构成了长春独特的旅游资源。

1）“八大部”——净月潭风景名胜区

“八大部”位于吉林省长春市境内，由伪满洲国傀儡皇帝宫殿、伪国务院及其下属“八大部”等历史建筑与山青水秀的净月潭自然风光统一组合而成，面积约 151km²，为国家级重点风景名胜区。公元 1932 年，末代皇帝爱新觉罗·溥仪将长春市设立为伪满洲国国都——新京市，并在今长春市东北部光复北路 3 号建造了皇宫殿堂。他从 1932

年到1945年间曾在这里居住。伪满皇宫的主体建筑是一组黄色琉璃瓦覆顶的二层小楼，包括勤民楼、辑熙楼和同德殿，这三座小楼风格独特，是中西式相结合的格局。伪皇宫可分外廷和内廷两部分，外廷是溥仪处理政务的场所，内廷是溥仪及其家属日常生活的区域。如今，皇宫大部分已辟为吉林省博物馆，展出高句丽、渤海、辽、金等在东北建立的封建王朝的史料。伪国务院及其下属的伪满洲国的八大统治机构，统称长春“八大部”.（即伪国务院及治安部、司法部、经济部、交通部、兴农部、文教部、外交部）这些建筑机构都建在长春新民大街附近，形成以地质宫为中心的保存完好的建筑群。八大部各幢大楼的建筑风格都不相同，集中西方风格为一体，既有外观宏伟的大楼，又有垂花拱门的庭院，是日本侵略者侵略中国东北、炮制伪满洲国并进行殖民统治的历史见证。

净月潭位于长春市南关区境内，景区面积达83km^{2}以上，这里拥有我国最大的人工林场，生长已有50多年的人工林就有8000km^2，世界闻名。净月潭迄今已形成多树种、多层次、多结构的森林景观，成为踏青、春游、野营、登山、观花、赏月、避暑度假、滑雪、观看冰灯的理想地点。景区分为潭北山色、潭南林海、月潭水光和潭东村舍四个景区，以水景为主，山村衬托，植被丰富。由于它所在的地理位置和完美的森林景观以及清澈无瑕的一潭碧水，1988年，被林业部批准为国家级森林公园。

2）长影世纪城

长春世纪城位于长春市净月潭风景区西侧，是我国首家电影制片工业与旅游业相结合的电影主题公园，堪称东方好莱坞。长影世纪城内的主要景观有：4D特效电影、立体水幕电影、激光悬浮电影、动感球幕电影、三维巨幕电影、鹰神山、宇宙森林、密林古堡、阴阳庐、世纪明珠、魔方星城、悬浮宫、飞龙宫、水晶山、英雄秀场、奇妙宫、银河宫、淘气堡、神秘古树、祝福泉、欢乐岛等。其中，特效电影是长影世纪城最具特色的旅游娱乐产品，长影世纪城园区内设有的3D巨幕、4D特效、激光悬浮、动感球幕、立体水幕等五个特效影院，已将当今世界最先进的特效电影汇集于一个园区内，好莱坞、迪斯尼都没有做到。因此，长影世纪城又被人们誉为“世界特效电影之都”。长影世纪城自2005年5月正式开园以来，已在中国旅游市场上产生了很大的影响，取得了较好的社会效益和可观的经济效益。2005年被评为国家4A旅游景区，2006年又入选中国十大影视城（图3.7）。

图3.7

3）伊通火山群

伊通火山群位于吉林省伊通满族自治县、长春市郊区、公主岭市与四平市境内，是由16座火山锥构成的火山群落，属国家级自然保护区。该火山群是以缓慢的“挤牙膏”式即“侵出”为特征形成的熔岩穹丘，每座火山均孤峰耸立，却不见火山弹、熔岩流等其他火山喷发物，被国内外专家、学者确认为“伊通型火山”，其独有的特点极具旅游观赏和科学考察价值。火山群中的大孤山、小孤山、东西尖山等七座火山穹丘呈北斗星状排列，在民间有“七星落地”之说。

2. 吉林市

吉林市原名“吉林乌拉”，满语为“沿江的城池”之意。地处东北腹地长白山脉向松嫩平原过渡地带的松花江畔，三面临水、四周环山。东接延边朝鲜族自治州，西临长春市、四平市，北与黑龙江省哈尔滨市接壤，南与白山市、通化市、辽源市毗邻。环绕的群山和回转的松花江水，使吉林市形成“四面青山三面水，一城山色半城江”的天然美景，故吉林市又有“江城”之称。江城是满族和朝鲜族的发祥地和聚居地，民族文化积淀深厚，民风古朴。乌拉街满族风情，阿拉底村、兴光村朝鲜族风情，都具有浓郁的民族特色，吸引着大批中外游客。吉林市冰雪旅游资源得天独厚，中国四大奇观之一的吉林雾凇、还有全国著名的北大湖滑雪场。雾凇奇观、滑雪天堂、湖光山色、满族风情已形成了江城旅游产业的核心品牌。作为中国历史文化名城，吉林市拥有众多古朴恢弘的文物古迹。吉林文庙、圣母洞、北山古庙群、天主教堂都是游人经常光顾和向往的地方。近几年，吉林市政府以旅游为载体，相继举办了“中国吉林国际雾凇冰雪旅游节”、“松花湖之夏旅游节”等大型节庆活动，使江城的旅游开始走向世界。

1）松花湖

松花湖位于吉林市区西南，为国家重点风景名胜区。松花湖是丰满水电站大坝拦截松花江水在其上游形成了一个巨大的人工湖。湖面碧波荡漾，烟波浩淼，两岸群山环立，峰峦叠嶂，深谷幽境，山上林木茂密，四季景色各异，初春林木吐翠，盛夏绿树成荫，金秋层林尽染，隆冬玉树琼花，水、山、林三者交相辉映，景色迷人，引人入胜，使人流连其中，乐而忘返。在松花湖风景名胜区内分布有十多处相对独立的景区，分别为骆驼峰、凤舞池、五虎岛、卧龙潭、石龙壁、摩天岭、额赫岛等。而位于松花湖畔大青山上的松花湖滑雪场，是著名的滑雪胜地。

2）北大湖滑雪场

北大湖滑雪场位于吉林市永吉县境内，是国内标准高山滑雪场之一。北大湖属中低山区，自然条件比较好，这里山坡平缓，很少悬崖峭壁，海拔超过 1200m 的山峰有 9 座，主峰海拔 1404.8m，雪道最大坡度 32°，最小坡度 7°，平均坡度 15°左右。整个北大湖滑场区域三面环山，冬季避风好，有时近似无风状态，气候较为适宜。山区雪情好，雪期长，一年中积雪日达 160 天左右，有效滑雪期可达 140 天左右。适合开展雪上运动，是我国重要的滑雪运动基地和滑雪旅游中心，能举办竞技滑雪比赛。曾成功地承办了中国第八届、第九届冬季运动会雪上项目比赛和 1995、1996、1997 年全国滑雪比赛，还接待了大批国内外游客，是滑雪爱好者理想的度假地。

3）吉林雾凇

吉林市是一座风景优美的江城，松花江宛如玉带流贯市区。吉林树挂为中国四大自然奇观之一。雾凇又称“树挂”、“凝华”，是一种白色固体凝结物，由过冷的雾滴附着于地面物体上，迅速冷冻而成。雾凇在我国高寒山区和东北地区的冬季较多出现，但吉林市雾凇出现最频繁，维持时间最长。原因在于流经吉林市的松花江水，上游经过丰满水电站升温变暖，数九寒冬江水带着巨大热能，缓缓流过市区而不封冻，江水蒸腾的雾气与寒冷的空气凝结成细小的冰晶，附着在沿江两岸的树干和树枝上，形成罕见的冰雪树挂景观(图3.8)。每年隆冬季节，吉林市全城银装素裹，冰花盛放，一年一度的“中国吉林雾凇冰雪节”就在此举行。雾凇是吉林市最有特色的旅游景观，吉林市是全国著名的树挂景区。

图3.8

3. 长白山

长白山位于吉林省东南部，为国家重点风景名胜区。以其终年的白雪皑皑且山石呈灰白色而得名，为鸭绿江、松花江、图们江的发源地。山体由巨型火山体形成，在熔岩台地上以主峰为中心，呈放射状分布着100多座小火山。主峰山巅终年积雪，白云环绕，如白头老人之头，故又称白头山，海拔2691m，为我国东北第一高峰，也是欧亚大陆东岸高山之一。

长白山自然保护区，位于吉林省以长白山天池为中心的安图、抚松、长白三县交会处，面积21.5万hm^2。为绕白头山天池东、西、北三面的中国境内长白山原始森林中心地区，素有“长白林海”之称。长白山自然保护区为国家重点自然保护区，已加入联合国教科文组织的国际“人与生物圈”保护区网，主要保护温带森林生态系统、自然历史遗迹和珍稀动植物，是重要的科研、旅游基地。山上森林茂密，多野生动植物，盛产“东北三宝”。近年来，开展“人参之路”旅游，极具地方特色，吸引了国内外众多游客。

长白山天池，位于长白山主峰火山锥体顶部，为中朝两国界湖。天池是火山喷发后形成的火山口，逐渐积水成湖，称为火口湖。湖面海拔2189.1m，水面面积9.82km^2，平均水深204m，最深处达300余米，是我国最大最高最深的火口湖。

天池瀑布，又名长白瀑布。天池之水从海拔2070m处断崖跌落，形成如五龙飞天的68m高的长白瀑布。长白瀑布落入深潭，涌入二道白河，同长白温泉汇合北流，形成了松花江的正源。

长白山温泉，位于天池北侧，为温泉分布集中地带，面积达1000多平方米。二道白河从温泉群中穿过，右岸泉口比较集中，约有30多处。泉水水温在60～80℃之间，含有大量的硫化氢和多种微量元素，具有较高的医疗价值，是沐浴和疗养的理想场所。

4. 集安

集安市隶属于吉林省通化市的县级市，位于吉林省东南部，东南与朝鲜民主主义共和国隔鸭绿江相望，西南与辽宁省接壤，北与通化市接壤。集安是中国历史文化名城，历史悠久，文化底蕴厚重。公元前37年，我国北方少数民族高句丽在鸭绿江中游和浑江流域建立政权，公元3年，高句丽迁都国内城（今集安市区），集安作为高句丽都城长达425年，是保留高句丽文物古迹最多的地方，多处列为国家级和省级重点文物保护单位，其中好太王碑、五盔坟、国内城、丸都山城以及被誉为“东方金字塔”的将军坟等高句丽古迹早已蜚声海内外，“古迹文化游”令人流连忘返。集安市四季分明，山奇水碧，风景秀丽，以五女峰国家森林公园为代表的“生态环境游”，足以使人领略江南塞北名山大川的秀美景色。集安是边境城市，中朝界河鸭绿江风光旖旎，“边境风光游”独具特色，异域风光令人陶醉。

高句丽古迹在集安市周围的平原上，分布了一万多座高句丽时代的古墓，这就是闻名海内外的“洞沟古墓群”。其中将军坟、好太王陵等规模宏大。将军坟素有“东方金字塔”之称，墓体呈方锥体，共有七级阶梯，全部采用巨型花岗岩石条砌成，墓室顶部用整块巨石覆盖，建筑雄伟，造型明快庄严。好太王陵为高句丽第19代王“好太王”之墓。始建于公元391年，也是一座大型方坛阶梯石室墓，是现存高句丽王陵中唯一确知年代、葬者的典型墓葬。2004年7月，第28界世界遗产委员会会议决定，集安高句丽王城、王陵及贵族墓葬被正式列入《世界文化遗产名录》。

5. 其他旅游城市与景区

此外，吉林省还有延吉、敦化等旅游城市。延吉位于吉林省东部，是延边朝鲜族自治州政府所在地，山清水秀，风光秀丽，又是著名的歌舞之乡。朝鲜族占延吉人口50%以上，保留着浓郁的民族风情，游延吉以体验朝鲜族民俗风情为主。朝鲜族人民能歌善舞，以“长鼓舞”、“扇子舞”、“顶水舞”最为著名，节日期间还会举行大众化体育运动如摔跤、跳板和荡秋千等。另外，延吉市周围还分布有渤海国时期的建筑——城子山山城、爱丹城、大小墩台、古长城等近百处古代遗址。敦化历史文化底蕴深厚，是唐代渤海国开国地，也是清始祖发祥地，被誉为“千年古都百年县”。境内生态旅游资源丰富，有雁鸣湖景区、老白山景区、六顶山景区等特色生态旅游景区。

四、旅游线路与行程设计

1. 短线

(1) 吉林经典一日游：松花湖、松花湖滑雪场、陨石雨陈列馆、北山公园。

(2) 长春都市风光一日游：伪满皇宫博物院、长影世纪城、文化广场、伪满时期国务院及“八大部”、东北二人转。

(3) 长春净月潭一日游：净月广场、塔楼、净月大坝、月亮湾、鹿苑、圣诞老人乐园、索道、滑道、溜索、森林浴场、攀岩。

(4) 长春—净月潭二日游：伪皇宫、电影城、文化广场、伪满八大部、东北虎园、净月潭风景区。

(5) 长春市、吉林市二日游：伪满皇宫博物院、文化广场、伪满八大部、长影世纪城、船游松花湖、品尝松花湖鱼宴、吉林北山公园、陨石雨陈列馆。

2. 中长线

(1) 绿色生态吉林、敦化、长白山风光三日游：保安睡佛、品尝庆岭活鱼、长白山天池、长白瀑布、小天池、温泉群、地下原始森林、敦化正觉寺。

（2）长白山北、西、南坡纯净四日游：长白山北景区天池、瀑布、温泉、绿渊潭、地下森林、长白山西景区天池、锦江峡谷、梯子河、高山花园、长白山南景区天池、炭化木、鸭绿江大峡谷等。此线路可体验长白山朝鲜族及满族民俗风情，森林激情漂流等。

（3）长春—松原—吉林—长白山—延吉5日游：伪满皇宫博物院、长影世纪城、文化广场、伪满时期国务院及“八大部”、查干湖冬季冰上捕鱼活动、品尝鱼宴、体验蒙古族风情、吉林雾凇、游览吉林市容、览长白山风光：穿林海、踏雪原、赏瀑布、登主峰、观天池、洗温泉、体验朝鲜族风情、欣赏朝鲜民族歌舞表演。

3. 特色旅游线路

（1）雾凇冰雪之旅：

① 长白山冰雪旅游线：登山观日出—长白山天池—瀑布—高山滑雪—温泉浴—朝鲜族民俗风情。

② 吉林市冰雪风光旅游线：观赏雾凇—北大湖雪场—陨石博物馆—北山公园—观三灯（彩灯、冰灯、河灯）。

③ 长春冰雪风光线：净月潭景区—伪满皇宫—电影城—伪满国务院—文化广场—南湖冬泳—胜利公园冰灯。

（2）古迹遗迹之旅：

①伪满遗迹旅游线：伪满皇宫博物院—伪满关东军司令部—伪满新皇宫—文化广场—伪满国务院陈列馆—伪满八大部。

②叶赫那拉古迹旅游线：山门风景区（二郎山庄、杏花山）—叶赫满族民俗旅游区（古城遗址、影视城、转山湖游乐园）—二龙湖风景区（赫尔苏古城、燕国古城遗址、湖心岛、万宝）。

任务3.4　畅游辽宁

一、地理环境概述

辽宁省位于中国东北地区的南部，简称辽，寓意“辽河流域，永远安宁”，是东北地区通往关内的交通要道，也是东北地区和内蒙古通向世界、连接欧亚大陆桥的重要门户和前沿地带。辽宁省东北与吉林省接壤，西北与内蒙古自治区为邻，西南与河北省毗连，与山东省隔海相望，以鸭绿江为界河，与朝鲜民主主义人民共和国隔江相望，南濒浩瀚的渤海和黄海。介于东经118°53′～125°46′，北纬38°43′～43°26′之间，是中国东北经济区和环渤海经济区的重要结合部。辽宁省历史悠久，古文化源远流长。早在远古时代，该地区就有人类劳动、繁衍、生息活动。夏商为幽州、营州之地，秦置辽东、辽西、右北平三郡，西汉隶属于幽州，隋为辽东郡，唐属河北道，清设辽东将军，后改奉天将军，再改盛京将军，清末改奉天省。1929年，中华民国改奉天省为辽宁省，为辽宁得名的开始。九一八事变后，辽宁被日本帝国主义侵占。1932年3月1日，日本扶植的伪满洲国成立，该省被分为安东（安东即今丹东）、奉天、锦州三省。1945年抗战胜利后改回辽宁省。全省土地面积为 14.69 万平方千米，人口 4315 万（截至 2008 年底），省会沈阳市。境内居民以汉族为主，另有满、朝鲜、蒙古、达斡尔、回、锡伯、壮、苗、土家、彝族等 43 个少数民族（图 3.9）。

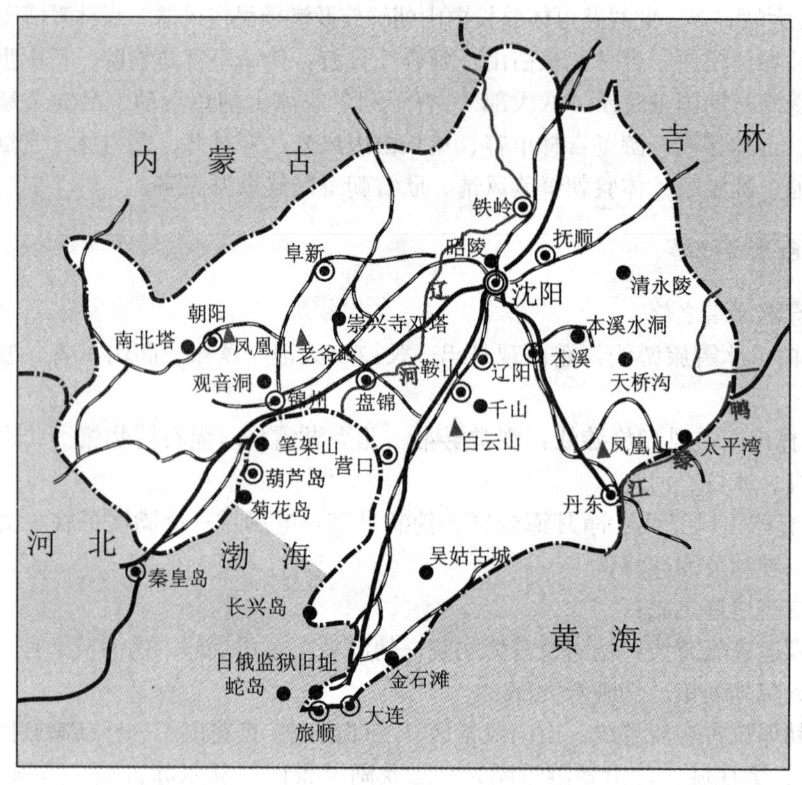

图 3.9

本省的地势大致为自北向南，自东西两侧向中部倾斜，山地丘陵分列东西两厢，向中部平原下降，呈马蹄形向渤海倾斜。辽东、辽西两侧为平均海拔 800m 和 500m 的山地丘陵；中部为平均海拔 200m 的辽河平原；辽西渤海沿岸为狭长的海滨平原，称“辽西走廊”。境内有大小河流 300 余条，主要有辽河、浑河、大凌河、太子河、绕阳河以及中朝两国共有的界河鸭绿江等。省内海域广阔，辽东半岛的西侧为渤海，东侧临黄海。海域（大陆架）面积 15 万平方千米，陆地海岸线东起鸭绿江口西至绥中县老龙头，全长 2292.4km，占全国海岸线长的 12%。全省有海洋岛屿 266 个，主要岛屿有外长山列岛、里长山列岛、石城列岛、大鹿岛、菊花岛、长兴岛等。全省属于温带大陆性季风气候区，境内雨热同季，日照丰富，积温较高，冬长夏暖，春秋季短，四季分明。雨量不均，东湿西干。

在交通方面，辽宁省的铁路密度位居全国首位，有沈丹、长大、沈山、沈吉、锦承、魏塔等铁路干线、支线共 57 条，以沈阳为枢纽向四周辐射。省内高速公路也形成了以沈阳为中心枢纽向四周辐射状，截至 2008 年 10 月，通车里程达到 2800km。已通车的高速公路有京沈高速、沈丹高速、丹大高速、土羊高速、沈吉高速、沈大高速、沈四高速、本辽高速等10余条。主要机场有沈阳桃仙国际机场、大连周水子国际机场和丹东浪头机场等。主要港口有丹东、大连、营口、庄河、锦州、葫芦岛、旅顺等。

二、旅游业掠影

辽宁省历史悠久，人杰地灵，自然风光秀美，山海景观壮丽，文化古迹别具特色，旅游资源十分丰富。千山、医巫闾山、凤凰山都是享誉中华的旅游名山。“北方桂林”冰峪沟、“华夏之宝”本溪水洞、“浪漫之都”大连等风景美不胜收。作为我国清王朝的发祥地，辽宁省前清历史和文物遗迹众多。目前全国仅存的两大宫殿建筑群之一的沈阳故宫，是清代开国时期留下来的宫殿建筑。清永陵、清福陵、清昭陵、辽阳壁画墓群等都是古代劳动人民遗留下的历史结晶。另外，本省别具特色的旅游节庆活动较多，如沈阳国际冰雪旅游节、大连国际服装节、鞍山千山国际旅游节、抚顺满族风情节、丹东鸭绿江国际旅游节等。悠久的历史、丰厚的资源、繁荣的经济促使辽宁省的旅游产业获得了快速的发展。

表3.3　2008年辽宁省旅游业发展情况一览表

省分及其在全国的地位	国内旅游人数/万人次	入境旅游人数/万人次	国内旅游收入/亿元	旅游外汇收入/亿美元	星级酒店数/家	旅行社数/家	4A级以上景区数/家
辽宁省	19836.4	241.87	1635.5	15.2	551	1082	49
全国总数	171200	13003	8749.3	408.43	14099	20110	872
占全国比例	11.59%	1.86%	18.69%	3.72%	3.9%	5.4%	5.62%
在全国排名	6	9	6	7	9	4	7

未来东北经济区的崛起和环渤海经济圈的腾飞，将给辽宁旅游业带来深远的影响。立足我国国内、辽宁省内旅游现状和宏观环境，结合世界旅游与旅行理事会（WTTC）报告、世界旅游组织《2020旅游展望》、国家旅游局和国家统计局统计分析报告等分析预测，辽宁省将抓住机遇，创造条件，努力实现本省旅游业的转型升级目标。一方面将继续完善旅游产品体系，以辽宁中部、辽东半岛、辽宁西部三大旅游区为重点，深化世界文化遗产旅游、海滨度假旅游、生态旅游、民俗文化旅游、工农业旅游、红色旅游以及玉文化旅游、佛教文化旅游等具有辽宁特色的旅游产品的开发建设。积极培育和打造辽宁省旅游会展品牌。中国·辽宁东亚国际旅游博览会已经成为了东北亚地区具有较高影响力的区域性国际旅游节会专业品牌。中国（沈阳）世界园艺博览会、沈阳国际冰雪旅游节、大连国际服装节、本溪国际枫叶节、丹东鸭绿江旅游节、锦州国际民间文化节等特色节会活动也已成为全国、地方知名旅游节会品牌。进一步提升这些旅游节庆的内涵，打造出一批具有国际影响力的旅游节庆，树立辽宁省旅游形象。同时，继续开发并推出一些旅游者喜闻乐见的杂技、歌舞、小品、二人转等旅游文化娱乐活动，形成辽宁省以食、住、行、游、购、娱为主干的旅游大产业。另一方面，积极确立辽宁省旅游市场开发体系。以省内旅游市场为基础，以华北、东北、华东地区旅游市场为重点，积极开拓国内旅游市场；深度开发日、韩、台、港、澳、东南亚市场，积极拓展俄罗斯、欧

洲、北美市场；规范发展出境游市场。

三、旅游城市与景区览胜

1. 沈阳市

沈阳市位于辽宁中部，辽宁省会，是我国重要的重工业基地，素有“东方鲁尔”的美誉。沈阳是一座历史悠久的文明古城，素有“一朝发祥地，两代帝王城”之称。1625年，清太祖努尔哈赤建立的后金迁都于此，更名盛京。1636年，皇太极在此改国号为“清”，建立清王朝。1644年，清军入关定都北京后，以盛京为陪都。清初皇宫所在地——沈阳故宫，是中国仅存的两个完整皇宫建筑群之一。沈阳市的旅游景观丰富多彩，闻名遐迩的古新乐遗址、清故宫、皇家陵寝、古盛京一条街以及45亿年的古陨石山、奇特的怪坡、棋盘山风景区等众多名胜古迹，成为沈阳市城市旅游的象征。

1）沈阳故宫

沈阳故宫位于沈阳旧城中心，占地60000m²，沈阳故宫的建筑布局可以分为三路，东路为清太祖努尔哈赤时期建造的大政殿与十王亭。中路为清太宗皇太极时期续建的大中阙，包括大清门、崇政殿、凤凰楼以及清宁宫、关睢宫、衍庆宫、启福宫等。西路则是乾隆时期增建的文溯阁、嘉荫堂和仰熙斋等。沈阳故宫现已辟为沈阳故宫博物院，是国家重点文物保护单位。沈阳故宫博物院不仅是古代宫殿建筑群，还以丰富的珍贵收藏而著称于海内外，故宫内陈列了大量旧皇宫遗留下来的宫廷文物，如努尔哈赤用过的剑，皇太极用过的腰刀和鹿角椅等。2004年7月1日，沈阳故宫作为明清皇宫文化遗产扩展项目列入《世界遗产名录》（图3.10）。

图 3.10

2）清福陵（东陵）

清福陵是清太祖努尔哈赤及其皇后叶赫那拉氏的陵寝，因其坐落在沈阳市东北11km处。故又称东陵。福陵始建于1629年，竣工于1651年，经康熙、乾隆两帝增建，方具今日规模。陵内有庄严的正红门，有生动的石狮、石虎、石马等，有著名的108蹬台阶，有方城、隆恩殿、东西配殿、大明楼、宝顶等建筑。东陵的建筑严谨，雕刻精细，体现了中国古代建筑艺术的优秀传统和独特风格。

3）清昭陵（北陵）

清昭陵为清太宗皇太极和孝端文皇后博尔济吉特氏的陵墓，因其位于沈阳市区北部，故又称北陵。昭陵建于1643年，是沈阳名胜古迹之一，古代建筑的精华，汉满民族文化交流的典型。园内陵道左右建有碑楼、华表、擎天柱、立象、立马、卧驼、麒麟、座狮等石兽，两两相对。方城是陵园的主体部分，宝城下面是皇太极和皇后地宫。昭陵楼台殿阁，气象轩豁，黄瓦红墙，绿树掩映，壮丽辉煌。1927年辟为公园，称为北陵公园，占地330万m^2。北陵公园以其古老历史、神秘皇陵和园林景观，成为镶嵌在沈城大地上的璀璨明珠。

4）怪坡、响山

怪坡位于沈阳市新城子区清水台镇境内的帽山西麓，西距国道120线1.32km，南距沈阳30km。怪坡发现于1989年4月，坡长70余米，宽约15m，呈西高东低走势。各种车辆到此下坡不走，上坡滑行。距怪坡东南100m，还有一奇观——“响山”，只要用脚一跺，下面就发出“空空”的响声。顺坡行至山顶，倘若用锤砸地，其响声更大，如万马奔腾，鼓震雷鸣，故人称“嗡顶”。

5）棋盘山

棋盘山位于沈阳东北部，是沈阳最大的自然风景区，景区内山峦起伏，溪谷迂回，林木葱郁，鸟语花香，是以自然山水林木为主体，集森林生态旅游、冰雪旅游、风光旅游、度假旅游、名胜古迹于一处，融棋牌竞技、科普知识、商贸购物、文体娱乐为一体的旅游胜地。棋盘山是长白山余脉，景区入口处有铁拐李和吕洞宾对弈正酣的造像，棋盘山由此得名，也向世人昭示了棋盘山“棋牌”文化的丰厚底蕴。景区的主体为“三山一水”，即棋盘山、辉山、石人山和秀湖（棋盘山水库），主要景点有：碧塘风荷、北岭春晓、芳草云天、秀湖烟雨、辉山晴雪、棋盘远眺、向阳红叶、望云寺、向阳寺、仙人洞、点将台、妈妈石、高句丽山城、龟岭、望湖阁、晴雪楼、险亭和南天门等。

6）张氏帅府

张氏帅府位于沈河区故宫南侧，又称“大帅府”或“少帅府”，是清末民初东北军阀张作霖和其儿子张学良将军的官邸和私宅。始建于1914年，总占地3.6万m^2，总建筑面积为2.76万m^2，是迄今东北地区保存最为完好的名人故居。张氏帅府是由东院、中院、西院和院外建筑等4个部分组成的庞大建筑群，其中既有中国传统风格的四合院、水榭亭台的帅府花园，又有欧式风情的大青楼、边业银行、红楼群，以及中西合璧式的小青楼和赵四小姐楼。1988年，张氏帅府被定名张学良旧居陈列馆暨辽宁省近现代史博物馆对外开放，2002年正式更名为张氏帅府博物馆暨辽宁近现代史博物馆。

2. 鞍山市

鞍山市地处辽东半岛中部，北部靠辽阳县，南部与凤城市、庄河市毗邻，东南部与大石桥市接壤，西部与盘山、辽中县连接。因其市南郊有一对形似马鞍的山而得名鞍山。鞍山是东北地区最大的钢铁工业城市，有“共和国钢都”的美誉，是新中国钢铁工业的摇篮。此外，鞍山还是人杰地灵之地。近百年来，鞍山人才辈出，爱国将领张学良、革命老前辈吕正操将军诞生在这里，雷锋入伍前曾在鞍钢工作，鞍山还涌现刘兰芳、单田方等著名评书表演艺术家。鞍山是中国优秀旅游城市，拥有世界第一玉佛、亚洲著名温泉、国家名胜千山、中华宝玉之都和祖国钢铁之都五大旅游品牌。

1）千山风景区

千山，又名千朵莲花山，位于鞍山市东南18km处，面积44km^2，是全国重点风景名胜区。千山自然风光秀丽，人文古迹众多。早在隋唐时期，千山就有寺庙建筑，清代中期，道教传入千山，相继建成了“五宫”、“八观”、“五大禅林”、“十二茅庵”等38

处不同风格的庙宇和大量的碑、塔、亭、阁。千山风景区共有景点300余处，按自然地形分为北部、中部、西部和南部四个景区。北部景点主要有无量观、龙泉寺、南泉庵、五佛顶和“小黄山”；中部景点主要有中会寺、五龙宫；西部主要景点有太和宫、斗姆宫；南部景点主要有香岩寺、仙人台。

2）汤岗子温泉

汤岗子温泉位于鞍山市区西南部15km处，该温泉泉水无色无味，清澈透明，温度达72℃，并含有钾、镁、氡、钠等30余种微量元素。用温泉水和热矿泥配合按摩、针灸、蜡疗及光电疗法，对风湿性关节炎、皮肤病、外伤后遗症都有明显疗效。1949年，鞍山市于此建汤岗子温泉疗养院，是鞍山市著名的康复和旅游的胜地。近几年来，又成立了“汤岗子中医康复保健中心”，在国内也建立了多处保健中心，合作开发汤岗子温泉资源，扩大汤岗子温泉品牌效应，为更多的患者带来了福音，为医院创造了可观的社会效益和经济效益。汤岗子温泉风光秀丽，人文景观众多，温泉气候宜人，交通便利，是融康复、理疗、疗养、游览于一处的旅游胜地。

3. 本溪

本溪，旧名“本溪湖”，位于辽宁东南部，地处辽东半岛腹地，北靠沈阳、抚顺，南接丹东，西邻辽阳、鞍山，东傍吉林。本溪是我国著名的钢铁城市，这里矿藏丰富，被誉为“地质博物馆”，以产优质焦煤、低磷铁、特种钢而著称。本溪是辽宁中部城市群的中心城市，是中国优秀旅游城市，全市主要旅游景点有本溪湖、本溪水洞以及东北道教名山——九顶铁刹山等。土特产有山楂、猕猴桃、梨、蕨菜、人参、鹿茸等。

本溪水洞位于本溪市东北35km处，风景名胜区以本溪水洞为主体，融山、水、洞、泉、湖、古人类文化遗址一体。由水洞、温泉寺、汤沟、关门山、铁刹、庙后山6个景区组成，沿太子河呈带状分布，总面积42.2km^2。水洞是数百万年前形成的大型石灰岩充水溶洞，洞内深邃宽阔，水洞面积3.6万平方千米，全长2300m，是世界上已发现的最长的充水溶洞，已成为中国世界纪录协会世界上最长的充水溶洞候选世界纪录。泛舟则可畅游水洞，洞府高低错落，洞中有洞，各有洞天，洞顶和岩壁钟乳石多沿裂隙成群发育，呈现各式物象，不假修凿，自然成趣，宛若龙宫仙境。2005年9月，本溪水洞成功申报国家地质公园，2005年10月，中国《国家地理》杂志评选“中国最美的地方”活动中被评为“中国最美的旅游洞穴”（图3.11）。

图3.11

4. 大连

“大连”是满语词汇中“嗒淋”一词的译音，其本意是“海滨”或“河岸”之意。大连位于中国东北辽东半岛最南端，北依营口市，南与山东半岛隔海相望，与日本、韩国、朝鲜和俄罗斯远东地区相邻，是重要的港口、贸易、工业、旅游城市。作为中国首批优秀旅游城市，大连不仅有丰富的人文旅游资源，还有许多风景奇秀的自然旅游资源。南部沿海风景区、旅顺口风景区、金石滩风景区和冰峪风景区是大连四大名胜风景区。每年一度的大连国际服装节、烟花爆竹迎春会、国际马拉松赛等大型活动，融经济、文化、旅游为一体，享誉海内外，给城市发展带来了无限商机和活力，旅游业已发展成为大连的新兴产业。

1）金石滩旅游度假区

金石滩旅游度假区位于大连市东北端的黄海之滨，毗邻大连新市区，距大连市中心50km。金石滩三面环海，呈元宝状，有山、海、滩、礁，景色优美。乘坐金石滩度假区内专用游览巴士沿海岸公路前行，可以欣赏6500m的海上奇石景区，这里浓缩了距今6亿～3亿年间的地质奇观，形成了被称为“东方神力雕塑”的海蚀岸、海蚀洞、海蚀柱等奇观，含玫瑰园、龙宫、南秀院、鳌滩四大景区，大鹏展翅、恐龙吞海等百余处景点，气势恢弘，栩栩如生，专家们称之为“凝固的动物世界”。另外，金石滩还有“绅士乐园”之誉，这里有一流的阳光海滩、垂钓岛礁、度假酒店别墅，有顶级的高尔夫球场、国际游艇俱乐部和狩猎场。

2）大连虎滩乐园

大连虎滩乐园坐落在大连南部海滨风景区中部，包括北大桥、菱角湾、虎滩湾等。占地118万m^2，有着4600余米的曲折海岸线。它是在原老虎滩公园的基础上改建而成，是集游览、观赏、娱乐、科普、休闲和购物于一体的多功能综合型乐园，也是大连重要的对外旅游窗口。虎雕广场是虎滩乐园内一处著名景点，广场总面积15700m^2，以群虎雕塑为依托，在设计上一改广场圆的概念，呈不规则状，造园手法上采用国外造园艺术，给人一种新颖奇特的感觉，使得虎雕广场成为大连众多广场中最为绚丽的一座。鸟语林坐落在虎滩湾的西南侧、菱角湾北部的山谷里，占地4.5万m^2。鸟语林的鸟笼占地1.8万m^2，是国内最大的半自然状态的人工鸟笼之一，林内有鸟禽80余种、2000余只。这里的孔雀东南飞表演，属全国首例节目，被誉为“虎滩三绝”的第一绝。水下世界位于虎滩乐园正门右侧200m处，占地3000m^2，全长220m，是我国第二代水族馆的佼佼者，共展出各种鱼类近百种。这里的美人鱼表演是“虎滩三绝”的第二绝。海洋动物馆位于虎滩乐园的东山脚下，占地3500m^2，可容纳1500人观看，其中的海狮表演是“虎滩三绝”的第三绝。

3）大连星海广场

大连星海广场位于美丽的星海湾，并由星海湾而得名，总面积4.5万m^2，为大连最大的广场。广场中央设有全国最大的汉白玉华表，高19.97m，直径1.997m，以此纪念香港回归祖国。华表底座和周围都饰有龙。广场中心借鉴了北京天坛环丘的设计方案，由999块四川红色大理石铺设而成。红色大理石的外围是黄色大五角星，红、黄两色象征着炎黄子孙。大理石上雕刻着天干地支、二十四节气及十二生肖。广场周边还设有5盏大型宫灯，由汉白玉石柱托起，高度为12.34m，光华灿灿，与华表交相辉映。这一切都积淀了中国传统文化的精华。广场巨大的五星红旗象征着我们的共和国源于中华民族悠久灿烂的文化，并使其发扬光大。广场四周，按照东周、西周以

图 3.12

来的图谱，雕刻了造型各异的 9 只大鼎，每只大鼎上以魏碑体书有一个大字，共同组成“中华民族大团结万岁”，象征着中华民族的团结与昌盛，一言九鼎，重于泰山，表现了海内外华人的共同心声。这一广场显示了大连人民对中华民族古老文化的景仰，也表达了大连人民对中华民族的真挚感情。巨大的星形广场又与大海相呼应，有星有海，恰为星海湾的象征（图 3.12）。

5. 其他旅游城市与景区

此外，辽宁省还有丹东、辽阳、葫芦岛、锦州等旅游城市。其中，丹东是国家特许经营赴朝旅游的城市，其境内有虎山长城、凤凰山、五龙山、天华山、黄椅山、大孤山、天桥沟、青山沟、蒲石河、玉龙湖、大鹿岛、獐岛等景区景点，与沈阳、大连构成辽宁旅游的“金三角”。

辽阳有许多著名的历史人文景观和自然风景区，主要的有辽阳汉魏壁画墓群、白塔公园、东京城、东京陵、辽阳博物馆、燕州城、清风寺、曹雪芹纪念馆、冷热地公园、华表山、通明山、铧子林场、龙峰山、龙顶山、石洞沟等。

葫芦岛市是中国优秀旅游城市，拥有众多景区景点，如葫芦山庄、龙湾海滨、兴城古城、兴城海滨、九门口长城、龙潭大峡谷、碣石宫、菊花岛、首山、望海寺、灵山寺、明末大将朱梅墓、绥中前卫斜塔等。

锦州的旅游资源丰富，名胜古迹众多，著名的旅游景区有笔架山、义县奉国寺、医巫闾山、青岩寺、辽代帝王陵墓群、辽沈战役纪念馆、古塔公园、北普陀山、翠岩山等。

四、旅游线路与行程设计

1. 短线

（1）沈阳市内一日游：沈阳故宫、昭陵、福陵、辽宁省博物馆、沈阳世博园、棋盘山风景区、怪坡。

（2）大连市内一日游：中山广场、友好广场、希望广场、人民广场、奥林匹克广场、星海广场、百年城雕、森林动物园、滨海路、北大桥、群虎雕塑、老虎滩极地海洋动物馆、珊瑚馆、鸟语林、棒棰岛。

（3）大连—旅顺二日游：海之韵广场、棒棰岛、老虎滩海洋公园、中山广场、友好广场、金石滩国家旅游度假区、大连滨海国家地质公园、发现王国主题公园、星海公园、大连贝壳博物馆、星海广场、旅顺口、白玉山、旅顺海军兵器馆、日俄监狱旧址、万忠墓纪念馆、中苏友谊塔。

（4）沈阳—鞍山—营口两日游：怪坡、辉山、植物园、千山、汤岗子、月牙湾、仙

人岛、白沙湾

（5）沈阳—本溪—丹东两日游：水洞、关门山、温泉寺、汤沟、凤凰山、青山沟、鸭绿江、虎山长城

2. 中长线

（1）沈阳—鞍山—本溪三日游：沈阳故宫、张氏帅府、昭陵、本溪水洞、千山、玉佛苑、沈阳世博园、福陵

（2）沈阳—鞍山—大连四日游：故宫、北陵公园、张学良旧居纪念馆、九一八事变博物馆、怪坡、千山、玉佛苑、汤岗子温泉、虎滩乐园、森林公园、星海公园、圣亚海洋世界、会展中心、人民广场、旅顺口、旅顺日俄监狱、日俄战争遗址、蛇岛、金石滩（高尔夫俱乐部、游艇俱乐部、狩猎俱乐部、鲜花大世界、奇石馆 、蜡像馆）。

3. 特色旅游线路

（1）冰雪风光游：大连（烟花爆竹迎春会、冰峪灯会）—沈阳（辉山冰雪节）—吉林（雾凇冰雪节）—哈尔滨（冰雪节）。

（2）奇特景观游：沈阳（怪坡、陨石山）—本溪（水洞）—鞍山（玉佛苑、千山天然大佛）—盘锦（红海滩）—锦州（笔架山）—大连（金石滩、蛇岛）。

（3）休闲度假游：

① 大连金石滩—西郊度假村—冰峪度假区—仙人岛度假区—营口白沙湾—仙人岛—月牙湾—望儿山—双台子温泉度假村—鞍山（汤岗子、千山温泉度假村）—沈阳辉山—本溪水洞—汤沟温泉。

② 沈阳—锦州笔架山—葫芦岛。

（4）辽西古迹游：

① 沈阳或大连—锦州北宁（医巫闾山、北镇庙、双塔、李成梁石坊）—义县（奉国寺、万佛堂石窟）—锦州（广济寺、辽沈战役纪念馆、观音洞）—葫芦岛（兴城古城、九门口长城、碣石遗址）。

② 沈阳—阜新（海棠山、瑞应寺）—朝阳（凤凰山、北塔、佐顺寺、牛河梁、东山嘴遗址）—葫芦岛（九门口长城、秦碣石宫遗址、兴城古城）。

（5）清前史迹清帝东巡游：北京（故宫、天坛、清东陵）—山海关（山海关、九门口长城）—兴城（明清古城、海滨）—锦州（北镇庙、医巫闾山）—沈阳（故宫、昭陵、福陵）—抚顺（永陵、抚顺战犯管理所）—辽阳（东京城、东京陵）—大连。

实训与思考

（1）东北三省旅游资源特色有哪些？对旅游业有何影响？

（2）结合东北三省旅游业现状，你认为还有哪些不足之处，应如何更好的利用现有优势发展旅游业？

（3）东北地区以冰雪旅游闻名，开辟有众多户外高山滑雪场，如北大湖滑雪场、亚

布力滑雪场、松花湖滑雪场等。请同学们从旅游安全的角度想一想，在开展滑雪旅游项目时应注意哪些问题?

（4）针对东北三省旅游资源，设计一条特色旅游线路，要求能够提供设计的主题、依据，并简要介绍旅游线路内的各项旅游景区、景点情况。

项目4

游历华北四省

目标与导读

华北四省是我国的旅游大区之一，尤其在自然风光、人文景观旅游方面所处地位非常突出。通过本项目的学习，全面了解本区旅游业发展概况与水平、旅游资源与环境特征、旅游城市和旅游景区布局，掌握各省旅游业发展特色与原因，科学准确地讲解旅游景区，并根据不同的客源设计和推荐相应的旅游线路。

任务4.1 区域认知

一、位置与范围

本区包括陕西、山西、河南和山东4个省区，位于我国中东部。其北部和西部分别与我国的京津冀、西北区相连，南部毗邻华中和华东地区，东临渤海和黄海，隔海与韩国、日本、朝鲜等国相望。华北四省总面积68.7km²，占全国的7.2%，总人口2.65亿（2008年底），占全国的20.4%。华北地区包括3个自然地理单元：东部的山东低山丘陵、中部的黄淮海平原、西部的黄土高原。华北地区是我国古代文化中心，开发利用历史悠久，长期的人类活动使自然面貌发生很大的改变（图4.1）。

二、旅游环境与资源

1. 自然景观的东西差异大

华北旅游区在地理上主要包括冀北山地、太行山地、秦晋高原、关中平原、陕南山地、华北平原和山东丘陵等几个地貌区域。华北旅游区兼有海河、黄河、淮河和长江四大水系，但以黄河水系和海河水系为主。

辽东、山东半岛以犄角之势环抱渤海。这两个半岛上的山地丘陵海拔大多在500m左右，只有少数山峰超过1000m，山势虽不高，但对海洋季风的运行却有一定的影响，构成华北地区海陆间的第一道地形屏障。中部广阔的黄淮海平原，地势低平，海拔一般不超过50m，黄淮海平原西缘的太行山海拔600～1000m，构成华北地区第二道地形屏

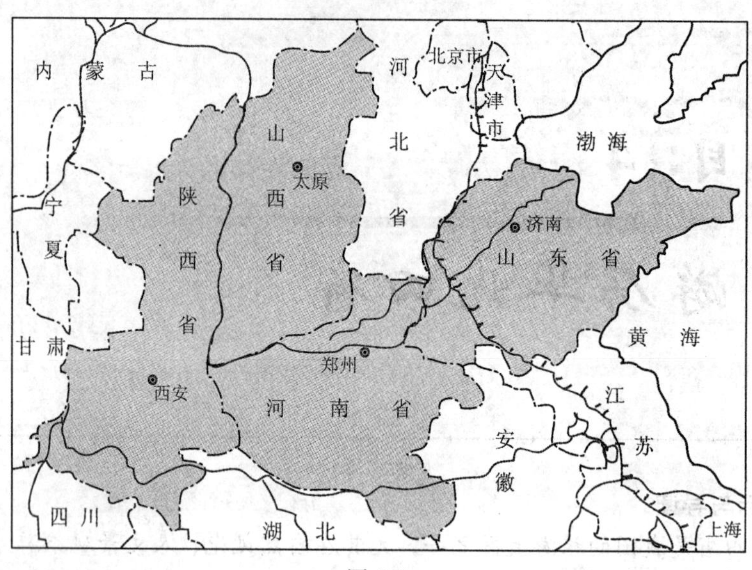

图 4.1

障，进一步阻挡海洋湿润气流的向西延伸，加强了华北地区自然景观的东西差异。

2. 地貌形态复杂，名胜景点众多

本区依山临海，平原广阔，丰富的地貌类型，自然旅游资源类型齐全而且各具特色，具有较高的游览，观赏价值。本区的山地、丘陵分布比较广泛，许多山地丘陵都很有名。五岳本区就独占其四：陕西省的西岳华山、山西省的北岳恒山、河南省的中岳嵩山和山东省的东岳泰山。除此之外，本区还兼具湖泊风光、海滨风光、瀑布景观等。

3. 人文荟萃，文物古迹引人入胜

本区的黄河流域是华夏民族重要的发祥地，其所留下的人类遗址枚不胜举。同时本区历史悠久，长期以来作为我国政治、经济、文化中心，因此留下了大量闻名于世的皇家建筑，宗教建筑及伟大工程。另外，本区的文化艺术特色鲜明，民风民俗古朴淳厚。本区所生产的特种工艺品和民间工艺品历史悠久，风格独特，深受广大旅游者欢迎。

4. 旅游业淡旺季明显

华北旅游区位于中纬度暖温带气候区，东临黄、渤海，西北及西南部以群山为屏，在东亚季风环流的控制下，形成以暖温带大陆性季风气候为主的气候特征，春旱多风，夏热多雨，秋高气爽，冬寒少雪。本区属典型的暖温带大陆性季风气候，春秋短而冬夏长，冬冷夏热，对比悬殊，降水量整体偏少且多集中于夏季。春夏秋三季自然景观丰富多彩，而冬季略显单调，因此本区旅游业淡旺季明显。

任务 4.2　畅游陕西

一、地理环境概述

陕西省，地处东经 105°29′～111°15′，北纬 31°42′～39°35′之间，简称陕或秦，也称三秦，省会是西安。陕西东邻山西、河南，西连宁夏、甘肃，南抵四川、重庆、湖北，北接内蒙古，居于连接中国东、中部地区和西北、西南的重要位置。全省总面积为20.58万km^2。2008年末，全省常住人口为3762万人。陕西是中华民族及华夏文化的重要发祥地之一，早在80万年前，蓝田猿人就生活在这里。历史上先后有十余个政权在陕西建都，时间长达1000余年，是我国历史上建都朝代最多、时间最长的省份，长期成为中国政治、经济、文化中心，留下了极为丰富的历史文化遗产。省会西安是全国六大古都之一。近现代以来，陕西是响应辛亥武昌起义宣布独立的首批省份之一，特别是1935～1948年，中共中央在陕北领导了抗日战争和解放战争，奠定了新中国的基石，培育了光照千秋的延安精神（图4.2）。

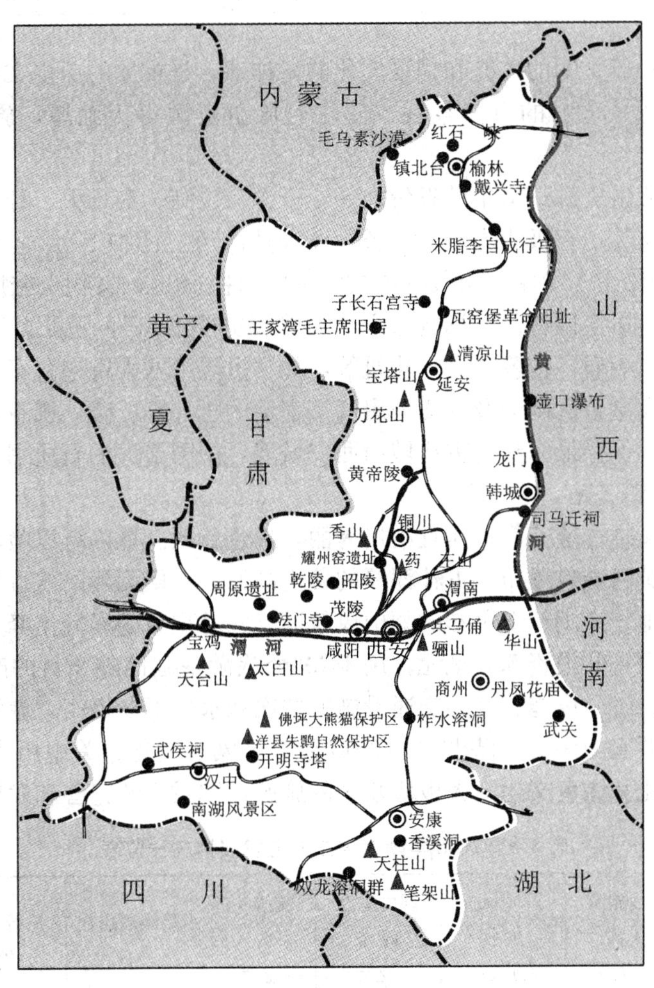

图4.2

陕西横跨3个气候带，南北气候差异较大。陕南属北亚热带气候，关中及陕北大部属暖温带气候，陕北北部长城沿线属中温带气候。其总特点是：春暖干燥，降水较少，气温回升快而不稳定，多风沙天气；夏季炎热多雨，间有伏旱；秋季凉爽较湿润，气温下降快；冬季寒冷干燥，气温低，雨雪稀少。全省年平均气温13.7℃，自南向北、自东向西递减；降水南多北少，陕南为湿润区，关中为半湿润区，陕北为半干旱区。

“秦中自古帝王州”。陕西在历史长河中不仅展现了朝代更替的变化历程，铸造了民族盛衰、强弱易势的历史印迹，同时，也孕育和创造了丰富深邃的物质文明和精神文明，造就了一大批光照千古的文化巨匠，他们为人类留下了灿烂的文化艺术成果。从西周“制礼作乐”的周公旦，到秦代创制隶书的程邈；汉代大史学家司马迁及班彪、班固、班昭，关中经学大师马融；唐代大诗人王维、白居易、杜牧，大书法家柳公权、颜真卿，画家阎立德、阎立本，训诂学家颜师古等。他们的不朽著作和业绩，树起了人类文化史上的巍巍丰碑，广为世人敬仰。

二、旅游业掠影

陕西是中华民族文明的摇篮和华夏文化的发祥地，是重要的历史文化中心。悠久的历史、灿烂的文化、奇丽的自然景观，使陕西旅游资源得天独厚，旅游业得到快速发展。

陕西是中国旅游资源最富集的省份之一，资源品位高、存量大、种类多、文化积淀深厚，地上地下文物遗存极为丰富，被誉为“天然的历史博物馆”。全省现有各类文物点3.58万处、博物馆151座、馆藏各类文物90万件（组），文物点密度之大、数量之多、等级之高，均居全国首位。浏览这座“天然历史博物馆”，随处可看到古代城阙遗址、宫殿遗址、古寺庙、古陵墓、古建筑等，如“世界第八大奇迹”秦始皇兵马俑，中国历史上第一个女皇帝武则天及其丈夫唐高宗李治的合葬墓乾陵，佛教名刹法门寺，中国现存规模最大、保存最完整的古代城垣西安城墙，中国最大的石质书库西安碑林，仅古代帝王陵墓就有72座。

陕西省不仅文物古迹荟萃，而且山川秀丽，景色壮观。境内有以险峻著称的西岳华山、气势恢宏的黄河壶口瀑布、古朴浑厚的黄土高原、一望无际的八百里秦川、婀娜清秀的陕南秦巴山地、充满传奇色彩的骊山风景区、六月积雪的秦岭主峰太白山等。

近年来，陕西省共投资5.5亿元，用于32个旅游基础设施项目的改造建设。宾馆饭店、会展设施、游乐设施、公共交通设施的档次和水平不断提高，旅游的综合服务功能全面提升。以西安为中心，陕北红色经典和黄土风情文化、关中历史文化和现代文化、陕南汉水文化和绿色文化3大板块联动的旅游业体系不断完善和发展（表4.1）。

表4.1 2008年陕西省旅游业发展情况一览表

省份及其在全国的地位	国内旅游人数/万人次	入境旅游人数/万人次	国内旅游收入/亿元	旅游外汇收入/亿美元	星级酒店数/家	旅行社数/家	4A级以上景区数/家
陕西省	9056	125.7	561	6.6	332	518	21
全国总数	171000	13003	8749	408	14099	20110	872
占全国比例	5.3%	0.96%	6.4%	1.6%	2.35%	2.6%	2.4%
在全国排名	18	14	18	12	19	18	21

三、旅游城市与景区览胜

1. 西安

西安，古称“长安”，是举世闻名的世界四大文明古都之一，居中国古都之首，是中国历史上建都时间最长、建都朝代最多、影响力最大的都城，是中华民族的摇篮、中华文明的发祥地、中华文化的代表。现为陕西省省会，中国七大区域中心城市之一，亚洲知识技术创新中心，新欧亚大陆桥中国段和黄河流域最大的中心城市，中国大飞机的制造基地，中国中西部地区最大最重要的科研、高等教育、国防科技工业和高新技术产业基地。

（1）秦始皇兵马俑博物馆，坐落在距西安 37km 的临潼区城东，南倚骊山，北临渭水，气势宏伟，被誉为“世界第八大奇迹”。1974 年，在秦始皇帝陵东发现 3 个大型陪葬的兵马俑坑，并相继进行发掘和建馆保护。3 个坑成品字形，总面积 22780m^2，坑内置放与真人马一般大小的陶俑陶马共约 7400 余件。一号坑最大，坑深 5m，面积 14260m^2，坑内有 6000 余陶人陶马，井然有序地排列成环形方阵。坑东端有三列横排武士俑，手执弓弩类远射兵器，似为前锋部队，其后是 6000 铠甲俑组成的主体部队，手执矛、戈戟等长兵器，同 35 乘驷马战车在 11 个过洞里排列成 38 路纵队。二号兵马俑坑平面呈曲尺形，面积 6000m^2，是一坐西朝东，由骑兵、步兵、弩兵和战车混合编组的大型军阵，共有陶俑陶马 1300 余件，战车 80 多辆，并有大量金属兵器。三号兵马俑坑平面呈凹字形，面积约 520m^2，它与一、二号坑是一个有机的整体，似为统师三军的指挥部，出土 68 个陶俑和 4 马 1 车（图 4.3）。

（2）大雁塔，又名大慈恩寺塔，位于西安市南郊大慈恩寺内。因坐落在慈恩寺西院内，大雁塔原称慈恩寺西院浮屠（浮屠即塔的意思）。是中国唐朝佛教建筑艺术杰作。大雁塔始建于公元 652 年（唐高宗永徽三年）。玄奘法师为供奉从印度带回的佛像、舍利和梵文经典，在慈恩寺的西塔院建起一座五层砖塔。在武则天长安年间重建。后来又经过多次修整。大雁塔在唐代就是著名的游览胜地，因而留有大量文人雅士的题记，仅明、清朝时期的题名碑就有 200 余通。大雁塔是楼阁式砖塔，塔通高 64.5m，塔身为七层，塔体呈方形锥体，由仿木结构形成开间，由下而上按比例递减，塔内有木梯可盘登而上。每层的四面各有一个拱券门洞，可以凭栏远眺（图 4.4）。整个建筑气魄宏大，造型简洁稳重，比例协调适度，格调庄严古朴，是保存比较完好的楼阁式塔。塔内装有楼梯，供人登临，可俯视西安古城。

（3）西安碑林，坐落于著名古城西安市三学街（因清代的长安学、府学、咸宁学均设在这里而得此名）。它于北宋元佑二年（1087 年）为保存《开成石经》而建立。九百多年来，经历代征集，扩大收藏，精心保护，入藏碑石近 3000 方。现有 6 个碑廊、7 座碑室、8 个碑亭，陈列展出了共 1087 方碑石。在名碑荟萃的展室里，展示了圣儒、哲人的浩瀚石经；秦汉文人的古朴遗风；魏晋北朝墓志的英华；大唐名家的绝代书法以及宋元名士的潇洒笔墨。书圣王羲之、画圣吴道子书画同辉的笔墨迹以及诗画双绝的王维的竹影清风更为碑林增辉溢彩。

图 4.3

图 4.4

（4）西安明城墙，呈合围的长方形，墙高 12m，底宽 18m，顶宽 15m，总周长 11.9km。有城门四座：东长乐门，西安定门，南永宁门，北安远门，每个城门都由箭楼和城楼组成。西安作为千年古都，历代曾多次修筑城墙，虽然多数已在历史中消失。但现在这座城墙的历史仍可以追溯到隋代。现存明城墙主要建于明洪武七年到十一年（1374～1378 年），至今有 600 多年历史，是我国现存最完整的一座古代城垣建筑。

（5）骊山，为一断块山地，在西安以东 25km 的临潼县南，海拔 914m，以山形似骊马而得名，“骊山晚照”为“长安八景”之一。周、秦、汉、隋、唐等王朝均在此建离宫。有华清池等名胜。华清池南依骊山，由温泉水汇聚而成，水温 43℃，水中含有多种化学成分，适宜沐浴疗养，能治疗风湿症等多种疾病。华清池史载已有 6000 年的温泉史，3000 年的皇家园林史，是古今中外驰名的游览、沐浴胜地。骊山还有烽火台、华清宫、“虎斑石”，“兵谏亭”等名胜古迹。

2. 宝鸡

宝鸡，古称陈仓，是华夏始祖炎帝的故乡，周秦王朝的发祥地，素有“炎帝故里、青铜器之乡、佛骨圣地、民间美术之乡”美誉。位于陕西关中西部，地处陕、甘、宁、川四省（区）结合部，处于西安、兰州、银川、成都四个省会（首府）城市的中心位置，陇海、宝成、宝中铁路在此交会，是中国境内亚欧大陆桥上第三个大十字枢纽。

（1）法门寺，位于宝鸡市扶风县城北约 10km 的法门镇，东距西安 120km，西距宝鸡 96km。法门寺因存有流传千年的佛指舍利而闻名于天下，更有多种文物珍宝，是一座罕见的文物宝库，被誉为“关中塔庙祖”。

法门寺始建于东汉末年，包括真身舍利塔、大雄宝殿、地宫以及法门寺博物馆（珍宝馆）等四大部分。寺内圣塔原为四级木塔，毁于明朝隆庆三年（1569 年）的地震。万历七年（1579 年）又有重建。宝塔共 13 层，为八棱形，高 47m，为仿木构式砖塔。塔内二层以上，每层均置有铜佛像一尊，全塔共有 88 尊。1987 年，寺内发现了封闭了千年的神秘地宫。地宫内部金碧辉煌，历经千年的古物依旧熠熠放光，是国内迄今发现的佛塔地宫中最大的一个。更为重要的是地宫之内发现了令世界瞩目的当今佛教最高圣物——四枚佛指骨舍利。

（2）太白山，位于陕西宝鸡，秦岭北麓，眉县、太白县、周至县三县境内。是我国著名的秦岭山脉的主峰，也是我国大陆东部的第一高峰，海拔3767.2m。秦岭山脉是我国南方与北方的天然屏障，也是长江、黄河两大水系的分水岭。太白山作为秦岭山脉的主峰，其自然地理条件就更为独特，它以高耸入云的雄伟气势，瞬息万变的气候天象，自古就被蒙上神秘色彩，为中外科学家和文人学士所向往（图4.5）。

图4.5

3. 咸阳

咸阳是陕西省第三大城市，中国著名古都之一，位于关中平原中部，渭河北岸，九嵕山之南，因在山水之阳，故名咸阳。秦始皇统一全国后，咸阳成为全国政治、经济、交通和文化中心。

（1）汉阳陵，是汉景帝刘启及其皇后王氏的合葬陵园，位于今咸阳市渭城区正阳镇的咸阳塬上，地跨咸阳市渭城区、泾阳县、高陵县三县区。汉阳陵博物苑是依托西汉景帝刘启陵园建设的大型汉文化旅游核心区，占地3000余亩，全国重点文物保护单位。汉阳陵陵园主要由帝陵陵园、后陵陵园、南区从葬坑、北区从葬坑、礼制建筑、陪葬墓园、刑徒墓地以及阳陵邑等部分组成。在近200座从葬坑和近万座陪葬墓内，一列列武士俑披坚执锐，气势威武；一排排仕女俑宽衣博带，美目流盼；猪、马、牛、羊、鸡、狗等动物陶塑更是成群成组。这些精美的文物遗存真实地再现了汉代的宫廷文化和社会生活，被誉为20世纪中国重大考古发现。

（2）乾陵，位于咸阳乾县城北6km的梁山上，是唐高宗李治和女皇武则天的合葬墓陵。梁山有三峰，北峰最高，海拔1047.9m，高宗和武则天两帝的合葬墓就在此峰中。南面两峰较低，东西对峙，中间为司马道。乾陵是“唐十八陵”中保存最完整的一座皇家陵园，也是中国历史上唯一一座两个皇帝的合葬墓。乾陵地面文物主要是石刻，共计114件，石刻多用整块巨石雕成。乾陵两旁现有华表1对，翼马、鸵鸟各1对，石马5对，翁仲10对，石碑2道。东为著名的武则天“无字碑”，西为述圣记碑。

4. 延安

延安北连榆林市，南接关中咸阳、铜川、渭南三市，东隔黄河与山西省临汾市、吕梁市相望，西依子午岭与甘肃省庆阳市为邻。延安古称延州，历来是陕北地区政治、经济、文化和军事中心。城区处于宝塔山、清凉山、凤凰山三山鼎峙，延河、汾川河二水交汇之处的位置，成为兵家必争之地，有“塞上咽喉”、“军事重镇”之称，被誉为“三秦锁钥，五路襟喉”，为国务院首批公布的全国24个历史文化名城之一。

（1）延安革命纪念馆，是中国最早建立的革命纪念馆之一，位于延安市王家坪。1950年7月建立。初称延安革命博物馆，馆址在南关原陕甘宁边区交际处院内，1951

年2月，文物陈列室正式对外展出。1952年纪念馆迁到城内凤凰山麓，并改为现名。该馆馆藏文物有3.5万多件，历史照片5500多张，图书资料1.2万余册。其中，一、二级文物有1700余件，延安时期出版发行的报刊杂志100余种。还有毛泽东、周恩来、刘少奇、朱德、任弼时、林伯渠的藏书、手迹石刻及办公和生活用品。毛泽东长征时用过的手枪，转战陕北时骑的马（已制成标本）为该馆的独藏。怀安诗社的诗画原稿，也是珍贵的藏品。

(2) 枣园革命旧址，在延安城西北7.5km处。1940年中央机关在此兴房屋、窑洞。1943年，毛泽东、张闻天、刘少奇等先后迁居枣园，这里成为中共中央书记处所在地。毛泽东旧居在枣园东北半山坡，与张闻天、朱德旧居左右为邻，是一排五孔石窑洞。枣园有周恩来旧居、刘少奇旧居、任弼时旧居、彭德怀旧居，书记处小礼堂旧址及社会部、作战研究室和机要室旧址等。中共中央书记处于1947年3月撤离延安枣园。

(3) 宝塔山古称丰林山，宋以后称嘉岭山，位于延安城区中心，海拔1135.5m，是中国革命圣地延安的重要标志和象征。宝塔山就在延安的市中心，坐车进延安时，一眼就可以看到。1953年版第二套人民币二元券正面图案即为延安宝塔山。中华人民共和国1955年颁授的独立自由勋章，核心图案就是宝塔山和红五星。“几回回梦里回延安，双手搂定宝塔山”，著名诗人贺敬之的名句热情的讴歌了宝塔山在中国人民心目中的神圣地位。宝塔山上，有许多历史文物和现代革命文物，如烽火台、摩崖石刻、范公井、古城墙、摘星楼、嘉岭书院、日本农工学校等。

(4) 壶口瀑布，位于陕西省宜川县境内秦晋大峡谷河段，素有“金瀑”之美誉。“源出昆仑衍大流，玉关九转一壶收”。瀑布两岸苍山巍巍，危石突兀，雄浑古朴，瀑流排江倒海，慑人魂魄。如狮吼，如惊雷，其大音十里可闻。与“十里龙槽”、“孟门山”等系列景点组成著名的壶口景区被评为国家级风景名胜区，全国旅游胜地40佳之一。壶口瀑布四季景色皆不同：春季解冻时，河水夹带的冰凌会发出震耳欲聋的声音；夏秋雨水丰富时，瀑布扩展到100多米宽，气势最是磅礴；冬季冰封时，瀑布则是银装素裹，在狭长的峡谷中，就像一匹白练。

(5) 黄帝陵，位于延安黄陵县城东关，是中华民族的始祖轩辕黄帝的陵园，为中华儿女祭祖的圣地。陵园处在县城北1km的桥山之巅，拾级上山，遍山有数万株古柏，其中千年以上的古柏就有3万余株，使整座山透出庄严肃穆。黄帝陵前设有祭亭，内立郭沫若手书的“黄帝陵”碑。桥山下有轩辕庙，庙内一株巨柏相传为黄帝亲手所植，高20余米，胸径11 m，苍劲挺拔，冠盖蔽空，是我国最古老、最大的一株柏树。庙东侧碑廊珍藏历代帝王御制祭文碑57通，现又新增香港、澳门“回归纪念碑”。庙中大殿上悬“人文初祖”金字匾额，殿内正中置牌位，上书“轩辕黄帝之位”6字，神龛内为墨玉刻制的黄帝浮雕像。

5. 汉中

汉中简称“汉”，有着“汉家发祥地，中华聚宝盆”的美誉。位于陕西省西南部，北倚秦岭、南屏大巴山，中部是汉中盆地。全市辖十县一区，总面积2.7万km^2，人口372万。汉中是国家历史文化名城、中国优秀旅游城市、国家生态示范区建设试点地区、全国双拥模范城。

(1) 佛坪，是一个以保护大熊猫为主的森林和野生动物类型的保护区，已被联合国教科文组织列入“世界人与生物圈保护区网络”。保护区占地面积29240ha，植被覆盖率达90%以上，枝密叶茂，为大熊猫繁衍生息提供了一片优越、舒适的乐土。熊猫是重点保护动物，在保护区核心区内平均2.5km^{2}就有一只大熊猫，密度居全国之首。本区大熊猫毛色奇特，不但有黑白色大熊猫，而且多次发现棕白色和白色的大熊猫。珍贵稀有的羚牛、金丝猴等野生动物种群数量逐年增加。

(2) 朱鹮救护饲养中心，位于洋县城北3km处，占地0.015km^2。是我国唯一的一个集科研、教学、保护为一体的朱鹮救护饲养中心，中心有饲养笼舍30间，占地1000m^2，建有仿古代建筑的朱鹮宣教馆一座，集影视、图片、标本、生态模拟为一体；朱鹮放飞大棚一个，占地8000m^2，高度达35m。中心附近的草坝村是野生朱鹮夜宿地，每天晚上有60多只朱鹮及其他伴生鸟类数千只在此夜宿，鸟语花香，十分迷人。

6. 渭南

“秦地自古多奇迹。”坐拥西岳华山的渭南便位于关中平原的东部，秦、晋、豫三省交界之处。黄、渭、洛三河环城而过，赐予了渭南山、水、城、陵合理分布的魅美风光。渭南气候温和，四季分明，光照充足，雨量适宜。仓颉于此创造汉字，从而华夏文明得以传承。悠久的历史景观丝毫没有掩盖住渭南壮丽的自然胜景。“奇险天下第一山”的西岳华山便矗立在渭南的大地上。此外，全长100余km的秦晋黄河大峡谷，北起韩城龙门，南达风陵古渡，一路惊涛拍岸，激流勇进，造就了万里黄河上壮美的山河胜景、“北国三峡”。

(1) 华山，位于陕西西安以东120km的华阴市，古称太华山，海拔2160m，是我国国家级风景区。在五岳之中，华山以险著称，登山之路蜿蜒曲折，到处都是悬崖绝壁，从而有“自古华山一条道”之说。华山五峰中又以东峰（朝阳）、西峰（莲花）、南峰（落雁）三峰较高：东峰是凌晨观日出的佳处，西峰的东西两侧状如莲花，是华山最秀奇的山峰，南峰落雁是华山最高峰。三峰以下还有中峰（玉女）和北峰（云台）两峰。玉女峰相传曾有玉女乘白马入山间。云台峰顶平坦如云中之台，著名的“智取华山”的故事就发生在这里。

华山的名胜古迹也很多。庙宇道观、亭台楼阁、雕像石刻随处可见，华山上比较著名的古迹有玉泉院、真武宫、金天宫（白帝祠）等景点。华山以北7km处的西岳庙是古时祭祀西岳华山神的庙宇。华山索道全长1550m，从山脚沿当年“智取华山”的小道上空飞架，直达北峰，落差近800m，穿行在绝壁峡谷之间，蔚为壮观。这使不同年龄、不同体质的中外的游客都能领略到华山之美。

(2) 党家村，位于韩城市区东北9km，距黄河仅3km，是国内迄今为止保存最好的明清建筑村寨，被称为“东方人类古代传统居住村寨的活化石”。党家村已有六百六十余年的历史。元至顺二年（1331年），党恕轩以种田谋生，定居于此。明永乐年间，其孙党真中举，拟定了村落建设规划。明成化年间，党、贾两姓联姻，合伙经商，创立“合兴发”商号，在河南驻马店地区经商，生意兴隆，货船直抵汉口、佛山。据家史载，村中当时“日进镖银千两”，富冠韩塬。明弘治八年党家的外甥贾璋迁居党家村，两姓联合。财力更盛，四合院建筑在明末清初进入全盛期。清咸丰元年（1851年），为御匪盗，又集银18000两筑土寨泌阳堡，村寨合一的格局得以形成。

党家村石砌的巷道高大气派，典雅精美的四合院门楼格外引人注目，醒目的门楣题字显映着主人的地位和信仰，精美的石雕、砖雕、木雕工艺炫耀着主人的审美情趣和财富。四合院中的垂花门楼十分精美，村巷中的布局更是让人叫绝。

四、旅游线路与行程设计

1. 短线

（1）西安经典一日游：秦始皇兵马俑、大雁塔、碑林、西安古城墙。

（2）榆林二日游：红石峡、镇北台、红碱淖。

（3）华山徒步二日游：玉泉院、北峰、西峰、东峰、中峰、南峰。

2. 中长线

（1）关中历史古迹游。

第一天：西安古城墙→书院门→碑林博物馆→北院门（回民街）→鼓楼→钟楼→陕西历史博物馆→大雁塔·大慈恩寺→大雁塔广场。

第二天：兵马俑→秦始皇陵→临潼博物馆→华清池→骊山森林公园。

第三天：咸阳博物馆→茂陵→乾陵→法门寺。

第四天：司马迁祠。

第五天：韩城文庙→党家村。

第六天：党家村→北院门（回民街）→化觉巷清真大寺→小雁塔→大唐芙蓉园。

（2）两汉三国汉中游。

第一天：古汉台→拜将坛→石门水库→古栈道。

第二天：武侯祠→马超墓祠→武侯墓→定军山。

第三天：灵崖寺→江神庙。

任务4.3 畅游山西

一、地理环境概述

山西位于太行山之西，黄河以东。山西之名，因居太行山之西而得名。自古被称为“表里山河”。春秋时期，大部分地区为晋国所有，所以简称“晋”；山西是中华民族的最早发祥地之一。公元前453年发生了晋阳之战，赵、魏、韩三家联合消灭了智氏，三分晋国，史称“三家分晋”，所以山西又称“三晋”。隋末，任隋韩河东道抚尉太原留守职务的李渊，在他儿子李世民和晋阳令刘文静等策划下，从太原起兵3万反隋，建立唐朝，把晋阳城定为北都。山西省地处华北西部的黄土高原东翼（图4.6）。

山西地处北纬34°34′～40°43′、东经110°14′～114°33′。东西宽约290km，南北长

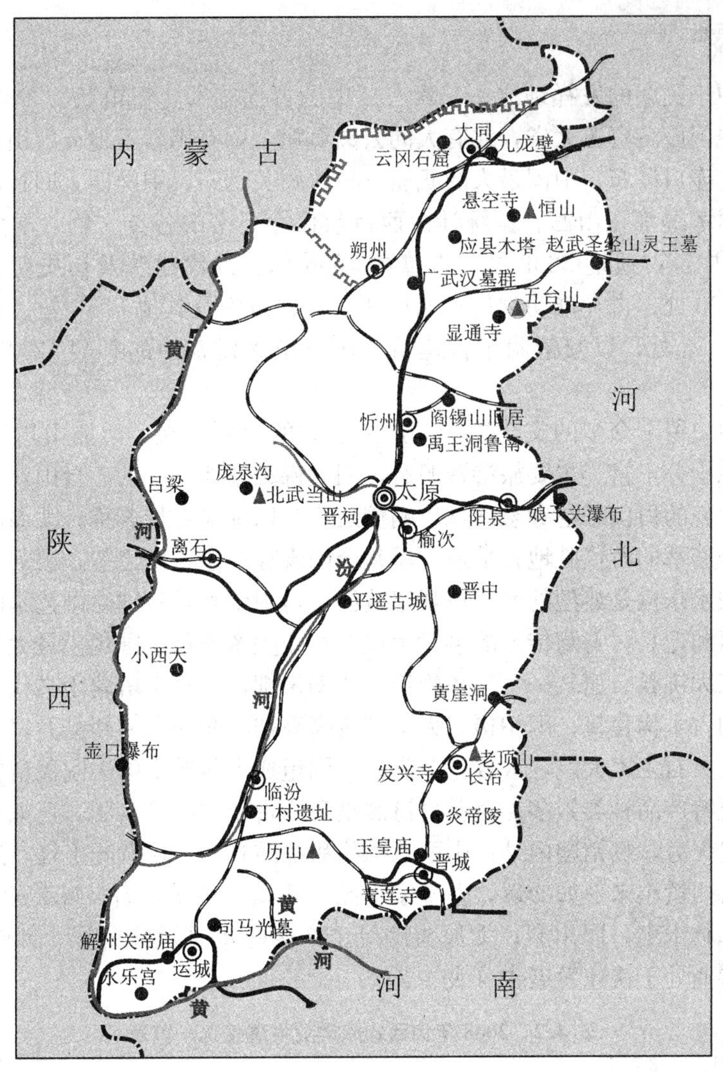

图 4.6

约 550km，全省总面积 15.63 万 km^2，约占全国总面积的 1.6%。山西地形较为复杂，境内有山地、丘陵、高原、盆地、台地等多种地貌类型。山区、丘陵占总面积的 2/3 以上，大部分在海拔 1000～2000m 之间。最高点为五台山的北台叶斗峰，海拔 3058m，最低点在垣曲县境内西阳河入黄河处，海拔仅 180m。境界轮廓略呈东北斜向西南的平行四边形。东有巍巍太行山作天然屏障，与河北省为邻；西、南以滔滔黄河为堑，与陕西省、河南省相望；北依绵绵内长城，与内蒙古自治区毗连。山西是一个夹峙在黄河中游峡谷和太行山之间的高原地带。山区面积占全省总面积的 70% 以上。以山西平面地图看，是一个斜长方形，由东北斜向西南，东西宽约 290km，南北长约 550km。从地形看，是一个由许多复杂山脉构成的高台地。

二、旅游业掠影

山西是中华民族的发祥地之一，素有“中国古代艺术博物馆”、“文献之邦”的美称。山西是中国旅游资源大省，北有大同云岗石窟，中有佛教圣地五台山，南有黄河唯一的瀑布——壶口瀑布，中国最大的武庙——解州关帝庙，中国四大回音建筑之一的永济普救寺莺莺塔等都在山西。据统计山西目前保存下来的各类文物（不可移动者）计31401处。其中：古遗址2639处、古墓葬1666处、古代建筑及历史纪念建筑18118处、石窟寺300处、古脊椎动物化石地点360处、石刻及其他6852处、革命遗址及革命纪念建筑1466处，以及依附于古建筑及历史纪念建筑中的彩塑12345尊、寺观壁画26751m^2。

悠久的历史留下众多的文化遗产，加上复杂的地形地貌、河流山川形成的自然景观，旅游资源十分丰富。主要旅游资源有，四大佛教圣地之一的五台山，寺庙群集千年之萃；建于北魏的恒山悬空寺悬于悬崖峭壁之上，以惊险奇特著称；太原的晋祠是形式多样的古建筑荟萃的游览胜地；平遥古城是全国现存三座古城之一，被列为世界文化遗产名录；芮城永乐宫是典型的元代道观建筑群，宫内壁画是我国绘画艺术的珍品；永济普救寺是《西厢记》、《莺莺传》故事发生地；解州关帝庙是全国规模最大的武庙；云岗石窟是全国三大佛教石窟之一，气势雄伟，雕刻精细；应县木塔建于文代，高67.31m，是我国最高的古木构建筑；因拍摄《大红灯笼高高挂》而闻名的祁县乔家大院，加上祁县渠家大院，灵石王家大院，太谷三多堂，共同组成山西晋中的大院民俗文化。

山西的土特产品种类繁多。杏花村汾酒是我国古老的历史名酒，色如水晶美玉，清香纯正，味美无穷，畅销国内外；山西老陈醋甜绵酸香，不仅调味上佳，还可消食、美容、杀菌；沁州黄小米形如珍珠，是皇家贡品；平遥牛肉色、香、味俱全；清徐葡萄，汾阳核桃。柳林木枣。同川梨。太原头脑等土产名吃也是风味各异、回味无穷。近年来，山西旅游业处于快速发展中（表4.2）。

表4.2　2008年山西省旅游业发展情况一览表

省份及其在全国中的地位	国内旅游人数/万人次	入境旅游人数/万人次	国内旅游收入/亿元	旅游外汇收入/亿美元	星级酒店数/家	旅行社数/家	4A级以上景区数/家
山西省	9383.8	93.9	721.3	3.0065	349	653	33
全国总数	171000	13003	8749	408	14099	20110	872
占全国比例	5.5%	0.7%	8.2%	0.7%	2.5%	3.2%	3.8%
在全国排名	17	19	13	20	17	13	13

三、旅游城市与景区览胜

1. 太原

太原为山西省会，有“龙城宝地”之誉，是一座文化底蕴深厚的历史文化名城，建城已达2500多年，自然山水与历史文物荟萃。既有被岁月重新雕琢的古老石窟，也有不同宗教信仰的各种寺院，还有繁华的“迎泽大街”和获得联合国环境规划署颁发的“改善人类居住环境范例奖”的汾河公园。太原旅游资源丰富，悠久的历史给太原留下了众多的名胜古迹，较为著名的有晋祠、天龙山石窟、永祚寺、纯阳宫、崇善寺、窦大夫祠等国家级重点文物保护单位13处和省级重点文物保护单位32处。其中晋祠圣母殿内宋塑侍女像栩栩如生，姿态各异，在海内外享有盛名。天龙山的北朝石窟及隋唐造像、崇善寺明代藏经、纯阳宫关羽立马铜像，在我国文学艺术史上均占有辉煌的一页。此外，唐太宗李世民撰写的“贞观宝翰”《晋祠铭并序》碑文，是现存最早的唯一完好的唐太宗行书碑。太山、天龙山、龙山、蒙山等名山见证了太原城2500多年的沧桑岁月。

（1）晋祠始建于北魏，曾是西周武王次子、晋国开国君主姬虞的祠堂。祠内难老泉、周柏、侍女像，号称晋祠三绝，其中43尊侍女像服饰、形态各不相同，具有很高的艺术价值。

游晋祠，可按中、北、南三部分进行。中，即中轴线，从大门入，自水镜台起，经会仙桥、金人台、对越坊、献殿、钟鼓楼、鱼沼飞梁到圣母殿。这是晋祠的主体，建筑结构严谨，具有极高的艺术价值。北部从文昌宫起，有东岳祠、关帝庙、三清祠、唐叔祠、朝阳洞、待风轩、三台阁、读书台和吕祖阁。这一组建筑物大部随地势自然错综排列，以崇搂高阁取胜。南部从胜瀛楼起，有白鹤亭、三圣祠、真趣亭、难老泉亭、水母楼和公输子祠。这一组楼台计峙，泉流潺绕，颇具江南园林风韵。此外最南部还有十方奉圣禅寺，相传原为唐代开国大将尉迟恭的别墅。祠北浮屠院内有舍利生生塔一座，初建于隋开皇年间，宋代重修，清代乾隆年间重建，为七级八角形，高30余米，每层四面有门，饰以琉璃勾栏。登塔远眺，晋祠全景历历在目。

（2）常家庄园位于太原东南晋中市榆次区，是清代晋商巨贾常氏一族的私家庄园。高大的堡门坐西朝东，名为郭艮吉，门外有条环墙的深宅大院小河，大门口架着白色石拱桥。正对着堡门是一条东西走向的石板街，所有修复的宅院都在街北一字排开。与宅院相应的还有百余亩集南北风格于一体的园林——“静园”，园内有楼台阁榭，还有杏园与桑园，冬天湖上结着冰，春天时，满园杏花飘香。

（3）乔家大院位于山西省祁县乔家堡村，北距太原54km，南距东观镇仅2km．它又名在中堂，是清代全国著名的商业金融资本家乔致庸的宅第。始建于清代乾隆年间，以后曾有两次增修，一次扩建，经过几代人的不断努力，于民国初年建成一座宏伟的建筑群体，并集中体现了我国清代北方民居的独特风格。

大院为全封闭式的城堡式建筑群，占地10642m^2，建筑面积4175m^2，分6个大院，20个小院，313间房屋。大院三面临街，不与周围民居相连。外围是封闭的砖墙，高10m有余，上层是女墙式的垛口，还有更楼，眺阁点缀其间，显得气势宏伟，威严高大。综观全院布局严谨，设计精巧，俯视成“喜喜”字形，建筑考究，砖瓦磨合，精工细做，斗拱飞檐，彩饰金装，砖石木雕，工艺精湛，充分显示了我国劳动人民高超的建筑工艺水平，被专家学者誉之为：“北方民居建筑史上一颗璀璨的明珠”，因此素有“皇家有故宫，民宅看乔家”之说，名扬三晋，誉满海内外。

2. 阳泉

阳泉古称“漾泉”，因泉水喷涌而得名。她位于太行山中部西侧，是一座美丽的山城，犹如镶嵌在太行山麓的一颗璀璨明珠。河山环绕，山岭纵横，文物荟萃，星罗棋布的名胜古迹和绚丽名姿的自然风光，构成丰富独特的旅游资源。著名的自然景观有藏山、娘子关、北方罕见的大溶洞——万花洞、山西第一泉——娘子关泉群等。人文旅游资源则以文化古老、名胜众多为基本特征，仅古人遗址就有多处，如国内罕见、具有唐代遗风的标里关帝庙正殿等。

图 4.7

(1) 五台山，是中国佛教四大名山之一，由五座顶如平台的山峰组成。当地流传着这样一句俗语：东台看日出，西台赏明月，南台观山花，北台望雪景，站在中台顶，伸手摸星星。山中气候凉爽，故五台山古称清凉山(图 4.7)。历朝历代皇帝、皇后遣使札礼五台山者，自北魏到清朝，从未间断。

(2) 显通寺，是五台山规模最大、历史最悠久的一座寺院，俗称“祖寺”。全寺占地面积 43700m^2，现有大小房屋 400 多间，大多为明、清时期的建筑。和洛阳的白马寺同为中国最早的寺庙，现被列为全国重点文物保护单位。该寺位于五台山中心区、菩萨顶脚下。

显通寺始建于汉明帝永平年间，初名大孚灵鹫寺。北魏时有所扩建，唐太宗时重建，易名为大华严寺。明太祖朱元璋时重修，赐额“大显通寺”，明成祖朱棣赐名为“大吉祥显通寺”，明神宗朱翊钧再赐额为“大护国圣光永明寺”，简称永明寺。清康熙二十六年（1687 年），再改名为大显通寺，直到今天。大雄宝殿殿内无梁无柱，殿外无廊檐，形制非常独特，因此又称为“无梁殿”，艺术价值很高，殿内壁上有走廊一圈，在走廊的任何一个部位均可看清全殿面貌。

(3) 菩萨顶，位于五台山灵鹫峰上，相传是文殊居住处，故又名真容院，亦称文殊寺。创建于北魏，历代重修。现存建筑多建于清代，建筑形制、手法及雕刻艺术，多参照皇宫。这里也是每年农历六月初四到六月十五的黄教法会主场地，选择这一时间登山，可以看到喇嘛们“镇魔”的盛况。据记载，永乐以后，蒙藏教徒进驻五台山，大喇嘛居于菩萨顶，于是菩萨顶成了五台山黄庙之首。清康熙、乾隆二帝几次朝拜五台山，在菩萨顶住宿，并撰写碑文，在东院过厅和后院，有两座汉白玉四棱柱碑，碑身四面分别刻有汉、蒙、满、藏四种文字所书的碑文，均为康熙帝手书。

3. 大同

“三代京华，两朝重镇”的大同是举世闻名的历史文化名城，又以煤都著称。公元 1227 年，意大利旅行家马可·波罗来大同并盛赞“大同是一座宏伟而美丽的城市”。云冈石窟是中国古代三大石窟艺术宝库之一，博大精深；市内有雄伟壮观的华严寺、古朴浑厚的善化寺；大同还素有龙壁之城的美称，九龙壁号称中国龙壁之冠。大同是晋北旅游的中心地带，恒山、应县木塔、大同火山群等都令旅行者应接不暇。

（1）恒山，自然景观很美，陡峭的北坡遍布莽莽苍苍的松树林，林中飞瀑流泉，鸟啭莺啼，美景奇观随处可见，实为一处体味自然的佳地。主要景点有果老岭、飞石窟、大字湾、虎风口等。横跨晋、冀两省。它西衔雁门关，东跨太行山，南障三晋，北瞰云、代二州，是我国的五岳之中的北岳，自古就有“塞北第一山”之称。恒山有108座山峰，从东北向西南延伸，很像一队正在行进的队列，清朝学者魏源以“恒山如行”来概括恒山的这种气势。恒山主峰，居于浑源县城南，海拔2016.8m，次于华山，在五岳中高度排第二。

（2）悬空寺，位于恒山山脚下，在浑源县城城南5km处的金龙峡内西岩峭壁上。该寺始建于北魏太和15年（491年），距今已有上千年的历史。该寺建筑十分奇特，是采用凿洞插木的方法构筑而成，背倚陡峭的绝壁，下临深谷。始建初期，最高处的三教殿离地面90m，因历年河床淤积，现仅剩58m。全寺有寺院、禅房、佛堂、三佛殿、太乙殿、关帝庙、鼓楼、钟楼、伽蓝殿、送子观音殿、地藏王菩萨殿、千手观间殿、释迦殿、雷音殿、三宫殿、纯阳宫、栈道、三教殿、五佛殿等。

（3）九龙壁，长45m、高8m，壁面由五彩琉璃构件组成，九条龙形神各异，每两条之间以水草、白云、山石作为连接，构成一幅生动的画面。正中的一条龙造型最具威严，昂首向前，目光炯炯，气宇轩昂，体现出了我国古代高超的雕刻技艺，颇值得一观，是我国四大龙壁之一。

（4）云冈石窟，是大同市最有名的历史古迹，位于大同市西郊16km处武周山南麓，始凿于北魏年间，因其高处名云冈，故取名云冈石窟。与敦煌——莫高窟、洛阳——龙门石窟、天水——麦积山石窟并称“中国四大石窟”（图4.8）。

云冈石窟共有大小洞窟53个，其中第二十窟前的露天大佛（释迦牟尼坐像）是云冈石窟中的代表作，高约14m，脸部线条柔和，双目有神，是我国古代雕塑中的精品。

图4.8

4. 平遥

平遥是我国现存的四座完好古城之一，已有2700多年历史。建筑按照封建传统礼制“左祖右社”，又按照朱元璋“高筑墙”的政策，且城墙和各大街小巷组成一个庞大的八卦图案。平遥有中国最早的金融机构票号——日升昌，正是平遥八大票号的金融巨子造就了今日的平遥。平遥浓郁的晋商文化气息，深宅灰墙、市楼落日、社火锣鼓，以及淳朴的民风，令人垂涎欲滴的美食带给旅行者的是无比闲适和惬意的感觉。

（1）平遥古城墙，位于平遥县城中心位置，始建于西周宣王时，明洪武年间扩建为砖石城墙，是山西现存历史较早、规模最大的一座城墙，也是我国现存最为完整的县级古城墙，是世界文化遗产。全长约6km，共有堞楼72座，垛口3000个。城墙为方形，

图 4.9

总长度为6157m，墙高10m左右。城墙内部由泥土夯实，外部全部砖砌，城墙上以砖石辅就，上面可以并行两辆马车。城墙东西有四座方形瓮城，两两相对。作为一个起防护作用的城墙，平遥城墙顶上还设有了望孔、射孔、垛口等御敌设施。城墙周围原本还有护城河，在战乱年间，这条护城河为保护城内百姓的安危发挥了不小的作用（图4.9）。

（2）日升昌票号，是专营银两异地汇兑和存放款业务的私人金融机构。中国第一家票号日升昌票号，是中国历史上第一家私人银行，它是现代各式银行的鼻祖。位于“大清金融第一街”平遥古城西大街的繁华地段。始创于1823年，由平遥西达蒲村李大全投资白银30万两和细窑村掌柜雷履泰共同创立。

日升昌票号的创立，结束了我国镖局押送现银的落后形式。经过发展，日升昌的黄金时期年汇兑金额高达3800万两白银，当时可谓“日利千金”；其经营网点几乎遍布整个中国。更让我们叹服的是：票号产生的大环境，外患频频，内乱不断，而日升昌却在风雨飘摇中纵横一百年，并形成了一整套让西方优秀管理学家叹服的管理制度。

5. 临汾

临汾位于晋南，地处黄河中游，是中国古老文明的发祥地之一，以古老悠久的历史文化见长，文物古迹遍布全市范围。雄伟壮观的“古帝尧庙”寄托着人们对于先祖的无限追思；广胜寺有描绘纷纷攘攘无尽尘世故事的古老壁画；洪洞大槐树是寻找故里的地方；壮观的壶口瀑布悬注滢旋，气势磅礴，是九曲黄河最浓重的一笔。

壶口瀑布位于山西省吉县和陕西省宜川县之间，在山西吉县城西南25km黄河之中。壶口瀑布景区面积约100km²。此地两岸夹山，河底石岩上冲刷成一巨沟，宽达30m，深约50m。其形如巨壶沸腾，故名壶口。春秋季节水清之时，阳光直射，彩虹随波涛飞舞，景色奇丽。壶口瀑布是黄河唯一的大瀑布，也是我国第二大瀑布，仅次于贵州的黄果树瀑布（图4.10）。

图 4.10

6. 其他旅游城市与景区

碛口位于临县城南48km处的黄河边，因黄河第二大碛——大同碛得名，是一处集晋商文化、黄河风光、黄土高原地貌、革命纪念地、民俗风情为一体的大型综合性景区。碛口，被誉为“人生必去的10座小城”之一。碛口从清代乾隆年间兴起，此后200

余年是中国北方著名的商贸重镇。民间有“驮不尽的碛口，填不满的吴城”、“青定头，南峪口，拴起骡子跑碛口”之说，可见当年的繁华。正所谓“水旱码头小都会，九曲黄河第一镇”。碛口旅游区主要包括黄河大同碛、碛口古镇、西湾、李家山和寨子山民居、黑龙庙、毛主席东渡黄河纪念碑、黄河峡谷天然石雕等。

四、旅游线路与行程设计

1. 短线

晋南黄河根祖文化二日游：
第一天：壶口瀑布→黄河大铁牛。
第二天：苏三监狱→洪洞大槐树→尧庙。

2. 中长线

（1）山西北部精华五日游：
第一天：恒山→悬空寺。
第二天：云冈石窟。
第三天：乔家大院。
第四天：平遥古城墙→日升昌票号→明清一条街。
第五天：壶口瀑布。
（2）山西七日游：
第一天：云冈石窟→华严寺→九龙壁。
第二天：恒山→悬空寺。
第三天：罗睺寺→显通寺→塔院寺→菩萨顶→万佛阁。
第四天：南山寺→龙泉寺→普化寺→殊像寺→黛螺顶。
第五天：平遥古城墙→明清一条街→日升昌票号。
第六天：王家大院→乔家大院。
第七天：晋祠公园→晋祠。

任务4.4　畅游河南

一、地理环境概述

河南位于我国中部偏东、黄河中下游，处在东经110°21′～116°39′，北纬31°23′～36°22′之间，与冀、晋、陕、鄂、皖、鲁6省毗邻，东西长约580km，南北跨约550km。全省土地面积16.7万km^2，在全国各省市区中居第17位，人口9918万，居全国第一位（图4.11）。

河南处于中纬度地带，我国划分暖温带和亚热带的地理分界线秦岭淮河一线，正好穿过境内的伏牛山脊和淮河干流。此线北属于暖温带半湿润半干旱地区，面积占全省总面积的70%，此线以南为亚热带湿润半湿润地区，面积占全省总面积的30%，

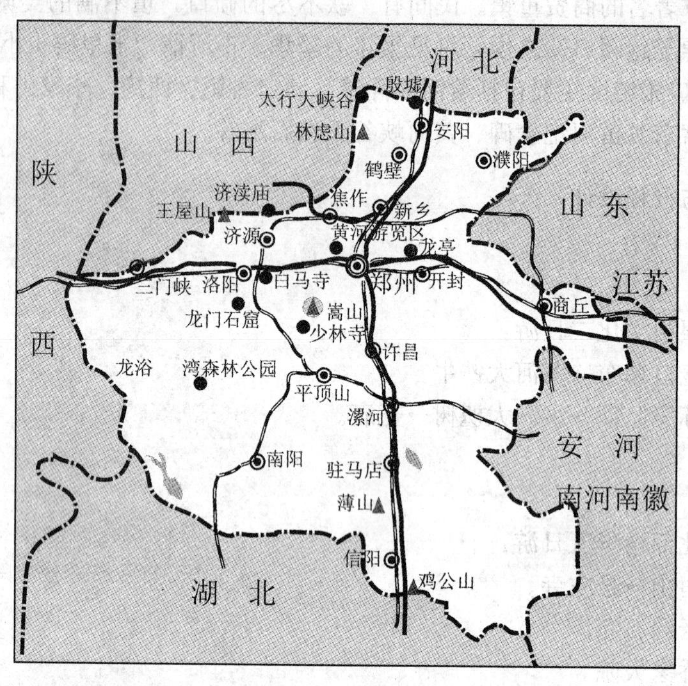

图 4.11

气候具有明显的过渡性特点。全省由于受季风气候的影响，加上南北所处的纬度不同，东西地形的差异，使河南的热量资源南部和东部多，北部和西部少，降水量南部和东南部多，北部和西北部少，气候的地区差异性明显。河南气候温和，全省年平均气温 12.8～15.5℃，冬冷夏炎，四季分明，具有冬长寒冷雨雪少，春短干旱风沙多，夏日炎热雨丰沛，秋季晴和日照足的特点。河南处于暖温带和亚热带的过渡地带，南北两个气候带的优点兼而有之，具有南北之长，有利于多种植物的生长。其三，季风性显著，灾害性天气频繁，河南西靠广阔的欧亚大陆，东近浩瀚的太平洋，冬夏海陆温差显著，风向随季节变化明显。季风气候对农业有利的方面是主导的，但也有其不利的一面，主要在于它的不稳定性，具体表现在年降水量的时空分布不均，往往全年的降水量主要集中在夏季，约占全年降水量的 45%～60%，降水的不稳定性极易引起旱涝灾害。

二、旅游业掠影

河南在中华民族文化乃至东方文化的形成与发展史上有非常重要的地位。大量的史书记载和多年的考古发掘证明，至少在 8000 年前，我们的祖先就在这里开创了人类文明的先河，从公元前 21 世纪中国第一个王朝——夏代到公元 13 世纪的金代，这 3500 年间，先后有 20 多个朝代的 200 多位帝王建都或迁都于此，留下了难以尽数的名胜古迹。堪称“国宝”的国家级文物保护单位就有 96 处，地下文物居全国第一，馆藏文物 130 万件，约占全国的八分之一。中国八大古都中的郑州、洛阳、开封、安阳四大古都都在河南，还有国家级历史文化名城南阳、商丘、浚县等。郑州新郑黄帝故里、登封少林寺、巩义宋皇陵、洛阳龙门石窟、白马寺、偃师玄奘故里、开封宋都御街、包公祠、安阳殷墟、羑里城（《周易》发源地）、三门峡虢国墓地车马坑、函谷关、南阳武侯祠、张衡墓、医圣祠、商丘阏伯台（火的发源地）、燧人氏墓、花木兰祠、淮阳太昊陵等大量名胜古迹，都是既有丰厚的历史文化内涵又有观赏价值的著名旅游景观。省会郑州和洛阳、开封等古都，现在都有新的景点出现。河南博物院是1998年5月才建成启用的，不仅馆藏丰富，而且建筑宏伟独特，许多稀世文物珍品都在这里向旅游者展示。已经进入世界文化遗产行列的洛阳龙门石窟的周围环境也得到很大改善。开封清明上河园是宋代名画《清明上河图》的立体再现，旅游者置身其间，能够一览千年古都的繁华街市和风俗民情。

旅游业发展迅速，有郑州、洛阳、开封、濮阳、济源、登封等17个中国优秀旅游城市（表4.3）。

表4.3　2008年河南省旅游业发展情况一览表

省份及其在全国的地位	国内旅游人数/万人次	入境旅游人数/万人次	国内旅游收入/亿元	旅游外汇收入/亿美元	星级酒店数/家	旅行社数/家	4A级以上景区数/家
河南省	19921.30	104.30	1566	3.7444	488	1004	69
全国总数	171000	13003	8749	408	14099	20110	872
占全国比例	11.7%	0.8%	17.9%	0.9%	3.46%	5%	8%
在全国排名	5	18	8	19	11	7	2

河南省政府对发展旅游业十分重视，已把旅游业作为全省国民经济新的增长点和支柱产业优先发展。郑州、开封、洛阳、三门峡沿黄旅游线位于我国东西部旅游发展的结合部，交通便利，旅游资源丰富，产业体系协调配套，作为旅游重点发展区域的优势十分明显。河南省政府决定将其建成国际知名国内著名的、辐射带动全省旅游业发展的黄金旅游线，以“三点一线”丰富的古文化资源为依托，突出古都、名寺、祖根、功夫特色，重点开发文化观光、寻根朝敬、休闲度假和生态旅游项目。同时，要以太行山、伏牛山、桐柏-大别山为重点和主体，大力发展休闲度假、生态观光以及特种旅游项目，加速全省旅游产品结构的调整。

三、旅游城市与景区览胜

1. 郑州

郑州的历史源远流长，它是中华民族最早的聚居地之一和中国古代文明的摇篮。文物古迹、文化遗址众多，自然地貌复杂多样，高山、平原、丘陵、河流，构成了丰富的自然和人文资源。在郑州附近，散布着多处古代文化遗迹，比较著名的有距今8000年的裴李岗文化遗址、距今5000年的大河村遗址和距今3500年的商代都城遗址，它们为研究华夏文明的起源和发展提供了大量实物资料，为后人了解先民的生活开辟了一个窗口。此外，每年还会在新郑的黄帝故里举行祭祖大典，甚是壮观；黄河从郑州北部缓缓流过，形成景色壮美、文化意蕴丰厚的黄河游览区；还有代表现在郑州城市形象的郑东新区等。

(1) 黄帝故里，是国家4A级景区和全国重点文物保护单位，是海内外炎黄子孙寻根拜祖的圣地，也是十八届世界客属恳亲大会拜祖仪式和每年黄帝故里拜祖大典的现场。

黄帝故里始建于汉魏，黄帝故里景区分五个部分组成：广场区、故里祠区、鼎坛区、艺术苑区、轩辕丘区。其中有7个中华之最：中华第一古枣树、银杏树、国槐、松柏苍郁参天。盘龙二石坊跨甬道南北峙立。中华第一桥——轩辕桥古朴典雅，姬水河潺潺横流，乾坤晷盘屹立中道。中华第一碑——华夏祖石碑立于前门东侧，展示中华人文荟萃。中华第一祠——黄帝故里祠。中华第一大帝——轩辕黄帝塑像，位于正殿中央。两配殿分塑黄帝元妃嫘祖、次妃嫫母像。中华第一鼎——黄帝宝鼎置于中宫，高6.99m，直径5m，重24t。其他分别为爰鼎、寿鼎、财鼎、仕鼎、安鼎、丰鼎、智鼎、嗣鼎，置八卦之位。鼎坛四周回廊挂有当代名人歌颂黄帝功德的楹联。中华第一宫——轩辕宫，位于轩辕丘内，丘高19m，长100m，为地穴覆土式建筑，寓意黄帝出生地。每年农历三月三拜祖大典时都有数万炎黄子孙来此寻根。

(2) 嵩山，雄伟险峻，气势磅礴，自古有中岳之称，是中国五岳名山之一。嵩山的主体分为太室山和少室山两部分，两山之间以少林河为界。太室山位于东，少室山位于西，太室山有5山36峰，少室山有9山36峰，各有其山名和峰名。太室山以峻极峰为最高，海拔1492m；少室山（又称嵩山、御寨山），主峰连天峰、海拔1512m，是整个高山山脉的最高峰。

嵩山名胜古迹遍布，其中有中国六最：禅宗祖庭——少林寺、现存规模最大的塔林——少林寺塔林、现存最古老的塔——北魏嵩岳寺塔、现存最古老的石阙——汉三阙、树龄最高的柏树——汉封“将军柏”、现存最古老的观星台——告城元代观星台。太室山黄盖峰下的中岳庙始建于秦，唐宋时极盛，是河南现存规模最大的寺庙建筑群。嵩阳书院气宇恢宏、古朴高雅，宋时与睢阳、岳麓和白鹿洞书院并称四大书院。此外还有苍翠清幽的法王寺、回环险绝的轩辕关、慧可断臂求法的立雪亭等。

(3) 少林寺，少林寺位于登封市西北15km处的嵩山少室山下，因为此地环境清幽，周围俱是密密匝匝的树林，所以得名“少林寺”，意为“深藏于少室山下密林中的寺院”(图4.12)。少林寺始建于北魏年间，以佛教禅宗祖庭和少林武术的发源地而著称。从山门到千佛殿，共七进院落，总面积达3万m^2。山门的正门是一座面阔三间的单檐歇山顶建筑，它坐落在2m高的砖台上，左右配以硬山式侧门和八字墙，整体配置高低相衬，十分气派。门额上有清康熙帝亲笔所提“少林寺”3个大字，更添一道辉煌的景色。

图4.12

2. 安阳

安阳是一座具有三千多年历史的文化名城，是华夏文明的主要发祥地，属于中国七大古都之一，更有“中华第一古都”之称。安阳古迹众多，这里有西门豹治水的邺城，有历史上第一位骁勇善战的女将妇好的陵墓以及二帝陵（传说中颛顼和帝喾的陵墓），还有国家重点文物保护单位、我国最早的古都—殷墟。安阳除了有厚重的历史，壮观的太行山大峡谷和著名的红旗渠风光一样让人驻足。

殷墟位于河南省安阳市洹水两岸，是中国第一个有文献记载并为甲骨文和考古发掘所证实的商代都城遗址。殷墟总面积达 $24km^2$，内有大量的青铜器，石器，骨器，玉器等具有珍贵史料价值的文物，其中最有名的是重达 875kg 的“司母戊大方鼎”，它是迄今世界上所发现的最大最重的青铜器。

殷墟王陵遗址，位于著名的洹水北岸，是商王朝的皇家陵地与祭祀场所、举世闻名的司母戊鼎出土地。王陵遗址东西长约 450m，南北宽约 250m，总面积约 $112.5km^2$。从 20 世纪 30 年代至今，在这里相继发现了 13 座王陵大亩（包括一座未完成大墓）、2000 多座陪葬墓、祭祀坑与车马坑，出土了数量众多、制作精美的青铜器、玉器、石器、陶器等，被学术界公认为殷商时期的王陵所在，是中国古代文化艺术宝库中璀璨的明珠。

3. 焦作

焦作位于太行山的南麓，这里物产丰富，景色优美，自古就是中华文明的发源地之一。焦作拥有丰富的旅游资源。优越的地理位置和数千年历史文化的积淀，造就了这里丰富而独特的景观。这里最秀美的景色当属国家 5A 景区——云台山，其中尤以红石峡最为著名。另外不仅有同样位于太行山系的青天河、青龙峡、峰林峡和神农山等景区，还有嘉应观、焦作影视城、韩愈陵园这些历史人文景点。

(1) 云台山，以山称奇，整个景区奇峰秀岭连绵不断，主峰茱萸峰海拔 1304m，踏千阶的云梯栈道登上茱萸峰顶，北望太行深处，巍巍群山层峦叠嶂，南望怀川平原，沃野千里，顿时可领略到“会当凌绝顶，一览众山小”的意境（图 4.13）。

云台山以水叫绝，素以“三步一泉，五步一瀑，十步一潭”而著称。落差 314m 的全国最高大瀑布—云台天瀑，犹如擎天玉柱，蔚为壮观。天门瀑、白龙潭、黄龙瀑、丫字瀑皆飞流直下，形成了云台山独有的瀑布景观。多孔泉、珍珠泉、王烈泉、明月泉清洌甘甜。

图 4.13

(2) 红石峡，是云台山景区内一峡谷，谷长 1.5km，宽 3～10m，深 80 余米。由于峡谷又窄又深，受外界季节性气候影响较小，形成了自己独特的小气候冬暖夏凉，潭水一年四季保持在十度左右，盛夏谷外酷热难当，谷内清凉寒爽，一片秋意；隆冬，谷外冰天雪地，谷内草绿花红，温暖如春故又称温盘峪。红石峡景区有“一线天”、“幽瀑”、“穿石”、“逍遥石"、"相吻石"、"棋盘石"、"灵龟戏水"、"孔雀开屏"、白龙瀑和九个龙潭等景观。集泉、瀑、溪、潭于一谷，素有"盆景峡谷"的美誉。被风景园林专家称为"自然山水精品廊"。明代怀庆府知府徐以贞诗赞："何年鬼斧壁层崖，鸟翼飞来一线开。高挂珠帘飞乱雪，直垂银珠吼千雷。神龙爱僻潜还见，好鸟依人去复来。斜阳在山归意懒，不堪回首重徘徊"。

4. 洛阳

洛阳因为地处洛水之阳而得名，是华夏文明的主要发祥地之一。自公元前 770 年周平王迁都洛邑起，历史上先后有 13 个朝代在此建都，时间长达 1500 多年。自古以来，这里墨客骚人云集，因此有"诗都"之称，牡丹香气四溢，又有"花都"的美誉。洛阳有丰富的人文景观，其中龙门石窟是中国三大石窟之一，白马寺是中国第一座官办佛教寺院，洛阳古墓博物馆是世界上最大的古墓群，此外还有二程墓、白园、关林等一大批历史遗迹。

(1) 龙门石窟，始开凿于北魏孝文帝迁都洛阳（494 年）前后，后来，历经东西魏、北齐、北周，到隋唐至宋等朝代又连续大规模营造达 400 余年之久。密布于伊水东西两山的峭壁上，南北长达 1km，共有 97000 余尊佛像，最大的佛像高达 17.14m，最小的仅有 2cm。

西山崖壁上有北朝和隋唐时期的大、中型洞窟 50 多个。古阳洞、宾阳中洞、莲花洞、皇甫公窟、魏字洞、普泰洞、火烧洞、慈香窑、路洞等，为北魏时期的代表洞窟；潜溪寺、宾阳南洞、宾阳北洞（以上两洞的洞窟及窟顶装饰完成于北魏，佛像完成于隋和初唐）、敬善寺、摩崖三佛龛、万佛洞、惠简洞、奉先寺、净土堂、龙花寺、极南洞等为唐代代表洞窟。东山全是唐代的窟龛，其中大、中型洞窟有 20 个，如二莲花洞、看经寺洞、大万伍佛洞（又名擂鼓台三洞）、高平郡王洞等。

(2) 国色牡丹园，又名中国洛阳国家牡丹基因库，位于洛阳市邙山中沟西。牡丹观赏园分南园和北园，搜集国内牡丹数量 50 余万株，引进国外园艺品种 100 余个，数量 5 万株。国色牡丹园是中国牡丹栽培繁衍的主要故地之一，又称"牡丹故土"。这里气候土壤条件优越，非常适宜牡丹生长，牡丹花朵硕大，色泽艳丽，香气浓郁，花期长，素有"洛阳地脉花最宜，牡丹尤为天下奇"的美誉。园内建有古色古香的亭榭楼阁，绿荫长廊，各类雕塑十余座；人工瀑布、小溪为该园增添了动态之美；牡丹文化石刻长廊，牡丹名画欣赏，牡丹奇石等等，涵盖了牡丹的起源、兴衰、发展的历史。

(3) 白马寺，位于洛阳东郊 12km 处，始建于东汉永平十一年，是佛教传入我国后第一座由官府建造的寺院，所以历来被尊为中国佛教的"祖庭"和"释源"。现有五重大殿和四个大院以及东西厢房。前为山门，山门是并排三座拱门。山门外，一对石狮和一对石马，分立左右，山门内东西两侧有摄摩腾和竺法兰二僧墓。五重大殿由南向北依次为天王殿、大佛殿、大雄殿、接引殿和毗卢殿。

5. 开封

开封位于河南省东部，是我国的七大古都之一，有"七朝都会"之称。早在北宋时期这里就是全国的政治、经济、文化中心，也是当时世界上最繁华的都市之一，素有"国际都会"之称。各个朝代的更迭交替给开封留下了众多的文物古迹；开封的仿古建筑群风格鲜明多样，宋、元、明、清、民初各个时期特色齐备，除原有的龙亭、铁塔、相国寺等古迹外，宋都御街和清明上河园的出现则再现了北宋京城的风貌。开封是有名的书画之乡、戏曲之乡，历史上曾产生过"苏、黄、米、蔡"四大书法派系，又是豫剧祥符调和河南坠子的发源地，到开封游古迹之余，您不妨去当地的书画院或小剧场走走，兴许会有意想不到的收获。

（1）清明上河园，是按照1∶1的比例把宋代著名画家张择端的代表作，堪称中华民族艺术之瑰宝的《清明上河图》复原再现的大型宋代历史文化主题公园，该园占地面积0.33余km^2，其中水面0.1km^2，拥有大小古船50余艘，形成了中原地区最大的气势磅礴的宋代古建筑群，整个景区内芳草如茵，古音萦绕，再现当时的古风神韵。园内主要建筑有城门楼、虹桥、街景、店铺、河道、码头、船坊等。园区按《清明上河图》的原始布局，集中展现宋代诸如酒楼、茶肆、当铺、汴绣、官瓷、年画等现场制作。清明上河园建筑古朴典雅，景区环境优美。在景观中融入了一系列北宋民俗风情和市井文化的剧目表演、娱乐项目，具有极高的观赏性、娱乐性、参与性。

（2）大相国寺。北齐文宣帝天保六年（555年）始创建寺院，称为建国寺，后毁于战火。唐长安元年（701年），僧人慧云来汴，托辞此处有灵气，即募化款项，购地建寺。动工时挖出了北齐建国寺的旧牌子，故仍名建国寺，唐延和元年（712年），唐睿宗李旦为了纪念他由相王即位当皇帝，遂钦锡建国寺更名为"相国寺"，并亲笔书写了"大相国寺"匾额。明崇祯十五年（1642年），大相国寺在一次人为的黄河决口中被大水淹没。道光二十一年（1841年）黄河决口，大相国寺再遭厄运，损毁严重。新中国成立后重建。天王殿五间三门，飞檐挑角，黄琉璃瓦盖顶，居中塑有一尊弥勒佛坐像，慈眉善目，笑逐颜开，坐在莲花盆上。据说，他就是未来佛，二亿四千年后将作为释迦牟尼的接班人降至人间。两侧站着四大天王。

（3）铁塔，位于开封城东北部，又名"开宝寺塔"，因塔身全部以褐色琉璃瓦镶嵌，远看酷似铁色，故称为"铁塔"。铁塔建于北宋年间，距今已有900多年历史。铁塔设计精巧，结构坚固，塔身呈八角形，共13层，高55.88m，从底层向上逐层递减。这里的砖雕非常有名，砖上刻有飞天、麒麟、菩萨、乐伎、狮子等花纹图案50余种，造型优美，神态生动，堪称宋代砖雕艺术的杰作。塔内有阶梯可直达塔顶，登塔远眺，市区街景尽收眼底。在铁塔西侧有一座接引佛殿，里面有一尊高5m多、重达12t的大铜佛，亦为一件不可多得的珍品。

6. 信阳

信阳市位于河南省南部，历史悠久，人杰地灵，是华夏文明的发祥地之一，有8000多年的悠久历史。信阳山水秀丽，风光旖旎。国家级风景名胜区鸡公山，是全国四大避暑胜地之一，山上风景秀丽，遍布奇峰怪石。豫南明珠南湾湖，是国家级森林公园，位于浉河区中心，是我国最早建成的大型治淮工程。湖的上游，还有龙潭瀑布、五座云山，茶叶珍品信阳毛尖就出产在这里。

鸡公山位于信阳市南面与湖北省交界处，是大别山的一支余脉，面积达 27km²。主峰报晓峰海拔 744m，远望犹如一只昂首向天、引颈报晓的雄鸡，峰名和山名俱是由此而来。鸡公山是一座天然的动植物园，这里植被丰茂，种类繁多，1700 多种植物在这里安家落户，针叶树、阔叶树、山花、异草争繁斗茂，参差相杂。山上可入药的植物有 600 多种，珍贵的有灵芝、九死还阳草、马蹬草、何首乌、七叶一枝花等。山上还有各种珍禽异兽，仅野生鸟类就有 17 目、109 种之多，野兽类有豹、鹿、野羊、赤狐、豹猫、花面狸等。鸡公山的石，具有怪、美、巧、奇的特点，将军石、恋爱石、宝剑石等形象逼真、栩栩如生。这里风光秀丽，景色迷人，是夏季避暑、旅游、疗养的佳处（图 4.14）。

图 4.14

7. 其他旅游城市与景区

王屋山，国家级重点风景名胜区，总面积 265km²，分 7 个景区，125 个景点。主峰天坛山海拔 1715m，是中华民族祖先轩辕黄帝设坛祭天之所，世称“太行之脊”，“擎天地柱”。阳台宫在王屋山脚下愚公村的西侧，是王屋山旅游线路的起点。现存的建筑是自南而北，依山就势，由低到高，错落有致。阳台宫现存的主体建筑三清殿和玉皇阁为明正德年间重修。最为瞩目的是三重檐阁式建筑玉皇阁，凌空欲飞的飘逸之势，令人叹为观止。主体建筑上的几十对石刻柱子，使这座宗教圣地成为石刻艺术的殿堂；柱子上刻有翻滚的云龙、朝凤的百鸟、闹梅的喜鹊、牧羊的苏武；过海的八仙、战蚩尤的黄帝等。阳台宫内苍松翠柏，郁郁葱葱，其中的一株七叶菩提树，树围近 3m，高 14m，传为唐代所留。

四、旅游线路与行程设计

1. 短线

（1）少林寺一日游：少林寺、塔林、五百罗汉堂、常住院、达摩石像、演武厅、少林武术表演、三皇寨。

（2）洛阳龙门石窟、少林寺一日游：少林寺、塔林、五百罗汉堂、常住院、达摩石像、演武厅、少林武术表演、龙门石窟、奉先寺、香山、白园、洛阳唐三彩工艺。

（3）开封一日游：开封府、参观宋都御街、开封铁塔天波杨府、潘家湖、杨家湖风光。

（4）云台山一日游：云台山风景区、小寨沟风景区、红石峡风景区、老潭沟风景区。

（5）黄河风景名胜区一日游：中华炎黄坛、炎黄二帝塑像、黄河民俗园、星海湖、黄河抚育塑像、桃花峪、楚河汉界、黄帝故里、郑韩故城、东周车马坑博物馆。

2. 中长线

河南全景六日游：
第一天：开封府→龙亭→清明上河园。
第二天：河南博物院→“二七”纪念塔。
第三天：嵩阳书院→永泰寺→少林寺。
第四天：龙门石窟→白园→王城公园→古墓博物馆。
第五天：云台山→潭瀑峡→泉瀑峡→红石峡。
第六天：青龙峡→峰林峡→子房湖。

任务4.5　畅游山东

一、地理环境概述

山东古为齐鲁之地，位于中国东部沿海、黄河下游、京杭大运河的中北段，省会设于济南，省内主要特大城市有济南、青岛、烟台、淄博。西部连接内陆，从北向南分别与河北、河南、安徽、江苏四省接壤；中部高突，泰山是全境最高点；东部山东半岛伸入黄海，北隔渤海海峡与辽东半岛相对、拱卫京津与渤海湾，东隔黄海与朝鲜半岛相望，东南则临靠较宽阔的黄海、遥望东海及日本南部列岛。山东省历史悠久，山川秀丽，具有丰富的旅游资源。被誉为“五岳之尊”的泰山和古代伟大的思想家、教育家孔子故乡曲阜的孔庙、孔府、孔林，先后被联合国教科文组织列为世界自然文化遗产。山东的文明史可以上溯到5000多年前，是中华文化的发祥地之一。在山东，发现了中国最早的文字——“大汶口陶文”和邹县丁公村“龙山陶书”，发掘出了中国最早的城邦——“城子崖龙山古城”，拥有中国现存最古老的长城——齐长城。这里还是陶瓷和丝绸的发源地之一。山东历史上出现过一大批至今仍对中华文化产生重要影响的历史名人。伟大的思想家、教育家、政治家孔子创立的儒家学说，成为中国传统文化的支柱，在世界上产生重大影响。古代著名军事家孙武的《孙子兵法》，至今仍然是中外军界和商界推崇的经典。由于在中国春秋战国时期（前770～前221年）著名的鲁国和齐国都在今天的山东境内，山东因而简称“鲁”或“齐鲁”。独具特色的齐鲁文化，是中国传统文化的重要组成部分。山东素有礼仪之邦之称，山东人具有勤劳、朴实、重情义、守信用的传统美德，向以不怕困难、不甘落后、吃苦耐劳、勤俭努力而为世人称道（图4.15）。

二、旅游业掠影

山东省是全国旅游资源丰富的省区之一，全省有自然景观和人文景观490多处，古建筑、古遗址1.3万多处，其中国家重点文物保护单位27处，省级重点文物保护单位379处。悠久的历史，灿烂的文化，优美的自然风光构成了内容丰富，特色鲜明的自然景观和人文景观，共同构成了山东旅游独特的风格。

目前，基本形成了6大旅游区：济南、泰安、曲阜延伸到邹城的“山水圣人”旅游

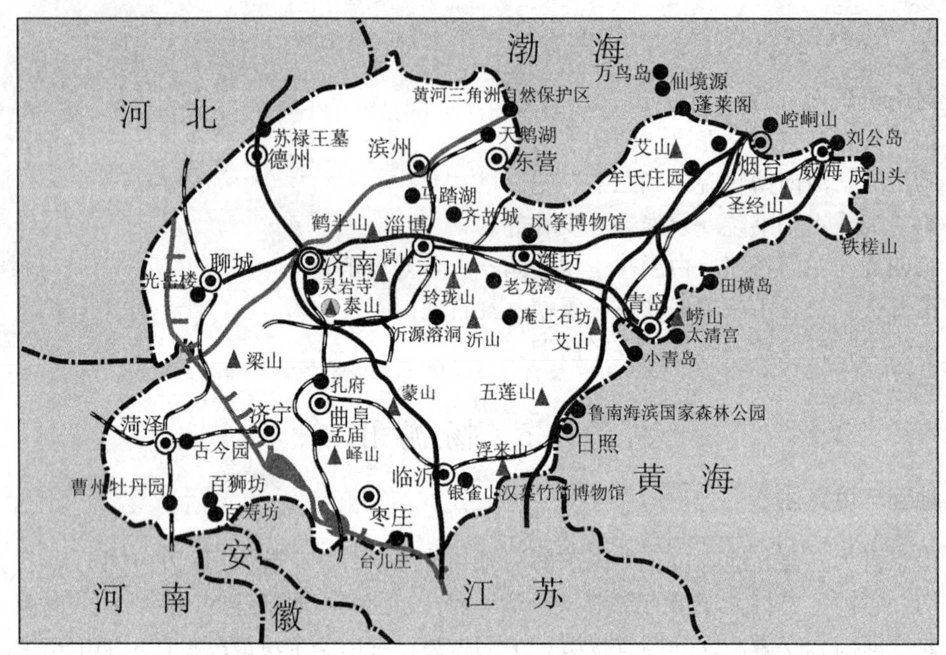

图 4.15

区（曲阜圣地之旅）；以青岛、烟台、威海为一体的海滨旅游区；以潍坊市区为中心，以风筝、杨家埠木版年画、民俗风情为主体的民俗旅游区；以淄博齐国故城、殉马坑、蒲松龄故居为主体的齐文化旅游区；以黄河入海奇观和原始风貌为特征的东营黄河口旅游区；以水浒故事为主线，梁山、阳谷为重点的“水浒”旅游线。历史文化名城曲阜，是世界十大历史文化名人之首孔子的故里，儒家学说的发祥地，孔庙，孔府，孔林规模宏大，文物荟萃，被联合国教科文组织命名为“世界文化遗产”。泰山，作为中国“五岳之首”，雄伟壮丽的风光和博大精深的文化象征着中华之魂，被联合国教科文组织命名为“世界自然文化遗产”（表 4.4）。

表 4.4　2008 年山东省旅游业发展情况一览表

省份及其在全国的地位	国内旅游人数/万人次	入境旅游人数/万人次	国内旅游收入/亿元	旅游外汇收入/亿美元	星级酒店数/家	旅行社数/家	4A 级以上景区数/家
山东省	24000	253.7	1908.5	13.9	810	1765	40
全国总数	171000	13003	8749	408	14099	20110	872
占全国比例	14%	2%	21.8%	3.4%	5.7%	8.8%	4.6%
在全国排名	3	7	4	8	6	1	9

山东东部漫长的海岸线上，分布着风光绮丽的海滨城市青岛，烟台，威海，日照。青岛被誉为“黄海明珠”，前海风光独具魅力，崂山为道教圣地，古迹众多。“鱼果之乡”烟台，“人间仙境”蓬莱阁，“海滨花园”威海，景色秀丽，气候宜人，是理想的旅

游，疗养，度假胜地。山东中部，民俗风情丰富多彩，“世界风筝都”潍坊的风筝、杨家埠木版年画等卓有特色。以古老齐文化著称的古齐国都城淄博，拥有齐国故城遗址，东周殉马坑，齐长城遗址等古迹。中华民族的摇篮黄河流经山东570km汇入渤海，黄河入海口自然风光壮丽奇特，令人叹为观止。此外，梁山水泊遗址，菏泽的牡丹，聊城的光岳楼，铁塔，德州的苏禄王墓，枣庄万亩石榴，黴山湖十万亩荷花以及古运河游等也都各具特色。为满足中外游客的需求，依托丰富的旅游资源优势，山东每年都举办一系列大型旅游节庆活动，如曲阜国际孔子文化节、青岛国际啤酒节、潍坊国际风筝会、泰山国际登山节、菏泽国际牡丹花会等，同时，还开发了常年可以参加的孔子家乡修学旅游、穆斯林旅游、徐福东渡游、农家民俗旅游、书法旅游、烹饪旅游、中医康复旅游、朝圣旅游等30多个专项旅游活动，受到中外游客的欢迎。

三、旅游城市与景区览胜

1. 济南

黄河之南、大明湖畔的“泉城”济南，有72名泉，自古就有“家家泉水，户户垂杨”之誉。趵突泉为72泉之首，黑虎泉、五龙潭、珍珠泉亦久负盛名。济南已有4000多年的历史，文物古迹众多，有舜文化遗址舜耕山，先于秦长城的齐长城，中国最古老的地面房屋建筑—汉代孝堂山郭氏墓石祠，中国最古老的石塔——隋代柳埠四门塔和被誉为“海内第一名塑”的灵岩寺宋代彩塑罗汉（11世纪）等。济南山灵水秀，人才辈出，唐代大诗人杜甫曾在这里写下了“海右此亭古，济南名士多”的佳句。比如中医科学的奠基人扁鹊，阴阳五行学派大师邹衍，唐代名臣房玄龄，中国著名文学家李清照、辛弃疾、张养浩、李开先，中国公共图书馆的首倡周永年，著名建筑师魏祥等。另外，李白、杜甫、苏轼、曾巩等历代杰出的诗人学者，都先后在济南生活游历。

（1）大明湖，位于济南市区偏北，内有一阁（北极阁）、二园（遐园、秋柳园）、四祠（稼轩祠、铁公祠、南丰祠、汇泉祠）、十亭（玉涵亭、鸳鸯亭、小沧浪亭、八角亭、九曲亭、望湖亭、浩然亭、湖心亭、历下亭和月下亭）。

（2）趵突泉，位于济南市区中心，趵突泉南路和泺源大街中段，南靠千佛山，东临泉城广场，北望大明湖，居济南七十二名泉之首，被誉为“天下第一泉”，也是最早见于古代文献的济南名泉（图4.16）。趵突泉是泉城济南的象征与标志，与千佛山、大明湖并称为济南三大名胜，先后被评为全国十大优秀园林、“十佳”公园和国家4A级景区。趵突泉水分三股，昼夜喷涌，水盛时高达数尺。所谓“趵突”，即跳跃奔突之意，反映了趵突泉三窟迸发，喷涌不息的特点；同时又以“趵突”摹拟泉水喷涌时“卜嘟”之声，可谓绝妙绝佳。著名文学家蒲松龄认为，趵突泉是“海内之名泉第一，齐门之胜地无双”。清代康熙皇帝南游时，曾观赏了趵突泉，兴奋之余题了“激湍”两个大字，并封为“天下第一泉”。

图4.16

2. 聊城

聊城因位于古聊河西岸而得名，有“水城”的美誉。聊城古称东昌，历史悠久，人文景观和自然景观极为丰富。现有名胜古迹446处，其中国家级重点文物保护单位3处，省级重点文物保护单位15处。风景如画的东昌湖，面积达4.2km^2，聊城古城坐落在湖中央，形成了“城中有湖，湖中有城，城湖一体”的独特的古城格局和风貌，是著名的中国北方水城，被誉为“东方威尼斯”。

（1）光岳楼，是国家历史文化名城聊城的象征，位于聊城古城中心，外观为四重檐歇山十字脊过街式楼阁。由墩台和主楼两部分组成。墩台为砖石砌成的正四棱台，高9m，四层主楼筑于墩台上，高24m。光岳楼的通高和底边长者是33m，也就是古代的九丈九尺，在中国古代九是阳数之极，寓意它的高度不可超越。600多年来，光岳楼也一直是中国最雄伟最高大的建筑之一。

（2）山陕会馆，位于山东省聊城市东昌府区东关古运河西岸，是山西、陕西客商集资合建的一处神庙与会馆相结合的古建筑群，系全国重点文物保护单位。山陕会馆始建于清乾隆八年，历经四年，山门、正殿等主体工程竣工，其后逐年扩建，至嘉庆十四年方具有现在之规模。会馆东西长77m，南北宽43m，占地面积3311m^2。保留至今的有山门、戏楼、夹楼、钟楼、鼓楼、南北看楼、南北碑亭、关帝殿、财神殿、火神殿等160余间。馆内现存有历年重修大小碑刻19幢，石雕方檐柱30根，浮雕、透雕的精密木质额枋42方，作为柱础的石雕狮子、大象、麒麟等12座，照壁、折壁人物、花鸟、山水等石刻画12幅。上百个柱础上刻有花草、鸟兽等装饰，尤其是木柱、石柱、匾额上所刻楹联、文字，正楷行书兼备，为书法家所称颂。

3. 济宁

济宁具有7000年的文明史，自古就有“孔孟之乡、礼仪之邦”的美称。春秋时期五大圣人：至圣孔子、亚圣孟子、复圣颜子、宗圣曾子、述圣孔伋均出生于济宁。此外，济宁还以“江北小苏州”而著称。水资源丰富，自然风光旖旎动人。济宁名胜古迹众多，是中国人文景观最集中的地区之一。主要景点有：太白楼、声远楼、铁塔诗、东大寺等，其中武氏祠汉画像石，被誉为研究中国历史的“百科全书”。济宁的汉碑以数量多、价值高而闻名天下，有“天下汉碑半济宁”之说。这些名胜古迹，为济宁这块古老的土地积淀了深厚的文化底蕴。

（1）三孔——孔庙、孔府、孔林。曲阜是孔子的故乡，这里有巨大的宫殿式建筑——孔庙，有中外历史上罕见的世袭了70多代的贵族府第——孔府，有一片比曲阜县城大一倍的园林墓地——孔林。

孔庙是祭祀孔子的地方。全庙南北长1km多，占地327亩，共有厅堂殿庑400多间，包括三殿、一阁、一坛、三祠、两庑、两堂、两斋、十七亭、五十四门坊，前后共9进庭院，布局严谨，气势雄伟，是我国规模仅次于故宫的古建筑群。孔庙的主体建筑为大成殿。这座金碧辉煌的大殿，阔45.78m，深24.89m，殿高24.8m，殿基占地1836m^2。是我国现存巨大的古建筑之一，可与故宫的太和殿媲美。这个殿最引人注目的是正面十根石柱，每根柱上雕刻两条巨龙，飞腾于云彩之中，两龙之间有一宝珠，故名之曰二龙戏珠。殿内有巨大的孔子塑像，像高3.3m²，神采奕奕，威而不猛。孔庙里共碑碣3000余块，被人们视为书法、绘画、雕刻艺术的宝库。最为珍贵的是22块汉魏六朝石刻（图4.17）。

图4.17

孔府又称衍圣公府，位于孔庙的东侧。孔府是孔子嫡系子孙居住的地方，基本上是明、清两代的建筑，包括厅、堂、楼、轩等463间，共九进院落，是一座典型的中国贵族门户之家，有号称“天下第一人家”的说法。事实上目前世界上还找不到此子孙持续七十七代更久的人家。孔府有前厅、中居和后园之分。前厅为官衙，分大堂、二堂和三堂，是衍圣公处理公务的场所。中居即内宅和后花园，是衍圣公及其眷属活动的地方。最后一进是铁山园。园内假山、鱼池、花坞、竹林以及各种花卉盆景等一应俱全。

孔林是孔子及其后裔的墓地。坐落于曲阜城北，占地2万多平方千米。它是我国规模最大、持续年代最长、保存最完整的一处氏族墓葬群和人工园林。孔林神道长达1000m，林道尽头为“至圣林”木构牌坊，是孔林的大门。内有一河，即著名的圣水——洙水河。洙水桥北不远处为享殿。是祭孔时摆香坛的地方。殿前有翁仲、望柱、文豹和角端等石兽。享殿之后，正中大墓为孔子坟地，墓前有巨碑篆刻“大成至圣文宣王墓”。东边为其子“泗水侯”孔鲤墓；前为其孙“沂国述圣公”孔子思墓。据传此种特殊墓穴布局称之为“携子抱孙”。

（2）三孟，是指邹城市的古建筑群孟府、孟庙、孟林。邹城在曲阜之南20km处，为古代著名思想家孟子诞生地，素称“孔孟桑梓之邦，文化发祥之地”。昔日孟母断机教子，培育了“功不在禹下”的亚圣孟柯，那“云护宫墙春杳杳，露涵松桧晓苍苍”的三孟，今日依旧展示着往昔的风采。

4. 泰安

泰安是一座历史文化名城。5000多年前形成了繁荣的大汶口文化；公元前200年（西汉初）设“泰山郡”，公元1136年（金天会十四年）设“泰安郡”。泰安从“泰山安则四海皆安”一语中来，取意国泰民安。

（1）泰山，又称东岳，位于山东中部，泰安的北部，以其雄伟壮丽的自然风光和独特丰富文化蕴含，被誉为“中华之魂”，总面积426km²，主峰海拔1532.7m，气势磅礴，拔地通天，素有“五岳之首”、“天下第一山”之誉。在中华文明五千年的历史长河中，由于历代帝王封禅和民众朝拜，给泰山遗留下极为丰富的人文景观，使泰山成为“华夏文化”的缩影。现为世界自然与文化遗产名录地，国家5A级景区（图4.18）。

历代许多君王来泰山举行封禅大典，所到之处，建庙塑像，刻石题字，为泰山留下了大量的文物古迹。泰山同时又是佛、道两教之地，因而庙宇、名胜遍布全山。因此泰

图 4.18

山不仅有雄奇壮丽的山势，而且有众多的文物古迹，也是一个道教名山。泰山的名胜古迹众多，主要的景点有岱庙、普照寺、王母池、关帝庙、红门宫、斗母宫、经石峪、五松亭、碧霞祠、仙人桥、日观峰、南天门、玉皇顶等，其中旭日东升、晚霞夕照、黄河金带、云海玉盘被誉为岱顶四大奇观。

（2）岱庙，属全国重点文物保护单位，又称东岳庙或泰山庙。位于泰安市区北，泰山南麓。其南北长 406m，东西宽 237m，总面积 9.6 万 m^2，是泰山最大、最完整的古建筑群，为道教神府，是历代帝王举行封禅大典和祭祀泰山神的地方。岱庙创建于汉代，至唐时已殿阁辉煌。在宋真宗大举封禅时，又大加拓建，修建天贶殿等，更见规模。其建筑风格采用帝王宫城的式样，周环 1500 余米，庙内各类古建筑有 150 余间。天贶殿是岱庙的主体建筑，为东岳大帝的神宫。殿面阔九间，进深四间，通高 22m，面积近 970m^2。为重檐庑殿式，上覆黄琉璃瓦。重檐之间有竖匾，上书“宋天贶殿”。殿内供奉泰山神即东岳大帝。民间传说此神即黄飞虎。《封神演义》中，姜子牙奉太上元始天尊敕命，封屡树战功的武将黄飞虎为“东岳泰山天齐仁圣大帝”，命他总管天地人间的吉凶祸福。

5. 临沂

“蒙山高，沂水长，沂蒙山区好地方”，素以沂蒙山区而著称的山东省临沂，位于山东省东南部，是山东省面积最大、人口最多的行政区。临沂市地貌类型多样，融北国的粗犷风光与南国的鱼米之乡风韵于一体，钟灵毓秀，仪态万方。北部是绵延起伏的群山，中部是逶迤的丘陵，南部是一望无际的冲积平原。临沂市是一块历史文化底蕴深厚的土地。几十万年前的沂河两岸就有人类祖先的足迹，临沂古城已有 2400 多年的历史。闻名中外的《孙子兵法》和《孙膑兵法》竹简就出土在这里。此外，临沂还是一代名相诸葛亮、书圣王羲之、书法家颜真卿、算圣刘洪，以及曾子、匡衡、王祥等的故乡。

蒙山以“天然氧吧”、“养生长寿”而闻名，横亘数百里，七十二主峰、三十六洞天，集险、奥、幽、旷、奇、雄、秀于一体，遥对泰山，雄奇壮美。蜿蜒的沂河，如镶嵌的玉带，纵贯全境，充满灵气。为山东省第二高峰，素称“亚岱”。跨临沂市蒙阴、费县、沂南、平邑四县。

6. 淄博

淄博是国家级历史文化名城和中国优秀旅游城市，作为春秋五霸之首、战国七雄之一的齐国都城长达 800 余年，是齐文化的发祥地。在这片神奇的土地上，稷下学宫开创了学术百家争鸣之先河。中国第一部经济管理学百科全书《管子》、被世界兵家誉为“世界第一兵书”的《孙子兵法》、中国第一部农业科学巨著《齐民要术》、中国第一部工科巨著《考工记》均诞生于此。此外，淄博是清代著名文学家、“世界短篇小说之王”蒲松龄的故乡；历史商埠重镇周村，是陆上“丝绸之路”的起点，有“天下第一村”之美誉。

齐国故城遗址博物馆坐落于世界足球起源地、国家历史文化名城—临淄。齐国故城是国务院公布的首批全国重点文物保护单位，共有48处重点遗址，素有“地下博物馆”之美誉。齐国历史博物馆是首馆，古城堡式建筑，是全国十大异型博物馆之一。博物馆设有东、南两个拱形圆门，东门门楣上嵌有“齐琼元府”四个金文大字，意思是“收藏、陈列齐国精美瑰丽珍宝的第一府地”。其内部装修取汉代风格，古朴典雅，别具一格。齐国历史博物馆分为八个展区，序厅陈列的有我国最古老的长城一，齐长城的照片，门口象征古“齐”字的三根原木是齐国历史博物馆的标志物，另外还有战国时代的齐国地理位置图。其他展区陈列内容则是以齐国历史为背景，以时代先后为顺序，您依次可以欣赏先齐时期展厅、西周时期展厅、春秋时期展厅、韶乐厅、战国时期展厅、火牛阵厅、秦汉时期展厅。

7. 潍坊

世界风筝之都——潍坊市，位于山东半岛中部，是一座新兴的旅游城市。潍坊历史悠久，早在新石器时代，境内就有氏族部落生产和生活。夏代、商代分别建有封国，春秋、战国时期，分属齐、鲁等国。久远的历史给潍坊境内留下了不同时期的文化群带，古遗址、古建筑、古石刻等文物1800多处，其中国家级重点文物3处，省级27处。潍坊自古人才辈出。齐国政治家晏婴，东汉经学大师郑玄，北魏农学家贾思勰，北宋画家张择端，诗人李清照等文化名人灿若星辰。潍坊是历史上著名的手工业城市，清乾隆年间便有“南苏州、北潍县”之称，也是我国历史上最大的风筝、木版年画的产地和集散地。八十年代以来，潍坊在挖掘、整理本地民俗旅游资源的基础上，新开辟了千里民俗旅游线，开创了我国民俗旅游的先河，每年都吸引着数以千计的中外游客，成为全国最有影响的民俗旅游区。

杨家埠民间艺术大观园是集风筝生产、年画印刷与民俗旅游为一体的民间艺术大观园。园内以年画、风筝为主导，民风民俗为主题。设有风筝博物馆、绘制馆、十八女子作坊、年画博物馆、年画作坊、民俗馆、文物馆、百年婚证展、老粗布作坊、农具展、红色收藏展、书画院、嫦娥奔月台、古店铺一条街、三星湖、度朔山以及杨家埠明清时期古村落、古槐等数十个景点和展厅。让游客在体验风筝扎制、年画印刷等乐趣，同时也可以领略到几百年前杨家埠人的生活方式，体味杨家埠人古老的民俗、民间风情（图4.19）。

图4.19

8. 烟台

烟台名称源于烟台山。明洪武31年，为防倭寇侵扰，当地军民于临海北山上设狼烟墩台，也称“烽火台”。发现敌情后，昼则升烟，夜则举火，为报警信号，故简称烟台，烟台山由此得名，烟台市也因此而得名。烟台是中国北方著名的海滨旅游城市，是理想的旅游、疗养、避暑、度假胜地。众多的自然景观和历史文化遗迹使烟台形成了“三区十景一条带，四城五园六条线”的旅游布局。所谓“三区十景”主要指的是：以金沙滩、养马岛、蓬莱阁3个旅游区为主体的十大旅游景点；“四城五园”指：中华民俗博览城、黄海游乐城、塔山竞技游乐城、芝罘岛海滨美食城四城，完善了世界水景园公园、南山公园、烟台山国际海洋公园、炮台山公园、毓璜顶公园五园。目前烟台围绕“三区十景、四城五园”开辟了秦始皇东巡线、中日友好徐福东渡线、胶东民俗旅游线、人间仙境旅游线、文物古迹旅游线、海上六岛旅游线等六条旅游热线，成为我国北方著名的旅游避暑和休闲度假胜地。

(1) 蓬莱阁，位于蓬莱石西北的丹崖山上，整个建筑群面积约3万m^2，主要有吕祖殿、三清殿、蓬莱阁、天后宫、龙王宫、弥陀寺等，在它的两侧有观澜亭、宾日楼、避 风亭、卧碑亭、姜公祠等建筑。蓬莱阁是神州九大观日处之一，观日处位于丹崖山巅。国家5A级旅游景区，国家重点文物保护单位，坐落于蓬莱城北濒海的丹崖山巅，为中国古代四大名楼。与弥陀寺、龙王殿、子孙殿、天后宫、三清殿、吕祖殿等构成古建筑群。丹崖拔海而起，通体赭红，蓬莱阁与浩茫的碧海相映，时有云雾缭绕，传说八仙过海的故事就出自于此。主要景观有“仙阁凌空”、“海市蜃楼”、“狮洞烟云”、“渔梁歌钓”、“日出扶桑”、“晚潮新月”、“万里澄波”、“万斛珠玑”、“铜井金波”、“漏天滴润”等十大胜景。

(2) 张裕酒文化博物馆。张裕葡萄酿酒公司是由南洋富商张弼士先生于1892年在烟台投资创办，清朝重臣李鸿章签发执照。1912年孙中山先生为张裕公司亲笔题赠“品重醴泉”。1915年张裕公司的白兰地、红葡萄、雷司令、琼瑶浆荣获“巴拿马太平洋万国博览会”金质奖章和最优等奖状。1987年国际葡萄、葡萄酒局命名为亚洲唯一的“国际葡萄、葡萄酒城”。百年地下大酒窖和酒文化展厅，展示了中国民族酿酒工业的百年辉煌历史。

(3) 牟氏庄园，是国家重点文物保护单位，位于栖霞市城北古镇都村，始建于清代雍正年间，是中国北方规模最大、保存最完好的封建地主庄园。主要景观有东忠来、西忠来、南忠来、日新堂、牟墨林故居、酒房、库房、药铺、茶馆等。共分三组，括六院，占地20000m^2，厅堂楼厢480多间，各独力院分别由大门、客厅、群房、楼房等构成多进院落，吸收了中国北方民俗建筑的优秀成果，是最典型的民俗旅游点。

9. 威海

美丽的海滨花园城市威海，花满街，树成荫，宁静、整洁的市容环境，使这里成为中国最适宜居住的城市之一。甲午战争使威海成为中国历史上“不沉的战舰”。沙滩美梦、海鲜美食、韩流时尚使威海成为一个集度假、美食、购物于一体旅游城市。

(1) 刘公岛，位于威海市区东3.89km的威海湾中，素有“东隅屏藩”之称，全岛东西长4km，南北宽2km，面积3.15km^3，岛的主峰旗顶山海拔153.5m，素有“不沉的战舰”之称。刘公岛历史悠久，扼守京津门户，横踞海上，形成天然屏障，是扼守东陲海疆的军事重地。这里是中国近代第一支海军隶清政府北洋水师的诞生地，是中日甲午战争的古战场，著名的黄海海战就发生于此。如今，岛上已建立了中日甲午战争博物馆，收藏有大量有关珍贵文物。其中从海底打捞的水师巨型舰炮，重20多吨，为世界仅存。岛上有甲午海战期间功不可没的北洋水师铁码头和古炮台，有纪念甲午英烈的北洋水师忠魂碑，有展示中国兵器发展史的中华兵器馆，有保持原始植被的国家森林公园，有当年北洋海军的指挥机关北洋海军提督署，还有通过建筑、雕塑、绘画、影视等综合艺术手段展示甲午海战悲壮历史的甲午海战馆（图4.20）。

图4.20

(2) 成山头风景区，位于荣成市成山山脉最东端，故而得名：成山头。成山头海拔200m，东西宽1.5km，南北长2km，占地面积2.5km^2。与韩国隔海相望仅174km，是中国海岸的最东端，是陆海交接处的最东端，最早看见海上日出的地方，所以被誉为“太阳启升的地方”，有“中国的好望角”之称。成山头海湾被评为中国最美八大海岸之一。

10. 青岛

青岛是中国重要的经济中心城市和沿海开放城市，是国家级历史文化名城和风景旅游、度假胜地。青岛市位于山东半岛南端，依山傍水，是著名的避暑胜地，6～9月间的气温在20～28℃左右，是旅游的最佳季节。青岛还是闻名海内外的青岛啤酒的原产地，游人在这里可以品尝到正宗新鲜的青岛啤酒。每年8月第二个周末都会举行国际啤酒节，在这里可以品尝到世界各地的知名啤酒。起伏跌宕的海上仙山——崂山；“红瓦绿树，碧海蓝天”的城市风景；典型欧陆风格的多国建筑；浓缩近现代历史文化的名人故居；现代化的度假、会展条件，这一切的一切都使青岛这座中西合璧，山、海、城相融相拥的城市，成为中国最优美的海滨风景带。青岛三面环海、气候宜人，加上特殊的历史积淀，使青岛早在20世纪初就成为中国著名的旅游胜地。青岛以海鲜为主的独特饮食，新鲜清淡为特色，备受欢迎。崂山绿石，天然珍珠，精巧的草制工艺品，更受旅游者的青睐。青岛作为国家历史文化名城、著名的海滨旅游胜地和首批中国优秀旅游城市之一，旅游设施非常完备，陆海空立体交通网络通达国内外各大城市，可满足来此旅游不同层次游客的消费需要。

(1) 栈桥，是青岛的标志，位于市区中山路南端的海边，始建于清光绪十六年，后于1931年改造，现栈桥全部使用巨大的花岗石砌成，全长440m，宽8m，最南端处筑有一座钢筋混凝土双层双檐琉璃瓦覆顶的八角亭——回澜阁，青岛著名的十景之一“飞阁回澜”便是这里。

(2) 奥帆中心，位于青岛市浮山湾畔，与青岛市标志性景点——五四广场近海相望，总占地面积约45hm，其中场馆区30hm，市内著名风景点“燕岛秋潮”就位于中心内燕儿岛山的东南角。奥帆中心依山面海，景色宜人，气势恢宏。自2001年青岛被确定为第二十九界奥运会帆船项目主办城市后，这里就被规划成为一个高标准的帆船运动场地。经过几年的建设，青岛奥帆中心成为了亚洲最好的帆船运动场地。作为国内顶级的帆船运动基地，奥帆中心曾先后成功接待了2006、2007年“好运北京”青岛国际帆船赛，05～06赛季、07～08赛季克利伯环球帆船赛、2008年第29届奥运会、13届残奥会帆船比赛、08～09赛季沃尔沃环球帆船比赛以及十一运会OP帆船比赛。值得一提的是，2008～2009赛季的“沃尔沃环球帆船赛”于2009年1月抵达中国青岛，这是2008年北京奥运会所有比赛场馆当中第一个在赛后承接国际著名大型体育赛事的奥运场馆。整个奥帆中心的工程项目分两大部分：水域工程和陆域工程。水域工程包括主防波堤码头、测量大厅码头、陆域停船区以及奥运纪念墙码头。陆域工程主要由七个单体建筑及配套工程构成。这7个单体建筑在奥帆赛比赛期间为接待中心、行政与比赛管理中心、奥运分村、运动员中心、媒体中心、后勤保障中心及注册中心。

(3) 八大关景区，是我国著名的风景疗养区，面积70余公顷，十条幽静清凉的大路纵横其间，是最能体现青岛“红瓦绿树、碧海蓝天”特点的风景区，所谓“八大关”，是因为这里有八条马路（现已增到十条），是以八个关口命名的，即韶关路、嘉峪关路、涵谷关路、正阳关路、临淮关路、宁武关路、紫荆关路、居庸关路。这十条马路纵横交错，形成一个方圆数里的风景区，故统称为“八大关”。八大关别墅区的特点之一是有众多的各国风格建筑，故有“万国建筑博览会”之称。这里集中了俄式，英式，法式，德式，美式，丹麦式，希腊式，西班牙式，瑞士式，日本式等20多个国家的建筑风格。在“中国最美的城区”评选中，青岛的八大关与厦门鼓浪屿、苏州老城、澳门历史城区、北京什刹海地区位列其中。专家评审组给青岛八大关的评语是，“呈现出丰富多彩的城市魅力，建筑风格别具特色”。

图4.21

(4) 崂山，是山东半岛的主要山脉，崂山的主峰名为“巨峰”，又称“崂顶”，海拔1132.7m，是我国海岸线第一高峰，有着海上“第一名山”之称。现在崂山主要有巨峰、登瀛、流清、太清、上清、棋盘石、仰口、北九水、华楼9个风景游览区等大小景点200多处，以独特的山海奇观闻名于世（图4.21）。

11. 其他旅游城市与景区

黄河三角洲自然保护区以其原始状态的自然面貌，造就了野、奇、特、新为主要美学特点的河口景观、湿地景观、草地景观和海滩景观；黄河入海口正是位于此。

四、旅游线路与行程设计

1. 短线

(1) 曲阜、泰山、济南双休日自助游：

第一天：孔府→孔庙→孔林→天街→玉皇顶。

第二天：南天门→十八盘→中天门→趵突泉→大明湖。

(2) 青岛市内一日游：

花石楼→青岛“钓鱼台”→元帅楼→小鱼山→海底世界→小青岛→第一海水浴场。

2. 中长线

胶东半岛亲海四日游：

第一天：蓬莱水城→蓬莱阁→田横山→戚氏牌坊→九丈崖→月牙湾→林海公园。

第二天：烽山→中日甲午战争博物馆→甲午海战纪念馆→刘公庙→刘公岛国家森林公园。

第三天：始皇庙→成山头→海驴岛→神雕山野生动物自然保→栈桥→小青岛。

第四天：太清宫→上清宫→明霞洞→龙潭瀑→五四广场→第一海水浴场。

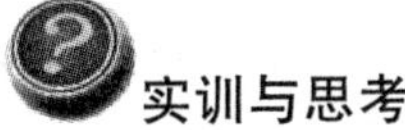

实训与思考

(1) 请以“带你游秦始皇兵马俑”为题作 5min 的导游讲解。

(2)“暑期”前后，广东某单位欲组织一批商务客人来山东旅游，请你为他们设计一条合适的旅游线路。

(3) 简述本区旅游资源与环境的特征。

(4) 以平遥古城为例，论述文化古迹类旅游资源如何实现开发和保护的双赢。

项目5 游历华东五省市

目标与导读

学习了解华东五省市的旅游地理概况；掌握华东五省市的重点旅游资源的分布及特色；初步学会根据华东五省市旅游地理的差异，合理设计安排旅游线路。

任务5.1 区域认知

一、位置与范围

本区包括江苏、安徽、浙江、江西四个省和上海市，因地处我国东部和东南部，故称华东五省市。其北部、南部和西部分别与我国的华北、华南和华中区相连，其东面及东南面分别是中国的黄海、东海，该区隔东海与日本、台湾省相望（图5.1）。华东五省市总面积51.8万km^2，约占全国的5.4%，总人口约2.3亿（2008年底），约占全国的18%，这里有我国目前经济发展速度最快、经济总量规模最大、最具有发展潜力的经济板块——长江三角洲，长三角的经济量占中国经济总量接近1/4。华东五省市以其发达的经济、优越的地理位置、完善的旅游配套以及深厚的传统文化沉淀，吸引了海内外诸多游客慕名而来。

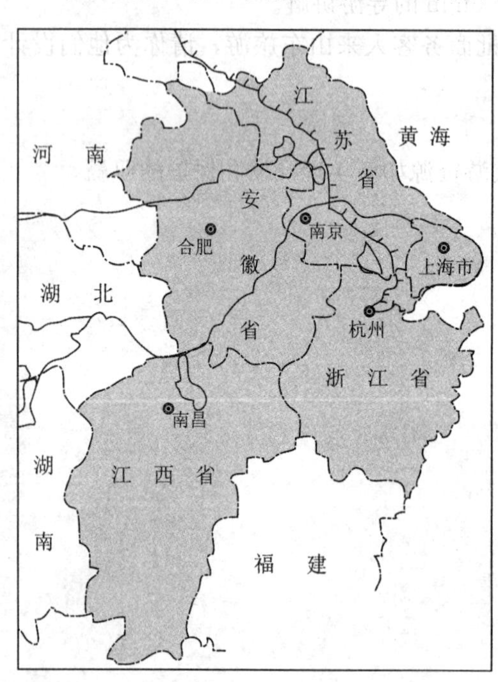

图5.1

二、旅游环境与资源

1. 海岸线漫长，海滨、海岛旅游资源形式多样

华东五省市当中，江苏省、上海市、浙

江省滨临黄海及东海。江苏有连绵近1000km的海岸线，上海地处长江三角洲平原东端，而浙江省更有“七山一水二分田”之称，海岸线总长6486km，面积500m^2以上岛屿3061个，是中国岛屿最多的一个省份。漫长的海岸线，众多的岛屿构成形式多样的旅游资源，例如，江苏连云港市的国家级风景名胜区云台山海滨景区，这里不单有汇萃青山、碧海、金滩、茂林、奇石于一体的海滨胜境——苏马湾生态园；还有江苏最佳的天然优质海滨沙滩——大沙湾浴场；更有位居中国第一的拦海巨堤。上海下属的崇明岛位于长江口，面积是1083km^2，是全世界最大的河口冲积岛，是我国仅次于台湾和海南的第三大岛，崇明岛上的西沙湿地是上海目前唯一具有自然潮汐现象和成片滩涂林地的自然湿地。而浙江省除了有众多的海岛自然风光外，还拥有“海天佛国”普陀山，深厚的佛教文化与亮丽的海滨风光在那里和谐融合。

2. 名山秀水，人文景观与自然景观交相辉映

名山秀水云集是华东旅游的一大特色。名冠神州第一山的黄山，自古就有“五岳归来不看山，黄山归来不看岳”的说法，还有中国四大佛教名山中的普陀山、九华山、中国四大道教圣地之一的齐云山、以《醉翁亭记》而名扬千古的琅琊山、号称“中天一柱”的天柱山、素有“小黄山”之称的江西三清山、丹山碧水，道教洞天——龙虎山、火山岩山地丘陵铸就了“奇秀甲天下”的雁荡山等，另外“浓妆淡抹总相宜”的西子湖，山清水秀的富春江——新安江，还有古淮河、太平湖、巢湖、千岛湖、太湖、花亭湖、鄱阳湖、镜湖等，更有世界闻名的钱塘江，它们大多与名山相依相伴，同时这些名山秀水还附有深厚的人文色彩，留下了过许多历史名人的足迹，例如，欧阳修、苏东坡、白居易等等多不胜数，“日出江花红胜火，春来江水绿如蓝。”华东之旅，游客可以品味着前人的名句，漫步在青山绿水之间。现在，名山秀水之旅已成了华东五省市旅游的王牌。

3. 江南水乡、古镇风情和园林美景有机结合

华东五省市中大部分区域地处长江三角洲，河网密集，以长江、淮河、京杭大运河、太湖、海滨为主体的水资源，构成了以水为主、以山组合见长的独特水乡风光。江南的水乡古镇是华东之旅中必不可少的景点之一。无论是周庄、同里、乌镇或是锦溪等，它们的共同之处：穿镇而过的狭窄河道，一座座雕刻精致的石桥，明清时代的商业古街，各种老字号店铺比比皆是，还有就是沿街的明清古宅民居粉墙黛瓦，建筑风格别致，户户雕花，宅与宅、院落与院落之间又形成了狭长幽深的弄堂，显得古老苍朴。因地制宜的江南园林艺术造诣很高，常被作为中国园林的代表，规模小但充分利用一切空间来造景，即使墙角、路面也是精心点缀，虽小而足供观赏，多奇石秀水富有田园情趣，有“城市山林”的美称。苏州、杭州、南京、上海、无锡、扬州、镇江等地都有许多名园，其中苏州的宋（沧浪亭）、元（狮子林）、明（拙政园）、清（网师园）等，被誉为苏州“四大名园”。

4. 历史文化名城荟萃，中国发达城市最为集中的地区

华东五省市以历史文化名城多而名扬四海，共有历史文化名城28座，尤其以南宋

首都杭州、明都会南京、东方明珠上海、文化名城扬州、城市山林镇江、徽商故里黟县、太湖明珠无锡、陶瓷之都景德镇市、东方水城苏州最受游客青睐。同时上海市、江苏省东南部连同浙江省东北部处于我国长江三角洲核心地带，是我国目前经济发展速度最快、经济总量规模最大的区域，也是中国人口最稠密的地区之一。其中，上海是中国最大的工商业城市，世界著名的外贸港口，义乌市是全球最大的小商品集散中心，无锡、苏州，常州等是风景游览地和新兴的工业城市。在这片中国最富饶的土地上，充满活力的大型城市群正在不断崛起：这里集中了近半数的全国经济百强县。2008 年 11 月揭晓的全国百强县市竞争力排名中，有 7 个“长三角”的县市（区）进入前 10 位。华东五省市之旅既可以欣赏历史文化名城的风采，也可以看到中国发达城市的风光。

5. 吴越文化和徽商文化的发源地，中西文化交汇的窗口

华东地区是我国长江流域文化的发源地，其中在浙江就发现了距今 7000 年的河姆渡文化和距今 5000 年的马家浜文化、良渚文化。丰厚的历史文化积淀，使它成为中华文明的发祥地之一。我国现代的海派文化乃至现今长三角文化源于吴越文化，而苏州和绍兴就是战国时代吴国与越国的首都，是吴越文化的核心地带。还有对中国近代影响深远的徽商文化的源头就在安徽与江西交界处的古代徽州六邑，徽州文化的代表人物——朱熹作为理学的集大成者，与其门人创立的新安学派，是中国传统思想文化的一个新的高峰，不仅长期影响中华民族的思想文化，而且广泛影响日本、朝鲜、越南、东南亚各国乃至西方世界。另一方面华东地区滨临黄海、东海，是我国对外文化交流的主要地区之一，如上海的百年沧桑变化就是近现代中西文化交汇的生动见证。

任务 5.2　畅 游 上 海

一、地理环境概述

上海，简称“沪”，别称“申”，是中国最大的综合性工业城市。上海市的人口为 1888 万（2008 年），占我国总人口的 1.4%，全市面积 6341km^2，占我国总面积的 0.06%。上海是全国重要的科技中心、贸易中心、金融信息中心、经济和贸易港口，而且还是世界上屈指可数的最繁华、最具经济活力的大城市之一。上海位于东经 121°29′～北纬 31°14′，北界长江人海口，东濒浩瀚的东海，地处中国南北海岸线中心，长江三角洲东南端，是长江流域的门户：南临杭州湾，西接江苏、浙江两省。地理位置优越，交通便利，腹地广阔，是一个良好的江海港口和我国的内外交通运输枢纽，也是长江三角洲地区重要的商品集散地之一。上海属北亚热带季风气候，气候温和湿润，四季分明，春秋较短，冬夏较长，日照充分，雨量充沛。年均气温 16.5℃，年日照时间 2000h 左右。全年无霜期约 230 天，年均降雨量 1200mm 左右，60%的雨量集中在 5～9 月，有春雨，梅雨、秋雨三个雨期。从旅游角度来讲，最佳旅游季节应是秋季。上海境内除西南部有少数丘陵山脉外，全为坦荡低平的平原，是长江三角洲冲积平原的一部分，平均海拔高度 4m 左右。上海地区河湖众多，主要有长江、黄浦江、吴淞江（苏州河）和淀山湖等。水资源丰富，水网密布，大多河网属黄浦江水系。黄浦江属于太湖水

系，流经上海市区，全长 113km，江道宽度平均 360m，江宽水深，终年不冻，是上海的水上要道。上海由 16 个行政区和 3 个郊县组成，境内辖有崇明岛以及长兴、横沙等岛屿，其中崇明岛面积为 $1041km^2$，是我国第三大岛（图 5.2）。

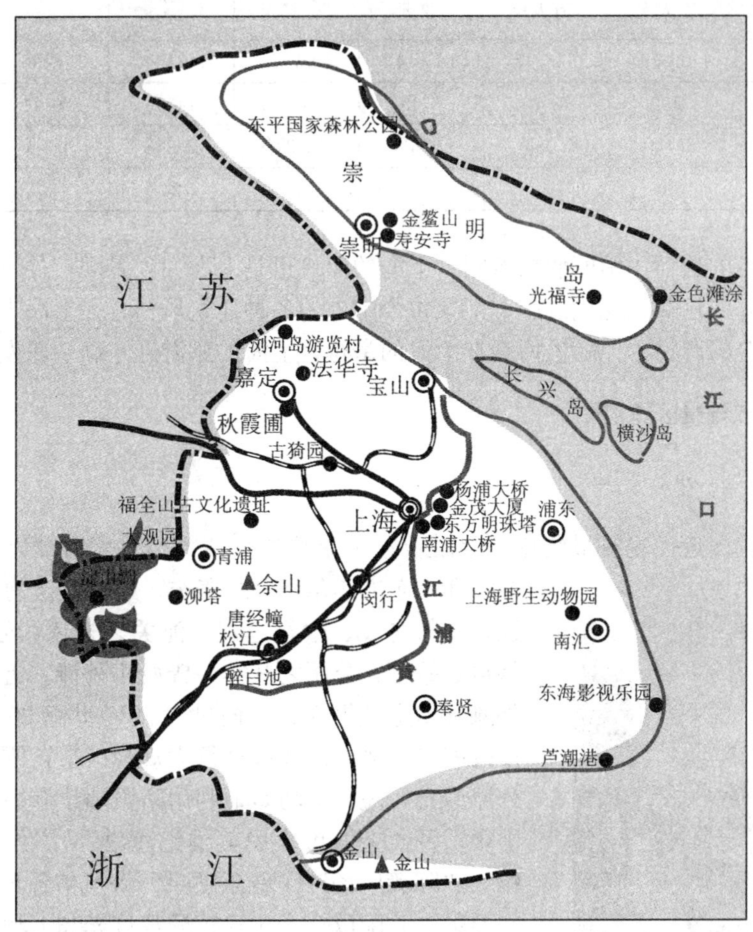

图 5.2

二、旅游业掠影

上海是我国最为繁华的大城市之一，也是重要的国际港口城市。上海城乡经济发达，整体旅游业发展水平较高，居民出游能力较强，是我国重要入境、出境旅游市场。目前在国内旅游人数、入境旅游人数、国内旅游收入、入境旅游收入等指标均居全国前列，是我国名副其实的旅游大市（表 5.1）。

上海近几年来正以惊人的发展速度，迅速向国际大都市发展，成为东方一颗耀眼的明珠。上海旅游，可以用“都市”两个字作为其旅游特色的缩写：“都市风光”、“都市文化”、“都市商业”，包括以人民广场和浦江两岸为中心的城市观光、商务、购物旅游圈；以公共活动中心和社区为主的环城都市文化旅游圈；以佘山、淀山湖、深水港、崇

表 5.1　2008 年上海市旅游业发展情况一览表

省份及其在全国的地位	国内旅游人数/万人次	入境旅游人数/万人次	国内旅游收入/亿元	旅游外汇收入/亿美元	星级酒店数/家	旅行社数/家	4A 级以上景区数/家
上海市	11005.67	526.47	1626.41	49.7172	310	843	22
全国总数	171000	13003	8749	408	14099	20110	872
占全国比例	6.4%	4.9%	19.6%	12.3%	2.2%	4.5%	2.5%
在全国排名	11	4	7	2	20	8	20

明岛等为重点的远郊休闲度假旅游圈。上海的建筑也是上海一大景观，外滩、石库门房子以及各种海派建筑、现代设施，汇聚古今中外的各种建筑风格，是上海本土文化与外来文化相结合的产物。伴随世博会在上海的举行，上海的旅游迎来新一轮发展高潮。

三、旅游城市与景区览胜

1. 外滩——外滩晨钟

外滩是我国近代建筑最集中、金融业最早集聚的滨江大道，素有“万国建筑博览会”和“东方华尔街”之美誉。外滩是上海近代史的见证，洋行之设、银行之建、海关之迁入、领馆之建立、外报之始创、公园之开辟，皆始于外滩。近代上海，从外滩开始走向繁荣，走向世界。20 世纪 90 年代，上海市政府对外滩滨江地区进行大规模改造，既完整保留了外滩原有风貌，又巧妙地利用防汛墙设施新建滨江观光平台，及“上海市人民英雄纪念塔”、“外滩历史纪念馆”、“陈毅广场”、“音乐喷泉”等风格各异的建筑小品和浮雕，并配以全景式建筑景观灯光和大型艺术灯光表演及浦江夜游，使外滩更具有时代气息（图 5.3）。

图 5.3

2. 豫园——豫园雅韵

豫园旅游区是上海老城厢的发源地，近年来逐步形成了以豫园、豫园商城、城隍庙、玉龙坊、上海老街等为中心的旅游风景区，民俗工艺、上海及全国特色小吃、上海本土文化及民间文化在此得到飞速发展，是上海市民节庆庙会地。豫园作为上海市区唯一留存完好的江南古典园林，全国重点文物保护单位，被誉为“东南名园冠”。豫园商城于 20 世纪 90 年代初经过大规模改扩建成为规模宏伟的仿明清商业建筑群，既有历史渊源，又有民族风格，每年都有众多的世界各国政要，以及中外各界名流慕名前来，游客云集、人气鼎盛。

3. 陆家嘴——摩天览胜

陆家嘴位于浦东，黄浦江东岸，与外滩隔江相望，是目前上海的至高点，可以鸟瞰上海都市全景。有东方明珠电视塔以及金茂大厦、环球金融中心这些举世闻名的建筑和景观，绕过东方明珠塔（国家5A级旅游景区），走在浦东新建成的滨江大道上，宽阔的江堤，绿草如茵，鲜花盛开，如同花园一般。从浦东看浦西，东方明珠塔和外滩的万国建筑博览群隔江相望，新旧建筑交相辉映（图5.4）。

图5.4

4. 石库门——旧里新辉

19世纪后期出现的石库门住宅脱胎于中国传统的四合院，是最具上海特色的居民住宅。这种建筑大量吸收了江南民居的式样，以石头做门框，以乌漆实心厚木做门扇，这种建筑因此得名“石库门”。石库门建筑群区包括中共一大会址和新天地。红色旅游景区一大会址，它是一幢一上一下的石库门里弄房屋，曾是中共一大代表李汉俊的寓所，中国共产党第一次全国代表大会于1921年7月23日至30日在楼下客堂间举行。还有改造后保护的上海新天地，以上海独特的石库门建筑旧区为基础改造成的集餐饮、商业、娱乐、文化的休闲步行街。以中西融合、新旧结合为基调，将上海传统的石库门里弄与充满现代感的新建筑融为一体。

5. 南京路——十里霓虹

南京路是上海最热闹繁华的商业大街，被誉为“中华商业第一街”。东起外滩，西到延安路，全长5.5km，以西藏中路为界，分为东西两段，分别为南京东路和南京西路。南京东路步行街在国庆50周年时落成，使“百年南京路”焕然一新。市百一店（原“大新公司”）、华联商厦（原“永安公司”）、上海时装公司（原“先施公司”）和第一食品商店（原“新新公司”）这“四大公司”，把这条百年老街的历史历程展露无遗。而南京西路上，除沿线分布着国际饭店、上海美术馆、上海展览中心、静安寺等经典精致的建筑外，还有时尚购物中心梅龙镇广场、恒隆广场、中信泰富广场等，这些都让南京西路成为优雅、时尚的象征。

图5.5

6. 佘山——佘山拾翠

佘山，国家级旅游度假区。区内的佘山景区风景秀丽，有蜚声中外的佘山圣母大殿，其级别之高，建筑之雄伟，为东南亚地区第一大教堂，也是佘山标志性建筑；佘山天文台，始建于清光绪 24 年，是中国建造最早、规模最大的天文台之一；天文博物馆为全国科普教育基地；坐落于竹树掩映的西佘山东麓的地震台，风景优美，其前身是上海观象台，已有百年历史，也是世界上最古老的地震研究机构之一（图 5.5）。

7. 枫泾古镇——枫泾寻画

枫泾古镇位于金山区，成市于宋，建镇于元，是一个已有 1500 多年历史的古镇。历史上，因地处吴越交界处，素有吴越名镇之称；如今，枫泾是上海通往西南各省的最重要的“西南门户”。枫泾为典型的江南水乡古镇，是上海地区现存规模较大保存完好的水乡古镇。

8. 淀山湖——淀湖环秀

环淀山湖旅游区是国家水利风景区。淀山湖是上海最大的天然淡水湖泊，面积 $62km^2$，属于太湖流域，是上海的母亲河——黄浦江的源头，有“风吹芦苇倒，湖上渔舟飘，池塘荷花笑”的怡人景象。环湖散落着享誉盛名的朱家角古镇、上海大观园、东方绿舟、上海太阳岛、陈云纪念馆等 5 个国家 4A 级景区；有 3 个国际标准高尔夫球场；有环湖步道、湿地公园、乡村旅游和度假村，观光和休闲设施齐全，古今气质交融。

四、旅游线路与行程设计

1. 短线

(1) 上海一日游：上海上午市区接团，游览东方明珠登塔（二球），车游南浦大桥，浦东新区，参观工艺品展示厅，观光隧道，深海珍奇馆，城隍庙自由活动，希尔曼钢厂，黄浦公园，外滩，人民英雄纪念塔，南京路自由活动。

(2) 上海一日游：金茂大厦，车游南浦大桥，浦东新区，参观工艺品展示厅，观光隧道，深海珍奇馆，城隍庙自由活动，希尔曼钢厂，黄浦公园，外滩，人民英雄纪念塔，南京路自由活动。

2. 中长线

小华东四日游：

第一天：从上海出发，游览东方明珠登塔，车游南浦大桥，浦东新区，参观工艺品展示厅，观光隧道，深海珍奇馆，豫园城隍庙自由活动，外滩，人民英雄纪念塔，南京路自由活动，结束愉快上海一日游行程！赴杭州。

第二天：杭州上午参观虎跑梦泉，坐船游西湖，用中餐，观看丝绸表演，了解丝绸文化，参观宋城，龙井问茶，去东南佛国灵隐寺飞来峰，参观黄龙洞，结束愉快行程！赴无锡。

第三天：无锡上午，游览梅园景区，游览春秋战国时期，越国大夫范蠡与四大美女之首的西施隐居地——蠡园；参观太湖珍珠馆，游览素有“太湖第一名胜”美誉的鼋头渚，乘船游览太湖，赴三山仙岛游览．参观紫砂茶艺表演——结束无锡一日游愉快行程！赴苏州。

第四天：苏州上午游览苏州四大名园之一的狮子林。品味姑苏小桥、流水、人家—船游苏州，游览拥有古寺、古桥、古关、古镇、古运河的千年古刹——寒山寺，参观太湖珍珠馆．游览千年古寺——北寺塔，游东方式的罗曼蒂克——世界遗产江南园林——耦园。游览枫桥景区铁铃关，枫桥和古运河等，结束愉快行程！

任务 5.3　畅 游 江 苏

一、地理环境概述

江苏省简称苏，省会南京，全省面积 10.2 万 km^2，占全国总面积的 1.11%。人口 7600 万（2008 年底），约占全国人口的 5.8%。江苏省地处中国大陆沿海中部和长江、淮河下游，东濒黄海，北接山东，西连安徽，东南与上海、浙江接壤，是长江三角洲地区的重要组成部分，介于东经 116°18′～121°57′，北纬 30°45′～35°20′之间。它是中国开发历史较早的地区之一，春秋时期分属鲁、齐、吴、楚等国，历史沿革甚为复杂，江苏省名是取江宁（今南京）、苏州二府名的第一个字组合而成。悠久的历史造就了江苏省有 7 座中国历史文化名城，分别是：南京、苏州、常熟、扬州、镇江、淮安和徐州。江苏省淮河苏北灌溉总渠一线为我国暖温带和亚热带的分界，全省为暖温带、亚热带、湿润、半湿润季风气候，四季分明，年平均气温 13～16℃。一月在－2～4℃之间，七月在 26～29℃之间。南京一带为我国夏季炎热的“火炉”之一。江苏省是我国农业发达的省区之一，耕作制大部分为一年二熟。它是我国粮棉重要产区，多种经营发达。粮食作物是以水稻、麦类为主。经济作物以棉花和油料作物为主。全省植物资源约有 850 多种，尚有可开发利用的野生植物 600 多种。野生动物资源为数较少，鸟类主要是野鸡、野鸭，沿海还有丹顶鹤、白鹤、天鹅等珍稀飞禽。江苏省的工艺美术种类很多，苏州刺绣、南京云锦、常熟花边、无锡泥塑、扬州漆器和玉雕、宜兴丁蜀镇陶器等均驰名国内外。目前江苏已基本形成“铁路、公路、水路、空运、管道运输”综合配套的交通运输体系，省内外交通联片成网，旅游交通十分便利（图 5.6）。

二、旅游业掠影

江苏省虽不是中国文化的发源地，但凭借山明水秀、遍布大江南北的名胜古迹、自然景观与人文景观，构筑了“以水为主、以山水组合见长”的独特旅游资源。江苏旅游在改革开放之后，经过 20 多年的长足发展，江苏的旅游业已由外事接待型的普通行业逐步成长为江苏省国民经济重要支柱产业之一。江苏旅游已呈现六大要素齐备、多层次、全方位发展的格局，已成为中国旅游市场发展最为强劲的地区之一。整体旅游业发展水平较高，国内旅游人数、入境旅游人数、国内旅游收入、入境旅游收入等指标均居全国前列，是我国的旅游大省之一（表 5.2）。

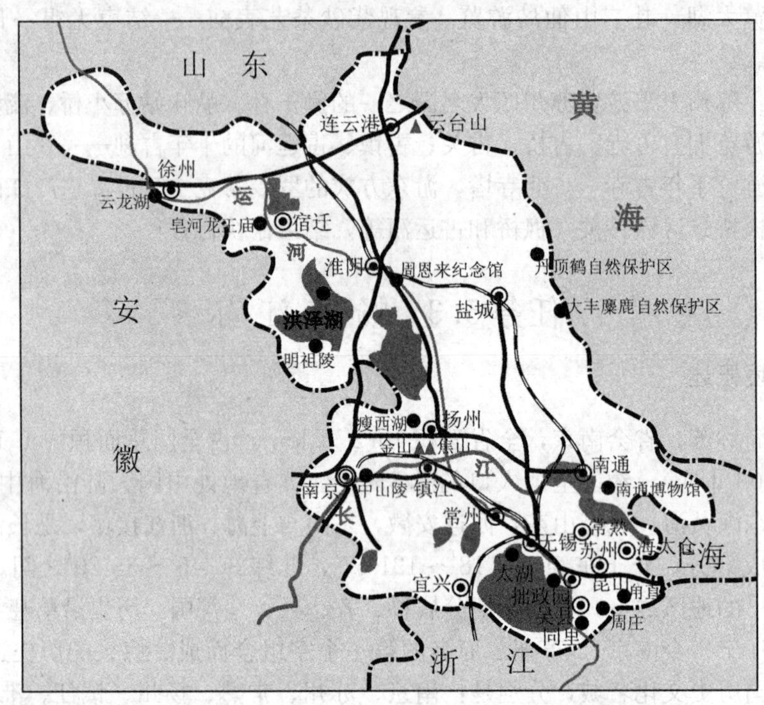

图 5.6

表 5.2　2008 年江苏省旅游业发展情况一览表

省份及其在全国的地位	国内旅游人数/万人次	入境旅游人数/万人次	国内旅游收入/亿元	旅游外汇收入/亿美元	星级酒店数/家	旅行社数/家	4A级以上景区数/家
江苏省	26000	544.3	2933.2	38.8	895	1595	86
全国总数	171000	13003	8749	408	14099	20110	872
占全国比例	15.2%	4.2%	33.5%	9.5%	6.3%	8%	9.9%
在全国排名	2	2	1	4	4	2	1

现阶段，江苏省继续以经济带动旅游，一方面吸引世界各地的投资者前来投资、观光；另一个方面大力发展江苏的国际旅游业，形成以观光旅游为基础，休闲度假为主导，专项旅游为辅助的旅游产品体系，成为境内外知名旅游目的地。同时，积极接收上海的辐射，加强沪苏浙区域旅游合作，与上海、杭州旅游集散中心相呼应，使长江三角洲地区旅游交通网络更加完善。

三、旅游城市与景区览胜

1. 南京

南京市，别称金陵、简称宁，江苏省省会。位于长江下游沿岸，是长江下游地区重要的产业城市和经济中心，中国重要的文化教育中心之一，也是华东地区重要的交通枢纽。南京是“中国四大古都”之一，是中国著名历史文化名城和风景旅游城市，旅游资源丰富。位于城东紫金山麓的中山陵、世界文化遗产明孝陵，布局宏伟。此外还有秦淮河畔夫子庙、总统府、雨花台、石头城遗址、灵谷寺、阅江楼、静海寺、明城墙等著名的旅游景点。

(1) 南京总统府，迄今已有600多年的历史。明朝初年曾是归德侯府和汉王府。清朝为江宁织造署、江南总督署、两江总督署。清朝康熙、乾隆皇帝下江南时均以此为“行宫”(图5.7)。1853年3月太平军占领南京，定都天京，洪秀全在此兴建了规模宏大的太平天国天朝宫殿（天王府)。清军攻破南京后，焚毁宫殿建筑，于同治九年(1870年）重建了两江总督署。1911年10月辛亥革命爆发后，1912年1月1日，孙中山在此处宣誓就任中华民国临时大总统，并组建了中国历史上第一个共和制的国家政权——中华民国临时政府。总统府建筑体现了中西合璧的风格，主要的西式建筑有三处：光绪年间修建的西花厅是其中最早的西式建筑；第二是1935年建成子超楼，明四层暗（地下）五层，是国民政府及总统办公楼，因是林森任上所建，取林森字子超而得名；第三是行政院的两座二层楼。

(2) 秦淮风光带，地处南京城南。内秦淮河由东水关至西水关蜿蜒十里，河房水阁枕河而居，“东园”(白鹭洲公园)“西园”(瞻园）隔河相望，文庙以河为泮，古堡傍河而建，名胜古迹棋布河畔，沿河两岸酒肆茶楼、店铺民宅比邻而居，美称“十里珠帘”，是欣赏独具魅力的秦淮风光、品尝脍炙人口的秦淮风味、领略绚丽多姿的秦淮风俗佳地。秦淮河风光带1990年入选为中国旅游胜地40佳之列（图5.8)。

图5.7

图5.8

(3) 明孝陵，是明朝开国皇帝朱元璋与马皇后的陵墓，坐落在紫金山南麓独龙阜珠峰下，东毗中山陵，南临梅花山。明孝陵景区名胜众多，风光秀丽，位于其正南的赏梅胜地梅花山，花开时节，暗香浮动，游人如织；东侧的紫霞湖、正气亭、定林山庄，林壑幽深；西南的中山植物园，佳卉留芳；东南的海底世界，令人留连忘返。

(4) 中山陵景区，是国家5A级风景区，中山陵自1926年春动工，至1929年夏建成，面积共8万余平方米，它是中国近代伟大的政治家孙中山先生的陵墓。中山陵坐北朝南，其中祭堂为仿宫殿式的建筑，建有三道拱门，门楣上刻有“民族，民权，民生”横额。祭堂内放置孙中山先生大理石坐像，壁上刻有孙中山先生手书《建国大纲》全文。中山陵前临苍茫平川，后踞巍峨碧嶂，气象壮丽。主要建筑有：牌坊、墓道、陵

图 5.9

门、碑亭、祭堂和墓室等（图 5.9）。

2. 无锡

无锡，位于江苏省南部，是我国著名的鱼米之乡，也是一座现代化工业城市，号称“小上海”。无锡以丰富而优越的自然风光和历史文化，跻身于全国十大旅游观光城市之列，境内有着得天独厚的自然风景资源和丰富的旅游资源，如有“吴中胜地”之称的太湖，而在锡山、惠山景区内汇集着的古泉、古园、古寺、古塔，有无锡“露天历史博物馆”之誉。

（1）灵山大佛景区距无锡市区 17km，有旅游专线公路相通，位于无锡太湖国家旅游度假区内，占地面积约 30ha。从灵山大型果园停车场步行至照壁广场，可见三山环抱，灵山大佛巍然屹立，气势雄伟壮观。大佛南面太湖，背倚灵山，左挽青龙（山），右牵白虎（山），地灵形胜，风水佳绝，为难得之佛国宝地。灵山大照壁长 41.6m，高 6.63m，正面“灵山胜会”石刻组雕，神仙道伟，千人千面，栩栩如生；背面为“唐僧赐禅小灵山图”（图 5.10）。

图 5.10

（2）中视股份影视基地，5A 级旅游景区，坐落于无锡市的太湖之滨，是我国大型影视拍摄基地和文化旅游胜地，是影视文化与旅游文化完美结合的主题景区。基地建造了三国城、唐城、水浒城等多个电影拍摄地，使无锡尽现“东方好莱坞”景象。

3. 徐州

徐州古称彭城，是江苏省西北部的一座历史文化名城。它还是著名的帝王之乡，有“九朝帝王徐州籍”之说。自古徐州是兵家必争之地，古有九里山古战场，今有淮海战役新遗迹。而以云龙山水、泉山国家森林公园为中心的风景区兼有北雄南秀之美，美若西子，秀比江南，使徐州成为一个独具特色优秀的风景旅游胜地。

（1）云龙湖，是著名的国家 4A 级景区。云龙湖水域面积（含南湖）共 6.76km^2，比杭州西湖（4.37km^2）还大一些，碧水青山，烟波浩渺，是徐州市璀璨的明珠。它有“湖滨垂钩”、“荷风渔歌”、“杏花春雨”、“湖山诗廊”、“奇石神韵”、“汉画像石”、“果树盆艺”、“金山塔影”等著名景点。1994 年 12 月 11 日与杭州西湖结为“姊妹湖”。

（2）崔家大院，是国家重点文物保护单位。位于徐州市户部山崔家巷，是清道光年间翰林崔焘及其家人的聚居地。历经从明清至民国初年 400 余年历史沧桑，崔家大院现存上、下院，占地 4600m^2，有房屋 100 余间。崔家大院已属徐州地区仅存最能代表徐州地域或传统工艺特色的砖木结构厅堂建筑。房顶是最具徐州特色和最高等级的脊饰造型“五脊六兽”、“插花云燕”。其内部装修也是最能表现徐州地域文化和地方工艺的优秀作品，其中雀替、花板、驼峰、月梁、匾额、对联等木雕作品近百件，图案内容丰富，工艺精美绝伦，最珍贵的是二梁木架，为徐州现存古建筑架之精品（图5.11）。

图5.11

4. 常州

常州地处江苏省南部，位于长江三角洲中心地带，沪宁铁路、沪宁高速公路、京杭大运河均穿城而过。常州历史深远悠久，公元前547年的春秋时期，建邑立邦，始称延陵，自西晋起，常州始终是郡治或府治所在地，素有“三吴重镇，八邑名都”之称，2000多年的历史文化给常州留下了众多的名胜古迹，如春秋时期的淹城遗址，南朝文笔塔，隋代京杭大运河，唐代天宁寺，北宋苏东坡舣舟亭、茅山道观，现代的天目湖旅游度假区、中华恐龙园等。

（1）天宁寺，千年古刹，是我国重点保护寺院和江苏省文物保护单位，被誉为“东南第一丛林”。始建于唐朝永徽年间（650～655），距今已有1300多年历史，天宁寺的开山祖师是法融禅师，乾隆曾三次到天宁寺拈香，并为寺题“龙城象教 ”匾额和楹联。这里终日香火鼎盛，游客如云。天宁寺内有八殿、二十五堂、二十四楼、三室、两阁共497间房舍，总面积110多亩。天宁寺主要由天王殿、罗汉堂、大雄宝殿、望海观音、玉佛殿、放生池等景点组成。

（2）南山竹海，天目湖南山竹海景区位于苏、浙、皖三省交界之地，环境宜人，山水相映成趣，风景如诗如画，漫步竹海举目远眺，一望无际的毛竹倚山抱石，千姿百态，形声雄浑，情趣别致；千年古松，参天古株，高耸挺拔，稀少神奇；高山镜湖中的竹筏，山间的潺潺溪流和形态各异的竹木小屋，形成乡土、古朴、原始、自然的独特意境。还有民间传说中的仙山头、金牛岭、锅底山、古宫道等人文历史，更增加了南山竹海的神秘，现已对外开放的景点有：坝堤印月、竹筏放歌、野生动物园、蛇艺馆、山里人家、夜营地、参天古株、千年古松等。

5. 苏州

苏州，简称苏。位于江苏省的东南部，是苏中和苏北通往浙江的必经之地。它是全国首批24个历史文化名城之一，在隋文帝开皇九年（589年）始定名为苏州，以城西南的姑苏山得名，沿称至今。苏州以园林与水乡古镇名闻天下，素有“苏州园林甲天下”美誉。苏州共有园林200余处，现在保存尚好的有数十处，其中建于宋代的沧浪亭、建于元代的狮子林，建于明代的拙政园，建于清代的留园，合称苏州四大名园。

（1）沧浪亭，位于苏州市城南三元坊内，是苏州最古老的一所园林。占地面积$10800m^2$。园内有一泓清水贯穿，波光倒影，景象万千。“沧浪亭”始为五代吴越王钱缪之子钱元亮的池馆。宋代著名诗人苏舜钦以四万贯钱买下废园，进行修筑，傍水造亭，因感于“沧浪之水清兮，可以濯吾缨；沧浪之水浊兮，可以濯吾足”，题名“沧浪亭”，自号沧浪翁，并作《沧浪亭记》。欧阳修应邀作《沧浪亭》长诗，诗中以“清风明月本无价，可惜只卖四万钱”题咏此事。自此，“沧浪亭”名声大振。沧浪亭虽因历代更迭有兴废，已非宋时初貌，但其古木苍老郁森，还一直保持旧时的风采，部分地反映出宋代园林的风格。

(2) 狮子林，位于苏州城内东北部娄门内园林路，始建于元代，为元代园林的代表。园内假山遍布，长廊环绕，楼台隐现，曲径通幽，有迷阵一般的感觉。狮子林平面呈长方形，面积约 10000m^2，是苏州古典园林的代表之一，拥有国内尚存最大的古代假山群，有假山王国之美誉。狮子林主题明确，景深丰富，个性分明，假山洞壑奇巧、出神入化、匠心独具，一草一木别有风韵，园内长廊四面贯通，廊壁上嵌有书条石刻，皆为名家书法佳作。

(3) 拙政园，是国家 5A 级旅游景区，位于苏州市娄门内东北街 178 号，是江南园林的代表，也是苏州园林中面积最大的古典山水园林，现列为全国重点文物保护单位(图 5.12)。拙政园的布局疏密自然，其特点是以水为主，水面广阔，景色平淡天真、疏朗自然。它以池水为中心，楼阁轩榭建在池的周围，其间有漏窗、回廊相连，园内的山石、古木、绿竹、花卉，构成了一幅幽远宁静的画面，代表了明代园林建筑风格。拙政园形成的湖、池、涧等不同的景区，把风景诗、山水画的意境和自然环境的实境再现于园中，富有诗情画意。淼淼池水以闲适、旷远、雅逸和平静氛围见长，曲岸湾头，来去无尽的流水，蜿蜒曲折、深容藏幽而引人入胜；通过平桥小径为其脉络，长廊逶迤填虚空，岛屿山石映其左右，使貌若松散的园林建筑各具神韵。整个园林建筑仿佛浮于水面，加上木映花承，在不同境界中产生不同的艺术情趣，如夏日蕉廊，冬日梅影雪月，春日繁花丽日，秋日红蓼芦塘，无不四时宜人，创造出处处有情，面面生诗，含蓄曲折，余味无尽，不愧为江南园林的典型代表，被誉为“天下园林之母”。

图 5.12

(4) 留园，坐落在苏州市阊门外，始建于明嘉靖年间（1522～1566 年），原为明代徐时泰的东园，清代归刘蓉峰所有，改称寒碧山庄，俗称“刘园”。清光绪二年又为盛旭人所购得，始称留园。留园占地约 3000m^2，园内建筑的数量在苏州诸园中居冠，厅堂、走廊、粉墙、洞门等建筑与假山、水池、花木等组合成数十个大小不等的庭园小品。其在空间上的突出处理，充分体现了古代造园家的高超技艺、卓越智慧和江南园林建筑的艺术风格和特色。

(5) 周庄，是国家 5A 级风景名胜区，位于上海、苏州、杭州之间。镇为泽国，四面环水，咫尺往来，皆须舟楫。全镇依河成街，桥街相连，深宅大院，重脊高檐，河埠廊坊，过街骑楼，穿竹石栏，临河水阁，一派古朴幽静，是江南典型的小桥流水人家，唐风孑遗，宋水依依，烟雨江南，碧玉周庄。千年历史沧桑和浓郁吴地文化孕育的周庄，以其灵秀的水乡风貌，独特的人文景观，质朴的民俗风情，成为东方文化的瑰宝。作为中国优秀传统文化杰出代表的周庄，成为吴地文化的摇篮，江南水乡的典范。被誉为“中国第一水乡”(图5.13)。

图5.13

6. 南通

南通，位于江苏省东部，南临长江、东濒黄海，面向上海与苏州、无锡、常州，背依广袤的苏北平原、素有“江海门户”之称，南通景色宜人，是远近闻名的花园式城市。市中心的濠河风景区及位于市区南郊的狼山风景区都为国家4A级旅游风景名胜区，它们是江苏省六大自然风景区之一，自初唐扩建广教寺以来，一直香火旺盛，声名远播。

(1) 狼山，为江海第一山，高106.94m。狼山是佛教西方三圣之一的大势至菩萨的道场，山上还供奉着唯一身披龙袍的大圣菩萨，狼山位列佛教八小名山之首。

(2) 濠河风景区，濠河，原是南通的护城河，史载“城成即有河”，有1000多年历史。千百年来，她担负着防御、排涝、运输和饮用的重任，被称为“人身脉络”。而宽窄有序的水面，清澈的水流，迂回荡漾，鸥飞鱼翔的自然美景，又被誉为城市的“翡翠项链”。

7. 淮安市

淮安市位于江淮平原东部，隶属于我国东部沿海经济带，市区东距黄海海岸线仅100多千米，通达亿吨大港——连云港港和盐城大丰港两个沿海开放港口均仅需1.5h。著名的旅游景点有：京杭大运河、全国五大淡水湖之一的洪泽湖。

洪泽湖，中国第四大淡水湖。在江苏省西部淮河下游。原为浅水小湖群，古称富陵湖，两汉以后称破釜塘，隋称洪泽浦，唐（618～907年）始名洪泽湖。1128年以后，黄河南徙经泗水在淮阴以下夺淮河下游河道入海，淮河失去入海水道，在盱眙以东潴水，原来的小湖扩大为洪泽湖。

8. 连云港

连云港位于江苏省东北部，陇海铁路终点，东临黄海，北接齐鲁，南连江淮，背靠“东海第一胜境”——云台山，山海奇观，文物遍布，物产资源、旅游资源均十分丰富，是中国49个重点旅游城市之一和江苏三大旅游区之一，素有“淮口巨镇”、“东南名郡”之称，是旅游、度假、避暑胜地。

(1) 花果山，是国家4A级风景区。中国四大古典名著《西游记》的取材地，被誉为“孙大圣故里”。它位于云台山脉之中，距市区7km。花果山最高峰玉女峰海拔625.3m，是江苏省最高山峰。游览花果山，如再读《西游记》，其最大乐趣在于领略这“四季花果不绝”的人间仙境。花果山上与《西游记》故事紧密相连的景点有水帘洞、

图 5.14

老君堂、仙人桥、南天门、唐僧家世碑、照海亭、懒汉石、美人松、一线天、九龙桥等（图 5.14）。

（2）连岛海滨浴场是国家 4A 级风景区。位于连云港海域，黄海之滨海州湾畔，与连云港港口隔海相望，岛上建有海滨旅游度假区。全岛东西长 9km，面积 7.57km²，森林覆盖面积达 80%，海岛自然风光秀丽迷人。连岛海滨旅游度假区是国家级风景名胜区云台山海滨景区的重要组成部分。

9. 盐城

盐城地处江苏省的东部，交通发达，物产富饶，素有“鱼米之乡”的美称。盐城生态旅游资源独具特色。全市现有对外开放景点 40 多个，其中省级文保单位 15 个，3A 级景区 2 个，2A 级景区 1 个，省级风景名胜区 1 个，国家级自然保护区 2 个。盐城大地人杰地灵，名人数不胜数，有南宋丞相陆秀夫，《水浒传》作者施耐庵等。

（1）大丰麋鹿国家级自然保护区，位于盐城下属大丰市境内，面积 3000ha，1986 年建为省级自然保护区，1997 年晋升为国家级，主要保护对象为麋鹿及其生态环境。除了麋鹿外，保护区内属于国家一级保护动物的还有大天鹅、河鹿等 19 种。大丰麋鹿保护区的建立，不仅对麋鹿的回归引种发挥了巨大的作用，同时对我国其他珍稀濒危野生动物的人工驯养繁殖和回归自然提供了可资借鉴的经验。

（2）泰山寺，位于盐城下属东台市西溪镇，始建于北宋仁宗嘉佑年间（1056 年），是东台市十三丛林之一，也是苏北地区的名刹。泰山寺南北长 199.9m，东西宽 194m，占地 38800m²，殿房 99.5 间。寺内的汉刀、唐戟为镇山之宝，还有小金菩萨、玉佛珠子、石刻、书画等名贵文物。泰山寺有“一寺五庙”之说。寺内建有天王殿、地王殿、大雄宝殿和镇山女神的碧霞宫，两侧还建有关帝（后改为关岳）、太君、华陀、鲁班、神农五庙。紧邻泰山寺有唐代古塔海春轩塔。附近有神话《天仙配》的遗踪可考，包括：凤凰泉、董永墓、董永祠、老槐树、送子头、辞郎河等。还有宋代三相范仲淹、晏殊、吕夷简在西溪为官的遗迹。

10. 扬州

扬州地处江苏省中部，既是风景秀丽的旅游城市，也是人文荟萃的文化城、历史悠久的博物城。这里有中国最古老的运河，汉隋帝王的陵墓，唐宋古城遗址，明清私家园林，众多的人文景观，秀丽的自然风光，丰富的旅游资源。

（1）个园，是一处典型的私家住宅园林。从住宅进入园林，首先映入眼帘的是月洞形园门。门上石额书写“个园”二字，“个”者，竹叶之形，主人名“至筠”，“筠”亦借指竹，取名“个园”，点明了主题。园门两侧各种竹子枝叶扶疏，“月映竹成千个字”，与门额相辉映；白果峰穿插其间，如一根根茁壮的春笋。透过春景后的园门和两旁典雅的一排漏窗，又可瞥见园内景色，楼台、花树映现其间，引人入胜。进入园门向西拐，是与春景相接的一大片竹林。竹林茂密、幽深，呈现生机勃勃的春天景象。

(2) 瘦西湖，位于扬州市北郊，现有游览区面积100ha左右，1988年被国务院列为“具有重要历史文化遗产和扬州园林特色的国家重点名胜区”。由历代挖湖后的泥堆积成岭，登高极目，全湖景色尽收眼底。文人雅士看中此地，构堂叠石代有增添，至清代成为瘦西湖最引人处。有“湖上蓬莱”之称。近人巧取瘦西湖之“瘦”，小金山之“小”，点明扬州园林之妙在于巧“借”：借得西湖一角，堪夸其瘦；移来金山半点，何惜乎小。岭上为风亭，连同岭下的琴室、月观，近处的吹台，远景近收，近景烘托，把整个瘦西湖景区装扮的比“借”用的原景多了许多妩媚之气(图5.15)。

图5.15

11. 镇江

镇江位于江苏中部、长江下游南岸，由于地处丘陵地带，群山怀抱，城在山中，山在城中，形成了“城市山林”的独特风貌。市内的南山、茅山、宝华山分别以“江南九寨”、“第一福地”、“四大奇秀”而闻名国内。白娘子水漫金山，刘备招亲，梁红玉击鼓战金兵，岳飞圆梦金山寺，杜十娘怒沉百宝箱等美丽传说和历史故事，就发生在这块旅游胜地。

(1) 茅山，位于金坛市的薛埠镇境内，南北走向，海拔372.5m，是道教上清派的发源地，被道家称为“上清宗坛”。山山势秀丽、林木葱郁，有九峰、二十六洞、十九泉之说，峰峦叠嶂的群山中，华阳洞、青龙洞等洞中有洞，千姿百态、星罗棋布的人工水库使茅山更显湖光山色，可谓“春见山容，夏见山气，秋见山情，冬见山骨”。茅山还是著名的道教圣地，相传汉元帝初元5年(公元前44年)，陕西咸阳茅氏三兄弟来茅山采药炼丹，济世救民，被称为茅山道教之祖师，后齐梁隐士陶弘景集儒、佛、道三家创立了道教茅山派，唐宋以来，茅山一直被列为道教之“第一福地，第八洞天”，曾引来诸多文人墨客留下诗篇(图5.16)。

图5.16

(2) 金山，位于镇江市西北，海拔43.7m，占地面积41.6ha。金山风景幽绝，形胜天然，自古为我国游览胜地之一。古代金山原是屹立于长江中流的一个岛屿，有“江心一朵美芙蓉”之美誉唐代张祜描述为“树影中流见，钟声两岸闻”；北宋沈括赞颂曰：“楼台两岸水相连，江北江南镜里天。”它原为扬子江中的一个岛屿，由于“大江东流”，至清光绪末年（1903年）左右与陆地连成一片。

四、旅游线路与行程设计

1. 短线

（1）江南小镇一日游：上海发车前往周庄，游览周庄景区，张厅、沈厅、双桥、富安桥、澄虚道观、古戏台、参观东吴苑丝绸馆，张陵公园，结束愉快行程返人民广场。

（2）无锡影视基地一天游：无锡影视基地三国城水浒城：观看大型古战争演示《三英战吕布》领略三国英雄风采；乘古战船游太湖，饱览太湖山水水色；观看《华夏古韵》演出，游览水浒城，观看影视特技表演。午餐后游览鼋头渚景区，长春桥，灯塔，太湖绝佳处，乘船游览太湖，赴三山仙岛旅游，水上游三国水浒城外景。

2. 中长线

（1）小华东四日游：

第一天：游览狮子林，七里山塘街，枫桥景区，姑苏水上游；

第二天：游览灵山大佛景区，参观太湖明珠，游览太湖第一名胜——鼋头渚，三山仙岛，参观紫砂博物馆，领略中国国粹紫砂文化，无锡赴南京，宿南京

第三天：船游西湖，三潭印月，龙井问茶，参观丝绸表演，宋城；宿杭州

第四天：长江大桥，朝天宫，莫愁湖景区，夫子庙大成殿、王谢故居，中山陵。

（2）华东五市五日游：

第一天：从某地乘机赴南京，游近代历史博物馆——总统府，车游明故宫遗址，世界第一城墙——明城墙，夫子庙商业街自由活动（自费品尝小吃），观秦淮风光、文德桥、乌衣巷，晚自费游览大明王府国家级景区——瞻园。赠送南京风味餐——盐水鸭；

第二天：车赴无锡（车程约2.5h），游览影视基地三国城水浒城，游神州第一大佛——灵山大佛，其后，车赴苏州（车程约1.5h），游览吴中第一名胜——虎丘：天下第三泉等；晚上可自费苏州夜景。赠送无锡风味餐——酱排骨。

第三天：游览4A级景区木渎：严家花园（江南私家园林的杰出代表）、虹饮山房，车赴水乡游览“中国最美的村镇”——乌镇（4A级景区），车往杭州；车游钱塘江滨江大道，晚游览杭州规模最大的主题公园——宋城。赠送杭州风味餐——西湖醋鱼。

第四天：漫步西湖美景，游览西溪湿地公园：天堂杭州新印象，电影大片“非诚勿扰”拍摄地，乘车赴上海，（车程约2.5h）；晚上可自费游览上海夜景。

第五天：车游浦东新区，世界第一拱——南浦大桥，车游东方明珠塔/金茂大厦外景，游览万国建筑博览群——外滩，城隍庙小吃城（餐自理），南京路自由活动。

任务 5.4　畅游浙江

一、地理环境概述

浙江省位于我国东南沿海，省会杭州市，浙江省的人口为 5116 万（2008 年），约占全国人口的 3.9%，全省陆域面积 10.18 万 km^2，为全国的 1.06%，素有“七山一水二分田”之称，海岸线总长 6486km，面积 $500m^2$ 以上岛屿 3061 个，是中国岛屿最多的一个省份。全省有杭州、宁波、温州等 7 个民用机场，其中杭州萧山机场和宁波栎社机场为国际机场。国内航班基本覆盖全国，国际航班主要飞往日本、韩国、中东、东南亚、美国、欧洲等地，全省有 6 条国道和 66 条省级干线公路，全省所有乡镇已通公路。旅游交通便利。浙江省地处长江三角洲南翼，东临东海，南邻福建，西接安徽、江西，北连上海、江苏，因其境内第一大河——钱塘江古称浙江而得一省之名，故简称为“浙”。浙江山青水秀，物产丰饶，人杰地灵，素有“鱼米之乡、丝茶之府、文物之邦、旅游胜地”的美誉，全省地势西南部高，东北部低，自西南向东北倾斜，呈梯级下降。西南部为平均海拔 800m 的山区，1500m 以上的山峰也大都集中在此，龙泉县境内的黄茅尖，海拔 1929m，为本省最高峰。中部以丘陵为主，大小盆地错落分布于丘陵山地之间，东北部为冲积平原，地势平坦，土层深厚，河网密布。浙江省属亚热带季风气候，四季分明，光照充足，资源丰富。全省年平均气温 15～18℃，年平均降水量 1000～2000mm。“江南好，风景旧曾谙。日出江花红胜火，春来江水绿如蓝。能不忆江南？”一首古诗真实再现了江南浙江令人流连忘返的自然风光（图 5.17）。

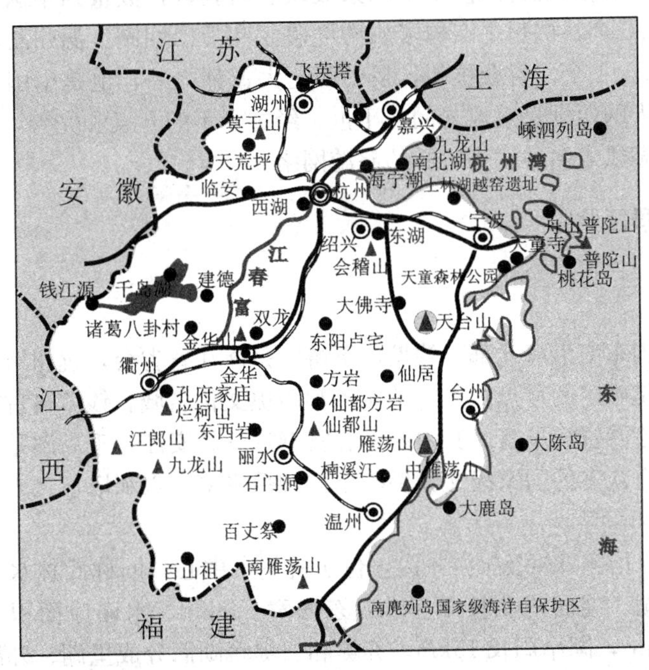

图 5.17

二、旅游业掠影

浙江省自改革开放以来，旅游经济呈现快速健康发展的良好态势，旅游产业规模不断扩大。经过 30 年的发展，浙江旅游已由小到大、由弱变强，实现了从旅游资源大省向旅游经济大省的跨越，并稳步向旅游经济强省迈进。2008 年，浙江省在国内旅游人数、入境旅游人数、国内旅游收入、入境旅游收入等指标均居全国前列，是我国的旅游大省之一（详见表 5.3）。

表 5.3 2008 年浙江省旅游业发展情况一览表

省份及其在全国的位置	国内旅游人数/万人次	入境旅游人数/万人次	国内旅游收入/亿元	旅游外汇收入/亿美元	星级酒店数/家	旅行社数/家	4A 级以上景区数/家
浙江省	20900	539.6682	2040	30.24	1118	1370	67
全国总数	171000	13003	8749	408	14099	20110	872
占全国比例	12.2%	4.1%	23.3%	7.4%	7.9%	6.8%	7.7%
在全国排名	4	3	2	5	2	3	3

浙江是中国著名的旅游胜地，旅游景点数量众多，类型丰富，有重要地貌景观 800 余处，水域景观 200 余处，生物景观 100 余处，人文景观 100 余处。全省现有西湖、两江一湖（富春江、新安江、千岛湖）、雁荡山、楠溪江、普陀山、嵊泗列岛、天台山、莫干山、雪窦山、双龙、仙都等 11 个国家级风景名胜区，数量列中国首位。此外还有省级风景名胜区 35 个，杭州之江国家旅游度假区和萧山湘湖、温州瓯江、绍兴会稽山等省级旅游度假区 11 个。省会杭州，是中国七大古都之一，也是中国著名的风景旅游城市，以秀丽迷人的西湖自然风光闻名于世。经过多年的开发和完善，浙江已逐步建立了一个以杭州西湖风景名胜区为中心的旅游网络。

三、旅游城市与景区览胜

1. 杭州

杭州位于中国东南沿海北部，钱塘江下游，是浙江省省会，杭州历来以风景秀丽著称于世，是国务院确定的重点风景旅游城市和历史文化名城。钱塘自古繁华，素有“人间天堂”之誉。旅游资源丰富，其中西湖和富春江—新安江—千岛湖是国家级风景名胜区；同时市区还有众多的国家级文物保护单位如岳飞墓、六和塔、飞来峰石刻造像、胡庆余堂等。

（1）西湖，是国家 5A 级旅游景区，位于杭州市中心，旧称武林水、钱塘湖、西子湖，宋代始称西湖。湖面南北长 3.3km，东西宽 2.8km，水面原面积 5.66km^2，包括湖中岛屿为 6.3km^2，湖岸周长 15km。苏堤和白堤将湖面分成里湖、外湖、岳湖、西里湖和小南湖五部分。西湖处处有胜景。在以西湖为中心的 60km^2 内，有风景名胜 40 多处，重点文物古迹 30 多处。概括起来主要以一湖、二峰、三泉、四寺、五山、六园、七洞、八墓、九溪、十景为胜（见图5.18）。

图5.18

（2）千岛湖，位于杭州西郊淳安县境内。是国家4A级景区。千岛湖因其山青、水秀、洞奇、石怪而被誉为“千岛碧水画中游”。景区内碧波万倾，千岛竞秀，群山叠翠，峡谷幽深，溪涧清秀，洞石奇异，生物资源和文物古迹众多，是享誉中外的岛湖风景区。近年来，经过大规模的改造和建设，已形成了品位较高、内涵丰富的羡山、屏峰、梅峰、龙山、动物系列、石林六大景区的14处景点。

（3）钱塘江，是浙江省第一大河，发源于安徽省黄山，流经徽、浙二省，古名“浙江”、“折江”或“之江”，最早见名于《山海经》，是越文化的主要发源地之一。钱塘江与南美洲亚马逊河、南亚恒河并称为世界三大强涌潮河流，而钱江潮则被誉为“世界第一大涌潮”。钱江潮具有极强的观赏性。它又是对民众开放的，可以让尽可能多的民众观赏到这一奇观，久而久之，形成风俗。

2. 宁波

宁波简称甬，位于浙江省东部，是全国的历史文化名城。是浙江的三大经济中心之一。宁波的山山水水各显神姿、引人入胜。有“东方大港，河姆文化，名人故居，儒商摇篮，佛教胜地”的美誉。其中奉化溪口旅游区是国家级风景名胜区。

（1）奉化溪口旅游区，以蒋介石原籍所在地，以雪窦山和雪窦寺最为著名，包含了武岭门、武岭学校、文昌阁（奎阁凌霄）、小洋房、蒋氏故居（丰镐房）、玉泰盐铺、摩诃殿、蒋母墓道、御书亭、锦镜池、千丈岩瀑布、妙高台、千丈岩、雪窦寺、将军楠、中旅社原址、三隐潭、徐凫岩、亭下湖等景点。

（2）雪窦山，国家级重点风景名胜区，窦山早在汉代就有“海上逢莱”之誉，它位于奉化市西北部，南四明山之东端，地势起伏跌宕，整个风景区气候温和，四季宜人。溪口雪窦山旅游区主要由溪口镇、雪窦山、亭下湖三个各具特色的景系组成，观赏面积达85km²。

3. 温州

温州简称瓯，别称鹿城，位于浙江省的东南部，为沿海港口城市。拥有面积11784km²，辖海域11000km²。温州山水甲东南，旅游资源非常丰富。旅游景区面积占全市土地面积的1/4。除拥有被誉为“海上名山、寰中绝胜”的雁荡山，号称“天下第一江”的楠溪江，以及湖美瀑绝的飞云湖——百丈漈3个国家级重点风景名胜区，以及“中国十大最美海岛”之一的南麂列岛，“动植物王国”之称的乌岩岭自然保护区2个国家级自然保护区，还有7个省级风景区、8个市级风景区。

雁荡山，因山顶有湖，芦苇茂密，结草为荡，南归秋雁多宿于此，故名雁荡。是国

图 5.19

家 5A 级旅游景区，位于中国浙江省乐清市境内，部分位于永嘉县及温岭市。距杭州 297km，距温州 68km。始于南北朝，兴于唐，盛于宋，素有“寰中绝胜”、“海上名山”之誉。史称“东南第一山”（图 5.19）。总面积 450km^2，500 多个景点分布于 8 个景区，以奇峰怪石、古洞石室、飞瀑流泉称胜。其中，灵峰、灵岩、大龙湫三个景区被称为“雁荡三绝”。特别是灵峰夜景，灵岩飞渡堪称中国一绝。

4. 湖州

湖州地处浙江省北部，是环太湖地区唯一因湖而得名的城市。湖州是一座具有 2300 多年历史的江南古城，有优美的自然景观和众多历史人文景观。湖州风光独特，东部小桥流水人家的风情，西部中国竹乡林海飞瀑高山草甸的风韵，孕育了“太湖、竹乡、名山、湿地、大宅门、古生态”六大旅游品牌。

莫干山位于浙江省北部德清县境内，美丽富饶的沪、宁、杭金三角的中心，国家重点风景名胜区。因春秋末年，吴王阖闾派干将、莫邪在此铸成举世无双的雌雄双剑而得名，是中国著名的度假休闲旅游及避暑胜地。莫干山山峦连绵起伏，风景秀丽多姿，景区面积达 43km^2，以绿荫如海的修竹、清澈不竭的山泉、星罗棋布的别墅、四季各异的迷人风光称秀于江南，享有“江南第一山”之美誉。1000 多年的开发史，使莫干山形成了丰富的人文景观。众多的历史名人，既为莫干山赢得了巨大的名人效应，更为莫干山留下了难以计数的诗文、石刻、事迹以及二百多幢式样各异、形状美观的名人别墅。这些别墅遍布于风景区每个山头，掩映于茂林修竹之中，建筑美与自然美融为一体，美不胜收。更妙的是，二百多幢别墅，竟无一相同，因此莫干山又有“世界近代建筑博物馆”之称，极富观赏价值（图 5.20）。

图 5.20

5. 绍兴

绍兴地处浙江省中北部，是首批国家级历史文化名城、首批中国优秀旅游城市，素有“东方威尼斯”的美誉，并荣获联合国人居奖的城市和 2008 年中国最具幸福感城市。素有水乡、桥乡、酒乡、书法之乡、名士之乡的美誉。

鲁迅故里，已经成为一条独具江南风情的历史街区，成为一个原汁原味解读鲁迅作品，品味鲁迅笔下风物，感受鲁迅当年生活情境的真实场所。一条窄窄的青石板路两边，一溜粉墙黛瓦，竹丝台门，鲁迅祖居，鲁迅故居，百草园，三味书屋，咸亨酒店穿插其间，一条小河从鲁迅故居门前流过，乌篷船在河上晃晃悠悠，此情此景不能不让人想起鲁迅作品中的一些场景。精心保护和恢复后的鲁迅故里已成为立体解读中国近代大文豪鲁迅的场所，成为浙江绍兴的“镇城之宝”。

6. 金华

金华位于浙江中部。历史悠久，战国时的越国就有建制。金华风景秀丽，人文风雅，有著名的双龙洞等名胜。金华的气候属亚热带，四季分明。金华山川秀丽奇绝，国家级风景区双龙洞早已蜚声中外，省级风景区永康方岩、兰溪六洞山地下长河、浦江仙华山、武义郭洞——龙潭、磐安花溪、大盘山国家自然保护区，东阳花都——屏岩、汤溪九峰山等，或为山奇，或为水秀，可谓各擅胜场。

诸葛八卦村，原来叫高隆村，位于兰溪市西部，是迄今发现的诸葛亮后裔的最大聚居地。村中建筑格局按“八阵图”样式布列，且保存了大量明清古民居，是国内仅有、举世无双的古文化村落。中国传统的村落和城郭布局有依山傍水的不规则形和中轴对称的方整形两种，像诸葛镇这种围绕一个中心呈放射状的九宫八卦形布局，在中国古建筑史上尚属孤例，有重大的历史文化价值（图 5.21）。

图 5.21

7. 台州

台州位于浙江省沿海中部。大陆海岸线 745km，占浙江省的 28%。台州自然风光雄奇秀丽、古朴庄严、玄远清幽；人文景观源远流长、内涵丰厚、独放异彩。名山古刹时掩时映，碧海蓝天云卷云舒，自有一派江南“海上仙子国”的明媚秀色。台州旅游以“佛、山、海、城、洞”五景最具特色，拥有国家重点风景名胜区天台山、长屿硐天和国家级历史文化名城临海。

天台山风景名胜区以“佛宗道源”著称于世的天台山是中国佛教第一个宗派天台宗的发祥地，又是中国道教南宗的本山。天台山风景旅游资源十分丰富，自古以来有“大八景，小八景，有名有胜三十景，究竟共有多少景，数来数去数不清”之说。天台山集诸山之美，其最大的特点是古、幽、青、奇。重点景点有国清寺、石梁、寒山湖、华顶峰等。国清寺是国家级文物保护单位，也是日本、韩国佛教天台宗的祖庭，至今，在日韩和东南亚一带仍拥有 300 多万天台宗佛教徒。石梁飞瀑还是浙江省十大名胜景点之一。

8. 舟山

舟山市位于我国东南沿海，是全国唯一以群岛设市的地级行政区划，素有“东海鱼仓”和“祖国渔都”之美称，舟山市保存完好的海岛自然景色，蕴藏着丰富的旅游资源，已开辟的二个国家级和二个省级旅游风景区。除此而外舟山市还拥有渔业、港口、旅游三大优势。它是中国最大的海水产品生产、加工、销售基地。

图 5.22

普陀山，国家重点 5A 级风景名胜区，它与山西五台山、四川峨眉山、安徽九华山并称为中国佛教四大名山，是观世音教化众生的道场（图 5.22）。普陀山是舟山市下属 1390 个岛屿中的一个小岛，形似苍龙卧海，面积近 $13km^2$，素有“海天佛国”、“南海圣境”之称。普陀山以其神奇、神圣、神秘，主要景点有三大寺：普济禅寺、法雨禅寺及慧济禅寺，普陀标志为南海观音大铜像。令人驻足观望、超尘脱俗、渐近禅境、乐不思蜀的还有自然景观和庙宇相结合的西天景区，尤其是紫竹林风景区，包括紫竹林禅院、不肯去观音院、南海观音立佛等六个风景点，以上景点是普陀山的精华所在。

9. 衢州

衢州位于浙江省西部，是一座有着一千八百年历史的国家级的历史文化名城。由于地处闽浙赣皖四省边际中心，自古有“四省通衢”之称，为国家级历史文化名城，境内人文景观、名胜古迹众多，有全国仅有的两座孔氏家庙之一的“南宗孔庙”；被誉为道家洞天福地和“围棋之根”的烂柯山；被誉为“东南锁钥”的仙霞关和矗立于仙霞古道的江郎三峰等。

（1）烂柯山风景名胜区。相传晋人王乔入山伐薪，见二童对弈，棋局未终，斧柯已烂。故后人把石室山称为烂柯山，烂柯从此成为围棋的别称。山高 164m，风景优美，古时在“洞天福地”中被列为“第卅福地”，道书中称它为“青霞第八洞天”。走近烂柯山，很远就可以看到一座雄伟奇特的石桥横卧于山顶，这就是“青霞景化洞天”的天生桥。石梁上有一隙缝，人称“一线天”，形势十分险峻。石梁下洞壁上多摩崖石刻，地坪上近年刻有围棋盘，规模之大天下第一。山南麓有柯山石桥寺，寺内有“冷泉古井”，相传朱元璋曾饮马于此。

（2）衢州孔庙。衢州是祭祀孔子的家庙，全国仅存的两个孔氏家庙之一，为全国重点文物保护单位。衢州孔庙素称南宗，具有 700 多年的历史。按山东曲阜孔庙的规模建造，亦分孔府、孔庙两部分。庙内古木参天，殿宇宏伟，思鲁阁前的“先圣遗像”碑，据传为唐吴道子所绘，极为珍贵。整个古建筑群肃穆凝重，洋溢着浓郁的儒家文化氛围。据史料记载，北宋末年，金兵南侵，宋高宗赵构仓促南渡，建都

图 5.23

于临安，孔子第 48 代裔孙孔端友，负着孔子和孔子夫人的楷木像，离开山东曲阜，南迁至此，后敕建孔氏家庙，为宗庙（图 5.23）。

10. 丽水

丽水位于浙江省西南部、浙闽两省的结合处，是浙西南的政治、经济、文化中心。丽水市山清水秀、古迹众多，自然风光美不胜收，人文景观如群星璀璨，交相辉映，是生态旅游休闲度假胜地。目前拥有缙云仙都、青田石门洞、丽水南明山、东西岩等国家级、省级风景区多处；龙泉凤阳山——庆元百山祖等国家级、省级自然保护区 3 处；仙宫湖等省级森林公园 7 处；龙泉大窑遗址等国家级、省级文保单位 17 处。

仙都风景名胜区，在丽水市缙云境内，是一处以峰岩奇绝、山水神秀为景观特色融田园风光为一体的国家重点风景名胜区，国家 4A 级旅游区。境内九曲练溪、十里画廊、山水飘逸、云雾缭绕。有奇峰一百六、异洞二十七，有“桂林之秀、黄山之奇、华山之险”的美誉。仙都风景名胜区由仙都、黄龙、岩门、大洋四大景区组成，由鼎湖峰、倪翁洞、小赤壁、芙蓉峡、黄帝祠宇等 300 多个景点组成，总面积为 166.2km^2。其中，鼎湖峰，状如春笋，直刺云天，高 170.8m，是世界最高大柱石，堪称“天下第一峰”、“天下第一石”、“天下第一笋”。峰巅苍松翠柏间蓄水成池，四时不涸，相传中华民族始祖轩辕黄帝在此架鼎炼丹，跨龙升天时，鼎塌成湖，故称“鼎湖”。

11. 嘉兴

嘉兴位于浙江省东北部，是长江三角洲重要城市之一。嘉兴旅游资源十分丰富，环境优美，是中国优秀旅游城市和国家园林城市。嘉兴的自然风光以潮、湖、河、海并存驰誉江南，境内有革命圣地南湖、“天下第一潮”海宁钱塘潮、“江南水乡古镇”嘉善西塘和“中国十大魅力名镇”桐乡乌镇，以及海盐南北湖、平湖九龙山等一批著名景点，构成了独有的江南水乡特色。

乌镇是一个典型江南水乡特征的小镇，完整地保存着原有晚清和民国时期水乡古镇的风貌和格局，体现了中国古典民居“以和为美”的人文思想，以其自然环境和人文环境和谐相处的整体美，呈现江南水乡古镇的空间魅力。全镇以河成街，桥街相连，依河筑屋，深宅大院，重脊高檐，河埠廊坊，过街骑楼，穿竹石栏，临河水阁，古色古香，呈现一派古朴、明洁的幽静，是江南典型的“小桥、流水、人家”（图 5.24）。

图 5.24

四、旅游线路与行程设计

1. 短线

(1) 乌镇一日游：早上大巴赴乌镇，途中参观杭白菊基地，并免费品尝，游览逢源姐妹廊桥、财神湾拳船表演、香山堂老药店、财神堂、竹根雕竹坊、陶艺坊、绘扇作坊、制笔作坊、糕店作坊、铜匠坊、裱画坊、箍桶店、纺纱织布作坊、狼烟作坊、公生糟坊（酒作坊）、江南木雕馆、余榴梁钱币馆、立志书院、茅盾纪念馆、古戏台花鼓戏表演、修真观、翰林第一皮影戏馆。结束愉快行程返回杭州，参观丝绸表演后，结束旅游。

（2）杭州西湖一日游：早上大巴赴西湖风景区游览西湖、三潭印月、远观雷峰塔，看断桥美景，赏苏堤杨柳依依、花港观鱼、岳王庙、虎跑梦泉、龙井问茶、午餐后赴宋城景区、飞来峰、灵隐寺（香火券自理）祈福、车游杨公堤、丝博文化、黄龙吐翠。

2. 中长线

华东五市五日游：

第一天：民国风情——南京：抵达南京游石头城遗址，乘皇家仿古画舫，畅游中国历史文化第一河“外秦淮河”，远观气势辉宏的南京长江大桥。参观总统府，游览夫子庙秦淮风光带。尝南京特色盐水鸭（南京/无锡车程约 3h）。

第二天：太湖明珠——无锡：车赴无锡。游央视影视基地-三国影视城。参观紫砂陶艺馆。游览神州第一大佛——灵山大佛。赴苏州，晚可自费夜游苏州古运河。尝无锡酱排骨（无锡/苏州车程约 1.5h）。

第三天：园林王国——苏州：游览江南园林——狮子林，参观太湖珍珠馆。车赴杭州，途中参观屠甸浙北皮革城，参观中国皮革加工之乡的精美皮具皮装。杭州，远观钱塘江大桥，品西湖龙井。晚上可自费宋城千古情。（苏州/角直车程约 1h，角直/杭州约 3h）。

第四天：人间天堂——杭州：早餐后船游西湖景区，观丝绸表演。游览水乡乌镇，江南水乡“小桥流水人家”的典范。乘汽车赴上海。城隍庙自由观光自费品尝小吃。晚可自费观赏上海夜景，观上海万国建筑博览城夜景。尝杭州西湖醋鱼（杭州/上海车程约 3h）。

第五天：现代都市——上海：早餐后，赴卢浦大桥参与世博抢“鲜”看活动-乘卢浦大桥观光电梯，空中散步 367 级台阶登大桥穹顶（全世界仅二座中国唯一可以登穹顶观光的大桥）在黄浦江的中心至高点零距离俯瞰世博园中国馆等各主要场馆 360°俯瞰风情万种的上海滩。南京路自由活动，欣赏外滩美丽风光。

任务 5.5 畅 游 安 徽

一、地理环境概述

安徽位于华东地区的西北部，旧以安庆、徽州两府首字而名安徽清代始置安徽省。安庆地区古有皖国之称，因此安徽又简称“皖”。省会合肥市，骆岗机场位于市西南郊 9km 处，已开通北京、上海、广州、汕头、深圳、海口、福州、厦门、西安、成都、武汉、郑州、济南等 23 条国内干线以及至香港的定期包机，省内可通航黄山、阜阳等市。全省人口 6675.7 万（2008 年），约占全国人口的 5%。总面积 13.96 万 km^2，约占国土面积的 1.45%。安徽省横跨长江、淮河流域（东经 114°54′～119°37′与北纬 29°41′～34°38′之间），地形全省地势西南高，东北低，全省面积 2/3 为山地和丘陵，长江、淮河横贯省境，分别流经全省长达 416km 和 430km，将全省划分为淮北平原、江淮丘陵和皖南山区三大自然区域。淮河以北，地势坦荡辽阔，为华北平原的一部分；江淮之间西耸崇山，东绵丘陵，山地岗丘逶迤曲折；长江两岸地势低平，河湖交错，平畴沃野，属于长江中下游平原；皖南山区层峦叠峰，峰奇岭峻，以山地丘陵为主。境内主要山脉有大别山、黄山、九华山、天柱山，最高峰黄山莲花峰海拔 1860m。全省共有河流 2000 多条，湖泊 110 多个，著名的有长江、淮河、新安江。气候以淮河为界，淮河以北属暖温带半湿润季风气候，淮河以南为亚热带湿润季风气候。全省年平均气温在 14～17℃之间，南北相差 2℃左右。安徽历史悠久，山川秀丽，人文景观众多。风景奇绝的黄山是闻名遐迩的游览胜地，古人早就有过“五岳归来不看山，黄山归来不看岳”的说法。还有四大佛教圣地之一的九华山、古称“南岳”的天柱山、道教圣地之一的齐云山、蔚然深秀的琅琊山等名山。新安江位于省境南部，为浙江省钱塘江正源，而位于省中部的巢湖是我国第五大淡水湖，湖泊两岸风景宜人。安徽特产丰富，传统的工艺品种类繁多，砀山酥梨、怀远石榴，宣城水东蜜枣等在省内外素享盛誉。歙砚、徽墨等历史悠久，是文房四宝中的珍品（图 5.25）。

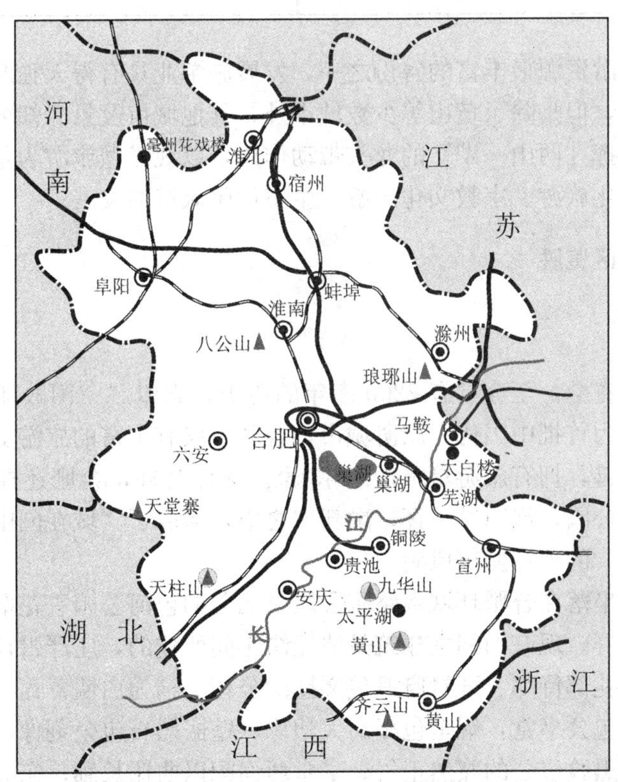

图 5.25

二、旅游业掠影

安徽省旅游经历了多年的发展，逐步形成了以入境旅游为龙头，以国内旅游为主体，出境旅游为补充的发展格局，旅游吃、住、行、游、购、娱六要素全面协调发展，旅游业正逐步成长为安徽的支柱产业，并在调整产业结构、转变经济发展方式、带动贫困地区发展、改善和提升安徽国内外形象、改善人民生活、推进新农村建设等方面发挥出越来越重要的作用。目前安徽在国内旅游人数、入境旅游人数、国内旅游收入、入境旅游收入等指标均居全国中上游位置（表 5.4）。

表 5.4　2008 年安徽省旅游业发展情况一览表

省份及其在全国的地位	国内旅游人数/万人次	入境旅游人数/万人次	国内旅游收入/亿元	旅游外汇收入/亿美元	星级酒店数/家	旅行社数/家	4A 级以上景区数/家
安徽省	9938.2	132.1	700.2	4.5	451	744	33
全国总数	171000	13003	8749	408	14099	20110	872
占全国比例	5.8%	1%	8%	1.1%	3%	3.7%	3.8%
在全国排名	14	13	15	16	12	11	13

安徽是中国旅游资源最丰富的省份之一，发展旅游业具有得天独厚的条件。安徽省历史文化十分厚重，但是除了黄山等少数城市外，其他城市及景区知名度还不够高。现时安徽省正充分发挥“两山一湖”的龙头带动作用，以观光型旅游为基础，加快促进全省红色旅游、徽文化旅游、宗教文化旅游、生态休闲旅游的发展。

三、旅游城市与景区览胜

1. 合肥

合肥是安徽省省会，至今已有 2200 多年的历史，素以“三国故地、包拯家乡、淮军摇篮”著称。作为首批中国优秀旅游城市，合肥不仅有丰富的旅游资源，同时旅游接待服务设施日趋完善，拥有旅游星级饭店 43 家。除此之外，合肥还拥有全国最大、环带最完整的敞开式公园，抱旧城于怀，融新城之中，形成了“城在园中，园在城中，城园交融，浑然一体”的独特城市风貌。

（1）包公祠，坐落在合肥环城南路东段风景优美的包河公园香花墩小洲上，是包河公园的主体古建筑群。现有的祠堂建筑是清光绪年间所建的，庄严古朴。包公祠是纪念宋龙图阁直学士、礼部侍郎、开封府尹包文拯的公祠。祠为白墙青瓦构筑的封闭式三合院组成。主建筑是包公享堂，端坐包拯高大塑像，壁嵌黑石包公刻像，威严不阿，表现了“铁面无私”的黑脸包公的凛然正气。享堂西面配以曲榭长廊；东面有一六角龙井亭耸立，内有古井，号“廉泉”。亭栏画栋顶端雕有浮龙，晴天白日，龙影映入井底，随着井水晃动，如龙飞舞，俗称“龙井”。清末举人李国苇根据传说写了《井亭记》，发出“抑或孝肃祠旁之井为廉泉，不廉者饮此头痛欤，是未可知也”的议论，世人改称“廉泉”。其祠四面环水，正门朝南，西廊陈列包氏支谱、遗物、包公家训和包公墨迹，以及有关史册资料。祠四周即包河，相传生红花藕，断之无丝，“包老直道无私、竟及于物”，因此传为佳话。与包孝肃祠紧连的是包河南畔林区的包公墓（图5.26）。

图5.26

（2）李鸿章故居，位于合肥市淮河路的中段，这里已成为了合肥市的商业步行街。李家的祖先由江西迁来合肥的肥东，自李鸿章这一代起开始发迹。李鸿章兄弟六人，他排行第二，其余五人也身居高位，在当时非常显赫。他们聚族而居，深宅大院可以覆盖淮河路中段的半条街，时称“李府半条街”。而如今，李宅早已失去了昔日的显赫，1997年前，合肥仅存两处李氏家宅。一处为李鸿章故居，另一处为李鸿章侄孙李国蕊（李鹤章孙）的住宅，皆为典型的江南清朝民居建筑。1999年秋，李鸿章故居修竣，共五进，占地2500m^2，有专室介绍李鸿章的生平，以较为翔实的资料、实物、图片、模型，客观反映了中国近代史上颇具争议的人物的风云变幻的一生。

2. 黄山市

黄山市地处安徽省南部，因黄山而得名。黄山市境内群峰秀美绝伦，江河清澈明丽，市内还有全国四大道教名山齐云山，“皖南翡翠”太平湖，“天然山水画廊”新安江和具有原始生态风貌的牯牛降、清凉峰自然保护区等自然景观。黄山市历史悠久、文化灿烂。在黄山市现存的4900多处古迹中，有久负盛名的歙县历史文化名城、黟县古民居西递—宏村、屯溪老街、歙县牌坊群等，被国内外专家誉为中国天然的历史文化博物馆。

（1）黄山，国家5A级风景名胜区，被誉为国之瑰宝，世界奇观，以其“奇松、怪石、云海、温泉”四绝称著，是中国最杰出的山岳风光代表，也是世界著名的游览胜地，被联合国教科文组织列入世界自然和文化遗产名录；黄山集万千美景于一身，明代大旅行家、地理学家徐霞客就曾叹曰：“登黄山天下无山，观止矣”。黄山风景区面积154km^2，风景点400多处，现已开放的主要游览景区有：温泉景区、西海景区、北海景区、白云景区、梦幻景区、玉屏楼景区、云谷景区等（图5.27）。

（2）宏村，位于黟县城西北角，距屯溪65km，距黟县县城11km。被誉为“中国画里乡村”，该村始建于北宋，距今已近千年历史，原为汪姓聚居之地。古宏村人独出机抒开“仿生学”之先河，规划并建造了堪称“中华一绝”的牛形村落和人工水系，统看全村，就象一只昂首奋蹄的大水牛，成为当今“建筑史上一大奇观”。全村现保存完好的明清古民居有140余幢。宏村水系是依牛的形象设计，引清泉为“牛肠”，从一家一户门前流过，使得村民“浣汲未妨溪路远，家家门巷有清渠”。“牛肠”在流入村中被称为“牛胃”的月塘后，经过过滤，复又绕屋穿户，流向村外被称作是“牛肚”的南湖。再次过滤流入河床，如此水系，堪称中国古代村落建筑艺术之一绝（图5.28）。

2000 年，宏村与西递一道被列入世界文化遗产名录。

图 5.27

图 5.28

3. 安庆

安庆市位于安徽省西南部，是国家园林城市、国家历史文化名城、中国优秀旅游城市。安庆历史悠久、文化底韵深厚，境内遍布名山秀水、人文古迹，有国家级风景名胜区天柱山、国家重点文物保护单位薛家岗文化遗址、国家级自然保护区鹞落坪，另有省级风景名胜区 6 处、省级文物保护单位 47 处、省级历史文化名城 3 座。

(1) 天柱山，是国家 4A 级风景名胜区、国家级森林公园、中华十大名山之一、中国最早五岳之南岳（古南岳）。天柱山因主峰雄伟峭拔如“擎天一柱”而得名。古为皖山、皖公山，天柱山处于南温带和北亚热带的交汇地带，动植物种类丰富，珍贵植物有香果树、红豆杉、天女花，特别是成片的珍珠黄杨与云锦杜鹃，伴生于海拔 km 地带，形成高山特殊的景观。

(2) 庆巨石山生态文化旅游区，位于安徽省安庆市宜秀区长江北岸的菜子湖畔（原小龙山风景区），总面积 43km^2，因地球亿万年来各种内、外营力作用形成特殊形态的巨石地质景观而得名。它是国家 4A 级旅游景区，拥有全国规模最大的拓展训练基地，是集原生态休闲观光、科学文化体验、户外拓展、特色餐饮于一体的综合旅游名胜区。

4. 池州

池州位于安徽省西南部，是长江南岸重要的滨江港口城市和省级历史文化名城，也是安徽省“两山一湖”（黄山、九华山、太平湖）旅游区的重要组成部分。全市生态环境良好，经济与人口、环境协调发展，是中国第一个国家生态经济示范区。

图 5.29

九华山风景区，国家 5A 级旅游区，位于安徽省池州市青阳县境内。山主体由花岗岩构成，以峰为主，盆地峡谷，溪涧流泉交织其中。九华山有名峰 70 余座，1000m 以上高峰 30 余座，最高十王峰海拔 1342m。

山间古刹钟声，香烟缭绕，灵秀幽静，古木参天。它与浙江普陀山、山西五台山、四川峨眉山并称为中国四大佛教名山。现为全国文明风景旅游区示范点，被誉为国际性佛教道场（图5.29）。

5. 芜湖

芜湖位于安徽省南部，是国务院批准的沿江重点开放城市。至今已有两千多年的历史。芜湖襟江带河，山明水秀，风景如画。

镜湖景区，镜湖细柳是古“芜湖八景”之一，位于市中心，历来“为邑中风景最佳处”。镜湖是开放式风景区，亭台楼阁相望，曲桥长廊互通；细柳掩映下，芜湖籍文化名人萧云从塑像、阿英、王步文纪念亭等点缀其间；各式现代化建筑群环湖矗立，使“镜湖细柳”这一著名历史景观又平添浓郁的都市现代风光。

6. 铜陵

铜陵位于安徽省中南部，自然环境优美。是闻名世界的“两山一湖（黄山、九华山、太平湖）”旅游区的北大门。铜陵临江、含湖、拥山，景色秀丽，享有“中国生态山水铜都”的美誉，是“中国优秀旅游城市”。

凤凰山风景区，凤凰山形胜凤凰，由横山、面山、灵风山、潭山、金山等构成。境内山清水秀，风景如画，是铜陵家喻户晓的旅游胜地。早在明朝“景泰”年间，诗人周铎就书写“庐外山高播半天，石也孤井聚甘泉，凤凰一饮千年后，尚有遗迹万古传”等十六首“凤凰八景”组诗赞美过凤凰山。该景区于1998年被确定为省级风景名胜区，现有主要景点为凤凰山牡丹园、相思树、滴水崖、凤凰落脚石、金牛洞古采矿遗址（见后述专项介绍）、金榔古树名木、陈翥墓、大明寺（王荆公书堂）等。

7. 阜阳

阜阳位于安徽省的西北部。市内名胜古迹和人文景观颇多，文峰塔、奎星阁、颍上管鲍祠远近闻名，颍州西湖历史上曾与杭州西湖齐名，颍上县小张庄和八里河南湖公园先后被联合国环境保护署命名为“全球500佳”。

四、旅游线路与行程设计

1. 短线

(1) 世界文化遗产古民居一日游：早上出发，乘车前往“世界文化遗产”的宏村、西递。在皖南众多风格独特的徽派民居村落中，宏村是最具代表性的，素有“中国画里的乡村”之美誉，是《藏龙卧虎》的主要外景拍摄地。中午品尝农家宴，下午乘车前往西递，西递被称为“桃花源里人家”，被誉为“中国明清民居博物馆”，主要景点有：胡文光牌坊、瑞玉庭、桃李园、西园、大夫第、履福堂、仰高堂、敬爱堂等。

(2) 合肥一日游——游览“三国故地、包拯家乡、淮军摇篮”：上午游览包公祠领略“包青天”的凛然正气、参观李鸿章故居一睹这位中国近代史上颇具争议的人物的风云变幻的一生。午餐后，游览逍遥津公司及徽园了解徽州文化，结束后送团。

2. 中长线

黄山、徽州、婺源、景德镇五日游：

第一天：早上乘机抵达赴黄山，游屯溪老街。

第二天：早餐后游览云谷寺、缆车上行游览玉屏楼、始信峰、北海景区、梦笔生花、天海、光明顶、经白鹅岭下山。

第三天：游世界文化遗产地——宏村古民居村落、举世无双的棠樾牌坊群、北纬30度线上的谜宫——花山谜窟。

第四天：早餐后乘车至江西婺源，游中国最美丽的乡村——江湾、小桥流水人家——李坑，车至景德镇。

第五天：游陶瓷一条街，中餐后返回出发地。

任务5.6 畅游江西

一、地理环境概述

江西省，简称赣，省会是南昌市。因公元733年唐玄宗设江南西道而得名，又因为江西省最大河流为赣江而得简称。江西总人口4400.10万（2008年），约占全国人口的3.3%，全省土地总面积16.69万km^2，占全国土地总面积的1.74%，居华东各省市之首。江西省地处中国东南偏中部长江中下游南岸，东邻浙江、福建，南连广东，西靠湖南，北毗湖北、安徽而共接长江（即北纬24°7′～29°9′，东经114°02′～117°97′之间），为长江三角洲、珠江三角洲和闽南三角地区的腹地，与上海、广州、厦门、南京、武汉、长沙、合肥等各重镇、港口的直线距离，大多在600～700km内。境内除北部较为平坦外，东西南部三面环绕有幕阜山脉、武夷山脉、怀玉山脉、九连山脉和九岭山脉，中部丘陵起伏，成为一个整体向鄱阳湖倾斜而往北开口的巨大盆地。全境有大小河流2400余条，赣江、抚河、信江、修河和饶河为江西五大河流。鄱阳湖为中国最大的淡水湖，同时也是世界上最大的候鸟栖息地。江西处北回归线附近，全省气候温暖，雨量充沛，年均降水量1341～1940mm；无霜期长，为亚热带湿润气候，十分有利于农作物生长。全省生态环境良好，森林覆盖率达59.7%，居全国前列。在中华文明的历史长河中，江西人才辈出，陶渊明、欧阳修、曾巩、王安石、朱熹、文天祥、宋应星、汤显祖、詹天佑等文学家、政治家、科学家若群星灿烂，光耀史册。江西红色文化闻名中外。江西是中国革命的摇篮。八一南昌起义向国民党反动派打响了第一枪，毛泽东、朱德在井冈山创建了第一个农村革命根据地，中央苏区的中心就在赣南的瑞金（图5.30）。

二、旅游业掠影

江西省经济经过多年的发展，旅游业已完成由接待事业型向经济产业型转变。紧密围绕面向海内外旅游休闲“后花园”的战略定位和“红色摇篮、绿色家园”的整体形

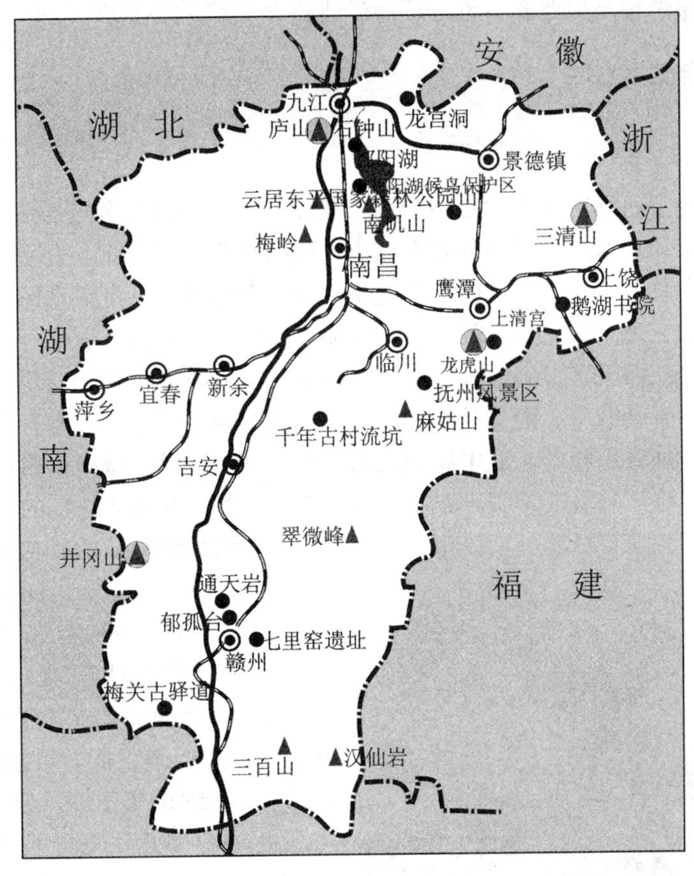

图 5.30

象，以发展红色旅游为突破口，引领旅游产业全面跨越发展；以创新发展模式提升产业素质，不断壮大旅游经济总量，推动了旅游业的可持续发展。国内旅游人数、入境旅游人数、国内旅游收入、入境旅游收入等指标均居全国中（表 5.5）。

表 5.5　2008 年江西省旅游业发展情况一览表

省份及其在全国的地位	国内旅游人数/万人次	入境旅游人数/万人次	国内旅游收入/亿元	旅游外汇收入/亿美元	星级酒店数/家	旅行社数/家	4A 级以上景区数/家
江西省	8022.68	80.2	541.9	2.52	345	674	21
全国总数	171000	13003	8749	408	14099	20110	872
占全国比例	4.7%	0.6%	6.2%	0.6%	2.4%	3.3%	2.4%
在全国排名	22	21	19	23	18	12	21

目前江西省已形成了以山、湖、城、村为主体，形象鲜明，各具特色的旅游目的地体系，并形成了南昌—九江·庐山—景德镇—婺源名山瓷都名村文化旅游线、南昌—吉安·井冈山—赣州—瑞金红色文化旅游线、南昌—龙虎山—龟峰—三清山名山道教文化

旅游线等三条旅游精品线路和一批专项旅游线路。

三、旅游城市与景区览胜

1. 南昌

南昌，始建于西汉，意为“南方昌盛”之地，已有2200多年历史。江西省省会，是内陆开放城市和京九线上唯一的省会城市，地处江西中部偏北，全境以平原为主。总面积7400km^2，总人口490万。南昌市花是月季、金边瑞香，市树是樟树。南昌是全国唯一的一个与长三角、珠三角、闽三角相邻的省会城市。京九、浙赣、皖赣、向乐四条铁路越境而过；江西天字型高速公路网贯穿南昌，六小时内可直达上海、广州、长沙、武汉等周边9个省会城市。南昌昌北机场通达世界各地。南昌是一座有着优美自然风光的绿色城市。城外青山积翠，城中湖泊点缀，城在湖中，湖在城中，赣江穿城而过，一流空气一流水，生态环境非常美，素有京九线上的一颗“绿色明珠”的美誉。

(1) 滕王阁，位于江西省南昌市沿江路赣江与抚河故道交汇处，与黄鹤楼、岳阳楼并称为江南三大名楼。现为国家首批4A级旅游区、国家重点风景名胜区（图5.31）。重建后的滕王阁已成了南昌，也是江西省的一处重要的旅游景点。“江南三大名楼”之一的腾王阁，屡毁屡建达二十八次之多。现时的腾王阁，较1300多年前的建筑更嵯峨雄壮，充分表现“飞阁流丹，下临无地”的气势。登楼眺望，南昌景致尽收眼底。

图5.31

(2) 天香园，位于南昌青山湖大道中段，16m高的朱拱珐琅彩绘大门正面上方是我国当代书圣启功的亲笔溜金大字“天香园”。园区占地115000m^2，园内湿地、湖泊、原始沼泽串通成一片，野生候鸟群32个品种，10万余只。天香园以江西民宅艺术为底蕴，集园艺、禅佛、鸟趣、书法、茶饮于一身，被专家学者誉为“文化生态的乐园”、“鸟类的天堂”。天香园又称盆景之国，大小盆景两万余盆，其中不乏极品之作，多次荣获全国及世界各种奖项，形成了独特的赣派盆景风格：自然、粗犷、古朴、优雅。最令人拍手称绝的那6000株树桩盆景，它们大多是树龄在100～900年间的森林古树，可谓世界罕见，中国之最。

2. 九江

九江位于江西省北部。集名山（庐山）、名江（长江）、名湖（鄱阳湖）于一体，是一座具有2200多年历史的江南文化名城和旅游城市。1992年被国务院批准为长江沿岸开放城市。九江地处赣、鄂、湘、皖四省交界处，襟江带湖，背倚庐山，市区处于万里长江和千里京九铁路的交汇处，区位优势十分明显。

(1) 庐山风景区，是国家 5A 级旅游景区，庐山风景区位于九江市庐山区境内，距离九江市约 40km，因在西周时期，匡俗七兄弟上山结草庐修仙而得名，风景区内风景秀丽，人文遗存非常丰富，作为著名的世界级名山、旅游胜地，庐山屡获殊荣，是世界自然与文化遗产、国家重点风景区、中华十大名山等。庐山是一座地垒式断块山，最高峰 1474m，山体面积 282km^2，风景区面积 302km^2，风景区可分为山上和山下两部分游览区，山上部分就是庐山牯岭景区，山下部分分为庐山山南景区和沙河景区，景区内气候宜人，植被葱茂，形成了瀑泉、山石、植物、地质、建筑等多类景观，共有景区 12 处、景点 37 处，各种景物景观 370 个。庐山中的石、水、瀑、林，无一不佳，无一不秀，大自然鬼斧神工的魅力在此尽显，山间峰峦叠嶂、云海缭绕、气势雄浑、宏伟壮丽，以仙人洞、九十九盘、三叠泉、白鹿洞、天池、庐山云海等景点景观最为出名。

(2) 石钟山，位于九江市湖口县双钟镇，据鄱阳湖口，临长江之滨，其临湖濒江之面，悬崖峻峭，“大石侧立千尺，如猛兽奇鬼，森然欲搏人”，三面有水、一面连陆，形如半岛之状。石钟山历史悠久，其得名由来，据北魏郦道元说，是微风鼓浪，水石相搏，其声若钟；唐李渤则在深潭上发现两块巨石相击之声，清脆而高亢，故名石钟。为解决此谜，北宋文学家苏轼亲自乘舟考察，发现绝壁下都是洞穴和石缝，风浪冲击洞穴，发出钟鸣般的声响，谜底终于揭开了。苏轼为此写下了千古名篇《石钟山记》，石钟山就更扬名中外了。主要名胜古迹有怀念苏东坡月夜泛舟探石钟山的怀苏亭、纪念晋代田园诗人陶渊明弃官归田的归去亭及江天一览亭、半山亭、锁江亭、临江塔、绀园、船厅、报慈禅林、太平天田遗垒、同根树等三十余处。石钟山不仅风景秀丽，而且地势险要，素有“江湖锁钥”之称，自古为兵家必争之地，历史上在此曾发生过多次大战，如元末朱元璋和陈友谅之战、太平天国石达开与曾国藩之战等，现仍存有太平军营房壁垒遗址——太平遗垒。

(3) 柘林湖，位于江西省北部，地处南昌和九江中段，其北承庐山，东衔鄱阳湖，南接梅岭—滕王阁。风景区由云居山和柘林湖两大景区组成，规划总面积为 524.5km^2，其中云居山景区 216.5km^2，柘林湖景区为 308km^2。风景区内人文景观与自然景观极为丰富，景源质量及观赏价值极高。奇秀天成，佛教文化内涵深厚的云居山与碧波万顷、绿岛拥翠、一级大气、一类水质的柘林湖，山水相依，互为辉映。这种以大尺度的山岳景观和大规模的湖岛风光紧密结合的景观资源类型，为国内其他风景名胜区所罕见，具有十分突出的代表性。2005 年底风景区被国务院批准为国家级风景名胜区。

3. 上饶市

上饶市得名于“山郁珍奇”，素称富饶之地，位于江西省东北部。东邻浙江省衢州市，北毗安徽省池州市及黄山市，南隔武夷山脉与福建省南平市接壤，西、西南毗九江市、南昌市、抚州市、鹰潭市，环接景德镇市。有“豫章第一门户”和“四省通衢”之称。上饶有着丰富的旅游资源。如华东第一高峰黄岗山；江南第一仙峰三清山；儒释道三胜境鹅湖山；中国道教第三十三福地灵山等等。

(1) 三清山，荣获世界自然遗产地、国家重点风景名胜区、国家 4A 级旅游区、国家自然遗产、国家地质公园等称号。位于江西省上饶市东北部，因玉京、玉虚、玉华三峰峻拔，宛如道教玉清、上清、太清三位最高尊神列坐山巅而得名。景区总面积756.6km²，主峰玉京峰海拔1819.9m。14亿年的地质演化形成了奇峰耸天、幽谷千仞的山岳绝景奇观，不同成因的花岗岩微地貌密集分布，展示了世界上已知花岗岩地貌中分布最密集、形态最多样的峰林；2373种高等植物、1728种野生动物，构成了东亚最具生物多样性的环境；1600余年的道教历史孕育了丰厚的道教文化内涵，按八卦布局的三清宫古建筑群，被国务院文物考证专家组评价为“中国古代道教建筑的露天博物馆”。《中国国家地理》杂志推选其为“中国最美的五大峰林”之一；中美地质学家一致认为她是“西太平洋边缘最美丽的花岗岩”（图5.32）。

图 5.32

（2）婺源，“半亩方塘一鉴开，天光云影共徘徊，问渠哪得清如许，为有源头活水来。”这是南宋著名理学家朱熹赞美家乡婺源的诗句。婺源是江西省一个具有悠久历史的古县，历史上属安徽管辖。是古徽州一府六县之一。这里民风纯朴，文风鼎盛，名胜古迹遍布全县。如李坑、理坑、晓起等古村均保存有完美的明清古建筑，有田园牧歌式的氛围和景色。

4. 宜春

宜春古称袁州，赣西中心城市之一，位于江西省西北部，宜春古称“农业上郡”，是中国佛教“禅林清规”的发祥地。全国第一批生态试点城市之一．素有“山明水秀，土沃泉甘，其气如春，四时咸宜”之称。宜春生态旅游环境优越。境内7条主要河流全部达到饮用水标准，10个县市区的大气质量都达到国家标准。有历史文化遗址486处，名山名胜54处，驰名景点有国家重点保护的唐代六大名窑之一“洪州窑”和商代吴城遗址，以及东汉葛玄采药炼丹之处、江南三大道教名山之一的阁皂山。“不是黄山、胜似黄山”的明月山风景名胜区等等。

明月山风景区位于宜春市袁州区的西南方，距宜春城区25km。因其主峰山势呈半圆，恰似半圆明月而得名。规划面积为136km²，共分为六大景区，即温汤景区、潭下景区、唐家山景区、太平山景区、玉京山景区、仰山景区。明月山是省级风景名胜区，又是国家级森林公园生态旅游资源得天独厚。山上自然景观绮丽，绝壁惊人，怪石争奇，苍松斗妍，山花织绵。“云谷飞瀑”、“仰山积雪”、“乌云崖绝壁”、“高山草甸”、“云海日出”等景观较为著名。仰山景区的仰山寺是佛教南禅之祖——沩仰宗的发祥地。山下温汤镇因富硒温泉而闻名。其温泉日出水量3700t，水温常年保持在68～72℃，具有低矿化度、低钠、偏硅酸含量高等特点，含有近20种对人体十分有益的微量元素，具有防癌抑癌等保健作用。

5. 鹰潭

鹰潭位于江西省的东北部，信江中下游。地理位置优越，下辖月湖区、贵溪市和余江县。鹰潭以驻地旧名鹰潭坊得名。其信江南岸龙头山，南接市区，北临信江。传说园中的龙头山上有许多大樟树，而山麓下有一个深潭，许多老鹰经常在这一带盘旋飞舞。树影婆娑，潭水清幽，“涟漪旋其中，雄鹰舞其上”，成为一道绝美风景，众口相传，鹰潭由此得名。

龙虎山原名云锦山，位于江西省鹰潭市西南郊20km处，是国家重点风景名胜区，国家4A级旅游区，国家自然和文化双遗产地。东汉中叶时张天师在此炼丹，“丹成而龙虎现，山因得名”，龙虎山因而也成为中国道教发祥地。源远流长的道教文化、独具特色的碧水丹山和规模宏大的崖墓群构成了龙虎山风景旅游区自然景观和人文景观的“三绝”。龙虎山由红色砂砾岩构成，形成了赤壁丹崖的“丹霞地貌”，明净秀美的泸溪河从山中流过，如一条玉带由南向北把上清宫、龙虎山、仙水岩等旅游景点串连在一线上（图5.33）。

图5.33

6. 萍乡

萍乡位于江西省西部，是江西对外开放的西大门。因古代萍乡生有一种水面浮生植物萍草而得市名。萍乡环境优美，山川锦绣，旅游资源丰富。全市有国家级重点保护单位二处，省市级重点保护单位67处。著名的风景旅游区武功山集雄、奇、峻、秀自然风光于一身，主峰1918.24m，是江西的最高峰，有南方罕见的高山草甸数万亩和众多的瀑布群，保存有大量原始次森林，国家一二级珍稀的动植物资源。

武功山位于罗霄山脉北段，江西西部，地跨萍乡市的芦溪县、吉安市安福县、宜春市袁州区三地，是以自然风光为主要特色的山岳型风景区。山体博大，景区面积360多平方千米，主峰白鹤峰（金顶）海拔1918.3m，为江西省境内第一高峰，武功山群峰竞秀，形态各异，海拔1000m以上的山头有几十座。自然风光特色鲜明，山高林密，溪流遍布，而且还有不少宗教遗迹，以瀑布群、高山草甸、金顶古祭坛群为三大绝景。武功山历史上曾与衡山、庐山并称江南三大名山，被冠以“衡首庐尾武功中”。武功山主要景观有：龙王潭、尽心桥、仙池、风火洞、三包盐、吊马栓、鸡冠岩、千丈崖、万松岩、潭口瀑、三叠泉、乌龙潭、迎宾松等。

7. 新余

新余位于江西中部，地处南昌、长沙两座省会城市之间，现辖一县四区，即宜县、渝水区、仙女湖风景名胜区、新余经济开发区。新余环境优美，城市三面环山，一面傍水，孔目江、袁河绕城而过，城南有抱石公园，城北有仰天岗森林公园，城东有江西省唯一国家级湿地公园孔目江湿地公园，城西有国家重点风景名胜区、4A级旅游景区仙女湖，城中点缀着北湖、仙来湖、长林湖、南湖、晚晴湖。新余城镇化率达51.2%，位居全省前列。

仙女湖位于江西省新余市西南郊16km处，是古籍《搜神记》中记述的“仙女下凡”传说的发祥地，具有丰富的自然、人文景观资源和历史文化内涵，是闻名遐迩的湖泊型国家重点风景名胜区，属亚洲最大的亚热带树种基因库。198km^{2}的景区，50km^{2}的湖面，岛屿星罗棋布，湖水清澈见底，原始森林神秘诱人。景区总面积298km^2，有各种鸟兽类76种，拥有亚洲最大的亚热带树种基因库。

8. 抚州

抚州位于江西东部，东邻福建，南接赣州市达广东，北临鄱阳湖。隋废郡扩州，以临川郡并巴山郡之一部置抚州，隶属洪州总管府，抚州从此定名。抚州市下辖10县1区，抚州区位条件优越，交通十分便利。抚州人杰地灵，素有“才子之乡”、“文化之邦”的美誉。抚州自古名人辈出，形成独特的人文景观。市内有王安石纪念馆、汤显祖文化艺术中心、汤显祖纪念馆、汤显祖墓、曾巩读书岩、曾巩纪念馆、谭纶墓、陆象山墓、乐史墓、吴澄墓，舒同书画博物馆，还有数条以抚州名人命名的街道。

大觉山位于江西东部资溪县境内，占地面积204km^2，分为东、西两大片区。东区以浩瀚如海的300km^{2}原始森林为中心，这里汇集了各类植物达1498种，并有近40余种一、二级国家名贵保护动植物，被专家誉为“天然氧吧、动植物基因库”。该区的旅游项目有：原始森林独轨观光、高山湖泊、森林云海、蜿蜒崎岖的小溪、古朴典雅的小桥流水、轻纱千丈的云海、飞流直泻的银河瀑布，展现在人们面前的是一幅幅原生态画卷和休闲度假为一体的原始森林景区。西区以迄今已1600余年的宗教文化特色为主体构成，旅游项目有：瀑布观景台、古艺术亭阁、高山湖泊观光、大峡谷漂流、索道、九天、八地、百景观、大觉寺、太空步廊、大觉者等，是自然生态和神奇、神秘、神圣的佛教文化旅游景区。2007被评为“江西新赣鄱十景”旅游风景区。2008年被评为“中国最佳生态休闲旅游胜地”。

9. 吉安市

吉安市位于江西省中部，是举世闻名的革命摇篮井冈山所在地。古称庐陵、吉州，元初取吉泰民安之意改称吉安，沿用至今。现辖2区10县1市。吉安市旅游景点独具风姿，不但自然风光秀丽迷人，文化古迹众多，革命旧居聚集，而且自然风光和人文景观融为一体，井冈山旅游、庐陵文化旅游和绿色生态旅游构成了吉安旅游观光的独特优势。

(1) 青原山，在吉安市东南7.5km处。海拔不高，名胜古迹甚多，青原山寺敕建于唐开元二十九年（741年），为禅宗青原系开创者行思的道场。主要建筑物有青原山祖关、大庙、七祖塔、待日桥、钓台石、五笑亭等，以大庙最为壮观，正门上镌刻文天祥手书“青原山”三字。庙内有天王殿、大雄宝殿、毗卢阁等。青原山自古为著名游览胜地，历代名人颜真卿、苏东坡、文天祥等曾在此游览。自唐代起，青原山就是佛教胜地。全国重点保护寺庙之一的净居寺就坐落山中。

(2) 井冈山，是国家 5A 级旅游景区，1927 年秋，毛泽东、朱德等老一辈无产阶级革命家在井冈山创建了第一个农村革命根据地，为中国革命开辟了一条以农村包围城市最后夺取胜利的正确道路，因而井冈山以革命摇篮的盛誉，载入了中国革命的光辉史册。英勇的吉安人民为了中国革命事业，前仆后继，血沃中华，涌现了数十万革命烈士和几百位共和国将军，形成了举世闻名的井冈山精神。全市革命旧居遗址遍布，其中属国家级保护的有 10 处。井冈山被朱德称为“天下第一山”，为国家首批风景名胜区，享有“中国旅游胜地四十佳”之美誉。还有革命博物馆，烈士纪念塔，北山碑林，红四军军部旧址，毛泽东、朱德、陈毅同志旧居，大小五井及黄洋界、桐木岭、双马石、八面山、朱砂冲五大哨口等大量革命遗址可供参加瞻仰（图 5.34）。

图 5.34

10. 景德镇

景德镇位于赣（江西省）、浙（浙江省）、皖（安徽省）三省交界处，地处中国华东地区旅游热线——庐山、黄山、龙虎山、九华山、三清山、鄱阳湖、千岛湖的中心区位（均在 150～200km 左右）。景德镇市本身的旅游资源也非常独特，内涵丰富，包括陶瓷文化、人文景观、生态环境等，尤以陶瓷旅游资源对外界的影响力占优势。历史上景德镇的陶瓷文化在中国的影响非常深远，慕名而来的各地游客络绎不绝。

(1) 洪岩仙境，距景德镇市区约 50km，距乐平市区 38km，毗邻婺源、德兴两县市，属国家 4A 级旅游景区，江西省重点风景名胜区、省级森林公园和景德镇市最佳十景之一。境内拥有从多自然、生态、人文景观，如鬼斧神工、堪称溶洞四绝的“洪岩仙境”；丹桂飘香、怪石嶙峋，藤穿石、石抱树的“石林峰谷”；建于明万历 26 年，终年水花飞溅的“铁井飞泉”；雍正皇帝御赐“世德、流光”四字的“项家庄古祠堂”；更有“一门四进士，一相两尚书”的洪公气节和《容斋随笔》的巨献，是集旅游观光、休闲养生、商务度假、爱国主义教育等功能为一体的佳境。岩仙境是一亿多年前中生代形成的壶天灰岩溶洞，整个景区面积达 4 万平方米，洞室面积达 10 万 km^2，洞长 2000 余 m。洞中石钟乳遍布上下，错落有致，晶莹绚丽，美不胜收，千姿百态，鬼斧神工。

图 5.35

(2) 景德镇陶瓷历史博览区。陶瓷历史博览区是国家 4A 级景区、全国爱国主义教育基地、江西省重点文物保护单位、江西省科技教育基地、明清古建筑群。陶瓷历史博览区位于景德镇西市区枫树山蟠龙岗。从市区乘公交车可达。距市中心 4km。属人文与自然完美结合的典范风景区。集陶瓷文化博览、传统陶瓷制作体验及娱乐休闲为一体，分别由古窑和陶瓷民俗博览馆两部分组成。景德镇有着 1800 多年的制瓷历史，“因瓷而兴”，“因瓷而荣”。自北宋景德元年至清代，景德镇为宫廷烧制瓷器的历史达 900 余年，是世界上最大的古代皇家瓷器烧造地（图 5.35）。

四、旅游线路与行程设计

1. 短线

（1）三清山一日游：早餐后赴江南第一仙山——三清山（以奇峰怪石、响云神光、高山栈道、古树名花、流泉飞瀑、云海雾涛、道教建筑闻名天下）。乘亚洲最长索道。后游东西海岸景区，走世界上最长最高最平坦的高空栈道：观石人负松、观音送子、妈祖导航、猴王献宝、玉女献花和三清宫景区等。中餐后游南清园景区，赏西太平洋边缘最美丽的花岗岩奇峰怪石，观三龙出海、老道拜月、一线天、神龙戏松、玉女开怀、万笏朝天、司春女神、巨蟒出山、玉兔奔月等。

（2）婺源、景德镇两日游：

第一天：乘车前往中国最美丽的村庄婺源，游李坑（村落群山环抱，风光旖旎，明清古建遍布；村内街巷溪水贯通、九曲十弯；数十座溪桥沟通两岸，构筑了一幅小桥、流水、人家的美丽画卷）；欣赏绿茗居茶艺表演、游伟人故里江湾（江湾建村于唐代，江湾自古便是婺源通往皖浙赣三省的水陆交通要塞，成为婺源东大门）；祥云山风景区；参观百利家厨具刀店。住：婺源。

第二天：早餐后彩虹桥（建于南宋，距今已有八百多年，有中国最美的廊桥之一；桥与青山、碧水、古村、驿道相互呼应；历经岁月，依然完整）；严田古樟；森林水世界卧龙谷；卧龙谷瀑布密布，从 193m 处总凌空倒持好一派雄奇险秀，宛如仙境的风光。中餐后途经景德镇，逛景德镇瓷器广场，返程，结束愉快的旅程！

2. 中长线

江西三日游：

第一天：前往鹰潭接团，游览龙虎山，其后，往泸溪河，享受竹筏漂流的乐、乐趣，观两岸十大美景！赴玉山。宿玉山县

第二天：早餐后乘车赴三清山乘坐索道上山，游览万寿园景区，品味三清山祥寿文化。中餐后，游览南清园景区，观赏巨蟒出山、司春女神、杜鹃林、玉台、玉女开怀、一线天、神龙戏松等绝景后，赴婺源晚入住酒店。

第三天：乘车前往中国最美丽的村庄，游晓起（画里乡村——晓起景区被誉为天人合一的生态家园）；欣赏绿茗居茶艺表演、游伟人故里江湾（江湾建村于唐代，江湾自古便是婺源通往皖浙赣三省的水陆交通要塞，成为婺源东大门）；返程，结束愉快旅程。

实训与思考

(1) 简述华东五省市主要旅游资源分布及其开发的现状。

(2) 收集所在地旅行社有关华东五省市的行程，分析这些旅游线路的特色及卖点。

(3) 请以拙政园为题，做 10min 的导游讲解。

(4) 请设计一条华东六日游线路。

项目 6

游历华中四省市

目标与导读

本项目主要针对四川、重庆、湖北、湖南四省市的旅游人文及地理环境、旅游业发展、特色旅游资源和旅游线路等方面进行分析。通过对本项目学习，你应了解本区主要旅游地理环境特征，掌握本区旅游发展现状与趋势，并具有根据不同的旅游主题和市场需求设计不同旅游线路的能力。

任务 6.1 区域认知

一、位置与范围

本区包括四川、湖北、湖南 3 个省区和重庆一个直辖市，位于我国内陆腹地，是既不靠海、又无国境线的旅游区。其北部与青海、甘肃、陕西、河南相连，东部与安徽、江西接壤，南部与广东、广西、贵州、云南接壤，西部与西藏相连（图 6.1）。华中地

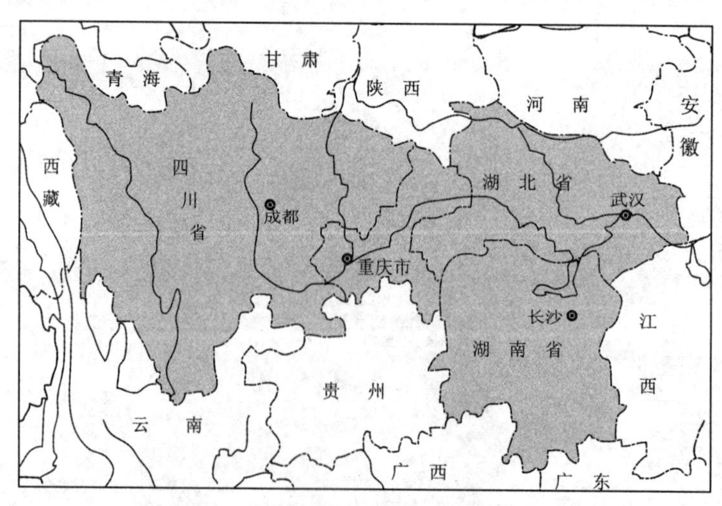

图 6.1

区总面积 97 万 km^2，占全国 10%，总人口 2.43 亿（2008 年底），占全国 18.7%，本区地形复杂，自西向东跨越我国地势三级阶梯，地势差异显著。可分为四大地形区：川西山地高原、四川盆地、川东及鄂西山地、两湖平原及低山丘陵区。西部峡谷地貌突出，东部为良田沃野，鱼米之乡。

二、旅游环境与资源

1. 位居内陆核心，旅游空间广阔

本区整个地域沿长江延伸，大体呈南北相对狭窄、东西延伸之状。在全国的版图中，本区大体上位处大陆腹地核心部位，只能通过长江和大海相通，四周分别与我国的青藏、中原、吴越、岭南、西南等旅游区相连，属典型的内陆性较强的旅游区域，无发展边疆旅游之利，却有与相邻旅游区协作发展之便。同时，居中的地理位置使其与全国各地相距都不远，距离不会成为本区吸引全国各地游客到此一游的障碍因素。

2. 温暖湿润的亚热带湿热季风气候

本区绝大多数地域属湿润的亚热带季风气候，具有冬暖夏热、四季分明、降水丰沛但季节分配不够均匀的特点，另外，川西高原北段属高寒气候，南段属山地气候，垂直变化显著。本区夏季普遍高温，7 月平均温度为 28℃，炎热而潮湿，重庆、武汉为全国著名的炎热中心，与南京合称我国“三大火炉”。冬季 1 月均温在 0℃以上，较为温和，全年平均气温在 16～20℃（川西高原除外）。本区是全国降水较丰沛的地区，年平均降水量大部分地区在 800～1600mm 之间，降水分布规律是东南多、西北少、山地多、平原少。降水季节分配以夏季最多，冬雨只占 10%，而湖南春雨及四川盆地秋雨具有显著特色。充沛的雨水加上山地以中低山地及丘陵为主，因而以常绿阔叶林为主的植物比较繁茂，山地以秀美为特色。“峨眉天下秀”、“青城天下幽”、南岳衡山“五岳独秀”等是对这一景观特色的最好写照。

3. 区位条件优越，现代交通便利

本区地处我国南方内陆腹地，跨祖国地势的一、二、三级阶梯，处于国家宏观区域经济发展的中西部地区。区内有素称“黄金水道”的长江东西横贯，由此可通向大海，并有雅砻江、岷江、嘉陵江、乌江、汉水、湘江、沅江和赣江等大支流从南北汇入，形成庞大内河航运系统；有京广线、京九线、焦柳等铁路干线相汇，形成本区特有的复合井格型铁路网络；高等级公路遍布区境，武汉、重庆、成都、长沙等城市都有重要的国际、国内航空港，张家界、九寨沟和黄龙等顶级旅游景区也都有自己的专用机场。优越的区位条件和四通八达的现代立体交通网络，不仅有利于区内各省（市）协作，也有利于现代旅游业的东联西拓和南北交流。

4. 生态环境良好，自然旅游资源丰富

本区地貌形态复杂，多高山峡谷、大河巨川，既有海拔不足 100m 的“两湖”平原和鄱阳湖平原，也有海拔7556m的川西贡嘎山。本区地处我国自然地理上的南北、东西交接地带，动植物资源丰富但具有明显的过渡性，尤其是川西北及鄂西山地，以珍稀动植物闻名中外，是世界上唯一的大熊猫产地。为了保护大熊猫等珍稀生物，国家先后在四川的王朗、卧龙、九寨沟、唐家河、蜂桶寨等建立了自然保护区。其中卧龙自然保护区，内有植物4000多种，兽类60多种，鸟类300多种，是国宝大熊猫的主要栖息地之一，已加入世界“人与生物圈”自然保护区网。本区在植物区系上既有称为生物基因库的张家界、金佛山、神农架，也有生物量很低而被称为“红色荒漠”的局部紫色页岩裸露地。在自然景观上，湖南张家界的砂石塔状峰柱、崀山的丹霞“天下第一巷”、重庆市的天坑地缝、四川的九寨沟五彩湖、黄龙的露天钙华、湖北的神农溪以及鄂渝之间的长江三峡等，均为世界罕见的自然奇景。

同时，本区多名山，有各显风姿的武当山、峨眉山、衡山、巫山、缙云山、岳麓山、洞庭君山、九嶷山、九宫山、张家界、神农架等，多彩的山岳风光令人神往。

另外，湿润的气候，使本区成为全国河网稠密、湖泊众多、水利资源极其丰富的地区。河流除与两岸峡谷形成本区特有的河流峡谷风光外，还在平原区形成了田园风光，在山区地势陡降处形成瀑布景观，在某些河流形成漂流河段，如湘西猛洞河漂流、粤西神农架漂流等。本区湖泊主要集中在两湖平原，其中又以有“千湖之省”之称的湖北最多，武汉东湖是本区最早被评为国家级风景名胜区的湖泊旅游资源，现已成为初具规模的游览、度假、娱乐区，其他城市周边的很多湖泊也成为城市居民双休日的好去处。洞庭湖在我国五大淡水湖中位居第二，水面广阔，君山风景区和岳阳楼的闻名，无不与浩瀚的洞庭湖紧密相关，东洞庭湖世界级湿地自然保护区更是其良好生态环境的产物。

5. 巴蜀与楚文化特色鲜明，人文旅游资源独特

3000多年前重庆即为巴国首府，2400多年前，成都即为蜀国王都，四川历来以“蜀”相称，因而成长发育于四川盆地的区域文化被称为巴蜀文化。由于四川盆地的汉族人大多是元朝末年和明末清初移入的湖北人和湖南人，其文化特色多与两湖平原类似，而位于湘鄂西和川东北的土家族人却是古代巴人的后裔，因而较多地保留了巴蜀文化特色，主要表现为：崇尚白虎、民间体育泥土气息浓厚、无事不歌舞的巴人遗风、独特的婚俗——哭嫁等。

同时，楚文化是我国古代独放异彩的一支区域文化，源自中原，随着祝融部族由中原西迁到鄂西北，再由荆山丛林移至江汉平原的前进步伐而产生、发展，在不断融合江南众多部族文化的过程中成长壮大，春秋中期终于崛起为统领南方、能与中原文化相媲美的中原文化南支。其鲜明特色主要表现在青铜冶炼工艺、丝织与刺绣工艺、美术和乐舞、文学创作等方面。

历史上魏、蜀、吴三国鼎立的半个世纪，是一个群雄争霸的时代，分别以曹操、刘备、孙权为首的三个军事政治集团围绕着争帝的目标，演绎着一个个扣人心弦的故事。而巴、蜀、鄂、湘则是这些故事的主要发生地，留下了大量三国遗存，如刘备墓、武侯祠、白帝城、荆州古城、剑门关、姜维庙、古隆中等。

在近代，该区一直处于社会变革的急流浪尖之上。标志着中国封建社会终结的辛亥革命首义成功在武昌，新民主主义革命时期，打响农村包围城市第一炮的秋收起义在湖南文家市爆发后，在本区范围内还爆发了湘南起义、平江起义、黄麻起义等。同时，本区从革命斗争中走出的伟人之多在全国首屈一指。位居前列的领袖人物有：毛泽东、刘少奇、邓小平；全国十大元帅中，本区占了八位，分别是：朱德、彭德怀、刘伯承、陈毅、贺龙、聂荣臻、罗荣恒、林彪。充分挖掘伟人、名人旅游资源的潜力，开展红色旅游，也是本区的一大亮点。

此外，本区也是少数民族藏族、彝族、羌族、土家族、苗族、侗族的聚居地之一，形成了绚丽多姿的民俗风情和地域文化。历史上以巴人崇巫尚武、楚人崇虎尚凤而闻名，当代则以川人湘人吃苦耐劳、心灵手巧而受到国人称赞。

6. 物产丰富，旅游资源以峡谷水域最富特色

本区山珍海味（水产）俱备，土特产丰富，且以绿色纯天然为特色，如神农架的野生菌、中草药，宜昌的茶叶、柑橘，四川重庆的牛肉榨菜豆制品，洪湖、洞庭湖的野鸭、菱角、莲子芯等。物产的丰富加之居民的心灵手巧，使该地区的旅游工艺品也闻名遐迩，如湖南湘绣、四川蜀绣、土家族西兰卡普、四川的竹器、湖南的湘笔、宜昌的三峡石和盆景等。

由于本区地形复杂，所造就的峡谷水域风光数不胜数，本区大型水利工程举世闻名，其中三峡、葛洲坝形成的高峡平湖，与山川雄姿、峡谷风光、原始森林交相辉映，对国内外游客构成了强大的吸引力。

任务 6.2　畅游四川

一、地理环境概述

四川省简称川或蜀，位于我国西南地区、长江上游，在东经 97°21′～108°31′，北纬 26°03′～34°19′之间，全省总面积是 48.5 万多平方千米。属中国西南内陆，西有青藏高源相扼，东有三峡险峰重叠，北有巴山秦岭屏障，南有云贵高原拱卫，形成了闻名于世的四川盆地，地大物博，历史悠久，自古以来就享有“天府之国”的美誉。2008 年年末常住人口 8138 万人。全省常住人口中，城镇人口 3043.6 万人，乡村人口 5094.4 万人。四川省位于中国西南部，是一个多民族的大省，其中 14 个少数民族按在省内人口的多少依次为彝族、藏族、羌族、苗族、回族、蒙古族、土家族、傈僳族、满族、纳西族、布依族、白族、壮族、傣族（图 6.2）。

四川气候总的特点是：区域差异显著，东部冬暖、春旱、夏热、秋雨、多云雾、少日照、生长季长，西部则寒冷、冬长、基本无夏、日照充足、降水集中、干雨季分明；气候垂直变化大，气候类型多，有利于农、林、牧综合发展。

四川主要由 4 个文化区域组成：巴文化区、蜀西文区、攀西文化区和川西高原。四川河流众多，源远流长。境内共有大小河流 1419 条，其中流域面积 500km^{2}以上的河流有 345 条，1000km^{2}以上的有 22 条，号称“千水之省”。除西北的白河、黑河由南向北

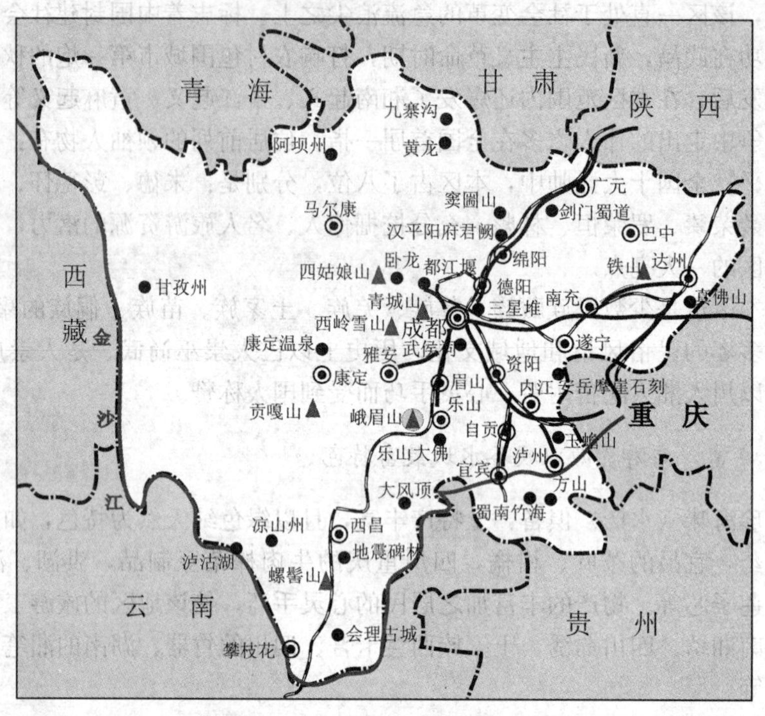

图 6.2

注入黄河外，其余均属长江水系。四川主要河流水系金沙江、岷江、嘉陵江、沱江、涪江等，河流长度皆超过 500km，各河流皆由边缘山地汇集到盆地底部，并注入浩浩长江之中。长江滚滚的江水向东一泻千里，冲破层峦叠嶂，与大海相通相汇。

古有“蜀道难，难于上青天”之说，经过建国后 60 多年的建设，目前已初步形成了一个铁路、公路、水路、航空和管道综合发展的现代化立体交通体系，成了西南地区的交通枢纽。铁路是四川沟通省内外运输的大动脉。目前，四川省铁路已形成包括宝鸡-成都等 5 条铁路干线、8 条铁路支线和 4 条地方铁路组成的铁路网。全省公路以成都为中心，干、支线公路呈辐射状分布，同时，又辅以东西、南北线路的相互交织。主要的公路干线有：川藏公路、川青公路、川陇公路、川陇公路、川渝公路、川云东路、川云中路、川云西路及川滇路等。四川的航空事业发展很快，拥有两个国际机场：成都双流国际机场和宜宾宗场国际机场（在建中）。成都双流国际机场已成为中国四大航空港之一。目前使用成都双流国际机场的航空公司有 16 家，航线 140 多条，可以直飞国内外众多城市。同时四川是全国水运发达的省份之一，长江横贯全省，是水路运输的干线，并与岷江、金沙江等支线沟通，在境内形成了一个天然的水路运输网络。

二、旅游业掠影

四川省旅游业发展水平较高，为我国名副其实的旅游大省，但在 2008 年由于受到 5·12 汶川地震的影响，旅游人数及旅游收入均受到一定程度的影响（详见表 6.1）。

表 6.1　2008 年四川省旅游业发展情况一览表

省份及其在全国的地位	国内旅游人数/万人次	入境旅游人数/万人次	国内旅游收入/亿元	旅游外汇收入/亿美元	星级酒店数/家	旅行社数/家	4A级以上景区数/家
四川省	17456	69.95	1077.33	1.5388	532	620	36
全国总数	171000	13003	8749	408	14099	20110	872
占全国比例	10%	0.5%	12%	0.37%	4%	3%	4%
在全国排名	7	24	9	25	10	14	11

四川的旅游服务水平与配套条件较好，已基本形成了吃、住、行、游、购、娱配套服务。川菜以取材广泛，调味多变，菜式多样，口味清鲜醇浓并重而著称，一大批高档酒店为旅游者提供了舒适的住宿环境，成都双流国际机场、宝鸡—成都及蛛网式的高速公路为旅游业提供了便利的交通，以自然景观为突出特色的A级景区景点让游客流连忘返，商场内琳琅满目的商品令游客爱不释手，豪华影剧院、川剧等娱乐节目更为旅游业增添了色彩。

“十一五”期间，四川旅游提出了发展一个中心、五大旅游板块、四条国际旅游精品线的战略目标，一个中心是指大成都旅游区，主要包括成都市及其周边1h车程的乐山、眉山、资阳、德阳、绵阳、雅安、遂宁等8市。巩固发展观光旅游，大力发展休闲度假、会展商务、康体娱乐等旅游，构建“中心商业游憩区、环城休闲度假旅游圈、一日游精品观光旅游圈”的发展格局，把大成都旅游区建成旅游主题形象鲜明、产品特色突出、旅游设施完备、服务质量优良、入境旅游快速增长的旅游目的地。

五大旅游板块。加快川西、攀西、川南、嘉陵江流域、川东大巴山等重点旅游区域的开发，重点建设“中国第一山”、大九寨、青城山—都江堰3个国际休闲度假旅游区和香格里拉生态旅游区、攀西阳光度假旅游区、嘉陵江流域生态文化旅游区、蜀南竹海石海生态文化度假旅游区、“两湖一山”休闲度假旅游区5个旅游新精品，推进全省旅游业从点线旅游向板块旅游发展。

四条精品旅游线路。重点推出九环线、西环线、成乐环线、三国文化旅游环线4大国际旅游精品线路，完善与之匹配的航空、铁路、公路、水路等交通设施及沿线重要景区开发，增强旅游环线的吸引力。突出以旅游环线为重点的整体旅游市场促销，大力提升旅游环线在国内外市场的知名度和影响力。

三、旅游城市与景区览胜

1. 成都

成都市，四川省省会，简称“蓉”，别称“锦城”、“锦官城”，自古被誉为“天府之国”，位于四川省中部，是中西部地区重要的中心城市。成都是我国西南开发最早的地区，是全国第一批（24座）历史文化名城之一。早在公元前四世纪，蜀国开明王朝迁蜀都城至成都，取周王迁岐“二年成邑，三年成都”，因名成都，相沿至今。成都既是中国西南地区科技、商贸、金融、教育中心和交通、通信枢纽，也是内陆开放城市和率先建立社会主义市场经济体制的综合配套改革试点城市。主要旅游景区景点有武侯祠、杜甫草堂、锦里、春熙路、宽窄巷子、二王庙、文君井、文殊院、宝光寺、永陵、金沙遗址等数十处。

(1) 武侯祠，位于成都市区，是诸葛亮、刘备纪念地和唯一的君臣合祀庙宇，也是全国影响最大的三国遗迹博物馆。武侯祠始建于公元223年，主要由惠陵、汉昭烈庙和武侯祠三大部分组成，系首批全国重点文物保护单位。

(2) 杜甫草堂，位于四川省成都市西门外的浣花溪畔，是中国唐代伟大现实主义诗人杜甫流寓成都时的故居。公元759年冬天，杜甫为避“安史之乱”，携家入蜀，在成都营建茅屋而居，称“成都草堂”。杜甫先后在此居住近四年，创作诗歌流传至今的有240余首。其中的《闻官军收河南河北》现已成为不少地区学生必学课。草堂故居被视为中国文学史上的“圣地”。

草堂完整保留着清代嘉庆重建时的格局，总面积近300亩。草堂按功能区分为：文物景点游览区（草堂旧址）、园林景点游览区（梅园）和服务区（草堂寺）。草堂旧址内，照壁、正门、大廨、诗史堂、柴门、工部祠排列在一条中轴线上，两旁配以对称的回廊与其他附属建筑，其间有流水萦回，小桥勾连，竹树掩映，显得既庄严肃穆、古朴典雅而又幽深静谧、秀丽清朗。工部祠东侧是“少陵草堂”碑亭，象征着杜甫的茅屋，令人遐想，已成为杜甫草堂的标志性景点和成都的著名景观。

(3) 青羊宫，坐落在成都西南郊，南面百花潭、武侯祠（汉昭烈庙），西望杜甫草堂，东邻二仙庵。相传宫观始于周，初名“青羊肆”。据考证，三国之际取名“青羊观”。到了唐代改名“玄中观”，在唐僖宗时又改“观”为“宫”。五代时改称“青羊观”，宋代又复名为“青羊宫”，直至今日。宫内保藏有清代光绪三十二年（1906年）所刻《道藏辑要》经版，共一万三千余块，皆以梨木雕成，每块双面雕刻，版面清楚，字迹工整，为当今我国道教典籍保存最完整的存板，是极为珍贵的道教历史文物。每年农历二月十五日既是青羊宫传统的庙会日，又是青羊宫历史悠久的“花会”日，届时宫内香烟缭绕，磬声悠悠，人如潮涌，宫外各种名花异卉争奇斗妍，流香溢彩，人来人往，车水马龙，热闹非凡。

(4) 望江公园，位于成都市九眼桥锦江南岸，是成都市著名的旅游景点。其前身是明清两代时，为纪念唐代女诗人薛涛而先后建起的崇丽阁、濯锦楼、浣笺亭、五云仙馆、流杯池和泉香榭等建筑，民国时辟为望江公园。崇丽阁共4层，上两层平面为八角形，下两层为四方形。每层的屋脊、雀替都饰有精美的禽兽泥塑和人物雕刻。吟诗楼是依据薛涛生前的吟诗楼修建的，三叠相连、四面敞轩的楼身掩映在江边柳荫竹影之中，波光云影相衬，显得格外秀丽飒爽，颇具画意诗情。五云仙馆、泉香榭、枇杷门巷、清婉室、浣笺亭等纪念性建筑群，布局精巧，题咏碑刻、匾联书画甚多。一阁两楼与毗连的五云仙馆，构成极富四川风格的园林建筑群。

(5) 西岭雪山风景名胜区，位于成都市西大邑县境内，总面积483km^2。景区内的大雪塘海拔5364m是成都最高峰，矗立天际，终年积雪。唐代大诗人杜甫寓居成都草堂时就曾眺望此景，写下了“窗含西岭千秋雪”的名句。景区集林海雪原、高山气象、险峰怪石、奇花异树、珍禽稀兽、激流飞瀑等景观于一体，是国家级重点风景名胜区。

2. 都江堰

都江堰市是中国历史文化名城、首批中国优秀旅游城市，并获得首届中国人居环境范例奖。地处四川省成都市城西，距成都市 48km。原名灌县，早在夏禹时代称“导江”，传说夏禹治水导江至此而得名。1988 年国务院同意撤销灌县建立都江堰市。

（1）青城山，位于四川省都江堰市西南、成都平原西北部、青城山-都江堰风景区内，距成都 68km，距都江堰市区 16km。背靠千里岷江，俯瞰成都平原，景区面积 $200km^2$。古称丈人山，为邛崃山脉的分支。青城山靠岷山雪岭，面向川西平原。主峰老霄顶海 1260m。全山林木青翠，四季常青，诸峰环峙，状若城廓，故名青城山。丹梯千级，曲径通幽，以幽洁取胜，自古就有“青城天下幽”的美誉。与剑门之险、峨眉之秀、夔门之雄齐名。古人记述中，青城山有“三十六峰”、“八大洞”、“七十二小洞”、“一百八景”之说。

（2）都江堰，坐落在成都平原西部的岷江上，位于四川省都江堰市城西。1982 年，都江堰作为四川青城山—都江堰风景名胜区的重要组成部分，被国务院批准列入第一批国家级风景名胜区名单。2000 年联合国世界遗产委员会第 24 届大会上，根据联合国《保护世界文化和自然遗产公约》第一条第二款有关文化遗产定义的规定，由于都江堰水利工程历史悠久、规模宏大、布局合理、运行科学，且与环境和谐结合，在历史和科学方面具有突出的普遍价值，现为为世界文化遗产。2007 年，与青城山一道被列为国家 5A 级旅游景区。

都江堰不仅是举世闻名的中国古代水利工程，也是著名的风景名胜区。都江堰附近景色秀丽，文物古迹众多，主要有伏龙观、二王庙、安澜索桥、玉垒关、离堆公园、玉垒山公园、玉女峰、南桥、灵岩寺、翠月湖、都江堰水利工程等。

3. 乐山

乐山，古称嘉州，又称海棠香国，历史上属古蜀国。国家历史文化名城、国家首批对外开放城市、全国绿化模范城市、国家卫生城市、中国优秀旅游城市、国家园林城市、世界双遗产城市、2008 奥运火炬传递城市之一。2000 年 6 月，乐山正式成为联合国城市管理中心在中国唯一的合作城市。

（1）乐山大佛，国家 5A 级旅游景区，又名凌云大佛，为弥勒佛坐像，乐山大佛是唐代摩岩造像中的艺术精品之一，是世界上最大的石刻弥勒佛坐像。古有“上朝峨眉、下朝凌云”之说。佛像高 71m，是世界最高的大佛。大佛头长 14.7m，头宽 10m，肩宽 24m，耳长 7m，耳内可并立二人，脚背宽宽 8.5m，可坐百余人，素有“佛是一座山，山是一尊佛”之称（图 6.3）。

图 6.3

（2）峨眉山，位于四川省乐山市境内，在峨眉山市西南 7km，与山西五台山、浙江普陀山、安徽九华山并称为中国佛教四大名山，是举世闻名的普贤菩萨道场。主峰3079.3m，山势雄伟，隘谷深幽，飞瀑如帘，云海翻涌，林木葱茏，有“峨眉天下秀”之称，山上多佛教寺庙，为著名佛教名山和旅游胜地，其日出、云海、佛光、圣灯为峨眉四大奇观，是一个集佛教文化与自然风光为一体的国家级山岳型风景名胜区。1982年，峨眉山以峨眉山风景名胜区的名义，被国务院批准列入第一批国家级风景名胜区名单。1996年，峨眉山与乐山大佛共同被列入《世界自然与文化遗产名录》，成为全人类自然和文化双重遗产。2007年，峨眉山景区被国家旅游局正式批准为国家5A级旅游风景区。

(3) 郭沫若故居，坐落在四川乐山市东35km沙湾场正街。坐北向南，背负绥山（即峨眉山第二峰），面对沫水（即大渡河），是一座三进中式木结构小四合院和一个小后花园。第一院的左侧房间，是郭沫若诞生处。中院右侧房间是郭沫若结婚时的新房；后院紧连小花园，有一间面对绥山的厅房，即为郭沫若四岁半启蒙受教的“绥山馆”家塾。早年之《村居即景》、《早起》、《正月四日荣天岗扫墓中途遇雨口占一律》等诗，即作于此。

(4) 东坡楼，原为明末奸臣魏忠贤的祀祠，后人为纪念宋代文学家苏轼（号东坡居士）而改今名。苏轼为乐山附近的眉山人，宋时曾在乐山读书，后人出于对东坡先生的景仰，便在此塑以诗人的塑像。楼前的洗墨池，相传为苏轼的洗砚之处。又因乐山特产一种其色深浓的鲤鱼，传说是因食用了东坡的洗墨之水所致，因而名为“东坡墨鱼”。美食之外，东坡楼附近江边有载酒亭，是纪念苏轼而兼供游客凭高望远，欣赏风景之处。亭名取自苏东坡的诗句：“载酒时作凌云游”。当得月白风清之时，游客携酒至此，相伴浩荡江声而醉，也是人生极乐之事。

4. 阿坝藏族羌族自治州

阿坝藏族羌族自治州地处青藏高原东南缘，横断山脉北端与川西北高山峡谷的结合部，位于四川省西北部，紧邻成都平原，这里地形地貌复杂、沟谷交错、气候多样，构成独特的地理环境。保留了世界上别的地方早已绝迹的动植物资源，如熊猫、珙桐等活化石；保留了在工业文明中难以找到的静谧、古朴的壮丽自然景观，如九寨沟、黄龙等世界自然遗产。阿坝州被世界旅游专家誉为世界生态旅游最佳目的地。

图6.4

(1) 九寨沟，位于四川省阿坝藏族羌族自治州九寨沟县境内，是白水沟上游白河的支沟，以有九个藏族村寨而得名。九寨沟海拔在2km以上，遍布原始森林，沟内分布一百零八个湖泊，有“童话世界”之誉；九寨沟为全国重点风景名胜区，并被列入世界遗产名录，国家5A级旅游景区。其中翠海、叠瀑、彩林、雪峰、藏情，被誉为九寨沟“五绝”。水乳交融，美不胜收（图6.4）。

(2) 黄龙，位于阿坝州松潘县境内的岷山山脉南段，属青藏高原东部边缘向四川盆地的过渡地带。黄龙以彩池、雪山、峡谷、森林“四绝”著称于世。巨型的地表钙华坡谷，婉蜒于天然林海和石山冰峰之间，宛若金色“巨龙”腾游天地。自然景观犷中有精，静中有动，雄中有秀，野中有文，构成奇、峻、雄、野的景观特点，享有世界奇观、人间瑶池之誉。

(3) 卧龙自然保护区，位于阿坝州汶川县西南部，邛崃山脉东南坡，距四川省会成都130km，交通便利。保护区始建于1963年，面积20万ha，是中国最早建立的综合性国家级保护区之一，国家级第三大自然保护区。保护区地理条件独特、地貌类型复杂，风景秀丽、景观多样、气候宜人，集山、水、林、洞、险、峻、奇、秀于一体，还有浓郁的藏、羌民族文化。主要保护西南高山林区自然生态系统及大熊猫等珍稀动物。区内既建有相当规模的大熊猫、小熊猫、金丝猴等国家保护动物繁殖场；也有世界著名的“五一棚”大熊猫野外观测站；且有国内迄今为止以单一生物物种为主建立的博物馆的大熊猫博物馆。

(4) 四姑娘山，位于阿坝州小金县与汶川县交界处，是横断山脉东部边缘邛崃山系的最高峰。四姑娘山由四座连绵不断的山峰组成，它们从北到南，在3～5km范围内一字排开，其高度分别为6250m、5664m、5454m、5355m。这四座山峰长年冰雪覆盖，如同头披白纱，姿容俊俏的四位少女，依次屹立在长坪沟和海子沟两道银河之上。四姑娘中以幺妹身材苗条、体态婀娜，现在人们常说的“四姑娘”指的就是这座最高最美的雪峰(图6.5)。

5. 甘孜藏族自治州

甘孜藏族自治州(俗称康区)，位于四川省西部，青藏高原的东南缘。东邻阿坝藏族羌族自治州和雅安地区，南连凉山彝族自治州和云南迪庆藏族自治州，西沿金沙江与西藏昌都地区相望，北接青海玉树和果洛两个藏族自治州。

(1) 海螺沟，位于四川省甘孜藏族自治州东南部，贡嘎山东坡，是青藏高原东缘的极高山地。以低海拔现代冰川著称于世。晶莹的现代冰川从高峻的山谷铺泻而下，将寂静的山谷装点成玉洁冰清的琼楼玉宇；巨大的冰洞、险峻的冰桥，使人如入神话中的水晶宫。特别是举世无双的大冰瀑布，高达1000多米，宽约1100m，比著名的黄果树瀑布大出10余倍，瑰丽非凡。晴天月夜，景象万千，令人一见之后，终生不忘(图6.6)。

(2) 贡嘎雪山，坐落在青藏高原东部边缘，在横断山系的大雪山中段，位于大渡河与雅砻江之间。“贡嘎山”，藏语意为“最高的雪山”，山体南北长约60km，东西宽约30km，其主峰海拔7556m，在四川省康定、泸定、石棉、九龙四县之间，是四川省最高的山峰，被称为“蜀山之王”。山区高峰林立，冰坚雪深，险阻重重，是中国海洋性山地冰川十分发育的高山之一，在登山运动和科学研究中占有十分重要的地位，是一座极受登山爱好者青睐的名山。

图 6.5

图 6.6

6. 其他旅游城市与旅游景区

(1) 邓小平故居，位于四川省广安市广安区协兴镇牌坊村，名曰“邓家老院子”。是一座坐东朝西的传统农家三合院。占地 800 余 m^2，大小房屋 17 间，穿木斗平房，青瓦粉壁，古朴典雅。建筑具有典型的川东民居特色，充满浓郁的蜀乡风情。庭院绿树成荫，翠竹掩映。院前梯田层层，夏日荷叶青青，稻花飘香。邓小平祖上三代人都居住在这里。1904 年 8 月 22 日，邓小平诞生于故居的北厢房，并在这里度过了他青少年时期的 15 个春秋。

(2) 剑门蜀道，四川有“四绝”——九寨之奇、峨眉之秀、青城之幽、剑门之险。剑门蜀道是首批国家级风景名胜区，以剑门关为核心，北起陕西宁强，南到成都，全长 450km。剑门蜀道沿线三国文化深厚，庞统、蒋琬、姜维、邓艾、马超、鲍三娘等在此留下了精彩的故事；剑门蜀道沿线古迹众多，三星堆遗址、德阳文庙、昭化古城、七曲山大庙、皇泽寺、千佛崖等都是重要文物；剑门蜀道沿线美景密布，富乐山四季花似锦，翠云廊古柏三百里，明月峡“飞梁架绝岭”。因 1000 年前诗仙李白的“蜀道难，难于上青天”得以名扬天下。数百里古蜀道上，峰峦叠嶂，峭壁摩云，雄奇险峻，壮丽多姿，构成了川陕交通的一大屏障。如今，更以山高谷深和众多的名胜古迹吸引游客。

(3) 三星堆遗址，属全国重点文物保护单位，是中国西南地区的青铜时代遗址，位于四川广汉南兴镇。1980 年起发掘，因有三座突兀在成都平原上的黄土堆而得名。三星堆文明上承古蜀宝墩文化，下启金沙文化、古巴国，前后历时约 2000 年，是我国长江流域早期文明的代表，也是迄今为止我国信史中已知的最早的文明。

(4) 蜀南竹海，位于四川南部的宜宾市境内，幅员面积 120km^2，核心景区 44km^2，共有八大主景区两大序景区 134 处景点。景区内共有竹子 58 种，约 46.67km^2，是我国最大的集山水、溶洞、湖泊、瀑布于一体的景区，兼有历史悠久的人文景观的最大原始“绿竹公园”；植被覆盖率达 87%，为我国空气负离子含量极高的天然氧吧。先后被评为“中国国家风景名胜区”、“中国旅游目的地四十佳”、“中国生物圈保护区”，国家首批 4A 级旅游区。

(5) 自贡恐龙博物馆，位于自贡市的东北部，距市中心 9km。著名的“大山铺恐龙化石群遗址”上就地兴建的一座大型遗址类博物馆，是我国第一座专门性恐龙博物馆，也是世界三大恐龙遗址博物馆之一。博物馆占地面积 6.6 万多平方米，馆藏化石标本几乎囊括了距今 2.05～1.35 亿年前侏罗纪时期所有已知恐龙种类，是目前世界上收藏和展示侏罗纪恐龙化石最多的地方，被美国《全球地理杂志》评价为“世界上最好的恐龙博物馆”。

四、旅游线路与行程设计

1. 短线

（1）成都经典一日游：武候祠、锦里、杜甫草堂、青羊宫、望江楼公园、文殊院。

（2）都江堰、青城山一日游：离堆公园观碑亭、离堆、清溪园、都江堰、二王庙、青城山。

（3）乐山大佛、峨眉山二日游：乐山大佛、凌云寺、大雄宝殿、下九曲栈道、乌木博物馆、峨眉山、万年寺。

2. 中长线

（1）乐山、峨眉、九寨、牟尼沟六日游：乐山大佛、凌云寺、大雄宝殿、下九曲栈道、峨眉山、万年寺、白龙洞、清音阁、九寨、则查洼沟、日则沟、树正沟、牟尼沟、扎嘎瀑布。该线路把人文景观与自然景观有机结合在一起。

（2）四姑娘山、丹巴、新都桥、海螺沟六日游：二郎山、泸定桥、丹巴、小金、四姑娘山长坪沟、双桥沟、丹巴、亚拉雪山、塔公、康定、泸定、磨西、海螺沟。该线路可观赏野生动物、高山花蕊、雪山、森林、冰川、湖泊、河流，体验人和自然和谐相处的天然妙趣。

（3）川西四日游：雅安、上里古镇、二仙桥、双节孝牌坊、韩家大院、天全、碧峰峡、周公山温泉、蒙顶山。本线路重在感受文化气息。

（4）川东四日游：遂宁、灵泉寺、广德寺、宋瓷博物馆、宝梵壁画、灵岳福地、中西子湖-赤诚湖、万卷楼、陈寿故居、谯公祠、开汉楼、王平墓、罗瑞卿故居、张澜纪念馆、锦屏山、大佛寺、腾王阁、阆中古城、张飞庙，川北贡院、华光楼、清真古寺——巴巴寺。本线路以历史古迹游为特色。

（5）印象川南四日游：成都、内江、自贡（恐龙博物馆）、宜宾、水富（西部大峡谷）、长宁（蜀南竹海）、兴文石海。本线路重在以自然与人文相结合。

任务 6.3　畅 游 重 庆

一、地理环境概述

重庆是中国著名的历史文化名城，具有 3000 多年的悠久历史和光荣的革命传统，以重庆为中心的古巴渝地区是巴渝文化的发祥地，这片土地孕育了重庆悠久的历史。重庆位于北纬 28°10′～32°13′，东经 105°11′～110°11′之间，地处较为发达的东部地区和资源丰富的西部地区的结合部，东邻湖北、湖南，南靠贵州，西接四川，北连陕西，是长江上游最大的经济中心、西南工商业重镇和水陆交通枢纽。1997 年 3 月 14 日，第八届全国人民代表大会第五次会议通过了设立重庆直辖市的决议，与北京、天津、上海同为四大直辖市。重庆幅员面积 8.24 万 km^2，南北长 450km，东西宽 470km。重庆地势由南北向长江河谷逐级降低，西北部和中部以丘陵、低山为主，东南部靠大巴山和武陵山两座大山脉。主要河流有长江、嘉陵江、乌江、涪江、綦江、大宁河等。重庆属中亚热带湿润季风气候区，具有夏热冬暖，光热同季，无霜期长，雨量充沛，湿润多阴等特点（图 6.7）。

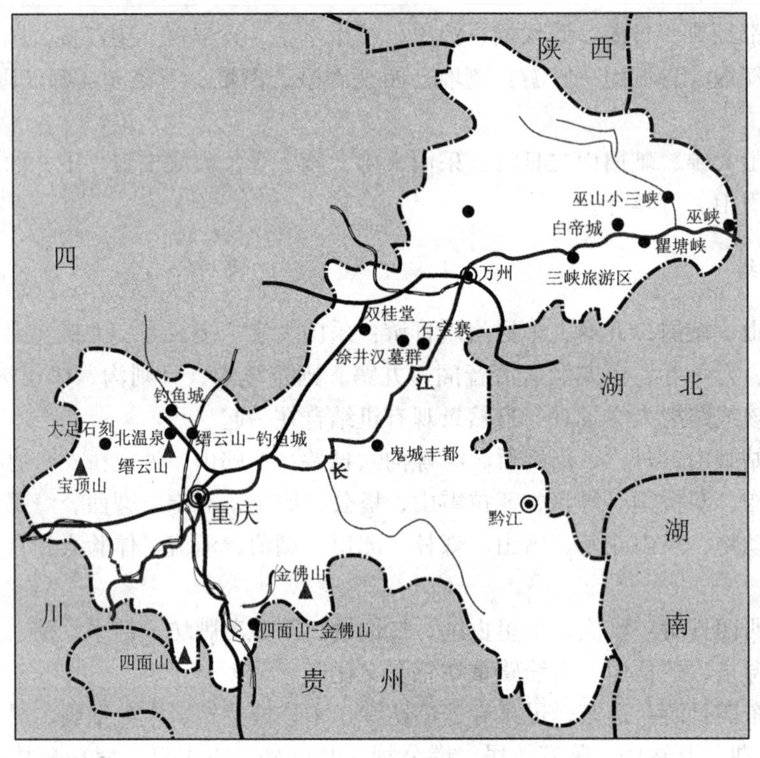

图 6.7

重庆是中国西部地区重要经济增长极之一，经济综合实力在西部领先，零售商品交易额仅次于上海，与广州并驾齐驱，是国内零售业最发达的城市之一。全市总人口 3235 万人，少数民族人口总数为 175 万人，约占全市人口的 6.5%，有土家族、苗族、回族、满族、彝族、壮族、布依族等少数民族。

二、旅游业掠影

随着重庆旅游经济的快速发展，旅游业在全市经济社会发展中的地位不断提升，已成为重要的支柱产业（详见表 6.2）。

表 6.2　2008 年重庆旅游业发展情况一览表

省份及其在全国的地位	国内旅游人数/万人次	入境旅游人数/万人次	国内旅游收入/亿元	旅游外汇收入/亿美元	星级酒店数/家	旅行社数/家	4A 级以上景区数/家
重庆市	10001	87	530	4.5	242	301	33
全国总数	171000	13003	8749	408	14099	20110	872
占全国比例	6%	0.7%	6%	1%	1.7%	1.5%	4%
在全国排名	13	20	22	16	26	25	13

随着重庆市各相关部门不断加大对旅游业的投入，接待服务设施档次不断提高，以“吃、住、行、游、购、娱”等要素为主体的旅游产业体系基本形成。重庆菜又称渝菜，重庆恢复直辖市后，老川菜和新改良的一些川菜，具有麻辣酸香的特点，尤以麻辣为重，代表菜有：重庆火锅、水煮鱼、酸菜鱼、老鸭汤、酸辣粉、辣子鸡、泉水鸡等。随着重庆直辖市的设立，重庆进一步加快了改革开放的步伐，重庆的“酒店经济”每年以比较高的速度发展。如南方君临酒店、希尔顿大酒店、重庆金源大饭店等多家星级酒店供游客选择。另外重庆是我国西南地区的水、陆、空交通枢纽。重庆江北机场、重庆火车站、重庆汽车站、重庆朝天门码头为各方游客提供便利。重庆自然风光与人文景观相互交融，悠久特殊的历史，灿烂夺目的文化，雄伟壮丽的山水，为重庆留下了不少驰名中外的风景名胜、古老的历史遗迹和雄峻的自然奇观。城市购物极为方便，有易初莲花龙湖店、CEPA 香港城、远东百货、美美百货、王府井百货重庆店等商场供游客购买商品。

重庆市“十一五”发展规划中明确提出，应充分利用自然、红色、人文旅游资源，实行联合开发，深度开发，配套开发，形成主城一片、沿江三线、城郊一圈、联动周边，重点分类，多层服务，能适应各类各层次旅游消费的多元旅游业大格局。以“十大旅游精品系列工程”为龙头，加强重点旅游区（点）整体规划，逐步形成自然观光、休闲度假、商务会展、体育健身、科考探险、文化感受等各具特色的旅游系列线路。加强旅游基础设施配套建设，提高旅游区（点）游、行、吃、住、购的舒适度。重点打造长江三峡、大足石刻、乌江画廊、都市风貌、红色精品等一批特色旅游品牌，培育一批优势旅游企业集团，增强重庆旅游整体竞争水平。拓展入境旅游、国内旅游和出境旅游三大客源市场，强化旅游促销宣传，更加注重发展度假休闲旅游。加强与周边地区合作，整合资源，共同发展跨区域旅游。

三、旅游城市与景区览胜

1. 重庆市

长江干流自西向东横贯全境，流程长达 665km，横穿巫山三个背斜，形成著名的瞿塘峡、巫峡、西陵峡，即举世闻名的长江三峡。嘉陵江自西北而来，三折入长江，有沥鼻峡、温塘峡、观音峡，即嘉陵江小三峡。重庆中心城区为长江、嘉陵江所环抱，夹两江、拥群山，山清水秀，风景独特，各类建筑依山傍水，鳞次栉比，错落有致，素以美丽的“山城”、“江城”著称于世。最负盛名的立体画廊长江三峡奇峰陡立、峭壁对峙，以瞿塘雄、巫峡秀、西陵险而驰名，千姿百态，各具魅力，更有流晶滴翠的大宁河小三峡、马渡河小小三峡。唐代大诗人李白以“朝辞白帝彩云间，千里江陵一日还。两岸猿声啼不住，轻舟已过万重山”放歌三峡，留韵千秋。

(1) 重庆山城夜景，自古雅号“字水宵灯”，为清乾隆年间“巴渝十二景”之一。因长江、嘉陵江蜿蜒交汇于此，形似古篆书“巴”字，故有“字水”之称。“宵灯”更映“字水”，风流占尽天下。清人王尔鉴诗云：“高下渝州屋，参差傍石城。谁将万家炬，倒射一江明。浪卷光难掩，云流影自清。领看无尽意，天水共晶莹。”山城夜景的特色之一得益于起伏的地势和依山而上的重重楼房。每当夜色降临，万家灯火高低辉映，如漫天星汉，极为瑰丽；二得益于两江环抱，双桥相邻。江中百舸争流，流光溢彩。桥面千红万紫，宛如游龙，动静有别，有似不夜之天(图 6.8)。

图 6.8

(2) 红岩革命纪念馆，位于重庆市嘉陵江畔，包括红岩村 13 号、曾家岩 50 号、桂园、《新华日报》旧址等，它们都是抗日战争时期中共中央南方局的活动基地，是我党在国民党统治区巩固和发展抗日民族统一战线、领导人民群众进行革命斗争的中心。因业绩卓著，故设馆加以纪念。馆内现有馆藏文物 874 件，重要历史资料（含历史文献、档案资料）1500 余份，《新华日报》、《群众》周刊等当年的报刊 20 余种 844 本（含合订本和少量影印本），当年新华日报馆、三联书店等报馆、书店、出版社出版发行的进步书籍 1119 册，历史图片 2600 余幅。

(3) 北温泉公园，位于重庆市北碚区嘉陵江温塘峡西岸。距市中心 52km，距北碚城区 5km。渝南公路穿越过境，水陆交通便利。温泉出露有 10 处，被利用的有两处，水质为硫酸钙镁型，水温 35～37℃。北温泉以温泉浴泳取胜，兼有山、水、林、洞、峡、寺之美。其地林木幽深，鸟语花香。1990 年评定的新巴渝十二景中赋名“北泉温泳”。公园内的温泉寺创建于南朝刘宋景平元年（423）。柏林楼、农庄、竹楼、数帆楼等为抗战时期建筑。后又新建了露天泳池、莲池、流翠园、三角池浴泳区等景区景点及服务设施。

(4) 缙云山，雄峙重庆市北碚区嘉陵江温塘峡畔，是七千万年前“燕山运动”造就的“背斜”山岭，古名巴山。山间白云缭绕，似雾非雾，似烟非烟，磅礴郁积，气象万千。早晚霞云，姹紫嫣红，五彩缤纷。古人称“赤多白少为缙”，故名缙云山。缙云山与嘉陵江小三峡、合川钓鱼城一并被定为国家级自然风景名胜区。

(5) 大足石刻，是重庆市大足县境内摩崖造像的石窟艺术的总称。大足县是重庆市所辖郊县，始建于唐乾元元年（758 年），以“大丰大足”而得名，是驰名中外的“石刻之乡”、“五金之乡”。县境内石刻造像星罗棋布，公布为文物保护单位的摩崖造像多达 75 处，雕像 5 万余身，铭文 10 万余字。其中全国重点文物保护单位 6 处，1999 年 12 月 1 日北山、宝顶山、南山、石篆山、石门山五处摩崖造像，正式列入世界文化遗产，进入《世界遗产名录》的神圣殿堂。

2. 长江三峡

长江三峡位于中国重庆市和湖北省境内的长江干流上，西起重庆市奉节县的白帝城，东至湖北省宜昌市的南津关，全长192km，由瞿塘峡、巫峡、西陵峡组成。

（1）瞿塘峡，西起奉节县的白帝城，东至巫山县的大溪镇，全长8km，景色最为雄伟险峻。主要景点有奉节古城，八阵图，鱼复塔，古栈道，风箱峡，粉壁墙，孟良梯，犀牛望月。在长江三峡中，虽然它最短，却最为雄伟险峻。它是峡谷入口处，两面隔江对峙的绝壁，组成了一道天造地设的大门，人称夔门。夔门自古以来就有“天下雄”的美称。

（2）巫峡，西起重庆市巫山县城东面的大宁河口，东迄湖北省巴东县官渡口，绵延40多千米，包括金蓝银甲峡和铁棺峡，峡谷特别幽深曲折，是长江横切巫山主脉背斜而形成的。

它又名大峡，以幽深秀丽著称。整个峡区奇峰突兀，怪石嶙峋，峭壁屏列，绵延不断，是三峡中最可观的一段。巫峡峡长谷深，奇峰嵯峨连绵，烟云氤氲缭绕，景色清幽之极，宛如一条迂回曲折的美不胜收的画廊，充满诗情书意。

（3）西陵峡，西起香溪口，东至南津关，全长76km，以宜昌市的西陵山而得名的。历史上以其航道曲折、怪石林立、滩多水急、行舟惊险而闻名。建国后，经过对川江航道的多年治理和葛洲坝水利工程建成后，水势已趋于平缓，然绮丽景观如旧。

3. 其他旅游城市与旅游景区

（1）四面山位于江津市境内，距重庆市区140km。四面山系地质学上所谓“倒置山”，因山脉四面围绕，故名。山势南高北低，最高峰蜈蚣岭海拔1709.4m，最低处海拔560m，占地240km^2。景区景观以原始森林为基调，众多溪流、湖泊、瀑布点染于苍山绿树之间，丹霞地貌丰富其自然色彩，目不暇接的动、植物更为景区增添盎然生机（图6.9）。

图6.9

（2）白帝城位于重庆奉节县瞿塘峡口的长江北岸，三峡的著名游览胜地。原名子阳城，为西汉末年割据蜀地的公孙所建。白帝城是观“夔门天下雄”的最佳地点。历代著名诗人李白、杜甫、白居易、刘禹锡、苏轼、黄庭坚、范成大、陆游等都曾登白帝，游夔门，留下大量诗篇，因此白帝城又有“诗城”之美誉。

（3）丰都“鬼城”，古为“巴子别都”。因北宋苏轼题诗“平都天下古名山”而得名。丰都名山系道家72洞天福地之一，名山古刹多达27座。东汉和帝永元二年置县，素以“鬼国京都”、“阴曹地府”闻名于世，是传说中人类亡灵的归宿之地，集儒、佛、道民间文化于一体的民俗文化艺术宝库，被誉为中国“神曲之乡”、人类“灵魂之都”。

(4) 金佛山，位于重庆市南川区境内，大娄山脉北部，面积 1300km^2，景区面积 441km^2，由金佛、柏枝、箐坝三山组成。景区由于特殊的地理位置和气候条件，在远古时期，缓冲了第四纪冰川的袭击，较为完整地保持了古老而又不同地质年代的原始生态，喀斯特地貌特征明显，融山、水、石、林、泉、洞为一体，集雄、奇、幽、险、秀于一身，被国内外专家评定为极有开发价值的自然风景区。

(5) 巫山小三峡，是大宁河下游流经巫山境内的龙门峡、巴雾峡、滴翠峡的总称。这三段峡谷全长 60km。小三峡与长江大三峡毗邻，林木翠竹 20000 多亩。景区内有多姿多彩的峻岭奇峰，变幻无穷的云雾缭绕，清幽秀洁的飞瀑清泉，神秘莫测的悬崖古洞，茂密繁盛的山林竹木，是一处玲珑奇巧的天然盆景；有攀树纵岩的嬉戏猴群，成双成对的结伴鸳鸯，展翅纷飞的各种水鸟，畅游碧水的多种鱼类，树丛里百鸟啼鸣的欢歌笑语随时可闻，是一种名不虚传的风景动物园；有迷存千古的巴人悬棺、船棺、古寨，是一种珍贵的历史遗迹。

四、旅游线路与行程设计

1. 短线

(1) 重庆一日游：华岩寺风景区、渣滓洞、白公馆、磁器口、三峡博物馆、洪崖洞。

(2) 长江三峡一日游：瞿塘峡、巫峡、西陵峡、三峡大坝。

(3) 重庆二日游：金佛山、十里画廊风光、卧龙潭峡谷、一线天、山王坪生态开发区、古佛洞、卧龙潭（银杏园）。

2. 中长线

长江三峡四日游：朝天门、山城夜景、鬼门关、奈何桥、丰都、奉节、白帝城、瞿塘峡、大宁河小三峡、龙门峡、巴雾峡、滴翠峡、巫峡、神女峰、九畹溪、茅坪、三峡大坝。该线路以休闲旅游为主线。

任务 6.4 畅 游 湖 北

一、地理环境概述

湖北省简称鄂，位于长江中游、洞庭湖之北。春秋战国时为楚国地，宋时为荆湖北路，元属湖南江北行省，清置湖北省。全省面积 18 万多平方千米，省会武汉。2008 年底，户籍总人口为 6110.8 万人，湖北为多民族省区之一，有汉、土家、苗、回、侗、满、壮、蒙古等 50 个民族。正处于中国地势第二级阶梯向第三级阶梯过渡地带，地势呈三面高起、中间低平、向南敞开、北有缺口的不完整盆地。地貌类型多样，山地、丘陵、岗地和平原兼备。主要属北亚热带季风气候，具有从亚热带向暖温带过渡的特征。光照充足，热量丰富，无霜期长，降水丰沛，雨热同季，利于农业生产。长江由西向东横贯全省，在川、鄂边境切过巫山，形成雄伟壮丽的长江三峡，过宜昌后，穿行于江汉平原，过小池口流入江西、安徽 2 省。汉江全长的 3/4 流经省境，与源出边境山地的众多河流，共同汇注长江。省内中小河流共有 1193 条，总长度达 3.5 万多千米。此外有野生动物 570 余种，其中 20 多种列为国家保护对象，主要为金丝猴、闽中羊、苏门羚、金钱豹、毛冠鹿等；还有白化型的神农白熊、白麝、白鹿、白蛇等。鸟类种类多达 350 种，以与南方共同的鸟类居多，其中属于国家保护的珍稀鸟类，有白冠长尾雉、红腹角雉等 30 种左右。鸟类中以候鸟最多。此外，在鄂西山地的山溪涧还盛产大鲵（娃娃鱼）。植被具有南北过渡特征，既有大量北方种类的落叶阔叶树，也有多种南方种类的常绿阔叶树，同时又处在中国东西植物区系的过渡地区，便于邻近地区的植物成分侵入，是中国生物资源较丰富省份之一。湖北省树种有 1300 余种，其中用材林约占一半。主要有马尾松、栎类、杉木、桦、楠竹等，经济林甚多，有油桐、油茶、乌桕、漆树、核桃、板栗和果树等。在鄂西山地局部地区还保存有被誉“活化石”的水杉、珙桐、银杏等（图 6.10）。

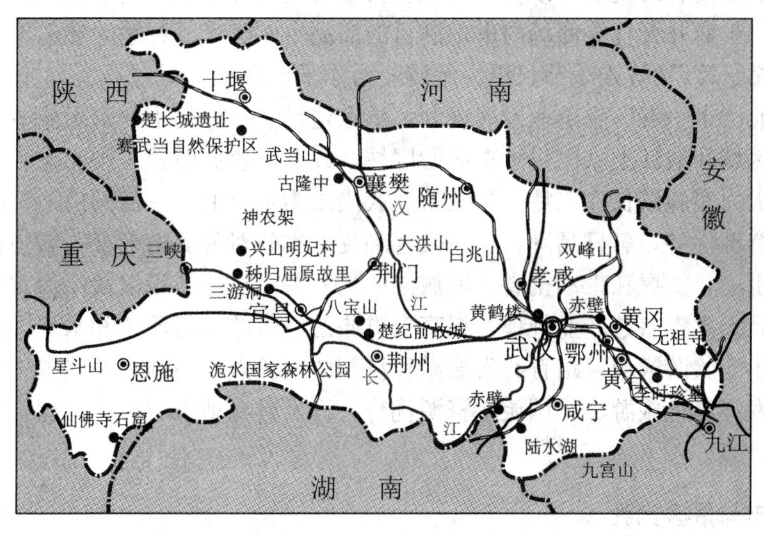

图 6.10

已初步形成了一个铁路、公路、水路、航空和管道综合发展的现代化立体交通体系，武汉、荆州、宜昌、襄樊、恩施、老河口都有民用机场，其中武汉天河国际机场开辟有多条国内和国际航线。境内的铁路线有京广线、襄渝线、汉丹线、焦枝线、枝柳线及武大线等等。有较为完整的公路网，以大城市为中心的公路四通八达，可一直延伸到深山之中，同时也将铁路和水路运输连接起来。省内已建设多条高速公路。境内的长江总长达 1000 多千米，航运业非常发达，上至重庆，下至上海都有客轮可达。

二、旅游业掠影

全省旅游业呈现出良好发展态势，主要旅游经济指标实现全面增长。其中出境、国内旅游齐头并进，保持稳定快速增长（表 6.3）。

表 6.3 2008 年湖北省旅游业发展情况一览表

省份及其在全国中的地位	国内旅游人数/万人次	入境旅游人数/万人次	国内旅游收入/亿元	旅游外汇收入/亿美元	星级酒店数/家	旅行社数/家	4A 级以上景区数/家
湖北省	11678.3	118.7	713.4	4.4	597	786	30
全国总数	171000	13003	8749	408	14099	20110	872
占全国比例	7%	1%	8%	1%	7%	4%	3%
在全国排名	10	16	14	18	7	10	17

湖北的旅游服务水平与配套条件较好，已基本形成了吃、住、行、游、购、娱配套服务。鄂菜是我国传统菜系之一，以烹制淡水鱼鲜技艺见长，以“味”为本，讲求鲜、嫩、柔、滑、爽，富有浓厚的江南水乡特色，自成体系，被列为全国十大菜系之一，在中国烹饪百花园中独树一帜。武汉天河国际机场、新开通的武广线及蛛网式的高速公路为旅游业提供了便利的交通，以自然景观和文物古迹为主的景区景点让游客流连忘返，新世界百货、王府井百货等商场内琳琅满目的商品令游客爱不释手，环艺天河影城、咖啡厅、茶艺馆、KTV 等娱乐节目更为旅游业增添了色彩。

按照湖北“十一五”旅游业发展规划，重点建设“一江两山”国际旅游区域、武汉城市圈旅游区域和清江土家民俗生态旅游区域，以及红色旅游、三国文化旅游两个重点专项产品。大力实施以长江三峡、神农架、武当山为重点的“一江两山”旅游区域综合开发，整合资源优势，彰显品牌特色，改善和提升本省对外旅游形象，增强在海内外的竞争力和吸引力，支撑和带动全省入境旅游业的发展。加快建设以武汉为龙头的武汉城市旅游圈，壮大本省旅游产业规模，提高全省旅游经济的运行质量和水平。积极开发清江土家民俗生态旅游区域，培育我省旅游经济新的增长点，不断拓宽我省旅游发展的层次和领域。发挥红色旅游、三国旅游资源优势，开发具有地方特色和文化魅力的重点专项旅游产品。

三、旅游城市与景区览胜

1. 武汉

湖北省省会，是华中地区最大都市及中心城市。长江及汉江横贯市区，将武汉一分为三，形成了武昌、汉口、汉阳三镇隔江鼎立的格局，唐朝诗人李白在此写下“黄鹤楼中吹玉笛，江城五月落梅花”，因此武汉自古又称“江城”。

武汉是国家历史文化名城。全市有名胜古迹 339 处，革命纪念地 103 处，有 13 处国家级重点文物保护单位，省级及市级重点文物保护单位 156 处。景观多集中在城区，郊区较少，著名的景点有天下第一楼黄鹤楼、万里长江第一桥武汉长江大桥、中国最大城中湖东湖、佛教圣地归元寺、亚洲民主之门红楼、百年老街江汉路等。自从明朝汉水改道后，位于两江交汇处的汉口陆续出现了大小码头。在这些码头的附近形成了汉正街商品集散地，武汉由此成为重要的贸易及物流中心。

（1）东湖，位于武汉市城区的二环与三环之间，景区面积 81.68km^2，其中湖面面积 33km^2，不仅是中国最大的城中湖，还是毛泽东同志在解放后除中南海外居住时间最长的地方。东湖1982年被国务院列为首批国家重点风景区，每年接待中外游客200万人次，1999年还被国家授予“全国文明风景旅游区示范点”，国家首批4A级旅游景区。

东湖主要游览点为寓言园，音乐喷泉，行吟阁，长天楼，九女墩，湖光阁，磨山新景区，武汉植物园，湖北省博物馆，湖北省艺术馆等。

(2) 黄鹤楼，是江南三大名楼之一，国家旅游胜地四十佳。素有“天下江山第一楼”之美誉。这里地处江汉平原东缘，鄂东南丘陵余脉起伏于平野湖沼之间，龟蛇两山相夹。另有香烟品牌以此为名。黄鹤楼一共有五层。高50.4m，相当于16层楼房，攒尖顶，层层飞檐，四望如一。在主楼周围还建有胜象宝塔、碑廊、山门等建筑。整个建筑具有独特的民族风格。黄鹤楼内部，层层风格不相同（图6.11）。

图6.11

(3) 归元禅寺，始建于清顺治十五年（1658年），取《楞严经》中“归元二路”之意定名为归元禅寺。归元禅寺坐西向东，由大雄宝殿、罗汉堂、韦驮殿、大士阁、藏经阁、念佛堂、碑廊等二十余个主要建筑组成，巍峨错落，疏密相间，自成一格。归元禅寺有多种版本的佛教经典以及贝叶经、北魏石刻、唐代观音石刻、缅甸玉佛等佛教文物珍品。罗汉堂内供奉的五百罗汉形态各异，栩栩如生，为目前我国保存最完好、艺术价值最高的五百罗汉群雕。

2. 宜昌

宜昌因“水至此而夷，山至此而陵”而得名。位于湖北省西南部，地处长江上游与中游的结合部、鄂西秦巴山脉和武陵山脉向江汉平原的过渡地带，地势西高东低，地貌复杂多样，境内有山区、平原、丘陵，大致构成“七山一水二分田”的格局，为鄂、渝、湘三省市交汇地。宜昌“上控巴蜀，下引荆襄”，素以“三峡门户、川鄂咽喉”著称。自古以来，宜昌就是鄂西、湘西北和川（渝）东一带重要的物资集散地和交通要道(图6.12)。

图6.12

(1) 三峡大坝，是世界第一大的水电工程，位于西陵峡中段的湖北省宜昌市境内的三斗坪，距下游葛洲坝水利枢纽工程38km。三峡大坝工程包括主体建筑物工程及导流工程两部分，工程总投资为954.6亿元人民币，于1994年12月14日正式动工修建，2006年5月20日全线建成。全线浇筑达到设计高程海拔185m，是世界上规模最大的混凝土重力坝。三峡工程是迄今世界上综合效益最大的水利枢纽，在发挥巨大的防洪效益和航运效益外，其1820万kW的装机容量和847亿kW·h的年发电量均居世界第一。

(2) 葛洲坝，位于长江西陵峡出口、南津关以下3km处的湖北宜昌市境内，是长江干流上修建的第一座大型水电工程，是三峡工程的反调节和航运梯级。大坝由一座27孔泄水闸、2座电站、3座船闸、2座冲砂闸组成，它除了能够泄洪防涝，还能利用长江水力进行发电。如果乘着万吨巨轮过葛洲坝，可以亲眼目睹人类的智慧是怎样巧妙地改造自然的，巨大的轮船可以通过大坝的水位调节，在转眼之间上升几十米，令人惊喜。

(3) 昭君故里，位于香溪上游兴山县城西 5.5km 处的宝坪村，原名烟墩坪，又名王家湾。王昭君，名嫱，晋时因避司马昭讳改称明君或明妃。汉元帝时被选入宫，竟宁元年（公元前 33 年）匈奴呼韩邪单于入朝求和亲，昭君自愿请行，出嫁匈奴，为民族间的亲善和好作出了贡献。昭君村，面临香溪水，背靠纱帽山，群峰林立，崖壑含翠，橘林去涌，香溪回环，唐杜甫诗“群山万壑赴荆门，生长明妃尚有村”即指此地。村内有楠木井，娘娘井，梳妆台，望月楼等遗迹；1979 年以来国家拨款进行了维修，重建了昭君宅，新建昭君纪念馆，长廊碑林，汉白玉的昭君塑像等。

(4) 屈原祠，位于秭归县东 1.5km 长江北岸的向家坪，又称清烈公祠，为纪念屈原而建。屈原祠包括山门、大殿和左右配殿等建筑。山门为四柱三楼式碑坊，高 14m，正中额题“清烈公祠”四字，两侧榜题“孤忠”、“流芳”四字。大殿系钢盘混凝土结构，有明清风格，翠瓦飞檐。高耸于崇台之上，益显宏伟壮丽。大殿后的屈原墓，乃人们营建的衣冠冢。今墓前的门阙、石坊等，全是清道光年间原物。

3. 荆州

荆州地处湖北省中南部，江汉平原腹地，荆州东连武汉、西接宜昌、南望湖南常德，北毗荆门、襄樊。总面积 1.41 万 km^2，是湖北省第二大城市，自古就有文化之邦、鱼米之乡的美誉，是国务院首批公布的国家历史文化名城。荆州是中国优秀旅游城市，其旅游资源得天独厚，文化旅游、生态旅游蔚为大观。

(1) 荆州古城，位于荆州市城区西部，是国务院首批公布的历史文化名城组成部分之一。其城名因地处荆山之南而得。古城积淀了丰厚的历史文化。城内及其城周附近，有着众多的古迹名胜。大禹治水的息壤，雄楚立国的故都，三国纷争的遗迹，历代名人的胜踪等。

现保留的雄伟砖城，为明清两代所修造。砖城逶迤挺拔、完整而又坚固，是我国府城中保存最为完好的古城垣。砖城厚约 1m，墙内垣用土夯筑，下部宽约 9m。墙体外用条石和城砖砌筑。砖城通高 9m，周长 11281m。砖城墙体用特制青砖加石灰糯米浆砌筑。特制大青砖每块重约 4 公斤，有的烧制有文字。游客在攀登东门城楼的马道上即可见到部分已采取保护措施的文字砖。

(2) 纪南城，位于荆州城小北门外 5km 处，因在纪山之南，故名纪南城，现在已列为全国重点文物保护单位之一。纪南城有丰富的文化遗产，城外分布有古墓 200 多座，已发掘 30 多座，几座中型楚墓就出土了数千计的文物，其中不少为珍品，如彩漆木雕鸳鸯豆、彩漆木雕虎座飞鸟、铜弩机、彩绘石编磬等。

4. 黄冈

黄冈地处湖北省东部、大别山南麓、长江中游北岸，京九铁路中段。国家历史文化名城，有东坡赤壁旅游区，大别山生态旅游区，四祖、五祖佛教旅游区，红安、麻城革命遗址旅游区。

（1）东坡赤壁，出黄州古城汉川门，北面一山陡峭如壁，因山石颜色赤红，故名“赤壁”。早在晋代至北宋初，这里就建起了横江馆、涵晕楼、栖霞楼、月波楼和竹楼等著名建筑。北宋元丰三年（1080年）春，著名文学家苏轼（号东坡）因乌台诗案贬来黄州，常在此逸兴吟哦并写岷有流传千古的一词（《念奴娇·赤壁怀古》）两赋（前、后《赤壁赋》）和其他名篇佳作，后人因此将赤壁和苏东坡的名字联在一起，名曰东坡赤壁。经考证，这一带还是三国赤壁大战之处所。现在的东坡赤壁，占地面积四百余亩，主要建筑有九亭、三楼、三阁、三堂、一像（图6.13）。

图6.13

（2）天台山，属于大别山山脉，位于湖北省黄冈市红安县内，南距武汉125km，距红安县城25km，北接河南省新县，总面积63.87km^2。景区内有势若接天的天台山、幽静秀美的爱河风情峡谷、惊险刺激的对天河漂流、项目齐全的户外拓展基地，还有佛宗道源的天台寺和九焰山古兵寨。景区内森林覆盖率达到98%，年平均气温在23℃，冬暖夏凉，是理想的避暑胜地。

（3）大别山，是革命根据地，无数革命先辈们在这里留下了战斗的足迹，还是一个旅游、避暑、度假的胜地。这里山清水秀，空气清新，气候宜人，已经被开发为“大别山生态旅游区”。在这里不仅可以让你饱赏奇峰、险岭、怪石、云海之神奇，还可以让你尽情领略天堂秀水的风韵。

5. 襄樊

襄樊地处湖北省西北部，居长江支流汉江的中游，秦岭大巴山余脉，市区被汉水分为南北两城，南为襄城，北为樊城。襄樊拥有丰富的人文资源和自然景观。这里是中华民族的始祖炎帝神农氏和东汉汉光武帝刘秀的诞生地，有造型奇特的国家重点保护文物多宝佛塔，有号称“华夏第一城池”全国最宽的护城河。

图6.14

（1）古隆中，据《舆地志》记载：“隆中者，空中也。行其上空空然有声。”隆中因此而名之。历史上著名的刘备三顾茅庐的史事和兴汉蓝图“隆中对”都发生在这里。古隆中是一个以诸葛亮故居为主体的风景名胜区，在鄂西北历史文化名城襄樊市区和襄阳、南漳、谷城三县交界处，总面积209km^2，包括古隆中、水镜庄、承恩寺、七里山、鹤子川等五大景区。主景区古隆中位于襄阳城西13km处，自然景色优美，人文景观丰富（图6.14）。

（2）襄阳古城，襄阳城雄据汉水中游，楚为北津戍至今已有2800多年的历史；城池始建于汉；周长7km；护城河最宽处250m，堪称华夏第一城池，自古就有“铁打的襄阳”之说。如今，古朴典雅的城地，与新近修复的仲宣楼昭明台等历史名胜融为一体，交相辉映，为我国历史文化名城之一。

6. 其他旅游城市与旅游景区

（1）神农架，位于湖北省西部边陲，东与湖北省保康县接壤，西与重庆市巫山县毗邻，南依兴山、巴东而濒三峡，北倚房县、竹山且近武当，是我国唯一以“林区”命名的市级行政区。

神农架地处中纬度北亚热带季风区，受大气环流控制，气温偏凉且多雨，并随海拔的升高形成低山、中山、亚高山3个气候带。年降水量也由低到高依次分布为761～2500mm不等，故立体气候十分明显，“山脚盛夏山顶春，山麓艳秋山顶冰，赤橙黄绿看不够，春夏秋冬最难分”是林区气候的真实写照。独特的地理环境和立体小气候，使神农架成为中国南北植物种类的过渡区域和众多动物繁衍生息的交叉地带。这里拥有当今世界北半球中纬度内陆地区唯一保存完好的亚热带森林生态系统。境内森林覆盖率88%，保护区内达96%。保留了珙桐、鹅掌楸、连香等大量珍贵古老孑遗植物。

（2）武当山，是我国著名的道教圣地之一。景区面积古称“方圆八百里”，现有$312km^2$。东接历史名城襄樊市，西靠车城十堰市，南依原始森林神农架林区，北临大型人工淡水湖丹江口水库。武当山不仅拥有奇特绚丽的自然景观，而且拥有丰富多彩的人文景观。可以说，武当山无与伦比的美，是自然美与人文美高度和谐的统一，因此被誉为“亘古无双胜境，天下第一仙山”。武当山，作为国家重点风景名胜区、4A级旅游区、全国武术之乡、全国八大避暑胜地之一，其古建筑群被列入《世界文化遗产名录》，并先后荣获“全国文明风景名胜区”称号和“全国文明风景旅游区示范点”称号（图6.15）。

图6.15

四、旅游线路与行程设计

1. 短线

（1）武汉都市一日游：省博物馆、东湖楚城、黄鹤楼、晴川阁。

（2）三峡一日游：葛洲坝（“维宜”号游船）、灯影峡、三峡人家、仙人桥、毛公山、西陵长江大桥、大坝核心景区。

（3）三国文化一日游：襄樊、古隆中、诸葛亮广场、襄阳古城、水镜庄、襄樊。

（4）鄂东南名人名山二日游：黄冈、红安将军县、烈士陵园、东坡赤壁。

2. 中长线

（1）乐山、峨眉、九寨、牟尼沟六日游：乐山大佛、凌云寺、大雄宝殿、下九曲栈道、峨眉山、万年寺、白龙洞、清音阁、九寨、则查洼沟、日则沟、树正沟、牟尼沟、扎嘎瀑布。该线路把人文景观与自然景观有机结合在一起。

（2）清江土家民俗风情四日游：宜昌、清江（恩施）、梭布垭石林、利川腾龙洞、齐岳山、土家歌舞、鱼木寨，该线路以休闲旅游为主。

（3）一江两山七日游：荆州（古城墙、博物馆）、宜昌（两坝一峡游）、神农架（自然保护区、燕天景区、博物馆）、房县温泉、十堰武当山、丹江口水库（南水北调源头）、襄樊（古城古隆中）、随州（神农故里、曾侯乙墓）四、大洪山、孝感双峰山。该线路的特色是游遍湖北最精华的景点，充分了解湖北浓郁独特的风土人情。

（4）鄂西南四日游：宜昌、坝区、坛子岭、泄洪观景区、截流纪念园景区、杨家溪军事漂流、利川、腾龙洞、鱼木寨、恩施土司城。该线路的特色是以休闲旅游为主线。

任务6.5　畅游湖南

一、地理环境概述

湖南属于内陆省份，位于中国中南部，长江中游以南，因大部分位于洞庭湖以南而得名湖南，又因湘江贯穿于全境而简称“湘”，全省面积过半为湘江流域和洞庭湖流域。地图坐标为东经108°47′～114°15′、北纬24°39′～0°08′之间，相邻有六个省市即广东、江西、湖北、贵州、广西壮族自治区和重庆直辖市。湖南省土地总面积21.18万平方km。本省东、南、西三面山地环绕，中部和北部地势低平，呈马蹄形的丘陵型盆地。西北有武陵山脉，西南有雪峰山脉，南部为五岭山脉（即南岭山脉），东面为湘赣交界诸山，湘中地区大多为丘陵、盆地和河谷冲击平原，除衡山高达1000m以外其他均为海拔500m以下，湘北为洞庭湖、与湘、资、沅、澧四水尾闾的河湖冲积平原，地势很低，一般海拔50m以下，因此，水系呈扇形状汇入洞庭湖。2008年末，全省户籍人口总数达到6845万人，湖南有汉族、土家族、苗族、瑶族、侗族、白族、回族、维吾尔族等少数民族。属于亚热带，而它和世界上同纬度其他一些亚热带地区的干燥荒漠气候不同，因其处于东亚季风气候区的西侧，加之地形特点和离海洋较远，导致湖南气候为具有大陆性特点的亚热带季风湿润气候，既有大陆性气候的光热丰富特点，又有海洋性气候的雨水充沛、空气湿润特征（图6.16）。

湖南自然条件优越，物种丰富，生物多样性高，是我国野生动植物资源丰富的省份之一。全省已知植物种类4859种，木本植物尤其集中。不仅如此，湖南的植物资源具有很强的代表性和典型性，属国家重点保护的野生植物种类59种，一级保护的野生植物有银杉、资源冷杉、红豆杉、水杉、珙桐等，二级保护的野生植物有榉树、香榧、鹅掌楸、绒毛皂荚等。全省野生动物资源物种丰富，拥有脊椎野生动物820种左右其中鸟类400余种，兽类100多种，两栖类40余种，爬行类70多种，鱼类200余种。

湖南省积极应对国际金融危机，深入推进“一化三基”，迎难而上，创造性地开展

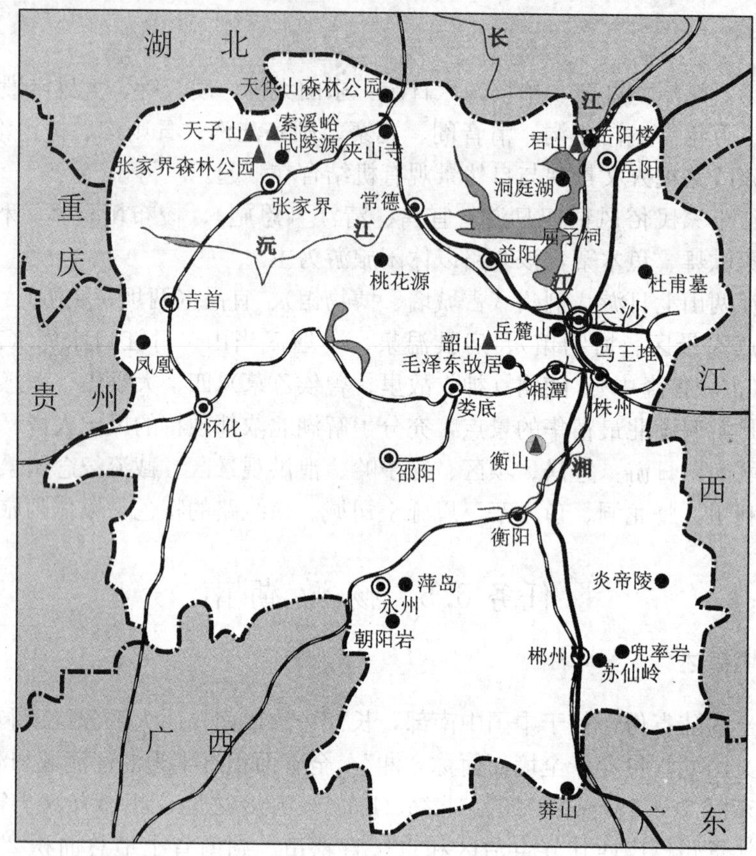

图 6.16

各项工作，保增长、保民生、保稳定取得明显成效，经济社会发展明显提速，综合经济实力、市场竞争能力和对外影响力明显增强。湖湘文化是中华文化的多样性结构中的一个独具特色的组成部分。近百年来，随着湖湘人物在历史舞台上的出色表演，湖湘文化已受到世人的广泛瞩目与确认。

目前湖南拥有长沙、张家界两个国际机场和常德、永州、芷江 3 个国内机场。长沙黄花国际机场现已开通定期航线 80 条，包括航线 4 条，可通往全国 56 个（包括台湾、香港）大中城市和日本、泰国、韩国、新加坡、越南等地，成为湖南对外开放的主要门户和全国民用航空干线的重要枢纽。湖南铁路交通较为发达。北京—广州、湖南—贵阳、浙江—江西、湖南—广西、石门—长沙、枝城—柳州 6 条铁路干线贯穿全省东西南北，洛阳—湛江、重庆—怀化铁路湖南段已全线通车。到 2008 年底，全省已有公路总里程 182005km（含村道），其中高速公路已达 2001km，进入全国十强。省会长沙与全省 13 个市州全部实现高速公路相连，洞庭湖区国省道主要渡口一律改渡为桥，形成了以长沙、岳阳、常德、湘潭等地为中心，联络全省各地 99%以上的乡镇公路网。

二、旅游业掠影

湖南省旅游业发展水平较高，国内旅游人数、入境旅游人数、国内旅游收入、入境旅游收入等指标均居全国首位，成为我国名副其实的旅游大省（表6.4）。

表6.4　2008年湖南省旅游业发展情况一览表

省份及其在全国的地位	国内旅游人数/万人次	入境旅游人数/万人次	国内旅游收入/亿元	旅游外汇收入/亿美元	星级酒店数/家	旅行社数/家	4A级以上景区数/家
湖南省	12719	111	808.84	6.17	569	602	32
全国总数	171000	13003	8749	408	14099	20110	872
占全国比例	7%	1%	9%	2%	4%	3%	4%
在全国排名	9	17	12	13	8	16	16

湖南的旅游服务水平与配套条件较好，已基本形成了吃、住、行、游、购、娱配套服务。湘菜是全国八大菜系之一，以其油重色浓突出，尤以酸、辣、香、鲜、腊见长。湖南的宾馆酒店业非常发达，星级酒店、经济性酒店以及旅馆、招待所遍布长沙。交通极为便利，航空以长沙为中心，长沙黄花国际机场有多个航班飞往国内外各大城市，另外两个民用机场，分别是张家界机场和常德机场。湖南的黄兴南路步行街、平和堂等商场内琳琅满目的商品令游客爱不释手，环艺天河影城、咖啡厅、茶艺馆、KTV等娱乐节目更为旅游业增添了色彩。长沙号称娱乐之城，不仅因为全国闻名的湖南电视台一系列的王牌娱乐节目，更有丰富多彩娱乐生活。每当夜幕降临，满街华灯齐放，霓虹灯闪烁，各色夜市，各地民间传统艺术表演与夜总会、酒吧、歌厅、舞厅等现代娱乐交相辉映，绚丽多彩，独具魅力。

按照湖南"十一五"旅游业发展规划，重点精心打造3个国际旅游品牌，提升区域旅游品牌。一是以张家界为龙头的自然生态旅游品牌；二是以韶山为重点的红色旅游品牌；三是以炎帝陵为代表的历史人文旅游品牌。进一步提升南岳宗教文化、凤凰民俗文化、岳麓书院湖湘文化、崀山地貌景观、猛洞河和东江生态漂流、马王堆古汉文化、岳阳楼楚文化等区域旅游品牌。

三、旅游城市与景区览胜

1. 长沙

长沙又称"星城"，为湖南省省会，位于湖南省东部，湘江下游长浏盆地西缘。长沙市南接株洲市和湘潭市，西抵娄底市，北达岳阳市、益阳市，东挨江西省宜春市、萍乡市。东西长约230km，南北宽约88km。长沙有文字可考的历史3000多年，因屈原和贾谊的影响而被称为"屈贾之乡"。长沙又称"楚汉名城"，马王堆汉墓和走马楼简牍等重要文物的出土反映其深厚的楚文化以及湖湘文化底蕴，位于岳麓山下的岳麓书院为湖南文化教育的象征。历史上涌现众多名人，留下众多的历史文化遗迹，成为首批国家历史文化名城。长沙经济原本偏重于第三产业，尤以媒体和娱乐业闻名，为中南地区重要工商业城市。近年来，由于长沙大力推进新型工业化，一大批高新技术产业以及机械重工业产业得到了迅速发展。长沙最重要的景点是：岳麓山及其附属景点、岳麓书院、天心阁、湖南省博物馆（马王堆汉墓出土文物等）、橘子洲头等。

（1）岳麓山，在长沙市区之西，东临湘江，面积约 $8km^2$，古人赞誉其“碧嶂屏开，秀如琢珠”。唐宋以来，岳麓山即以林壑幽美，山幽涧深闻名。六朝罗汉松、唐宋银杏、明清松樟相当著名；爱晚亭、清风峡、蟒蛇洞、禹王碑、岳麓书院等景观闻名遐迩。这里还葬有黄兴、蔡锷等著名人物。岳麓山春天满山葱绿、杜鹃（市花）怒放；夏日幽静凉爽；秋天枫叶流丹，层林尽染；隆冬玉树琼枝，银装素裹，四季风景宜人。

岳麓书院在山之东麓，始建于宋开宝九年（976 年），朱熹主讲期间是全盛时期，有学生千人，成为宋代四大书院之一。清光绪二十九年（1903 年）改为高等学府，后又变成高等师范学校。1925 年改为湖南大学。书院现存古建筑尚有御书楼、文昌楼、半学斋、十彝器堂、濂溪祠、湘水校经堂、自卑亭等，让人缅怀书院辉煌历史。

（2）湖南省博物馆，创办成立于 20 世纪 50 年代初，位于长沙市开福区，与风景秀丽的烈士公园毗邻，占地面积 5.1 万 m^2，公用建筑面积 2.9 万 m^2。该馆馆藏文物丰富，尤以马王堆汉墓文物、商周青铜器、楚文物、历代陶瓷、书画和近现代文物等最具特色。是湖南省最大的综合性历史艺术博物馆，也是全国优秀爱国主义教育示范基地和湖南省 4A 级旅游景点之一。

（3）橘子洲头，位于湖南省长沙市岳麓区境内，是湘江的一个江心小岛，长约 5km，形成于晋惠帝永兴二年（305 年），距今已有 1600 多年的历史。橘子洲是一帧展示风情的画，它以岳麓山为邻，与湘江水作伴，风光美不胜收，形成了“一面青山一面城”的独特景观。她西望层峦耸翠的岳麓山，与岳麓书院、爱晚亭及建设中的岳麓山大学城相邻；东瞰湘江风光带尽览都市繁华。从西向东，山、水、洲、城融为一体，似流动的画，如放大的盆景。游客登洲，听渔舟唱晚，观麓山红枫，看天心飞阁，赏满树橘红，吟先贤辞赋，其乐融融（图 6.17）。

图 6.17

（4）大围山国家森林公园，位于湖南省浏阳市东北部，距省会长沙 148km。它以森林茂密，资源丰富，风景秀丽，气候宜人，被称为“湘东绿色明珠”。1992 年经林业部批准为国家森林公园。

大围山国家森林公园面积 7 万余亩，顶峰海拔 1607.9m。境内群山环抱，立峻挺拔，土地肥沃，雨量充沛，植被丰富，种类繁多。原始次生林和人工林浑然一体，形成一片绿色的海洋。植物种类有 23 个群系、3000 多种，列人国家一、二类保护树种有 17 种；已发现野生动物 60 余种，列入国家一、二类保护动物达 14 种；森林中繁殖的彩蝶 1200 多种，堪称“天然动植物博物馆”。

2. 株洲

株洲位于湖南省东部，湘江下游。东界江西省萍乡市、莲花县、永新县及井冈山市，南连本省衡阳、郴州两市，西接湘潭市，北与长沙市毗邻。2009年被评为全国旅游城市和全国卫生城市。株洲，是炎黄文化的重要发祥地。中华民族的始祖、农耕文化的创始人——炎帝神农氏，就长眠在株洲境内炎陵县鹿原坡。

(1) 炎帝陵，位于湖南省株洲市炎陵县（原名酃 líng 县）城西17km的鹿原镇境内。这里洣水环流，古树参天，景色秀丽。炎帝陵是炎黄子孙寻根谒祖、旅游观光、研究炎帝文化、开展爱国主义教育等多种活动于一体的胜地。1986年整修以来，大、水祭祀连年不断（图6.18）。

图6.18

(2) 桃源洞，以桃源洞口为轴心，分为桃源洞、百丈岩、葛里、修竹湾、栟榈潭等5个旅游景区，73处旅游景点。桃源洞口实际是两峰之间裂开的巨罅。一条桃花涧迂回曲折，穿过双峰耸立的狭谷隘口，潺潺汇入沙溪。120m高的绝壁上有明万历年间举人陈源湛所书"桃源洞口"四个大字，每字2m见方，下题律诗一首，右上端横楔一块10多米长的鲤鱼石。主要旅游景点有锁洞桥、观音大士殿、通天亭、一线天、环玉洞、古井寒泉、望象台、仙人棋盘、跨虹桥、凤冠亭、阆风台、奇云关寨门、不尘馆等10多处。其中最著名的是高90m、长120m的"一线天"。悬崖断处，一隙通明，拾级而上，窄处仅容侧身而过。

3. 岳阳

岳阳古称巴陵，又名岳州，是一座有2500多年历史的文化名城。位于湖南省东北部，是湘北（岳阳、常德、张家界、益阳）的政治、经济、文化、交通中心和旅游胜地。是一个富（资源丰富）、优（区位优越）、美（风景优美）的地方。

(1) 岳阳楼，耸立在湖南省岳阳市西门城头、紧靠洞庭湖畔。自古有"洞庭天下水，岳阳天下楼"之誉，与江西南昌的滕王阁、湖北武汉的黄鹤楼并称为江南三大名楼。岳阳楼为四柱三层，飞檐、盔顶、纯木结构。中部以四根直径50cm的楠木大柱直贯楼顶，承载楼体的大部分重量。再用12根圆木柱子支撑2楼，外以12根梓木檐柱，顶起飞檐。彼此牵制，结为整体，全楼梁、柱、檩、椽全靠榫头衔接，相互咬合，稳如磐石。全楼高达25.35m，平面呈长方形，宽17.2m，进深15.6m，占地251m^2。

(2) 君山，"未到江南先一笑，岳阳楼上对君山"。君山系洞庭湖中小岛，位于岳阳市区西南方，水程12km。总面积0.98km^2与千古名楼岳阳楼隔湖相望。是一个山体呈椭圆形，两旁高、中间低的小岛。山上有大小峰72个。

(3) 洞庭湖，位于中国湖南省北部，长江荆江河段以南，是中国第三大湖，仅次于青海湖、鄱阳湖，也是中国第二大淡水湖，面积3968km^2（1998年），原为古云梦大泽的一部分，洞庭湖南纳湘、资、沅、澧四水汇入，北与长江相连，通过松滋、太平、藕池，调弦（1958年已封堵）“四口”吞纳长江洪水，湖水由东面的城陵矶附近注入长江，为长江最重要的调蓄湖泊，由于泥沙淤塞、围垦造田，洞庭湖现已分割为东洞庭湖、南洞庭湖、目平湖和七里湖等几部分。

(4) 汨罗江，发源于江西省修水县黄龙山梨树埚，经修水县白石桥，于龙门流入湖南省平江县境内，向西流经平江城区，自汨罗市转向西北流至磊石乡，于汨罗江口汇入洞庭湖。汨罗江分为南北两支，南支称汨水，为主源；北支称罗水，至汨罗市屈谭（大丘湾）汇合称“汨罗江”。汨罗江全长253km，流域面积达5543km^2。长乐以上，河流流经丘陵山区，水系发育，水量丰富。长乐以下，支流汇入较少，河道展宽可通航。为东洞庭湖滨湖区最大河流。

4. 张家界

张家界为中国湖南省的省辖地级市，位于湖南西北部，澧水中上游，属武陵山脉腹地，为中国最重要的旅游城市之一。1982年9月，张家界成立了中国第一个国家森林公园，1988年8月，武陵源被列入国家第二批40处重点风景名胜区之内；1992年，由张家界国家森林公园、索溪峪风景区、天子山风景区三大景区构成的武陵源自然风景区被联合国教科文组织列入《世界自然遗产名录》。

(1) 张家界国家森林公园，位于湖南省西北部张家界市境内，是1982年由国务院委托国家计委批准成立的中国第一个国家森林公园，1992年12月因奇特的石英砂岩大峰林被联合国列入《世界自然遗产名录》，2004年2月被列入世界地质公园。公园自然风光以峰称奇、以谷显幽、以林见秀。其间有奇峰3000多座，这些石峰如人如兽、如器如物，形象逼真，气势壮观。峰间峡谷，溪流潺潺，浓荫蔽日。有“三千奇峰，八百秀水”之美称。公园不仅自然风光壮美绝伦，而且森林植物和野生动物资源极为丰富，森林覆盖率达98%，是一座巨大的生物宝库和天然氧吧，被称为“自然博物馆和天然植物园”。草木禽兽与奇山异水，同生共荣，形成完美的自然生态系统（图6.19）。

图6.19

(2) 天子山，因明初土家族领袖农民起义领袖向大坤自号“向王天子”而得名。天子山东临索溪峪，南接张家界，北依桑植县，是武陵源区四大风景之一。它位于“金三角”的最高处，海拔最高1262.5m（昆仑峰），最低534m（狮兰峪）。景区总面积67km^2，环山游览线有45km。从天子山的地质地貌来看，除山顶上海拔几百米以上有一层石灰岩和极少量的龟纹石以外，大部分景区景点都是石英石构成，属砂岩峰林地貌，基本上与索溪峪，张家界相同，是三亿八千万年前由一片汪洋大海逐步沉下来的沉积岩（水成岩），后来，又由于复杂而漫长的成岩过程，才形成我们今天所见到的总厚度达五六百米的石英砂岩，形成了各种造型奇异的景观。天子山的风光，用一名话来概括，就是“原始风光自然美”。她的景观、景点都是天造地设，全无人工雕琢痕迹。

(3) 索溪峪，是土家语音译，其意为：“so”，雾，“t”，大，“jeu”，山庄，连起来就是“雾大的山庄”。景区已兴修了绿喁山庄-天子山、十里画廊-卧龙岭-西海、天台宝峰桥、鹰窝寨-宝峰湖游船码头等高标准步行游道，总长 9.4km。景区呈盆地状，四周高，中间低，山、丘、川并存，峰洞、湖俱备。峰秀、谷幽、水碧、洞奥为其景观的主要特征。现已开发小景区 8 个，即西海、十里画廊、水绕四门、百丈峡、宝峰湖、黄龙洞等。

5. 郴州

郴州位于湖南省东南部，地处南岭山脉中段与罗霄山脉南段交汇地带，东界江西省赣州市，南邻广东省韶关市、清远市，西接永州市，北交衡阳市及株州市，距省会长沙市 350km。郴州 2003 年被评为“中国优秀旅游城市”，也是“中国温泉之乡”。它拥有中南地区最大的城市广场，且原始的自然景观风貌保存良好，旅游资源集奇、险、秀、美于一体，聚山、水、洞、泉于一身，融自然风光、历史文化、现代精神于一炉，是一个以生态休闲、漂流探险、温泉健身为主要特色的新兴旅游胜地。

(1) 东江湖，位于资兴市内，水面面积达 160km^2，蓄水量 81 亿立方米，相当于半个洞庭湖。湖周森林环绕，水质清洌，有湖心岛和半岛 13 个，岛上有山奇水秀，景色迷人，其中最大的岛——兜率岩，岛有兜率寺，寺中有幽深奇特的大溶洞，洞中景态万千。享有“东方瑞士”的美誉，国家森林公园——天鹅山坐落在东江湖畔（图 6.20）。

图 6.20

(2) 苏仙岭，风景名胜区是国家级风景名胜区。主峰海拔 526m，自古享有“天下第十八福地”、“湘南胜地”的美称。苏仙岭因苏仙神奇、美丽的传说而驰名海内外，岭上有白鹿洞、升仙石、望母松等“仙”迹，自然山水风光久负盛名。由秦少游作词、苏东坡作跋、米芾书写的《踏莎行 · 郴州旅舍》被转刻在苏仙岭的岩壁上，史称“三绝碑”。西安事变后，张学良将军曾幽禁于此，写下了“恨天低，大鹏有翅愁难展”的名句。

6. 邵阳

邵阳史称“宝庆”，资江与邵水交汇穿城而过，是一座具有两千五百多年的历史古城。邵阳境内山环水复，风光秀美，景色宜人，旅游资源丰富。有省级地质公园、AA 级旅游区白水洞（位于新邵县境内）；被誉为“山水甲桂林”的丹霞地貌崀山风景名胜区；有八十里南山的江南草原风光；有全国七十二佛地之一的武冈云山；有原始次生林绥宁黄桑自然保护区。

崀山位于湖南省新宁县。“崀”，山之良也，可见崀山之美。崀山并不是个别的山体，而是当地山水的统称。崀山境内多奇峰异石、溶洞幽谷，汪汪荡荡的扶夷江（资江上游）蜿蜒贯穿南北，风光如画，有桂林之美，有青城山之幽，有泰山之雄奇。

7. 其他旅游城市与旅游景区

（1）韶山，基本形成以毛泽东故居、毛泽东铜像、毛泽东纪念馆、毛泽东遗物馆、毛泽东诗词碑林、毛泽东纪念园等人文景观为主体，以韶峰、滴水洞、黑石寨等自然景观为基础，拥有7大景区82个景点，集旅游、瞻仰、娱乐、休闲于一体的综合性旅游区，且历史文化、伟人文化、生态文化内涵丰富，开发前景非常好。

（2）南岳衡山，为我国五岳名山之一，主峰座落在湖南省衡阳市境内，七十二群峰，层峦迭嶂，气势磅礴。素以“五岳独秀”、“宗教圣地”、“文明奥区”、“中华寿岳”著称于世。现为国家级重点风景名胜区、全国文明风景旅游区示范点和国家5A级旅游区。

（3）九嶷山，又名苍梧山。位于湖南省南部永州市宁远县境内，宁远县城南30km，属南岭山脉之萌渚岭，纵横1000余km，南接罗浮，北连衡岳。素以独特的风光，奇异的溶洞，古老的文物，动人的传说，驰名中外，令人神往。

（4）桃花源，在历史上就是中国古代道教圣地之一，有第三十五洞天、第四十六福地的美谥。千百年来，桃花源咸集文人墨客，忙煞古今游人，陶渊明、孟浩然、王昌龄、王维、李白、杜牧、刘禹锡、韩愈、陆游、苏轼等都留下许多珍贵的墨迹。解放后党和国家领导人多次视察桃花源、关心桃花源。

1990年以来，桃花源开始了规模宏大的修复开发高潮。修复开发后的桃花源，有神话故乡桃仙岭、道教圣地桃源山、洞天福地桃花山、世外桃源秦人村四大景区近百个景点。每年一届的桃花源游园会，是湖南省“三节两会”的重要活动之一。

图6.21

（5）凤凰古城，作为一座国家历史文化名城，凤凰古城将自然的、人文的特质有机融合到一处，透视后的沉重感也许正是其吸引八方游人的魅力之精髓。这座曾被新西兰作家路易艾黎称作中国最美丽的小城之一的“凤凰古城”建于清康熙时，这颗“湘西明珠”是名副其实的“小”，小到城内仅有一条像样的东西大街，可它却是一条绿色长廊（图6.21）。

（6）猛洞河，湖南著名的漂流河段，它向西可望莽苍的云贵高原，向南可眺巍峨的雪峰山脉，东与浩瀚的洞庭湖相望，西与鄂西神农架毗邻。由于所处环境优越，造就了它集众山水之美而独成一体的旖旎风光。由于它的地质与桂林相似，再加上早先就形成的峡谷深涧，因而它既带有三峡之雄伟，张家界之神秘，又融漓江之娟秀，杭州西湖之温馨，确实是一幅天然的山水画卷。

（7）刘少奇故居，位于中国湖南省宁乡县花明楼炭子冲。1898年11月24日，刘少奇诞生于此，并在此度过了童年和少年时代。故居在一座盖有茅草的栅栏门内的四合院中。为土木结构，泥砖墙上粉饰着糠壳泥，屋面是一半小青瓦、一半茅草。门前有清澈的池塘，屋后是山峦。文化大革命期间，故居被毁坏。1980 年对故居按原样进行了修复。当年的卧室、书房、开调查会的横堂屋内展出了实物、照片数百件，供人瞻仰参观。

四、旅游线路与行程设计

1. 短线

（1）长沙一日游：湖南省博物馆、长沙烈士公园、民俗文化村、岳麓山、爱晚亭、长沙南大门古城墙、天心阁公园。

（2）岳阳一日游：岳阳楼、小乔墓、洞庭湖、君山岛景区、湘妃祠、柳毅井、飞来钟、湘妃竹、斑竹林、二妃墓、传书亭。

（3）韶山、花明楼一日游：刘少奇故居、纪念馆、铜像广场、毛泽东故居、铜像广场、毛泽东怀念馆、韶峰景区。

（4）郴州苏仙岭、万华岩、东江湖三日游：万华岩、东江湖、东江大坝、小东江、猴古山瀑布、苏仙岭、万福山、万福泉，三绝碑、屈将室、升仙石。

2. 中长线

（1）张家界、吉首凤凰六日游：黄石寨、金鞭溪、索溪峪、天子山、黄龙洞、吉首、凤凰古城、南方长城。该线路把人文景观与自然景观有机结合在一起。

（2）长沙、韶山、张家界、黄龙洞五日游：湖南省博物馆、长沙市博物馆、爱晚亭、天心阁、车经白沙古井、沿江风光带、橘子洲、银州玉缘、花明楼、刘少奇纪念馆、故居、铜像广场、怀念馆、铜像广场、韶峰景区、毛主席诗词碑林、韶峰寺、毛主席故居、张家界、百仗峡、宝峰湖风景区、宝峰飞瀑、仙女照镜、石门迎宾、孔雀开屏、金蟾含月、神龟出水、天子阁、西海石林、御笔峰、仙女献花、贺龙公园、石船出海、采药老人、贺龙铜像、十里画廊、金鞭溪、大氧吧广场、黄石寨、六奇阁、摘星台、双门迎宾、五指峰、雾海金龟、天然壁画、黄石松、回音壁、九重壁。该线路以休闲旅游为主。

（3）张家界、凤凰、芙蓉镇五日游：张家界索溪峪、宝峰湖、紫霞山、张家界森林公园、十里画廊、水绕四门、迷魂台、贺龙公园——云青岩、御笔峰、仙女散花、卧龙岭、十里画廊、草药老人、锦鼠观天、黄石寨、六奇阁、天桥遗墩、前花园、五指峰、摘星台、哈尼路亚山、定海神针、天书宝匣、南天门、点将台、罗汉迎宾、王村、凤凰、沈从文故居、熊希龄故居、杨家祠堂、东门城楼、沱江泛舟、虹桥艺术楼、崇德堂、万寿宫、古城博物馆、石板街、北门跳岩、沙湾吊脚楼群。该线路以山水自然生态及民俗文化为特色。

实训与思考

（1）华中四省市旅游资源有何共性？应怎样对本区旅游资源合理的开发？

（2）根据所学知识，设计一条以体验华中峡谷水域游为主题的旅游线路。

（3）根据所学知识，设计一条以西南名人故居游为主题的旅游线路。

项目 7

游历华南三省

目标与导读

华南三省是我国的旅游大区之一，尤其在出、入境旅游及国内海滨旅游方面所处地位非常突出。通过本项目的学习，全面了解本区旅游业发展概况与水平、旅游资源与环境特征、旅游城市和旅游景区布局，掌握各省旅游业发展特色与原因，科学准确地讲解旅游景区，并根据不同的客源设计和推荐相应的旅游线路。

任务 7.1 区域认知

一、位置与范围

华南三省包括广东、福建和海南 3 个省区，位于我国南部和东南部，故称华南三省。其北部和西部与我国的华东、华中和西南区相连，东南部隔台湾海峡与台湾相邻，南部毗连香港和澳门，其南面是浩瀚的海洋，隔海与越南、菲律宾、马来西亚、新加坡、印度尼西亚、文莱等国相望（图 7.1）。华南三省总面积 33.5 万 km^2，占全国的 3.5%，总人口 1.4 亿（2008 年底），占全国的 10.5%，这里是我国最主要侨乡，侨民遍布东南亚和世界各地，也因此与海外各国交往联系非常密切。由于地理位置及政治历史因素，本区与香港、澳门和台湾之间存在特殊的“分合”关系，社会经济文化联系非常密切，包括旅游在内的区域经济一体化趋势越来越明显。

二、旅游环境与资源

1. 滨临海洋，海滨旅游资源得天独厚

本区地处我国东海、南海之滨，海岸线曲折、绵长，海域辽阔、海岛众多。台湾海峡、琼州海峡，海南岛、厦门岛、南澳岛、雷州半岛以及南沙、中沙、西沙群岛等，不仅在国内地位重要，而且在世界上具有一定影响。漫长的海岸线多为岩岸，不仅多岬湾良港、海滨沙滩，而且海岸风光秀丽，三亚亚龙湾、汕头青澳湾、阳江大角湾等拥有国内一流优质海滩；从雷州半岛和海南岛，到福建沿海，还分布着一些不同类型的红树林

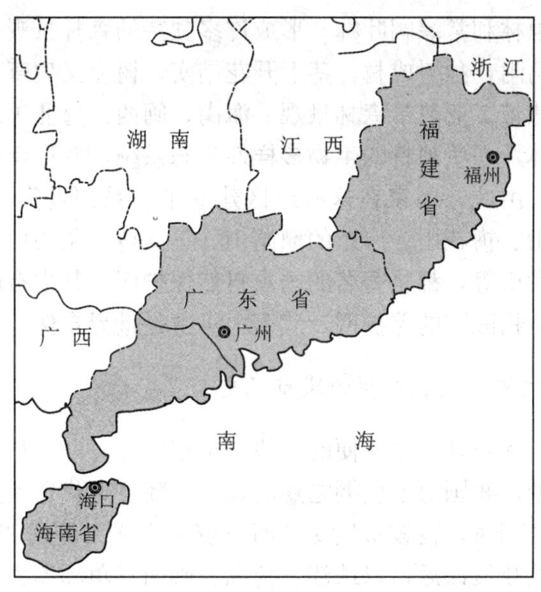

图 7.1

海岸，其独有的生态系统和红树林风光，更是人与自然和谐共处的天然乐园。

2. 地形复杂多样，地文景观丰富多彩

本区地貌类型复杂多样，山地、丘陵占总面积的3/4以上。西部、北部为武夷山、南岭、云开大山，海拔多为1000～1500m，境内还有戴云山、博平岭、莲花山、罗浮山、青云山、云雾山、阴那山以及海南岛的五指山等山地、丘陵、台地，地表形态破碎，平原、谷地散布其间。较大的平原有珠江三角洲、韩江三角洲等。山地丘陵以丹霞地貌、花岗岩地貌、岩溶地貌和火山地貌最为典型，形成许多独特的地文景观。如由丹霞地貌构成的丹霞山、武夷山、桃源洞、冠豸山、金湖、五指石等；由花岗岩构成的罗浮山、万石岩、鼓山、清源山、太姥山、海坛岛、日光岩、天涯海角等；由岩溶地貌构成的七星岩、鳞隐石林、宝晶宫等；由火山地貌形成的广东西樵山、湖光岩、福建玉华洞、海南马鞍山等。本区平原面积较大，多为三角洲平原，河网密布，土壤深厚肥沃，盛产粮食、桑蚕、甘蔗、热带和亚热带水果以及淡水鱼、蔬菜、花卉等。

3. 热带、亚热带季风气候孕育了繁茂的森林景观

本区大部分地区气候属于南亚热带、热带气候。纬度低，地势南倾，东濒东海，南临南海，西南距印度洋不远，受东南亚季风环流控制，形成了典型的热带、亚热带季风气候，其中，南海诸岛南部为赤道带，海南和南海诸岛北部属热带，武夷山、南岭山麓以南至雷州半岛属南亚热带，北部的南岭、武夷山地区则属中亚热带气候类型。全年高温多雨，大部分地区长夏无冬，春秋相连，夏季长达6～10个月，南海诸岛则几乎终年皆夏，旅游季节很长，旅游淡季和旺季差别较小，以春秋二季最为宜人，冬季则成避寒疗养的旅游胜地。

在湿热气候条件下，本区植被种类繁多，长势良好，四季常青，森林覆盖率很高，

多为热带、亚热带季雨林和常绿阔叶林，形成许多独特的森林景观。椰林婆娑，木棉如火，蕉叶承雨，藤攀葛附，独树成林，茎上开花结实，树上又生草木，花木傲立悬崖峭壁之中，形成繁茂的热带、亚热带森林景观。海南、闽西、粤北等地区都还保存着大片原始森林或原始次生林及一些独特的生物多样性生态系统，并存留许多古老品种，如苔类植物、蕨类植物等，由此，国家在这些地区建立了一系列自然保护区或国家森林公园。如福建省的武夷山、梅花山；广东的鼎湖山、车八岭、象头山、南岭；海南东港红树林、三亚珊瑚礁、大田等，都是著名的国家自然保护区，其中有的还纳入了联合国教科文组织国际“人与生物圈”的保护网，武夷山等更是世界自然与文化双遗产名录地。

4. 现代文明与传统文化交相辉映的城市风光

本区凭着面向海洋和对外联系方便的优势，早在宋元时期，福建的泉州、广东的广州便是著名的贸易大港，我国海上丝绸之路的起点；随着近代资本主义的兴起，本区在承受“落后就挨打”的同时，也较早接受了西方资本主义工业文明的洗礼；20 世纪 80 年代我国实行改革开放政策以后，以珠江三角洲、闽南三角洲等为代表的东南沿海地区更是站立改革开放的浪尖，大量吸引外资快速发展，一跃成为我国经济最发达的区域，涌现了广州、深圳、厦门、福州、海口、佛山、珠海等一大批现代化大都市，市区林立的高楼大厦，交错的高架桥梁，如织的高速公路，如潮的车流人流，便捷的地下铁道与城际轻轨，大型的购物商场与主题公园，大规模的工厂车间，众多的博物馆与科学馆无不体现了现代城市文明，这些均与西方发达国家的国际大都市已无多大差别。所不同的是这里还保留着许多优秀的传统文化，如广州的美食文化和粤剧、粤绣，佛山的工艺陶瓷，肇庆的端砚，潮州的潮剧，武夷山的乌龙茶，樟州的水仙和布袋木偶戏，福州的雕漆和闽剧，海南的椰雕、椰酒，福建永定的客家土楼，广东梅州的客家围垅屋和客家山歌，开平的雕楼等。

5. 南北兼容、中西合璧的岭南文化

本区大部分地处南岭以南，故称岭南，古为“百越”或百粤之地，先民主要以渔猎山伐为业，秦汉以后中央王朝开始加强对本区的统辖，在开疆拓土的同时，大量南下的北方移民与岭南土著杂处，尤其是唐宋以来几次大规模中原汉人南迁的移民活动，将当时先进的中原文化与闽粤土著文化交汇融合，形成了以闽语方言为主要特征的闽海文化，以粤语方言为主要特征的广府文化以及仍保持中原古音的客家文化，这些无不深刻地打着北方中原文化的烙印。如福建的八大姓即所谓“八闽”，其根就在中原；客家人的标志性传统民居土楼和围垅屋，反映了中原聚族而居的传统，岭南园林更是兼容了北方园林和江南园林的风格。

因特殊的区位与商贸关系，岭南自古就与西方国家交往密切。早在唐宋时期阿拉伯商人就把伊斯兰教及阿拉伯文化带了进来，广州怀圣寺、泉州麒麟寺便是历史见证；鸦片战争后随着广州等地被强迫辟为对外通商口岸，更深深打上了英、葡、日等国的文化烙印。尤其这一带数百万贫困人民去海外谋生，使广东的梅州、潮汕地区及珠江三角洲地区，福建的厦门、晋江、泉州、南安、漳州以及海南的海口、文昌、琼海等地，成为著名侨乡。由于华侨的木本水源之心和爱国爱乡情感，他们一直同祖国保持着密切联系，也把国外的先进文化引了进来。开平的碉楼及著名爱国华侨陈嘉庚所捐资修建的厦门大学及集美学村建筑群，即为中西结合的典型建筑代表。所有这些，无不显示出本区文化南北兼容、东西合璧的特点，形成了务实、重商的岭南特色文化。

6. 旅游配套服务完善，旅游资源以人造景观最富特色

本区大部分地方经济发达，城镇人口众多，旅游客源市场广大，旅游设施和配套服务完善。拥有便利的海上交通、铁路运输、航空运输及高等级公路，还有地铁及新近修建的高速铁路和城市轻轨，星级酒店的数量和档次也在全国处于前列地位，餐饮、娱乐行业更是领跑全国，这些都为本区旅游业的发展创造了良好条件。

在旅游景观方面，本区地跨热带、亚热带，背山面海，山、海、岛自然风光齐备；人文历史古老，中原文化、古越文化；闽文化，客家文化；华侨文化，苗、瑶、黎、高山等少数民族文化，大河文化，海洋文化，西洋文化等多种文化长期交融，使得本区旅游资源类型齐全，但以人造景观最具影响和特色。本区各省尤其是广东凭借强大的经济实力和巨大的客源优势，其人造主题公园以发展早、数量多、规模大、效益好而著称。如深圳华侨城（中华民俗文化村，世界之窗、锦绣中华），广州番禺长隆旅游度假区、东山乐园、南湖乐园、动物园海洋馆，珠海农科奇观、圆明新园，福建的马尾君山乐园、石狮海狮世界，海南的博鳌水城、南山文化园等，都是极具特色的人造景观。

任务 7.2　畅 游 广 东

一、地理环境概述

广东位于我国大陆的最南部，东邻福建，西连广西，北与江西、湖南交界，东南和南部隔海与台湾、海南相望，介于北纬 20°12′～25°31′、东经 109°45′～117°20′之间。相传秦汉以前，为越族人聚居之区，称百越（粤）之地，故简称粤。土地面积 17.8 万 km^2，人口 9544 万（2008 年底），省会广州。境内居民以汉族为主体，另有瑶、畲等 55 个少数民族。为全国著名侨乡，广东籍华侨华人、港澳台同胞人数约 3000 万人，遍及世界 100 多个国家和地区。省境南临南海，海岸线总长 3368km，海域辽阔，岛屿众多。地势北高南低，境内山地、丘陵、平原交错分布。河网密布，大多自北向南流，主要有珠江、韩江等，由其冲积而成的珠江三角洲、韩江三角洲土地肥沃，是著名的鱼米之乡。全省地处低纬度，北回归线横贯陆地中部，大部分地区属亚热带季风气候，夏长冬暖，雨量充沛。全年草木葱茏，生机盎然，动、植物种类繁多，四季花果飘香（图 7.2）。

广东在中国近、现代史上曾经风云变幻，人才辈出。鸦片战争、太平天国运动、戊戌维新、辛亥革命、北伐战争、广州起义等许多重大历史事件都在这里发生，涌现出洪秀全、康有为、梁启超、孙中山、叶剑英等一批杰出的历史人物，留下许多珍贵的文物古迹。改革开放以后，经济迅速崛起，在珠江三角洲地区涌现了一大批新兴的工业城市，商贸会展服务业发达，拥有许多大规模的现代化企业，全省经济总量连续多年居全国前茅。

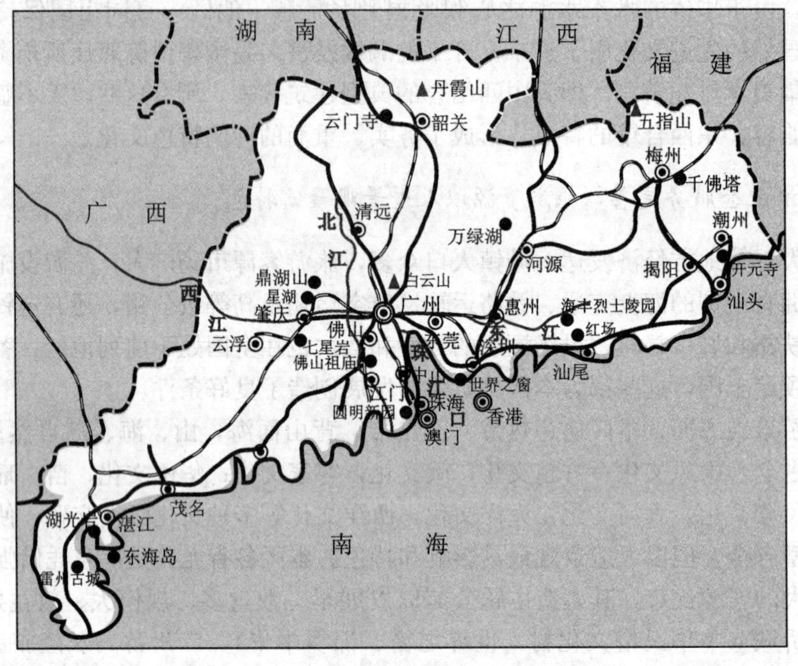

图 7.2

在交通方面，已基本形成了航空、铁路、高等级公路、海运、轻轨与地铁路等组合的立体交通网络。广州新白云机场、深圳宝安机场等国际机场规模宏大、设备技术先进，京九铁路、京广铁路及新近建成通车的武广高铁更是为广东与北方各省市的联系提供了的便捷之道。京珠高速、广深高速、深汕高速、西部沿海高速等纵横交错的高等级公路拥有量居全国前列。

二、旅游业掠影

广东省经济发达，人口众多，城乡居民比较富裕，出游能力较强；毗邻港澳的地理优势，使其成为我国入境、出境旅游的门户，以致广东在全国旅游业中具有特殊地位，旅游业发展水平较高，国内旅游人数、入境旅游人数、国内旅游收入、旅游外汇收入等指标均居全国首位，许多指标约占全国总量的 20%左右，成为我国名副其实的旅游大省（表 7.1）。

表 7.1　2008 年广东省旅游业发展情况一览表

省份及其在全国的地位	国内旅游人数/万人次	入境旅游人数/万人次	国内旅游收入/亿元	旅游外汇收入/亿美元	星级酒店数/家	旅行社数/家	4A 级以上景区数/家
广东省	30945	2567	2003	92	1126	1030	50
全国总数	171000	13003	8749	408	14099	20110	872
占全国比例	18%	20%	23%	23%	8%	5%	6%
在全国排名	1	1	3	1	1	6	

广东的旅游服务水平与配套条件较好，已基本形成了食、住、行、游、购、娱配套

服务。以生猛海鲜、原滋原味为特色的粤菜，获得“食在广州”的美誉，广州花园酒店等一大批高档酒店为旅游者提供了舒适的住宿环境，新白云机场、京广铁路、京九铁路、武广高铁及蛛网式的高速公路为旅游业提供了便利的交通，以人造景观、温泉度假为突出特色的A级景区景点让游客流连忘返，北京路步行街、天河城广场等商场内琳琅满目的商品令各方游客竞相选购，豪华影剧院、夜总会内的粤剧、粤曲等娱乐节目更为旅游业增添了色彩。

随着2009年广东国民旅游休闲计划的实施及144h便利签证制度的推行，广东旅游业的国际化和现代化步伐将继续加快。按照广东“十一五”至2020年旅游业发展规划，到2020年，广东将建设成为辐射华南、服务全国、影响亚太、面向世界的具有较高国际水准旅游目的地，把珠江三角洲、粤北、粤东和粤西，培育成各具特色，互相呼应的四大旅游区。其中，珠三角打造成亚太旅游胜地，与国际旅游业全面接轨，强化粤港澳旅游协作，重点发展商务游、会展游、美食游、高尔夫游、主题公园游、古城新韵游等6大旅游精品；粤北建成广东山水大观园，以韶关、清远为中心，以“青山、温泉、风情、佛韵”为主题，重点发展以丹霞山、民族风情、清新温泉为代表的生态旅游、“民风游”及三连地区的民俗文化旅游；粤东突出“两圈一带”，即潮汕文化圈、客家文化圈与山海旅游带，突出文化旅游优势，增强客家、潮汕文化的旅游吸引力；粤西开发海上丝绸之路，重点是海滨和温泉旅游，并重视与海南、越南和广西的联合。

三、旅游城市与景区览胜

1. 广州

广东省省会，国家级历史文化名城，又称“羊城”、“穗城”、“花城”。已有2200多年历史，唐代以后即为我国岭南的主要对外贸易中心，近现代更是重要的对外通商口岸和革命策源地及改革开放的前沿阵地，名胜古迹与现代城市风光并美，众多高档酒店、大型商场及饮食娱乐企业、便捷地铁及公共交通为旅游业创造了良好条件，使广州成为广东最重要的旅游目的地和集散地，接待入境旅游者人数长期稳居全国各大城市之首，旅游外汇收入仅次于北京和上海。主要旅游景区景点有白云山、长隆旅游度假区、越秀山、莲花山、宝墨园、珠江游、陈家祠、南越王博物馆、黄花岗烈士陵园、火车东站广场水景瀑布、广东奥林匹克体育场、黄埔军校旧址、怀圣寺、光孝寺、中山纪念堂、三元里抗英遗址、番禺余荫山房、百万葵园、大学城、广东科学馆、亚运城、白水寨、从化温泉等数十处。

(1) 白云山，是国家级风景名胜区，位于广州市城区东北部，面积28km^2。最高峰摩星岭，海拔382m，因峰顶常有白云飘绕，故名白云山。山上峰峦苍翠，古树参天，景色秀丽，名胜古迹众多，登上山顶，可以俯瞰全城，遥望珠江。著名的景观有滴水岩、云岩、白云晓望、白云晚望、天南第一峰、明珠楼、水月阁等。

(2) 长隆旅游度假区，位于广州市番禺区，是全国首批、广州市唯一荣获5A级景区称号的综合性旅游区，集休闲、娱乐、度假于一体。包括香江野生动物世界、长隆欢乐世界、长隆水上乐园、长隆国际大马戏、长隆高尔夫练习场、鳄鱼公园和长隆酒店等

图 7.3

景点，其中，香江野生动物世界为目前国内最大的野生动物园之一，占地 134hm²，分乘车游览和步行游览区两部分，拥有以白虎、白狮和澳大利亚国宝“考拉”等为代表的珍禽异兽 400 多种，总数 2 万多只（图 7.3）。长隆欢乐世界为国内设备最先进、科技含量最高、游乐设备最多的超级游乐园之一，占地 100 多平方公顷，按游客不同年龄结构和惊险程度分七个主题区，以荣获吉尼斯纪录的“十环过山车”、世界最大的“大摆锤”、亚洲唯一的“U 型滑板”最为惊险刺激。

(3) 越秀山，位于广州市中心地段，俗称观音山，现称越秀公园，是广州最大的综合性公园。园内有镇海楼、中山纪念碑、五羊石像、四方炮台等名胜古迹。其中，五羊石像以神话五羊仙为题材，用 130 块花岗石雕刻而成，是广州市的标志；镇海楼，俗称“五层楼”，有 600 多年历史，现已辟为广州博物馆；镇海楼的东侧为广州美术馆，内收藏了陈树人、高剑父等名家作品 1 万多件。

(4) 莲花山，位于广州市番禺区珠江口狮子洋畔，是个具有两千多年历史的古采石场遗址，它以“人工无意夺天工”的石景奇观闻名于世。山上有明代建筑莲花塔和清代建筑莲花城。新建景区观音圣境规模宏大，有望海观音和大型观音文化场馆观音阁，观音宝像高 40.88m，是目前箔金铜像的世界之最。

(5) 珠江，游珠江广州河段有 70 多千米，分前航道、后航道和西航道，前航道穿流市中心区，是珠江两岸景观最美、最具山水城市风光的河段，这里有被称为广州“外滩”的长堤路、沿江西路，两岸高楼林立、古迹众多，白天车水马龙、人流如潮，夜晚灯火辉煌、波光粼粼。江上还有 10 余座各具特色的跨江大桥。现已开发了珠江日游和夜游两大项目，倍受游客欢迎。

(6) 从化温泉，位于从化市境内，距广州 81km，温泉区面积约 14.5km²，温泉两侧青山欲滴，并有流溪蜿蜒而过，沙石中出露泉眼十多处，水温高达 70℃，为罕见的含氡温泉，且富含多种矿物成分。温泉资源开发和服务设施都比较完善，是理想的疗养度假胜地。

2. 深圳

深圳介于珠江口与大亚湾之间，南邻香港，是我国第一个经济特区，30 年间，迅速由一个昔日的边陲小镇发展成为具有一定国际影响力的新兴现代化城市，创造了举世瞩目的“深圳速度”。旅游接待入境人数和旅游外汇收入仅次于广州，旅游景区景点以华侨城主题公园群、中信明斯克航母世界、海洋公园和大、小梅沙最具影响。

(1) 华侨城，是国家首批 5A 级景点，由锦绣中华、中国民俗文化村、世界之窗、欢乐谷等组成的主题公园群，被誉为中国主题公园第一品牌。其中，锦绣中华是中国的第一座人造旅游景区，也是世界上规模最大的微缩景区，它选取中国 84 个最有代表的山水名胜，古代建筑景点按 1∶15 比例建造，融华夏五千年历史文化于一园；中国民俗文化村被誉为“中国第一村”，是一个荟萃中国民俗文化、民间艺术、民居建筑的大型文化旅游景区，它选取21个民族的24个村寨景点按1∶1比例建造，并穿插各民族的民族文艺表演；世界之窗占地$50hm^2$，汇集世界具有代表性景点130多个，是一个展示世界自然风光与历史文化的微缩旅游景区（图7.4）；欢乐谷运用现代休闲理念和高科技成果兴建而成，在功能上突出了参与性、娱乐性，惊险刺激。

图7.4

（2）中信明斯克航母世界，位于深圳市沙头角海滨，毗邻闻名遐迩的中英街，是目前中国乃至世界上唯一的一座以航空母舰为主体的军事主题公园，被授予“全国科普教育基地”及“广东军事科普教育基地”。以前苏联退役航空母舰“明思克”号为主体兴建而成，集旅游观光、科普教育、国防教育于一体。明斯克航母满载排水总量40500t，全长274m，宽47.2m，可载12架垂直短距起降飞机，有航母“巨无霸”之称。

（3）海洋世界，位于小梅沙海滨度假区，是我国规模大、展馆多、海底特色节目丰富、娱乐参与性强的海洋文化主题公园。内设有五大奇馆（水族馆、幻游海洋馆、鲸鲨馆、海贝馆、科普馆）、十套表演节目（憨态海豹稚趣表演、滑稽海狮幽默表演、聪慧海豚特技表演、人与鲨鱼共舞表演、海底万鱼争食表演、乌克兰美人鱼表演、乌克兰水上芭蕾表演、激情海底芭蕾表演、海底梦幻婚礼表演、悠闲深海潜水表演）。

3. 珠海

珠海位于珠江入海口，地接澳门，水连香港，自然环境优美，市容干净整洁，精致玲珑，是新兴的花园式海滨旅游度假城市，被联合国命名为最佳人居环境城市。主要景点有圆明新园、珠海渔女、珍珠乐园、石景山与九洲城、御温泉、金沙滩、珠海农科奇观、海泉湾、梅溪牌坊等。此外，每年一届的国际汽车赛和两年一届的中国国际航空博览会、澳门环岛游也是珠海主要的旅游吸引物。

（1）圆明新圆，位于市区九洲大道，占地$1.39km^2$，按1∶1的比例仿当年北京圆明园风貌，建造中吸收中国传统造园和西洋建筑艺术的精华，再现了圆明园原有的中国古典建筑及西洋景区建筑风貌。圆内景观多达15处，每一个建筑景区内，都在游览性景观的基础上增添了参与性较强的表演娱乐节目。

（2）石景山与九洲城，石景山位于珠海市中心的最高点，因其山石嶙峋古怪，酷似各种动物，故又名“石头公园”，登上山顶可以俯视珠海市全貌。九洲城位于石景山下，仿北京大前门设计，建筑面积近$20000m^2$，以城楼、殿堂、迥廊、凉亭、水榭等构成一座外表古朴幽雅，而装修现代化的建筑群。内有30多个商场，集购物、休闲于一身。

4. 佛山

佛山是国家级历史文化名城，位于广州西南25km处，因传唐代在塔波山掘出三铜佛而得名。历史上与江西景德镇、湖北夏口镇、河南朱仙镇合为中国四大名镇，以工商业闻名岭南。主要景区景点有佛山祖庙、南海西樵山、三水荷花世界、南风古灶、长鹿农庄、清晖园、梁园、南国陶都、李小龙乐园等。另外，佛山陶塑、剪纸、武术和舞狮等非常著名。

(1) 佛山祖庙，位于城区中心，始建于北宋元丰年间，是当时供奉北方玄天大帝，处理地方事务的场所。由万福台、灵应牌坊、锦香池、钟鼓楼、三门、前殿、正殿、庆真楼等建筑物组成，占地面积 3500m^2。建筑物融古代陶塑、木雕、铸造和建筑艺术精华于一体，被誉为“东方民间艺术之宫”。

(2) 西樵山，是国家级风景名胜区和国家森林公园，广东省的四大名山之一。位于南海区的西南部，景区面积 14km^2，由 4500 万年前海底火山喷发而成，山形状若莲花，72 峰回溪叠壑，48 洞幽深神奇，28 处瀑布飞珠溅玉，200 多泉眼甘甜清冽。西樵山山上有湖，湖里有山，水在山中，山在水里，自然风光清幽秀丽，并有南海观音文化苑、黄大仙圣境园、黄飞鸿狮艺、白云古寺等人文胜境。

(3) 长鹿农庄，位于顺德伦教，为全国农业旅游示范点及国家 4A 级旅游景区。是一个集岭南历史文化、顺德水乡风情、农家生活情趣，以吃、住、玩、赏、娱、购于一体的综合性景区，可开展休闲娱乐、旅游度假、商务会议等活动。农庄由长鹿休闲度假村、机动游乐主题公园、水世界主题公园、农家乐主题公园和动物主题公园等五大园区组成，各具特色，精彩纷呈。

5. 肇庆

肇庆古称端州，国家级历史文化名城，东距广州 97km，位处富饶的珠江三角洲与丰沃内陆山区的接合部。城市背枕北岭，西临西江，扼两广交通之咽喉，当西南之要冲，自古就是粤西政治、经济、文化、军事中心。肇庆山水优美，名胜古迹众多，是广东最重要的旅游城市之一。主要风景名胜有七星岩、鼎湖山、端州宋城墙、梅庵、高要广新农业生态园、德庆龙母祖庙、盘龙峡、怀集燕岩、封开龙山景区等。

图 7.5

(1) 七星岩，又名星湖，位于肇庆市城区，景区内七座奇峰列峙，形如北斗七星，故得名。七星岩风景区由阆风、玉屏、石室、天柱、蟾蜍、仙掌、阿坡等七座奇峰以及东湖、青莲湖、中心湖、波海湖、里湖等五个大湖组成，集桂林阳朔的山景与杭州西湖的水景于一身，素有“林中山，山中城，城中湖，湖中岩，岩中洞，洞中河，河中船”的赞语（图 7.5）。

(2) 鼎湖山，位于肇庆市区东北 18km，因山顶有湖，传说黄帝曾赐鼎于此，故名。鼎湖山是我国第一批自然保护区，主峰鸡笼山海拔 1000.8m，是珠江三角洲地区的最高峰，山青水秀，林木茂盛，形成了大面积的原始次森林景观，有沙椤、水松、扁藤等 2000 多种植物，白鹇鸟等 170 多种鸟类、30 多种兽类。鼎湖山又是佛教圣地，有岭南四大名刹之一的庆云寺和千年古寺白云寺。景区内环境优良，溪水长流，瀑布跌水众多，空气清新，负离子浓度极高，现已开发了品氧谷、飞水潭、庆云寺、鼎湖、鼎文化广场等极具特色的景点。

6. 江门

江门位于珠江三角洲西南部，下辖台山等五市，故别称五邑，为广东著名的侨乡，旅游资源比较丰富。开平碉楼与立园、上川岛、下川岛、小鸟天堂、崖门古战场、大雁山、圭峰山、金山温泉、梁启超故居等均是江门著名的旅游点。

(1) 开平碉楼与立园，位于著名侨乡开平市，是广东目前唯一被列入世界文化遗产名录的旅游区。开平碉楼是一种具防卫、居住功能，融中西建筑艺术于一体的多层塔楼式建筑，被誉为“华侨文化的典范之作”，经政府登记在册的碉堡楼有1800多座，其中最具代表性的有自力村碉楼群、赤坎镇迎龙楼、蚬冈镇瑞石楼等。立园是已故旅美华侨谢维立先生历时十年修建于二十世纪初的花园别墅，该园以《红楼梦》中描绘的大观园为依托，对中国园林古典建筑艺术兼收并蓄，并对欧美当时流行的别墅建筑特色加以融会贯通，达到中西合璧之化境，从而拥有“小观园”的美誉（图7.6）。

图7.6

(2) 上川、下川岛，位于台山市，是广东著名的海滨旅游度假区。上、下川岛常年风和日丽，沙滩面积大，沙质好，海边椰树成林，自然风光，海景奇观，引人入胜；嬉水扑浪，沙滩露营，乐趣无穷，是理想的旅游度假圣地。

7. 中山

中山位于珠江三角洲南部，是我国伟大的革命先行者孙中山先生的故乡。中山人杰地灵，风光古朴而自然，有“中国优秀旅游城市”等荣誉称号。主要景点是孙中山故居、岭南水乡、中山温泉、中山文化步行街、詹园、中山影视城等。

(1) 孙中山故居，位于翠亨村，坐东朝西，其中建筑面积340m²。主体建筑为孙中山亲自主持建造并融合了中、西建筑特点的赭红色二层小楼。前院北侧是当年孙中山出生的房舍旧址，南侧有孙中山栽种的一棵酸子树。

(2) 中山温泉，位于中山市三乡镇，出水口温度高达93℃，共有各种特色温泉38种，属于“氯化钠”温泉。水中含有丰富的氯、钠、钙、镁等矿物质，可调节身体机能，促进血液循环和新陈代谢，尤对慢性神经炎、糖尿病、肠胃炎等有明显疗效。

8. 东莞

东莞位于广东省中南部，紧邻深圳，外向型经济发达，有“广东四小虎”之称。旅游资源以五星级酒店休闲及人工建造的游乐园为主，主要景点有鸦片战争博物馆与虎门古战场、虎门大桥、可园、粤晖园、袁崇焕纪念园等。

鸦片战争博物馆与虎门古战场位于东莞南部，有鸦片战争博物馆、威远炮台旧址、“金锁钢关”的抗英古战场、虎门大桥等景点。鸦片战争博物馆是一座收藏、保护、陈列、研究林则徐禁烟与鸦片战争文物史料的专题性博物馆。展馆采用现代化电、声、光、影等科技装置，再现了当年鸦片战争虎门海战的情景。威远炮台为当时广东水师提督关天培所建，与镇远、靖远两炮台相连，构成“金锁钢关”，为抗击英国侵略军发挥了重要作用。虎门大桥主桥长 4688m，跨径 888m，是目前国内最大的悬索桥。

9. 韶关

韶关位于省境北部，浈水和武水的汇合处，当粤、湘、赣三省交通要冲，历为军事重镇，自然、人文旅游资源都很丰富，为广东省著名旅游城市。主要景区有丹霞山、南华寺、南岭森林公园、金鸡岭、乳源大峡谷、石峡文化遗址公园、九泷十八滩、梅关古驿道、珠玑古巷、始兴棋盘屋等。

(1) 丹霞山，是国家级风景名胜区，西距韶关 50km，为广东四大名山之首，面积 $280km^2$。因山石由红色砂砾岩构成，“色如渥丹，灿若明霞”故名丹霞山。是世界上发育最典型，类型最齐全，造型最丰富，风景最优美的丹霞地貌集中分布区，被誉为中国的红石公园、世界地质公园。现已开发了长老峰、阳元山景区、翔龙湖景区、韶石山部分景区和锦江景区（图 7.7）。

图 7.7

(2) 南华寺，位于广东省曲江县曹溪河畔，始建于南北朝梁武帝天监元年（502 年），是佛教禅宗六祖慧能弘扬“南宗禅法”的发祥地，有“祖庭”之称，现有建筑面积 $12000m^2$。寺前有曹溪门、放生池、宝林门、天王宝殿，中部有钟楼、鼓楼、大雄宝殿、斋堂、藏经阁、灵照塔、祖殿、方丈室等，寺后有卓锡泉（俗称九龙泉），寺内珍藏着六祖慧能真身，千斤铜钟等历史珍贵文物。寺的周围古树繁茂，环境幽静，寺后有几株高达 40m 的百年古水松。

10. 清远

清远位于珠三角与粤北山区的结合部，有“珠江三角洲后花园”之称，喀斯特地形和瑶族风情是其旅游特色。主要景点有清新温矿泉度假区、笔架山峡谷漂流、连州地下河、飞来霞、银盏温泉 、湟川三峡、古龙峡、大东山温泉、三排瑶寨、茶趣园、宝晶宫、水口小桂林等。

(1) 清新温矿泉度假区，坐落在清新县三坑镇，方圆 $5.5km^2$，有形态各异的温泉 50 多个，属于高温的含锶、偏硅酸的硫酸钙泉，水质清流澈透明，富含有多种对人体有益的微量元素，已建成集休闲、度假、疗养于一体的景区。

(2) 三排瑶寨，位于连南县城南约 10km 的三排乡，建于高坡上的排排瑶寨村屋依山势逐级而上，往往是前面房子的屋顶与后面房子的地面平齐，形成独特的瑶排格局，极为壮观。寨内有热情的瑶胞为游客表演瑶族歌舞，尤以瑶族鼓舞最具魅力。

11. 汕头

地处广东省东部沿海，韩江三角州南端，为我国南方对外贸易的重要口岸，粤东和闽西南的经济中心和对外门户，也是著名侨乡。主要景区有礐石、南澳岛、妈屿岛、莲花峰、青云岩、陈慈黉故居等。

(1) 礐石，位于汕头市南达濠区，隔1500m的礐石海与市区南北相望，境内有大小石峰34座，总面积3.4km^2。岛北有海滨公园，园中有湖，湖滨广植热带植物，左侧有烈士陵园。岛上有龙泉洞、青晖亭、“桃花间”摩崖等胜迹，自然、人文浑然一体，已故前国家副主席董必武游此后赋诗“隔水望礐石，但见山嵯峨，绝海入其中，胜景亦云多”。

(2) 南澳岛，是广东省唯一的海岛县，由37个大小岛屿所组成，岛上青澳湾是沙质细软的缓坡海滩，海水清澈，盐度适中，是天然优良海滨浴场。此外还有风电场、总兵府、南宋古井、太子楼遗址以及众多文物古迹50多处，是一个以“海、史、庙、山”相结合，以“蓝天、碧海、绿岛、金沙、白浪”为特色的生态旅游区。

12. 梅州

梅州位于省境东北部，为国家级历史文化名城、中国优秀旅游城市、中国十大最具安全感的城市，素有“文化之乡、华侨之乡、足球之乡”的美誉。是世界上最大的客家人聚居地，有世界“客都”之称。主要景区有阴那山灵光寺、千佛塔、五指石、叶剑英故居、围龙屋、黄遵宪故居人境庐、丰顺龙鲸河漂流、大埔客家民俗文化村等。

(1) 阴那山灵光寺，位于梅县雁洋镇境内，距梅州市区45km，秀甲潮梅，名播闽粤，为“粤东三胜”。其山巅五峰并聚，称五指峰，又名梅峰，海拔1297m，耸立云天，气势宏伟。纵目远眺，可望潮州、汀州和梅州。山麓有一座千年古刹，名“灵光寺”，为广东四大名寺之一。灵光寺依山建筑，均衡对称，面积6000m^2。

(2) 叶剑英故居，位于梅县雁洋镇雁上村，距梅州市区33km，毗邻叶氏宗祠，属典型的客家围垅屋。故居为普通农舍，室内陈设简朴，有叶剑英当年用过的床板台凳等用物，为缅怀叶剑英元帅的光辉业绩，由海内外乡亲捐资在故居旁兴建了“叶剑英元帅纪念馆”。纪念馆设有五个陈列室，展出叶帅珍贵照片200幅和生前用过的实物50件，门前耸立着2m高的叶帅铜像。

13. 潮州

潮州是国家级历史文化名城，地处粤东，位于韩江下游。古城始建于宋，现东门城楼及部分城墙保存完好，城内明、清古民居及祠宇很多，反映了潮州建筑的传统风貌，以“潮”字号为代表的诸如潮州话、潮剧、潮州音乐、潮州菜、潮州工夫茶、潮绣、潮州陶瓷、潮州木雕等独特的潮州文化，享誉国内外。主要景区有广济桥、韩文公祠、笔架山、瓷都博物馆、开元寺等。

(1) 广济桥，又名湘子桥，位于潮州古城的东门外，初建于宋代，距今已有800余年的历史，是与我国赵州桥、卢沟桥等并称的著名古桥。湘子桥横跨韩江两岸，共有24个桥墩，经历几百年风雨，依旧牢固如初，在古代生产力落后的情况下，在大江中建造这样一座大桥，其难度极大，故潮州民间有“仙佛造桥”的传说。

(2) 韩文公祠，即韩愈纪念馆，位于城东笔架山麓，唐元和十四年（819年），韩愈由于向皇帝提出停止迎接法门寺佛骨到长安供奉的建议触怒了皇帝，被贬为潮州刺史。韩愈在潮七个多月，把中原先进文化带到岭南，办教育，驱鳄鱼，为民众做了许多好事，被潮人奉为神，潮人并将笔架山改称韩山，山下的鳄溪改称韩江。

14. 惠州

惠州临东江、近罗浮，自古为军事重镇、岭南名郡，现在已发展成为新兴的工业城市。主要景区有罗浮山、南昆山、惠州西湖、大亚湾、巽寮湾、平海古城、叶挺纪念馆、永生生态园等。

罗浮山位于博罗县境内，滨临东江，又称东樵山，与南海西樵山齐名，享有“南粤名山数二樵”盛誉。境内有大小山峰432座、飞瀑名泉980处、洞天奇景18处、石室幽岩72个，自然风光旖旎，道教称其为第七洞天、第三十四福地。相传葛洪曾在此山修道炼丹，行医采药，至今留有冲虚观、炼丹灶、洗药池等古迹。并留有徐霞客、陆贾、谢灵运、李白、杜甫、李贺、刘禹锡、苏轼、杨万里、汤显祖、屈大均等名人足迹及其佳作名篇。山上冬暖夏凉，环境清幽，是我国著名的游览观光和避暑胜地。

15. 阳江

阳江位于广东省西南沿海，是广东省著名的滨海旅游城市，旅游资源丰富，滨海沙滩、峰林溶洞、湖光山色构成阳江富有地方特色的三大旅游景观。主要景区有海陵岛大角湾、南海一号海上丝绸之路博物馆、凌霄岩、漠阳江、崆峒岩、春湾龙宫岩等。

海陵岛大角湾位于阳江市海陵岛西南端，三面群峰拱护，面向浩瀚南海，沙滩长2.5km，宽100m，因状似牛角，故名“大角湾”。这里地处南亚热带，全年日照时间长，年平均气温22.8℃，水温23.5℃，四季气候宜人，素以阳光灿烂明媚，沙质均匀松软，海水清澈纯净，空气清新纯洁而著称，各类质素均达国际一类（级）标准，又因沙滩宽阔平坦，海浪柔软适中，无鲨鱼出没而成为名扬海内外的天然海水浴场。

16. 湛江

湛江旧称广州湾，位于中国大陆最南端的雷州半岛与北部，素为粤西经济中心。湛江港为我国对外贸易港口，是一个富有亚热带风光的海港城市。其风景名胜和人文景观较多，如国家级森林公园东海岛、神奇的湖光岩和2000多年历史的名城海康。

湖光岩位于湛江市区西南18km处，其面积4.7km^2，原是古代一个火山口，陷积成湖。湖水常年碧绿，清澈如镜，故有“镜湖”之称。湖的四周群山环抱，景色优美。景区最高处为“望海楼”，登高远眺，湖光山色尽收眼底。楞严寺和白衣庵隔湖相望，形成许多动人的传说故事。其优美的自然风光被人们誉为人间仙境、世外桃园，联合国地球研究专家称之为世界罕见、中国唯一神奇的玛珥湖。

17. 茂名

茂名位于广东省西南部，是石油化工城市。茂名历史上为贬谪官吏之所，又是古代越族聚居之地。威震岭南的南越首领冼夫人就出生在这里，其历史传奇及历史纪念胜地，已经成为茂名旅游的一大特色。茂名又是“全国水果生产第一市”，香蕉、龙眼、荔枝、芒果、黄榄等水果种植面积已约 2533.3km^2，主要景区有水东海滩、天马山、高州冼太庙、根子荔枝文化旅游区等。

（1）水东海滩，位于茂名市水东镇，深入南海的半岛上。有洁白的海滩，蜿蜒的林带，海边建有富于异国风采的别墅群和民族特色的蒙古包，还有海鲜食街。在海滩上可进行泰式空中降落伞、摩托艇、沙滩足球、排球等游乐活动。环岛游可从中心区至水东湾，在海上钓鱼，观光海上食街，品尝即烹海鲜，饱览海湾秀色。潜水旅游可登临放鸡岛上作观光游，观赏海底奇景。

（2）放鸡岛，为中国第一个海底潜水旅游观光区，位于电白水东镇南 121 海里的海面上，是广州至湛江、海南的海上交通要塞。放鸡岛呈橄榄形，北面沙质岸，潮平沙软，深水处达 40m，浅水处 7～8m，水下能见度 8m 以上，宜于开展潜水活动和海水浴；南面巨石耸立，地势陡峻，是潜水理想的岩质岸，水下景观奇异多姿，假山、石室、石洞众多，海底奇景令人叹为观止。

18. 河源

河源位于广东省东北部，东江中上游，是客家人的主要聚居地之一，山清水秀，有中国绿色明珠之称，是座新兴的旅游城市。主要景区有万绿湖、新丰江国家森林公园、镜花缘、亚洲第一高喷泉、龟峰塔、苏家围客家乡村旅游区等。

万绿湖原名新丰江水库，是华南地区最大的人工湖，库容量 139 亿 m^3，因为库区四季皆绿、处处是绿，人们将之取名为万绿湖。湖水浩瀚，青翠的群岛构成优美独特的自然风光，最宽处 12km，最深处达 80 多米，平均深度 30m，亲临其境，有如置身“山中海洋”。

19. 其他旅游城市与景区

此外，还有云浮、汕尾和揭阳等城市。云浮位于广东西部，与广西接壤，区内有潘龙洞、九星岩、国恩寺、龙湾等旅游景区。汕尾位于广东省东南部，滨临海洋，主要景区有红海湾、莲花山、红宫红场等。揭阳是广东省东部的小城市，经济发展水平和旅游业开发程度相对较低，规模较大的景区有揭阳学宫、双峰寺、黄岐山等。

四、旅游线路与行程设计

1. 短线

（1）广州经典一日游：二沙岛、火车东站水景广场、白云山云台花园、羊城晚报印务中心、越秀公园、南越王博物馆、陈家祠。

（2）珠江夜游：天字码头、海珠桥、海珠广场、粤海关大楼、塔影楼、爱群大厦、沙面、白鹅潭、珠江新城、中山大学、海印大桥、二沙岛。

（3）肇庆七星岩鼎湖山二日游：肇庆鼎湖山、宝鼎园、庆云寺、飞水潭、音乐喷泉、七星岩、东方禅林、仙女湖湿地公园、裹蒸作坊。

（4）清远北江小三峡、古龙峡漂流一日游：北江小三峡、古龙峡、金鹿养生园。

（5）韶关二日游：丹霞山、阳元石、马坝人遗址、五马寨生态园，风采楼、南华寺。

（6）阳江二日游：南海一号博物馆、闸坡大角湾，马尾岛、十八子刀具中心。

2. 中长线

（1）珠三角六日游：广州越秀山五羊像、中信广场、二沙岛、珠江夜游，长隆欢乐世界、长隆大马戏，珠海情侣路渔女像、澳门环岛游、石景山公园，深圳邓小平伟人像、锦绣中华民族村、地王大厦，肇庆鼎湖山、音乐喷泉，七星岩、梅庵。本线路以现代城市风光、人造主题公园为特色。

（2）粤北五日游：清远清新温矿泉度假区，连州地下河、三排瑶寨，河源万绿湖、苏家围，韶关丹霞山、马坝人遗址，风采楼、南华寺。本线路以温泉、山水自然生态及民俗文化为特色。

（3）粤东五日游：惠州西湖、罗浮山，潮州广济桥、韩文公祠、瓷都博物馆，汕头南澳岛，梅州阴那山灵光寺、叶剑英故居，丰顺龙鲸河漂流、大埔客家民俗文化村。本线路以潮汕文化、客家文化、山水海洋生态旅游为特色。

（4）粤西五日游：德庆龙母庙、盘龙峡，封开千层峰、龙山景区，茂名冼太庙、中国第一滩，放鸡岛，湛江东海岛、湖光岩。本线路以山景、海景生态旅游为特色。

任务 7.3 畅游福建

一、地理环境概述

福建地处我国东南沿海，东部经东海、南海通向太平洋。介于北纬 23°33′～28°20′、东经 115°50′～120°40′之间，东北与浙江毗邻，西、西北与江西交界，西南与广东相连，东部隔台湾海峡与台湾相望。唐开元二十年，取福州、建州（今建欧）各一字，置福建经略史，明置福建省。闽江为省内最大河流，故简称闽。土地面积 12.4 万平方 km，人口 3604 万（2008 年底）。有海外侨胞 800 多万、福建籍港澳同胞 80 多万，尤其是海峡对岸的台湾同胞中祖籍为福建者占 80%，从而成为全国著名的侨乡及港澳台同胞故乡（图 7.8）。

福建多山，自古有“东南山国”之称，山地、丘陵占全省面积的 80%以上，主要

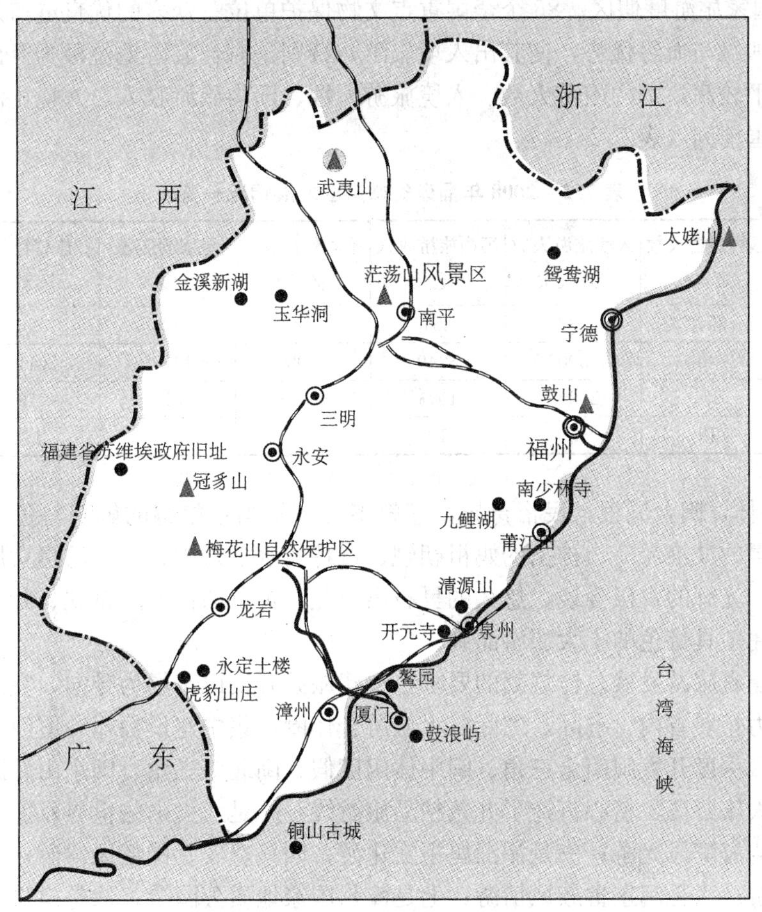

图 7.8

分布于中、西部，山地多呈东北—西南走向，与海岸平行。海岸线漫长曲折且多港湾岛屿，全省有岛屿 1400 多个、港湾 120 多个；海域辽阔，构成山、海、岛浑然一体之奇观。全省绝大部分地区为亚热带湿润季风气候，冬无严寒，夏少酷暑，全年雨水丰沛。林木苍翠，森林覆盖率高达 62.9%，位居全国首位。动植物种属繁多，是我国著名的茶叶和甘蔗产地，安溪的铁观音、崇安的武夷岩茶都为我国名茶。

福建历史悠久，人文荟萃。孕育着独特的“八闽”文化，也是中国最早对外交往的基地和窗口。经济比较发达，特别是厦门、泉州和彰州一带外向型经济发展极具特色，号称福建经济的“金三角”。交通以公路和水运为主，受地形所限，铁路运输相对落后，民航运输有一定规模，全省有福州长乐、厦门高崎、泉州晋江、武夷山、连城冠豸山 5 个机场，可与台湾开展直航业务。

二、旅游业掠影

福建省旅游资源丰富，全省有 4 座国家历史文化名城、7 座中国优秀旅游城市、13 个国家重点风景名胜区、10 个国家级自然保护区、19 个国家森林公园、8 个国家地质公园、2个国家旅游度假区、85个全国重点文物保护单位。众多的优良港口及隔海遥望台湾的特殊地缘与血缘优势，使其出入境旅游，特别是对台旅游地位极为突出，旅游业整体发展水平较高，国内旅游人数、入境旅游人数、国内旅游收入、入境旅游收入等具体指标居全国前列（表7.2）。

表7.2　2008年福建省旅游业发展情况一览表

省份及其在全国的地位	国内旅游人数/万人次	入境旅游人数/万人次	国内旅游收入/亿元	旅游外汇收入/亿美元	星级酒店数/家	旅行社数/家	4A级以上景区数/家
福建省	8562	293	851	24	426	596	37
全国总数	171000	13003	8749	408	14099	20110	872
占全国比例	5%	2.3%	10%	5.9%	3%	3%	4.2%
在全国排名	19	6	10	6	14	17	10

“山海一体，闽台同根，民俗奇异，宗教多元”是福建旅游的鲜明特色。迷人的武夷仙境、浪漫的鼓浪琴岛、神圣的妈祖朝觐、奇特的水上丹霞、动人的惠女风采、神奇的客家土楼、光辉的古田会址、悠久的昙石山文化、神秘的白水洋奇观、壮美的滨海火山构成了福建独具特色的十大旅游品牌。

根据福建省旅游发展总体规划的要求，福建旅游开发以市场为导向，突出对台旅游的优势，大力拓展省内、省际、国际三大旅游合作圈，集中建设福州、厦门、武夷山三大旅游中心，深度开发闽南金三角、闽中休闲度假、闽北绿三角、闽东山海风光、闽西客家文化五大旅游区，精心打造了九条精品旅游线：一是武夷山的世界双遗产旅游；二是厦门鼓浪屿海滨风光游；三是湄洲妈祖文化游；四是惠安女民俗风情游；五是闽西土楼客家文化游；六是闽东畲族风情游；七是漳州国家地质公园游；八是福州三坊七巷文化游；九是泰宁大金湖山水文化游。

三、旅游城市与景区览胜

1. 厦门

厦门是福建最重要的旅游城市，国家经济特区，对台直航口岸。位于省境南部，鹰厦铁路终点，城区建于厦门岛西南及鼓浪屿上。厦门山海风光相融，主要景区景点有鼓浪屿、万石山、南普陀寺、集美学村、胡里山炮台、厦门华侨博物馆、厦门大学等。

（1）鼓浪屿，国家级风景名胜区，5A级景区。位于厦门市区南部，是一个面积为1.78km^{2}的小岛，与厦门仅隔600m海域相望。岛上岗峦起伏，因其西南海边有一巨石，受潮水冲击，其声如鼓，故名鼓浪屿。岛屿无机动车辆，绿树红屋交相辉映，环境恬静幽美，素有“海上花园”美誉。岛上最高峰日光岩，又称晃岩，海拔96m，遍地皆石，石上有摩崖石刻近百处，民族英雄郑成功曾屯兵操练于此。岩麓建有“郑成功纪念馆”，收藏并展览许多珍贵文物。海边塑有郑成功雕像，名胜和名人相映成趣。鼓浪屿的港仔后，建有厦门最出色的“菽庄花园”。巧用山海二景，曲桥跨海，幽洞盘山，亭台错落，景色壮观。

（2）万石山，位于市区东部，又名万石岩，花岗岩地貌独特，巨石遍地，千姿百态，怪石嶙峋，故名万石山。园内有万石植物园、南普陀寺，以及“万笏朝天”石刻，太平石笑、紫云得路、天界醉仙、虎溶月夜、白鹿含烟等景观点。

（3）南普陀寺，位于厦门五老峰下，南面是厦门大学，依山面海。因寺院供奉观音菩萨，又位于浙江普陀山之南，故名南普陀寺。寺院始建于唐，已有 1000 多年历史，为闽南佛教胜地，享有“南天胜景”、“千年古刹”之誉。主要建筑宏伟富丽，寺内藏有佛经、宋钟、明清碑刻等，寺内香火很旺，为闽南著名宗教朝圣之地。

（4）集美学村，由陈嘉庚先生倾资创建，由集美大学和一批中小学、幼儿园组成，形成完善配套的教育体系。学村既是钟灵毓秀之地，又是凝集众美的观光风景区。学村除校园及建筑外，还有厦门大桥、鳌园、嘉庚公园、龙舟池、水族馆、航天城、陈嘉庚先生故居、归来堂、归来园、李林园及万宝山观光果园等景点。

2. 南平武夷山

南平武夷山是福建省唯一以山命名的优秀旅游城市，境内有著名的武夷山风景名胜区、武夷山自然保护区、武夷山旅游度假区、武夷山大峡谷生态公园等。茶文化也是武夷山的一大特色，其御茶园遗址有“千载儒释道，万古山水茶”之誉。

（1）武夷山风景名胜区，又称小武夷山，面积 70km^2，平均海拔 350m，为典型的丹霞地貌，素有“奇秀甲东南”美誉，是我国首批国家重点风景名胜区，已列入了世界自然与文化双遗产名录，国家首批 5A 级景区，被国际旅游组织称为“世界环境保护典范”。景区内九曲溪蜿蜒其间，有 36 个峰峦相映，水随山转，山光水色，构成奇幻百出的“碧水丹山”奇景，即所谓“溪曲三三水”（九曲溪）和“山环六六峰”（36 奇峰），素有“三三秀水清如玉，六六奇峰翠插天”之誉。主要景点有大王峰、天游峰、玉女峰、玉华洞、大藏峰、小藏峰、三仰峰及 99 奇岩、72 洞穴，人们常用“素有黄山之奇，桂林之秀，西湖之俊，泰山之雄”评价其“丹霞”风景特色。武夷山还是一个著名的历史文化名山，自秦汉以来便是我国东南地区著名的宗教和文化活动中心，被誉为“道南理窟”、“第十六洞天”，有船棺、武夷宫、紫阳书院遗址、天心永乐禅寺以及大量摩崖碑刻等名胜（图 7.9）。

（2）武夷山国家自然保护区，位于建阳县、武夷山市、光泽县交界处，面积 570km^2，保护区内海拔 1000m 以上的山峰 300 多座，最高峰黄岗山 2158m，号称“华东屋脊”。区内森林覆盖率 92%，主要保护对象为中亚热带山地森林生态系统及珍稀物种，境内有植物 4000 余种，其中主要植物 1800 多种，有福建柏等国家重点保护植物 10 多种；各种野生动物 400 多种，已定名的昆虫 5000 多种，其中有华南虎、云豹、金斑喙凤碟等国家重点保护动物 10 多种，被誉为

图 7.9

“世界罕见的生物大本营”、“研究亚洲两栖和爬行动物的钥匙”和“昆虫世界”，是开展生物科学考察、生态旅游的极佳场所。是我国10个被列入联合国“人与生物圈”的自然保护区之一；同时也是“世界自然与文化遗产名录”武夷山的重要组成部分。

3. 福州

福州，福建省省会，国家级历史文化名城。位于闽江下游，靠近海洋，马尾是其外港，自古为对外重要贸易港口。这里汉初为闽越王都城，唐开元间始称福州。福州自然环境优越，山水兼备，东有鼓山，西北有福山，西有西湖，南绕闽江，市区“三山鼎立”，气候暖湿，四季常青，宋代起大植榕树，至今榕树遍地，故有“榕城”之称。福州名胜古迹遍布，主要有林则徐祠、西禅寺、华林寺、郑和纪念港、闽江口金山塔、开元寺铁佛、三坊七巷等。

（1）鼓山，别称石鼓，国家级风景名胜区。位于市东12km的闽江北岸，最高点海拔969m，山巅有巨石如鼓，相传每当风雨交加便有隆隆之声，因而得名。鼓山胜迹以涌泉寺为中心，分东西南北四路，共有160多处景观。山岩节理发育，又因风化作用强烈，形成千姿百态、林茂洞奇、处处摩崖的景观。涌泉寺，始建于五代，为我国古代“十大古刹”之一。寺内藏佛经近3万册，并有“舍利子”等圣迹。寺东的“鼓山十八景”，俗称十八洞，岩壑幽奇，有30m处岩洞。其中的灵源洞，悬岩峭壁上刻有宋代蔡襄、李纲、朱熹、文天祥等历史名家摩崖石刻300多处。

（2）福州国家森林公园，原名福州树木园，面积859hm^2，三面环山，一面临水。园内除收集、展示福建主要树种外，还有世界36个国家2500多种珍贵树种。龙潭溪自北向南流贯园中，碧水青山、瀑布奇石、古榕碑刻、古驿道、古墓葬等构成了森林公园钟灵毓秀的自然风光和别具一格的人文景观。园内有多种国家一级保护的珍稀植物，其中竹类观赏园是目前我国竹子品种最丰富的种植园。

图7.10

（3）海坛，又名平潭，为国家级风景名胜区，是位于福州平潭县境内的一个岛屿，是福建第一大岛、我国第五大岛。海坛风景名胜区以优质的海滨沙滩和奇特的海蚀地貌称著，岛上海蚀地貌为全国之最，被誉为海蚀地貌博物馆，象形山石千姿百态，礁石峭壁雄奇险峻，优质沙滩辽阔绵延。全岛风光绮丽、气候宜人、已成为著名的海滨休闲度假胜地（图7.10）。

4. 莆田

莆田，位于福建沿海中部，景色秀丽，历史悠久，是妈祖文化的发祥地。主要风景名胜有湄洲岛、九鲤湖、麦斜岩、菜溪岩、广化寺、三清殿、木兰陂、宁海桥、古谯楼、夹祭草堂、仙游东门石坊、文庙、东岩山、东圳水库、梅峰寺、南少林、石室岩、紫宵岩等。

湄洲岛位于湄洲湾湾口的北半部，是一个南北长9.6km，东西宽约1.3km的海岛，因处海陆之间，形如眉宇，故称湄州。全岛林木蓊郁，港湾众多，岸线曲折，沙滩连绵，风景秀丽。环岛优质沙滩长达20km，建有海滨浴场，是理想的度假胜地。岛上妈祖庙更是闻名海内外，妈祖林默是富有传奇色彩的宋代湄州女子，以其博爱的胸怀，善良的美德和宝贵的生命，塑造了中华儿女追求真善美的纯真形象。每年上岛朝拜的海内外妈祖信徒超过百万人次。岛上建有国家旅游度假区，妈祖朝圣区，妈祖史迹陈列馆、妈祖文化研究馆和民俗文化村等。

5. 泉州

泉州别称鲤城、刺桐城，位于晋江下游北岸，宋、元时为我国最大贸易港口，曾有“世界第一港”之称，也是著名侨乡和台胞祖籍之地。主要风景名胜有开元寺、清源山、伊斯兰教圣墓、草庵、洛阳桥等。惠安女习俗、安溪茶文化也富有盛名。

开元寺位于泉州市西街，建于唐垂拱二年（686年），曾名莲花寺、兴教寺、龙兴寺、唐开元二十六年（738年）改称现名，是全国重点文物保护单位。开元寺建筑雄伟，雕刻精湛。其中，大雄宝殿内有86根大石柱，号称“百柱殿”，殿内供有“五方佛”金身塑像，殿顶斗拱雕刻飞天乐会24尊，人身鸟脚，袒胸露臂似在演奏美妙的音乐，其头上的花冠顶着衔梁，起着斗拱的支撑作用，是艺术与建筑的完美结合。

6. 漳州

漳州，位于省境南部，九龙江下游，为闽南水陆交通中心，也是著名的侨乡，海外侨胞近80万，祖籍漳州的台湾居民约占全台人口的36%。主要风景名胜有芝山、南山寺、八卦楼等。

云洞岩位于龙海市步文乡鹤鸣山，山上有一石洞，每当天降大雨，云雾即从洞中飞出，雨过天晴，云雾又飘回洞中，故名“云洞”。这里山石玲珑突兀，千姿百态，洞壁极多。洞穴最大的可容千人，称为“千人洞”；山坡上有几块岩石倚立形成峡谷，中有一泓泉水，每当明月当空，月光穿过石缝映在泉水中，水中明月又映射到石壁上，呈“三月交辉”，形成月峡胜境。云洞岩另有仙人迹、石巢瑶台、风动石等美景30多处，摩崖石刻150余处。

7. 龙岩

位于福建西南部，这一带地大山深，自然环境险峻，却孕育出了独具特色的客家民系及其土楼文化，同时还是著名的革命传统老区。主要风景名胜有汀州古城、冠豸山、梅花山、永定承启楼、振成楼、集庆楼等客家土楼。

（1）冠豸山国家级风景名胜区，位于龙岩连城东1.5km处，平地拔起，因其主峰形似古代法官头戴的獬豸冠而得名。冠豸山为丹霞地貌，峰岩峻峭、景致迷人，有清泉穿石，声出峡谷的苍玉峡；有清澄如镜的金字泉；有两峰壁裂，望天一线的一线天；有状似孤独，光耀人间的“照天烛”；有泉清风爽可容百人的莲花洞；有风姿绰约，神形毕俏的姊妹岩；登丹梯云栈至山顶远眺，有“身疑上天游，摇荡白云里”置身仙境的感受。此外，还有许多摩崖石刻和楼台亭阁及书院等人文景观。

（2）永定客家土楼，分布在永定等闽西和闽南山区，是本地客家人的传统民居，以适应大家族聚居、兼备防御功能为特色，用夯土墙和木梁柱修筑而成的多层巨型民宅。土楼群形似巨大的圆"蘑菇"、方"蘑菇"依次坐落山腰间，几十朵的"蘑菇"形成一个村落，绿树掩映，黄墙黑瓦，村庄风景如画，好不壮观，往往让人叹为观止。据说上世纪中期，某西方大国通过遥感卫星侦察到福建山区的这些庞然大物，还以为是秘密的军事设施，殊不知这只不过是普遍民居而已。2008年，福建土楼被成功列入世界文化遗产名录。现存规模较大、历史较久的土楼主要有坐落于永定县北古竹乡高北村承启楼、永定东湖坑乡洪坑村的振成楼、永定下洋镇初溪村的集庆楼等（图7.11）。

图 7.11

8. 其他旅游城市与景区

此外，福建省还有宁德、三明等旅游城市。其中，宁德有"海上仙都"福鼎太姥山、屏南鸳鸯溪、"华东第一瀑"周宁九龙祭瀑布群、"十里水街"屏南白水洋、古田翠屏湖、柘荣东狮山、蕉城支提山、南祭山等名山秀水，以及"海上天湖"蕉城三都澳、霞浦下浒海滩、福鼎嵛山岛、福安白马门等滨海风光。此外，宁德市是全国著名的畲族人口聚居区，畲族风情丰富多彩，拥有中华畲族文化宫等旅游景点。

三明则开发和推出了"客家祖地"寻根、谒祖专项旅游、绿色之旅和科学考察之旅等多种特色旅游，主要景区有金湖、玉华洞、桃源洞等。

四、旅游线路与行程设计

1. 短线

（1）闽西南山海旅游线：厦门—漳州—龙岩（新罗）—上杭—连城—长汀。

（2）闽江流域生态旅游线：福州—南平（延平）—武夷山—泰宁（建宁）—三明（沙县）—永安—连城。

2. 长线

（1）八闽精华旅游线：厦门（鼓浪屿）—漳州（滨海火山）—龙岩（土楼）—三明（泰宁世界地质公园）—南平（武夷山）—福州（马尾船政博物馆）—莆田（湄洲妈祖）—泉州（崇武古城）—厦门。

（2）海峡西岸游船旅游线：三都澳（海市风光）—海坛岛（海蚀奇观）—湄洲岛（妈祖圣地）—崇武（古城惠女）—泉州港（海上丝路）—厦门（海上花园）—漳州（滨海火山）—东山。

（3）武夷山绿三角旅游线：武夷山（九曲溪、大红袍、闽越王城遗址、自然保护区）—邵武（和平古镇、天成岩）—泰宁（金湖、上清溪、寨下大峡谷、尚书第）—将乐（玉华洞）—沙县（小吃文化城）—三元（格氏栲）—永安（桃源洞、石林）。

(4) 闽台缘旅游线：高雄市—澎湖列岛—金门—厦门（郑成功纪念馆）—漳州（漳浦、东山）—泉州（闽台缘博物馆、郑成功史迹）—莆田（湄洲妈祖）—福州（马尾船政博物馆）—马祖—台北（基隆港）。

(5) 闽赣红色摇篮旅游线：上饶—武夷山（赤石、大安）—泰宁（红军街）—建宁（红一方面军总司令部、总前委旧址）—宁化（长征集结出发地）—上杭（古田会议旧址）—长汀（苏维埃遗址、瞿秋白纪念园）—瑞金—井岗山。

任务7.4 畅游海南

一、地理环境概述

海南省位于我国最南端，北以琼州海峡与广东划界，西临北部湾与越南相对，东濒南海与台湾省相望，东南和南面隔南海与菲律宾、文莱和马来西亚为邻。其行政区域包括海南岛、西沙群岛、中沙群岛、南沙群岛及附近海域，陆地面积3.5万km^2，海洋面积200万km^2，是我国陆地面积最小，海域面积最大的省。海南省主体海南岛，是我国仅次于台湾岛的第二大岛。1988年，海南设省并被辟为中国最大的经济特区。古代称琼崖、崖州、琼州，故海南简称琼。人口854万（2008年底），以汉族、黎族、苗族、回族居多，黎族是海南岛上最早的居民（图7.12）。

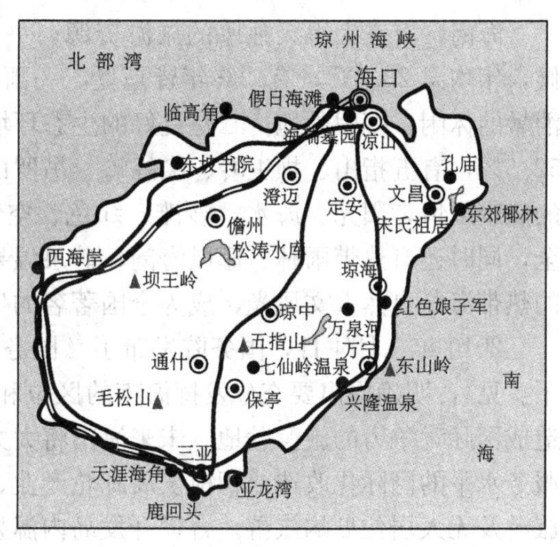

图7.12

海南岛四周低平，中间高耸，山地和丘陵是其主要地貌，四周多为滨海平原，约占总面积的11%。海南是我国最具热带海洋气候特色的地方，终年暖热，雨量充沛，干湿季节明显，热带风暴和台风频繁，年平均气温在23～25℃之间，全年气候宜人，没有冬季，是避寒、冬泳和度假的好地方。生物资源十分丰富，素有“绿色宝库”之称，是我国最大的热带自然博物馆、最丰富的物种基因库。海南岛生长着丰富多彩的热带林木、热带花卉、热带水果和天然药材。

近年来，社会经济发展较快，重点发展了以天然气化工、石油化工为主的新型工业，以海洋捕捞、水产品养殖为主的热带高效现代农业，以及旅游和现代服务业。海运发达，全省有68个天然港湾，已开辟港口24个，环岛高速公路已建成通车，并且全线无收费站，粤海铁路也已正式运行，并与全国铁路网并网，有海口美兰和三亚凤凰两大国际机场，并与39个国内外大中城市通航。

二、旅游业掠影

海南以宜人的气候资源，丰富的海洋及海滨景观，独特的热带原始森林及良好的区位条件，旅游业发展很快，目前已成为我国最重要的旅游目的地。虽然国内旅游人数、入境旅游人数、国内旅游收入、入境旅游收入等指标总量并不大（表 7.3），但旅游业在海南社会经济中的地位却是十分突出的，旅游业已成为海南的主导产业和支柱产业。

表 7.3　2008 年海南省旅游业发展情况一览表

省份及其在全国中的地位	国内旅游人数/万人次	入境旅游人数/万人次	国内旅游收入/亿元	旅游外汇收入/亿美元	星级酒店数/家	旅行社数/家	4A 级以上景区数/家
海南省	1962	70.6492	165	3	260	163	10
全国总数	171000	13003	8749	408	14099	20110	872
占全国比例	1.1%	0.5%	1.9%	0.7%	1.8%	0.8%	1.1%
在全国排名	28	23	27	21	24	29	27

海南具有三大得天独厚的旅游资源，一是宜人的海岛气候，呈典型的热带季风气候，年均温 23.8℃，有“终年皆是夏，一雨便成秋”之说，使其成为冬可避寒、夏能消暑的休闲、度假胜地；二是良好的生态环境，岛上四季长青，遍地皆绿，森林覆盖达 52.3%，有五指山、坝王岭、尖峰岭、吊罗山、黎母山五大热带原始森林区；三是独特的热带风情，阳光、海水、沙滩、绿色、空气，当代五大旅游度假要素在这里一应俱全，同时还有热带雨林、椰风海韵、矿泉温泉、奇花异木、黎苗风情，共同形成了独特的热带海岛自然人文风光，成为全国著名的生态省之一。

2010 年 1 月 4 日，国务院发布了《国务院关于推进海南国际旅游岛建设发展的若干意见》，明确提出要充分发挥海南的区位和资源优势，将海南建设成国际旅游岛，打造成国际竞争力的旅游胜地。未来海南将大力发展旅游业，进行旅游设施、经营管理和服务水平的国际化改造。积极发展邮轮产业、游艇产业等海上旅游，有序开发西沙群岛旅游及无人居住岛屿旅游。合理开发岛内温泉、康养产业，海上运动、潜水、自驾车观光、特色房车游、体育休闲等项目有望获得更大发展。海南将打造一批精品景区，海棠湾、清水湾、棋子湾、尖峰岭、霸王岭、五指山等一批精品景区已在规划之中。

三、旅游城市与景区览胜

1. 海口

海口，海南省省会，位于省境北端，环境优美，富有现代城市风貌。主要的景区有万绿园、五公祠、海口公园、海瑞墓园、假日海滩、琼台书院、海南热带野生动物园、东寨港红树林自然保护区、雷琼海口火山群、海底村庄等。

(1) 海南热带野生动物园，位于海口市秀英区东山镇，是一座具有仿野生概念，集动物观赏保护、繁育、科研、观赏为一体的热带动物园，占地 1.3km²，有行车观赏区、步行观赏区、湖边度假区、中心服务区等。游客可乘车在行车观赏区观非洲狮、虎、黑熊等猛兽在自然状态下的风采，也可在步行区观赏亚洲象、长颈鹿、鳄鱼等，还可置身于人造猴山与群猴嬉戏，在无支撑结构的百鸟园中漫步。它是我国唯一一家全景式展现岛屿热带雨林野生态系统、浓缩海南岛动植物精华的天然博物馆，是海南省重点旅游项目、国家4A级景区。

(2) 雷琼海口火山群，位于海口市西南石山镇，距市区仅15km，为国家4A级景区、世界地质公园。属地堑一裂谷型基性火山活动地质遗迹，也是我国为数不多的全新世（距今1万年）火山喷发活动的休眠火山群之一，具有极高的科考、科研、科普和旅游观赏价值。由36座火山口形成火山群带，最大者海拔222.2m，深90m，是世界上最完整的死火山口之一，因形似马鞍，故名马鞍岭。地下有火山岩洞72个，为火山喷发遗留物，以仙人、卧龙二洞最为壮观，被地质专家誉为颇具规模的火山岩洞博物馆（图7.13）。

图7.13

2. 三亚

三亚，位于海南岛最南端，古称崖州，濒临南海。三亚是海南最著名的旅游城市，号称“中国的夏威夷”，旅游资源得天独厚，集阳光、海水、沙滩、气候、森林、热带田园风光与名胜古迹于一地，尤其是海滨沙滩，堪称世界一流。主要景区有亚龙湾、大东海、南山文化旅游区、大小洞天、天涯海角、鹿回头公园、海山奇观等。

(1) 南山文化旅游区，位于三亚市南山，距市区40km，为全国首批5A级景区，南山文化旅游区共分为南山佛教文化园、中国福寿文化园和南海风情文化园三大主题公园。南山佛教文化园是一座展示中国佛教文化，富有深刻哲理寓意，可启迪心智、教化人生的园区，区内有南山寺、南海观音佛像、观音文化苑、天竺圣迹、佛名胜景观苑、十方塔林与归根园、佛教文化交流中心、素斋购物一条街等名胜；中国福寿文化园是一座集中华民族文化精髓，突出表现和平、安宁、幸福、祥和气氛的园区；南海风情文化园则是一座利用蓝天碧海、阳光沙滩、山林海礁等独特景观，突出展现南海之滨自然风光和黎村苗寨文化风情，同时兼容西方现代化文明的园区，主要景观有滑草场、滑沙场、黎苗风情苑、神话漫游世界、黄道婆纪念馆、海洋公园、海底世界、花鸟天堂等（图7.14）。

(2) 南山大小洞天旅游区，古称鳌山大小洞天，位于三亚市以西40km处的南山西南隅，大小洞天因奇特秀丽的海景、山景、石景和洞景，自宋代起就开辟为旅游景点，至今已有800多年的历史，是海南岛历史最悠久的风景名胜，号称“琼崖第一山水名胜”，现为国家首批5A级景区。旅游区岩奇洞幽，山海互衬，宛如一幅古朴优雅的长卷画图，内有太极广场、小洞天、椰风海韵、南极寿谷等景点，形成以传统的中国道家文化为主题，融热带海滨风光、民俗风情、休闲度假为一体的国际化旅游风景区。

(3) 天涯海角天涯位于三亚市天涯镇，前海后山，风景独特，沙滩上一对拔地而起的青灰色巨石上分别刻有“天涯”和“海角”字样，“天涯海角”就是由此得名。游人至此，似乎到了天地之尽头，经历代文人墨客的题咏描绘，成为我国富有神奇色彩的著名游览胜地。这里融碧水、蓝天于一色，烟波浩瀚，帆影点点。椰林婆娑，奇石林立，如诗如画。景区内的海水浴场，钓鱼台及海上游艇等设施，既可观赏自然风光，又是游泳好地方，并有一个由“点火台”、“望海阁”、“怀苏亭”和曲径通幽组成的登山多层次游览胜地。

(4) 亚龙湾，位于三亚市东南28km处，是海南岛最南端一个呈半月形的海湾，三面青山环绕，沙滩平缓宽阔，绵延7000余米，沙粒洁白细腻，海水清澈澄莹，能见度达7～9m，为三亚最优质的海滨沙滩，被人们称誉为“东方夏威夷”。现为国家级旅游度假区，区内有凯莱、喜来登、希尔顿等多家豪华酒店，是一个拥有滨海浴场、豪华别墅、会议中心、高星级宾馆、度假村、海底观光世界、海上运动中心、高尔夫球场、游艇俱乐部等国际一流水准服务设施的旅游度假区。“三亚归来不看海，除却亚龙不是湾”，便是游人对亚龙湾由衷的赞誉（图7.15）。

图 7.14

图 7.15

(5) 蜈支洲岛，距三亚市区30km，是海南岛周围为数不多的有淡水资源和丰富植被的小岛。古称“古崎洲”，面积1.48km^2，呈不规则的蝴蝶状。小岛东、南部地势较高，悬崖壁立，其下礁石万状，惊涛击石，浪花如雪。西及北部地势渐平，一弯沙滩，沙质细白。环岛海域水清见底，能见度极高，可达27m，盛产夜光螺、海参、龙虾、马鲛鱼、海胆、鲳鱼及五颜六色的热带鱼，海底珊瑚礁保护较好，五彩斑斓，形态奇异，是海上娱乐特别是潜水观光的首选之地。

3. 琼海

琼海市地处海南岛东部，自然条件优越，工农业比较发达。主要景区有博鳌亚洲论坛永久会址、博鳌东方文化苑、博鳌海洋馆、万泉河旅游区、官塘温泉、白石岭、红色娘子军雕像、红色娘子军纪念园、椰寨农家乐等。

博鳌以水城著称，位于琼海市万泉河入海口处。出海口中有东屿、鸳鸯两个岛屿，使博鳌港水中有岛，岛中有水，波光错落，景色秀丽。以亚洲论坛为中心，博鳌亚洲论坛会址落户博鳌使博鳌一夜成名。东屿岛上亚洲论坛永久会址的建立使博鳌成为目前中国境内唯一一个定期、定址、非官方的国际会议组织所在地，会址有国际会议中心，旁边还建有东屿岛温泉、博鳌高尔夫球会使东屿岛休闲、娱乐于一体。国际会议中心正面是两个大型喷水池，其中圆台形喷水池中间是一个地球仪，流水瀑布般地从地球仪下倾泻而出；从空中俯瞰，圆形的会议中心与弓形的索菲特大酒店巧妙组合，就像一艘万吨巨轮上的大铁锚，又像蓄势待发的弓箭。附近还有博鳌东方文化苑，苑内博鳌禅寺展现了佛教文化、苑内主题公园的莲花馆增添了荷莲文化、七宝莲池更是中日友好的充分体现（图 7.16）。

图 7.16

4. 万宁

万宁位于海南岛东南部沿海，东濒南海，西毗琼中，南邻陵水，北与琼海接壤。主要景点有东山岭、兴隆温泉旅游区、兴隆热带植物园、日月湾海门公园、南燕湾白石岭高尔夫球场、东南亚风情村和亚洲风情园等。

兴隆热带植物园位于万宁市兴隆温泉旅游区内，植物园创建于 1957 年，汇集有 1200 多种热带植物，是一个集科研、科普、生产、加工和观光休闲于一体的综合性热带植物园。兴隆热带植物园规划为五大功能区：植物观赏区、生产示范区、科研开发区、立体种养区和生态旅游区。收集了热带香料作物、热带饮料作物、热带果树、热带经济林木、热带花卉、热带荫生植物、热带药用植物、棕榈植物、热带水生植物、热带珍奇植物、热带沙生植物和绿色蔬菜等 12 类植物。植物园依山傍水，风景秀丽，身临其境，葱葱绿海，幽幽果香，喁喁鸟语，清新世界，令人心旷神怡，流连忘返。

5. 其他旅游城市与旅游景区

此外，还有文昌、陵水、儋州等旅游城市，这些地区以山地为主，历来为黎、苗等少数族聚居之地，神奇的民族风情和热带山地森林景观是其旅游特色。主要景区有东郊椰林、铜鼓岭、南湾猴岛、尖峰岭、五指山热带雨林风景区、儋州石花水洞地质公园、东坡书院、松涛天湖风景区、农垦万嘉果农庄、海南热带飞禽世界、中华民族文化村等。

南湾猴岛位于陵水县南约 14km 处，原名南湾半岛，国家 4A 级景区，也是全世界唯一的一座热带岛屿型猕猴保护区。猴岛三面临海，有大小 12 座山头，形状狭长，山上草木繁茂，岩洞怪石无数，花果四季飘香，气候温暖。岛上的动植物种类繁多，森林覆盖率达 95%，生态资源极为丰富，有近 2000 只活泼可爱的猕猴本息于此。除猕猴保护区外，还有洁净迷人的沙滩、挺拔多姿的椰树、白浪翻扬的天然海滨浴场、色彩斑斓的珊瑚礁、被称为“海上街市”的渔排风情、古陵水八景之一的“桐楼渔火”等；游人可乘全国最长的跨海索道游遍全岛，尽享这碧海蓝天间可爱的精灵岛的美丽与神奇。

四、旅游线路与行程设计

以海口和三亚为两个端点，海南的旅游行程基本分为三条线，一条是东海岸的海滨旅游风景线，一条是中线的黎苗少数民族风景线，另一条是西海岸的原始丛林风景线。其中，三亚是海南之旅中的精华所在。

1. 短线

(1) 三亚东线一日游：三亚蜈支洲＋三亚南田温泉：上午前往海南沿岸自然资源保存最完美的地区，同时也是最佳潜水观光圣地，更是被称休闲度假的世外桃源、情人的天堂并有海南最纯正岛屿之称的蜈支洲岛，下午在享受天下第一温泉— 南田温泉。

(2) 三亚西线一日游：三亚南山＋三亚天涯海角：上午游览三亚天涯海角，下午前往三亚南山佛教文化苑，参观南山寺，108m 海上观音。

(3) 三亚西岛一日游：三亚西岛海上游乐世界，集各种海上休闲娱乐运动于一身，利用三亚西岛优越的自然条件，可为游客提供一个充满热带风情、刺激而悠闲的休闲度假天地。

(4) 海口文化一日游：上午绿园出发—海瑞纪念园—西海岸带状公园—雷琼石山火山群世界地址公园。下午游览海南最具有代表性的人文古迹—琼台书院—五公祠—海口老街。

(5) 海口生态一日游：上午万绿园出发—西海岸带状公园—游览素有“鸟语花香东山湖、世外桃源生态谷”之称的海南热带野生动植物园，下午游览热带生态机场—游览誉有“海上绿色长城”的海底红树林—参观文明生态村，感受社会主义新农村风貌—参观百年参天大树—岸观海底村庄—祖孙牵手榕—生蚝养殖基地—车览琼州大桥。

2. 中长线

(1) 海南环岛四日游：海口，博鳌永久性会址、玉带滩，三亚亚龙湾、潜海底与鱼共舞、观看大型歌舞表演《浪漫天涯》，三亚南山文化旅游区、海上观音圣像，分界洲岛或西岛。

(2) 热带雨林、蜈支州岛四日游：海口，博鳌永久性会址、玉带滩，兴隆华侨农场、热带植物园，海南热带香巴拉雨林，三亚亚龙湾、天涯海角、大东海，蜈支洲岛。

实训与思考

(1) 请以“带你游五夷山”为题作 8min 的导游讲解。

(2)“十一”前后，北京某单位欲组织一批老年人来广东旅游，请你为他们设计一条合适的旅游线路。

(3) 简述本区旅游资源与环境的特征。

(4) 试论述海南建设国际旅游岛的优势、困难及对策措施。

项目 8

游历西南三省

目标与导读

本项目主要针对云南、贵州、广西三省区的旅游人文及地理环境、旅游业发展、特色旅游资源和旅游线路等方面进行分析。通过对本项目学习，你应了解本区主要旅游地理环境特征，掌握本区旅游发展现状与趋势。并具有根据不同的旅游主题和市场需求设计本区不同旅游线路的能力。

任务 8.1 区域认知

一、位置与范围

本区包括云南、贵州和广西三个省区，地处我国西南边陲。其北部与我国的四川、西藏和重庆相连，东部与广东和湖南接壤，南部及西南部与越南、老挝和缅甸唇齿相依，拥有 5000 多千米长的边境线（图 8.1）。西南三省区总面积约 80.7 万 km^2，占全国的 8.4%，总人口 1.35 亿（2008 年底），占全国的 10.2%。西南三省区地面结构和

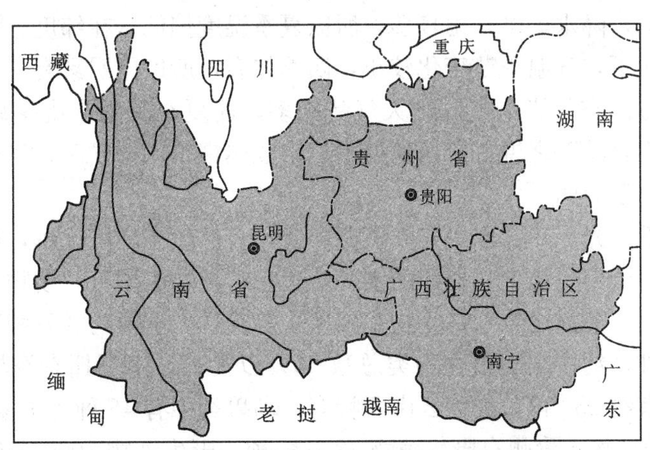

图 8.1

气候环境复杂，少数民族众多，旅游资源极其丰富，而其漫长的边境线更为这一区域旅游增添了独特魅力。

二、旅游环境与资源

1. 地形地貌复杂多样，岩溶景观别具特色

本区地形地貌类型复杂多样，以盆地、丘陵和山地地形为主，主要由三江并流的横断山区、我国第四大高原之云贵高原和广西盆地组成；西北面海拔较高，地势自西北向东南倾斜；横断山区山河相间分布，自西向东有高黎贡山、怒江、怒山、澜沧江、云岭和金沙江等，一谷一山，依次排开，形成雄伟壮丽的大江并流、高山峡谷的地貌奇观，其中的怒江峡谷更享有“东方大峡谷”之美誉。云贵高原西部是有“九分山，一分坝”之说的云南高原，其90%是山地和丘陵，10%是盆地，其中还有大小湖泊近40个，整体地势西北高而东南低，平均海拔约2000m；东部为贵州高原，平均海拔约1000m，地面起伏大，山岭纵横，地表崎岖，是我国洞穴瀑布旅游资源最集中、最壮观的地区；广西盆地四周山岭连绵，盆地中部有由东翼大瑶山、西翼都阳山和大明山形成的弧形山脉，出现了大盆地套小盆地的奇异景象。

在云贵高原和广西盆地，石灰岩分布面积广大，区内广泛分布着雄伟壮丽的喀斯特地貌景观，以高原、峡谷、峰丛、峰林、石林以及发育其间的瀑布群、泉群等组合为特征，是世界上喀斯特地貌发育最完美、最典型的地区，广西桂林山水、云南路南石林和贵州织金洞等，是我国喀斯特地貌景观的典型代表。

2. 气候环境复杂，生物资源丰富

本区位于我国热带、亚热带湿润区，冬季温暖，最冷月平均气温在0℃以上；夏季凉爽，最热月平均气温25℃左右；但由于其独特的地理环境，区内气候的地域差异显著。例如云南昆明因其纬度较低，冬季一般不受寒潮影响，冬春相当干而温暖；夏季主要受西南季风影响，降水丰富，雨日多，所以夏季温度偏低。在纬度、海拔高度和大气环流三者综合影响下，气温季节变化较小，四季如春，所以昆明素有“春城”之称；贵州冬季常受到北方冷空气影响，阴雨天气特别多，而夏季受到东南季风影响，降水较多，故有“天无三日晴”之说；广西地处中、南亚热带季风气候区，气候温暖，热量丰富，降水丰沛，干湿分明。

由于纬度较低，光、热、水等气候资源丰富，自然生态环境优越，造就了本区种类繁多的生物资源。云南更是生物资源的宝库，素有“植物王国”、“动物王国”、“天然花园”、“香料之乡”、“药材之乡”、“生物基因库”等美誉。全国约3万种高等植物中，云南就有约1.7万种，约占全国植物种类总数50%以上；云南还拥有脊椎动物1737种；昆虫1万多种，有约250种鱼类为云南所特有，鸟兽类中有46种为国家一级保护动物，154种为二级保护动物。贵州有野生植物3800多种，野生动物1000多种，仅中药材就有3940多种，约占全国中草药品种的80%，是全国重要的动植物种源地和中药材四大产区之一，故有“夜郎无闲草，黔地多良药”的美誉。广西约有植物6000多种，在国

家公布的濒危保护植物 389 种中，广西占有 113 种，而被誉为“植物大熊猫”、“植物活化石”的银杉最早就发现于广西。根据调查和文献记载，已知广西有鸟类 530 种和亚种，兽类 113 种，两栖类 152 种，属于一级保护野生动物有 24 种，二级保护有 119 种，还有大量经济药用、观赏动物。其中，蛤蚧是广西有名的药用动物，占全国的 80%，而著名的世界特有的珍贵动物瑶山鳄蜥更为广西独有，是我国特产。

3. 区位与资源优势明显，跨国旅游资源丰富

边境旅游是我国旅游业的一个重要组成部分，又是国际旅游的特殊形式，本区与缅甸、老挝、越南相连，拥有 5000 多千米长边境线，孕育了本区发展特色边境旅游的优势。

与本区接壤的几个国家民族众多、文化丰富、风情奇特，而旖旎神秘的景致更是极具吸引力的旅游资源。边境旅游早在 20 世纪 90 年代初期就已经在云南省开展，云南省与老、缅、越的旅游合作已有良好的开端和一定的规模，而近年广西推出滨海边境游，并与越南进行旅游合作，开展下龙湾海上石林异国风光游，更是吸引了大量国内游客，而随着改革开放的深层次推进以及国际区域一体化进程的不断发展，特别是中国—东盟自由贸易区建设进程加快推进，本区边境旅游业将得到迅速发展。

4. 众多少数民族聚集，民族文化绚丽多姿

本区的云南、贵州和广西都是多民族省区，是我国少数民族最集中的地区。云南省世居的少数民族多达 25 个，少数民族人口占全省人口总数的 1/3，其中，在 25 个少数民族中人口最多的是彝族，人口最少的是独龙族。贵州省世居的少数民族有 17 个，世居少数民族数量仅次于云南和新疆，居全国第三位，其少数民族人口约占全省人口总数的 39.7%，其中，少数民族中人口最多的民族是苗族，约占全国苗族人口的一半以上。广西壮族自治区共有 11 个世居少数民族，其中壮族是我国 55 个少数民族中人口最多的民族，仡佬族是广西少数民族中人口最少的民族。因其奇特的自然环境与各自悠久、深厚、特定的社会历史差异，每一个民族都有自己的民族传承方式、民族生活习俗、民族艺术内涵、民族心理特质、民族宗教信仰等等，这些通过不同的服饰、歌舞、建筑、风情等外在表现形式展示出来，表现出各具特色的民族文化风格。

在服饰方面，壮、苗、侗、傣、瑶族等农业民族均擅长纺织棉布、麻布，而游牧、渔猎民族的服饰则多用鱼皮、兽皮或牲畜的皮毛制成；纳西族的“七星披肩”是青蛙图腾崇拜；彝族服饰上的绣虎斑纹是老虎崇拜；苗族崇拜牛，便将头饰打扮成“牛角形”；傣族崇拜大象，则在织锦上织出大象图案。

“三里不同风，五里不同俗，大节三六九，小节天天有”是本区绚丽多姿的民族风情和文化的真实写照，据统计，在本区有数千多个民族文化传统节日，从正月初一到腊月三十，各省区几乎每一天都有民族文化传统节日，都有少数民族同胞在过节。

本区少数民族住居建筑也形式多样，如白族民居建筑“三坊一照壁”、“四合五天井”格式，傣家竹楼，傈僳、怒、独龙等族的“千脚落地屋”，哈尼族、彝族的“土掌房”和布依族“石头当瓦盖”的石板房等，均反映出各少数民族特色的建筑风格与形态。

尽管这些民族各自有不同的文化特点，他们却能和谐共生，凸现了个性与多样性相

统一的民族文化特色。

任务 8.2　畅 游 云 南

一、地理环境概述

云南简称“云”或“滇”，省会昆明，地处祖国西南边陲，东部与贵州及广西为邻，西部与缅甸接壤，南部与越南、老挝毗连，东北部隔金沙江与四川省相望，西北部紧靠西藏自治区。云南介于东经 97°32′～106°11′、北纬 21°8′～29°15′之间，全境东西最大横距 864.9km，南北最大纵距 990km，总面积 39.4 万 km^2，占全国陆地总面积的 4.1%，居全国第 8 位，而总人口 4543 万（2008 年），占全国人口 3.36%。少数民族 25 个，少数民族人口占全省人口总数的三分之一。是一个高原山区省份，全省地势从西北向东南倾斜，海拔相差大，江河纵横，全省大小河流共 600 多条，其中较大的有 180 条。动物种类全国之冠，素有“动物王国”之称。云南是全国植物种类最多的省份，热带、亚热带、温带、寒温带等植物类型都有分布，被誉为“植物王国”。云南气候大致与地形相对应，西北部的高山深谷区因海拔差异大，其气候有“十里不同天”的特点，而北回归线以南的西双版纳、普洱南部等地则属于热带季雨林气候，即全年高温如夏，雨季主要集中在夏秋，东北部的曲靖北部和昭通气候为亚热带季风气候，四季分明，夏热冬冷，雨热同季。全省其他大部分地域属于低纬高原气候，“四季如春”是这里的真实写照（图 8.2）。

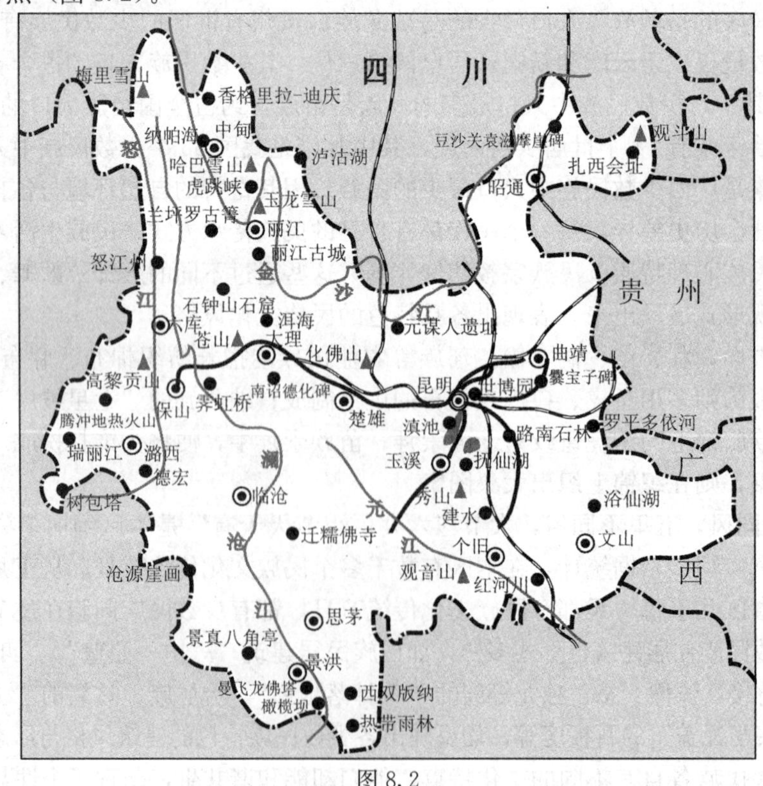

图 8.2

云南是一个自然资源丰富的省份，同时也具有深厚的历史文化底蕴。远在夏商时期，云南就是我国 9 州中梁州的一部分。历史上滇王国、南诏国、大理国都曾经建在云南这块土地上。1276 年，元朝设云南行省，“云南”正式成为全国省级行政区划名称，治所从大理迁至昆明。1949 年 12 月 9 日，云南和平解放，历史翻开了新的篇章。改革开放以来，云南各族人民发奋图强，励精图治，实现了从积贫积弱向着全面小康社会迈进的伟大历史时期。目前云南正围绕建设绿色经济强省、民族文化大省和中国连接东南亚、南亚国际大通道的目标快速发展。

云南已形成了以昆明国际机场为中心、覆盖全省近 70％行政州市的机场网络群，辐射国内大中城市的干线网络，面向东南亚、南亚，成为全国拥有支线机场最多航空大省之一。近年来，云南省大力发展澜沧江—湄公河国际航运，全力建设长江黄金水道，积极开发右江—珠江水运通道，努力发展库湖区旅游航运。云南省高速公路也已形成了连点成线、连线成面的网络，至 2009 年，全省高速公路里程 2508km，居全国第七位、西部省区第一位。云南铁路建设也进入了快速发展时期，以昆明为中心的区域铁路（网）基本形成。

二、旅游业掠影

旅游的主要经济指标通常会被看作云南省内整个经济状况的晴雨表，是旅游业大省。从 2001 年到 2008 年，全省主要旅游经济指标的增幅均保持在 15％以上，而接待海外旅游者从 150.3 万人次增加到 250.2 万人次，年均增长 18.5％，继续保持全国第九、西部第一的地位。随着我省旅游经济的快速发展，旅游业在全省经济社会发展中的地位不断提升，已成为重要的支柱产业（表 8.1）。

表 8.1　2008 年云南省旅游业发展情况一览表

省份及其在全国的地位	国内旅游人数/万人次	入境旅游人数/万人次	国内旅游收入/亿元	旅游外汇收入/亿美元	星级酒店数/家	旅行社数/家	4A 级以上景区数/家
云南省	10 250	250	660	10	904	449	46
全国总数	171 000	13 003	8 749	408	14 099	20 110	872
占全国比例	6％	2％	8％	2.5％	6％	2.3％	5％
在全国排名	12	8	16	10	3	21	8

伴随着云南旅游业的快速发展，云南各种旅游接待设施迅速发展和完善，已基本形成了以吃、住、行、游、购、娱为主的旅游产业体系。因得天独厚的资源条件，为烹饪提供了丰富的原料，云南少数民族较多，每个民族独具特色的饮食习惯，形成了多姿多彩的云南饮食文化。随着全球最大酒店集团英国洲际酒店 2009 年入驻云南，省内云集了众多国际酒店管理集团和经济型酒店，如法国“宜必思”、美国速 8、上海如家、本土的春城之星和京王等，为旅游者提供了舒适的住宿环境，密集的机场网络群、连点成线、连线成面的高速公路网络和以昆明为中心的区域铁路（网）的形成为旅游业提供了便利的交通，省内各旅游城市商厦、购物中心、专卖店、大型超市林立，游客可以从琳琅满目的商品中随心挑选旅游纪念品，夜总会、酒吧、保龄球馆、健身俱乐部等遍地开

花，无论是在昆明这样的大城市，还是在偏远的小镇，只要是有游客的地方，就有灯红酒绿。云南的民族风情堪称全国最为多姿多彩，少数民族婀娜的歌舞构成了云南娱乐业最靓丽的一道风景线。

“十一五”时期是云南实现旅游资源大省向旅游经济强省跨越的关键时期，期间将不断壮大、提升旅游支柱产业，进一步实现云南旅游的全面快速协调发展，加快旅游经济强省建设，把云南初步建设成为中国和亚洲地区重要的国际区域性旅游胜地和旅游目的地，把云南省建设为中国通向东南亚、南亚的国际旅游集散中心。到2020年将建设为六大旅游区，即滇中“大昆明国际旅游区”，滇西北“香格里拉生态旅游区”，滇西南“澜沧江——湄公河国际旅游区”，滇西“火山热海境界旅游区”，滇东南“喀斯特山水文化旅游区”和滇东北“红土高原旅游区”。同时，进一步扩大区域旅游合作，建设“滇黔桂喀斯特生态文化旅游区”、“滇渝川‘金三角’旅游区”，推进中-印-缅-孟区域、滇-老-泰-缅“金四角”、昆明-河内“黄金走廊”和云南-老（挝）北经济合作区的国际区域旅游圈建设，促进云南边境旅游和跨国旅游的发展。通过持续不断的建设，打造云南“美景观光天堂”、“人文体验天堂”、“休闲度假天堂”、“康体娱乐天堂”、“科考探险天堂”、“和谐人居天堂”、“美食购物天堂”亮点，充分展现“七彩云南，旅游天堂”的神奇魅力。

三、旅游城市与景区览胜

1. 昆明

云南省省会，是云南的政治、经济、文化中心和交通枢纽。昆明有2400多年历史，是我国著名的历史文化名城和优秀旅游城市，是中国面向东盟的重要门户及国际旅游城市之一。昆明冬无严寒，夏无酷暑，四季如春，鲜花烂漫，在世界上享有“春城”的美名。悠久的历史、灿烂的文化，绚丽多彩的民族风情、神奇美丽的自然风光和得天独厚的气候条件，造就了昆明多元化的旅游资源和产品特色，使昆明成为了最适宜人类居住、养生、休闲、度假的旅游胜地。全市有各级政府保护文物200多项，有石林世界地质公园、滇池、安宁温泉、九乡、阳宗海、轿子雪山等国家级和省级著名风景区，还有世界园艺博览园和云南民族村等100多处重点风景名胜。

（1）滇池，位于昆明市西南方，海拔1886m，湖面面积300km^2，是云南省最大的湖泊，也是我国第六大淡水湖。滇池古名滇南泽，又名昆明湖。滇池形似弦月，南北长39km，东西宽13.5km。滇池东北有海埂公园、云南民族村，西面有龙门公园，西南有白鱼口，它们风光各异，景色绮丽迷人，游客不仅可以畅观山水之美妙，还可以领略绚丽多姿的少数民族风情。

（2）云南民族村，位于昆明市西南郊滇池之滨，占地面积0.89km^2，距市区8km，背靠滇池，与西山森林公园、大观公园、郑和公园等著名风景区隔水相望，是云南省新兴的旅游度假胜地，民族村浓缩和再现了云南各民族的建筑风格、民俗风情和文化艺术，是认识和了解云南少数民族的窗口。其中，以灯展、露天电影、广场演出、水上实景演出等活动为特色的文化夜市，更使游客扩展了夜间休闲娱乐空间，领略到云南原生态民族民俗文化的魅力。

（3）世界园艺博览园，位于昆明东北郊，距市区约4km，是“99昆明世界园艺博览会”即“14届世博会”会址。占地2.2km²，以五大展馆、七大专题园、三大展区为构架，集全国各省、区、市地方特色和95个国家风格迥异的园林园艺精品，庭院建筑和科技成就于一园，体现了“人与自然，和谐发展”的时代主题，是一个汇集了全世界园艺风景的、具有“云南特色、中国气派、世界一流”的超大型大观园。

（4）路南石林，“不到石林，枉来云南”。景区位于昆明市石林彝族自治县城境内，由大、小石林、乃古石林、大叠水、长湖、月湖、芝云洞、奇风洞7个风景片区组成，距云南省昆明市70余km，石林以喀斯特景观为主，以“雄、奇、险、秀、幽、奥、旷”著称，具有世界上最奇特的喀斯特地貌景观，以形成历史久远、类型齐全、规模宏大、发育完整，被誉为“天下第一奇观”、“造型地貌天然博物馆”（图8.3）。

图8.3

（5）九乡风景区，位于昆明东南90km处的宜良县境内，是以溶洞景观为主，溶洞外自然风光、人文景观、民族风情为一体的综合性风景名胜区。九乡风景区拥有上百座大小溶洞，为国内规模最大，数量最多，溶洞景观最奇特的洞穴群落体系，被专家们誉为“溶洞博物馆”。景区内有荫翠峡、惊魂峡、雌雄瀑、彝家寨和地下倒石林等共九大景域。九乡景区民族风情浓厚，在每年农历二月，彝族人民都会举办规模空前的猎神节，故而三月前往九乡景区不仅能饱览美景，更体验少数民族的神秘风韵。

（6）大观公园，位于昆明市区西南部，距市中心约6km，因被称为“万里云山一水楼”的中国十大名楼之大观楼耸立于此，景区得名大观公园。大观公园以大观楼为中心，大观楼始建于康熙年间，因其面临滇池，远望西山，尽揽湖光山色而得名。入园后可游览涌月亭，凝碧堂，揽胜阁，观稼堂等楼台亭榭。园中最具观赏价值的大观楼临水而建，楼高三层，其中题匾楹联佳作颇多。由清代名士孙翁所作180字的长联，垂挂于大观楼临水一面的门柱两侧，号称“古今第一长联”。

2. 大理

大理，全称大理白族自治州，国家首批历史文化名城之一，地处云南省中部偏西，是一个以白族为主的多民族地区，民族风情浓郁。唐宋时期，南诏、大理国均在此立国，有悠久的历史、灿烂的文化，素有“文献名邦”之称。大理山川雄奇，风光秀丽，气候宜人，名胜古迹遍布，以上关花、下关风、苍山雪、洱海月四景著称，合称大理的“风花雪月”四绝。而蝴蝶泉、崇圣寺三塔和大理古城亦是当地个性鲜明、引人入胜的佳景。

（1）苍山，又名点苍山，古称“玷苍山”，乃白头之山的意思，是著名的大理石产地。共有十九座山峰，每座山峰海拔都在3500m以上，山头终年积雪，在阳光的映照下熠熠生辉，被称为“炎天赤日雪不容”。在苍山顶上，有着不少高山冰碛湖泊，湖泊四周是遮天蔽日的原始森林。还有18条溪水，泻于19峰之间，悬流飞瀑，溪水清澈，四季不绝。苍山云景变幻万千，其中最有名的是“望夫云”和“玉带云”。云、雪、峰、溪构成了举世闻名的苍山四大奇观。

(2) 洱海，位于大理市区的西北，是一个风光明媚的高原湖泊，呈狭长形，南北长40km，湖区面积约250km^2。洱海四周有著名的洱海公园、喜洲海心亭、海舌、双廊风光等风景区。洱海中有三岛：金梭、赤文、玉几；沿岸有四洲：马濂、鸳鸯、青莎、大鹳朋；水有九曲：莲花、大鹳、蟠矶、凤翼、萝莳、牛角、波作、高品、鹤翥。它不仅有三岛、四洲、九曲之胜，还有三塔例影、九孔石桥、玉友戏水等美妙奇观。

(3) 大理古城，位于风光绮丽的苍山脚下，距大理下关约13km。古城始建于明朝洪武15年（1382年），历代屡经修建，城楼雄伟，风光优美，古朴而幽静，规模壮阔，方圆12里。城中有一贯穿南北的大街，中西风味店、珠宝店、古董店、扎染店和画廊等铺面林立两侧，琳琅满目，目不暇接，成为中外有名的“大理洋人街”。

(4) 蝴蝶泉，位于苍山脚下、洱海之滨。蝴蝶泉风光秀丽，泉水清澈，是有名的游览胜地之一。而被誉为“狂欢节”的传统节日“蝴蝶会”于每年农历四月十五举行，每年到蝴蝶会时，成千上万的蝴蝶从四面八方飞来，在泉边漫天飞舞。蝶大如巴掌，小如铜钱。无数蝴蝶还钩足连须，首尾相衔，一串串地从大合欢树上垂挂至水面，五彩斑斓，蔚为奇观。

图 8.4

(5) 崇圣寺三塔，位于大理古城西北约1km处，是云南古代历史文化的象征，也是中国南方最古老最雄伟的建筑物之一。三塔中的主塔名叫千寻塔，高69.13m，为16层方形密檐式空心砖塔，是中国现存座塔最高者之一，其与南北对峙的两个小塔距离都是70m。两个小塔形制一样，都为10层，高42.19m，为八角形密檐式空心砖塔。雪峦万仞、镂银洒翠的点苍山峙其后；波涛万顷、横练蓄黛的洱海嵌于前。三塔鼎峙，撑天拄地；“胜地标三塔，浮图秘鬼工”，为苍洱间的胜景之一（图8.4）。

3. 丽江

丽江地处滇西北高原，金沙江中游，因金沙江流经境内，金沙江古名丽水，故而得名。丽江行署所在地大研镇距云南省会昆明市580km。旅游资源以“两山、一城、一湖、一江、一文化、一风情”为主要代表，即玉龙雪山、老君山、丽江古城、泸沽湖、金沙江、东巴文化和摩梭风情。其中，玉龙雪山是国家4A级风景名胜区；老君山为世界自然遗产“三江并流”核心景区；丽江古城是世界文化遗产；独特的摩梭母系文化和优美的泸沽湖景区正准备积极申报世界文化遗产和世界自然遗产；曾被誉为“活化石”的纳西东巴古籍文献已被列为世界记忆遗产。

(1) 丽江古城又名大研镇，它位于丽江坝中部，始建于宋末元初，是中国历史文化名城中唯一没有城墙的古城，与四川阆中、山西平遥、安徽歙县并称为“保存最为完好的四大古城”，古城与新城交界处的大水车是丽江古城的标志，四方街是古城的中心，城内的五凤楼融合了汉、藏、纳西等民族的建筑艺术风格，是中国古代建筑中的稀世珍宝和典型范例。丽江古城历史悠久，古朴自然，既具有山城风貌，又富于水乡韵味，既是一座桥城，又是一座花城，更是一座水城，被誉为“高原姑苏”、“东方威尼斯”。

（2）玉龙雪山，雄峙于丽江纳西族自治县县城以北15km处，与哈巴雪山对峙，汹涌澎湃的金沙江奔腾其间。全山横亘排列十三座山峰，峰峰终年积雪不化，如一条矫健的玉龙横卧山巅，有一跃而入金沙江之势，故名“玉龙雪山”。玉龙雪山是世界北半球纬度最低而海拔最高的山峰，主峰扇子陡海拔5596m，雪山从海拔1800～4500m之间覆盖着浓密的森林植被，4500m以上则是永久积雪带，森林风姿和雪峰奇景引人入胜，被誉为现代冰川博物馆和“植物王国”。随着节令、时辰及气候变化，雪山景观也交替变幻，呈现出多姿多彩的画面。清代纳西族学者木正源曾形象地归纳出玉龙十二景，即：三春烟笼、六月云带、晓前曙色、螟后夕阳、晴霞五色、夜月双辉、绿雪奇峰、银灯炫焰、玉湖倒影、龙甲生云、金沙壁流、白泉玉液。

（3）泸沽湖风景区，位于滇西北高原的万山丛中，距丽江市中心200km，有“滇西北的一片净土”、“东方第一奇景”等美称。泸沽湖旅游区自然和人文景观旅游资源丰富，旅游区内约有52个景点。泸沽湖以她完好的自然生活环境、妩媚的湖光山水风光、奇特的摩梭母系文化为重要资源和景观特征，自然与人文相结合，情、水、山相融合，成为云南最具特色和发展潜力的旅游胜地之一。

4. 迪庆（香格里拉）

“迪庆”藏语意为“吉祥如意的地方”，是云南省唯一的藏族自治州，全州辖香格里拉县、德钦县、维西傈僳族自治县三县。迪庆自治州位于云南省西北部，地处滇、川、藏三省区结合部的青藏高原南延地段，是举世闻名的香格里拉，世界自然遗产“三江并流”腹心区。迪庆历史悠久，约在2300多年前，吐蕃先民已在这里创造了个性鲜明的土著文化。而独特的自然地理条件，更孕育了迪庆绝美的自然景观和浓郁的人文风情，雪山、冰川、峡谷、牧场、高原湖泊、原始森林、藏族村落和寺院，使这里成为人们向往的人间仙境“香格里拉”。主要景区景点有三江并流、梅里雪山、碧塔海、属都湖、松赞林寺、月亮湾大峡谷、白水台、茨中天主教堂等。

（1）三江并流，是中国境内面积最大的世界遗产地，位于云南省西北横断山脉纵谷地区，金沙江、澜沧江、怒江三条大江在迪庆境内呈南北平行伸展，并靠奔流400km，最近处直线距离仅66km，山谷相间，雪山耸立，江河奔流，构成举世瞩目的横断山脉和世界唯一的“大河并流区”。三江并流风景区是中国面积最大的国家重点风景名胜区，是中国三大生态物种中心之一，同时也是世界上生物多样性最丰富的地区之一，是北半球生物景观的缩影，还是世界级的物种基因库。

（2）松赞林寺，又称归化寺，位于香格里拉以北5km的佛屏山下，建于1679年，是五世达赖和清康熙皇帝敕建“十三林”之一，也是云南省最大的藏传佛教寺院。该寺占地$25km^2$，依山而建，整个寺院外型像一座城堡，扎仓、吉康两大主寺建于最高点，为四层藏式碉房建筑，居全寺中央，集藏族造型艺术之大成，有“藏族艺术博物馆”之称。

图 8.5

(3) 梅里雪山，又称雪山太子，位于迪庆德钦县东北约 10km 处，当地藏民视为“神山”，位居藏区的八大圣山之首，是滇藏两省界山。梅里雪山有平均海拔在 6000m 以上的山峰 13 座，称为“太子十三峰”。主峰卡瓦格博峰海拔高达 6740m，是一座金字塔形的雪山，藏语意为“雪山之神”，是云南的第一高峰，享有“世界最美之山”的盛誉。梅里雪山是云南最壮观的雪山山群，数百里冗立绵延的雪岭雪峰，占去德钦县 34.5%的面积（图 8.5)。

5. 西双版纳

西双版纳傣族自治州，位于云南省西南端，州府景洪市。西双版纳，傣语意思是“理想而神奇的乐土”，这里以神奇的热带雨林自然景观和少数民族风情而闻名于世，是中国的热点旅游城市之一。西双版纳景区包括景洪市风景片区、勐海县风景片区、勐腊县风景片区三大块，共有 19 个风景区，800 多个景点，总面积 1202.53km^2。主要景点有：野象谷、曼飞龙佛塔、曼阁佛寺。

(1) 野象谷，位于景洪以北的勐养自然保护区内，距州府景洪约 50km，是西双版纳最令人神往的森林公园和观赏野象活动的景区。由于此地的河流分为三岔，故又名三岔河森林公园，以其特有的热带原始森林景观和数量较多的野生亚洲象而著称于世。

(2) 傣族园，位于西双版纳橄榄坝，距州府景洪市 28km。景区内有我国保存最完好的五个傣族自然村寨，占地面积 3.36km^2。景区内建成了旅游景区大门楼、迎宾广场、老景区的包装、村寨旅游线路、江边活动区、旅游购物区、烧烤场、泼水广场、大型露天剧场等。傣族园是西双版纳傣民族的缩影，浓缩了傣民族文化的精华，展现了典型的热带田园风光。

6. 其他旅游城市与旅游景区

此外，还有保山、玉溪、曲靖、昭通、普洱、楚雄、红河、临沧、怒江傈僳族自治州、德宏、文山等旅游城市，这些旅游城市历史悠久，名胜古迹众多，再加上特殊的地形地貌，拥有了特色鲜明的风景旅游资源。主要景区景点有中国第一魅力名镇——和顺、腾冲火山公园、热海风景名胜区、抚仙湖、泸西阿庐古洞、鲁布革风景区、哈尼梯田、千佛塔及罗平多依河、九龙瀑布群、沧源崖画、黄连河风景区、建水燕子洞、广允佛寺、千家寨风景名胜区、沧源佤山风景名胜区、元谋土林、翁丁佤寨、怒江高黎贡山、怒江第一湾及桃花岛、勐巴娜西珍奇园景区、莫里热带雨林景区、南甸宣抚司署、广南坝美、丘北普者黑、砚山浴仙湖、八宝三腊瀑布等。

(1) 哈尼梯田，绵延整个红河南岸的红河、元阳、绿春及金平等县，仅元阳县境内就有 17 万亩梯田，是红河哈尼梯田的核心区。如此众多的梯田，在茫茫森林的掩映中，在漫漫云海的覆盖下，构成了神奇壮丽的景观(图 8.6)。

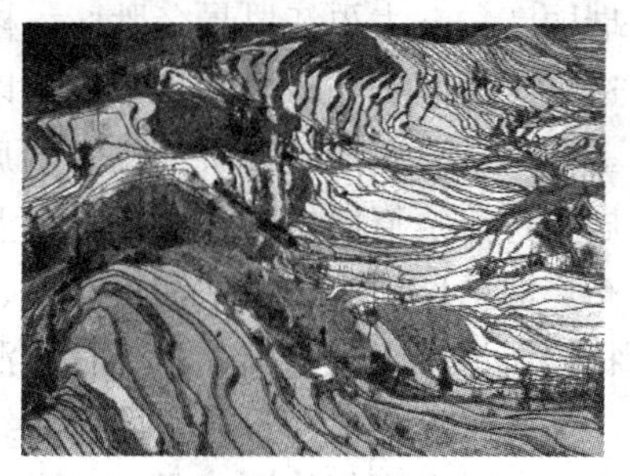

图 8.6

（2）鲁布革三峡景区，鲁布革是布依族语的汉语读音，是“山清水秀的布依村寨”的意思。位于罗平县城东 47km 处，系鲁布革电站大坝回水而成的高原峡湖，峡湖全长 19.8km。景区融峡、湖、瀑和布依风情于一体。

（3）元谋土林，位于楚雄元谋县境内，占地面积 50km^2 其与西双版纳热带雨林、路南石林并称之为“云南三林”。元谋的土林是一种流水侵蚀地貌，经 5000 年的自然变化，造化出了这色彩丰富、规模宏大的天下奇观，像是一个“疯神捏出的世界”。

四、旅游线路与行程设计

1. 短线

（1）昆明市区一日游：西山、龙门、滇池、民族村、大观楼、花市。

（2）石林一日游：大石林、小石林、狮子亭、剑峰池、望峰亭、阿诗玛。

（3）九乡一日游：荫翠峡、地下大峡谷、惊魂峡、石瀑布、地下石林、彝族民居、叠虹桥。

（4）苍洱风光一日游：洱海、金梭岛、小普陀、南诏风情岛、蝴蝶泉、喜洲、崇圣寺三塔、大理古城。

（5）香格里拉二日游：虎跳峡、中甸古城、碧塔海、纳帕海、松赞林寺、中甸城内的藏经堂。

（6）丽江二日游：玉龙雪山、白水河、玉峰寺、白沙壁画、大研古城、黑龙潭、东巴文化博物馆、石鼓镇、长江第一湾。

（7）西双版纳二日游：澜沧江风光、橄榄坝（傣族园）、热带植物园、曼听公园、基诺山、野象谷、景洪、曼景兰旅游一条街。

2. 中长线

（1）滇中五日游：昆明西山森林公园、滇池、世博园、云南民族村、石林、安宁温泉，玉溪抚仙湖，楚雄元谋土林、黑井古镇、禄丰恐龙博物馆。本线路以天然温泉的SPA、古村落、奇特地质景观、高原湖泊及原生态少数民族文化为特色，形成了度假休闲的主题。

（2）滇东北五日游：昭通乌蒙山、僰人悬棺、孟孝琚碑、观斗山石雕、秦五尺道与豆沙关、码口乡、扎西会议会址、威信老街、黄连河瀑布群风景区、大山包、铜锣坝国家森林公园和西部大峡谷温泉生态园。本线路以古迹、遗址、碑林为特色，是探寻古滇文化之旅。

（3）滇西五日游：腾冲火山群、热海、叠水河瀑布、北海湿地、侨乡和顺镇，德宏瑞丽江——大盈江风景名胜区、榕树王、姐勒大金塔、边民互市街、瑞丽边贸街、姐告边境贸易区、畹町口岸。本线路以火山地热、边境文化为特色。

(4) 滇东南六日游：红河阿庐古洞、建水燕子洞、元阳梯田、朱家花园、团山民居、箐口哈尼民俗村，文山普者黑、广南坝美、峰岩洞村、砚山浴仙湖、八宝三腊瀑布，曲靖珠江源、罗平油菜花海、多依河、九龙瀑布群、鲁布革风景区。本线路以喀斯特岩溶地貌为主的山、水、林、洞等自然景观和少数民族风情为特色。

(5) 滇西南七日游：西双版纳原始森林公园、勐仑热带植物园、野象谷、热带雨林公园、橄榄坝傣族园、曼飞龙佛塔，思茅"一眼望三国"的江城、墨江北回归线标志园、孟连宣抚司署，临沧南滚河自然保护区、沧源崖画、广允缅寺、翁丁佤族村寨。本线路以绚丽多姿的热带、亚热带原始森林景观和浓郁的民族风情为特色，是典型的热带雨林风情之旅。

(6) 滇西北八日游：大理苍山、洱海、蝴蝶泉、崇圣寺三塔、大理古城，丽江古城、玉龙雪山、泸沽湖、东巴文化博物馆，香格里拉梅里雪山、三江并流、碧塔海、松赞林寺，怒江高黎贡山、丙中洛茶马驿道、怒江第一湾。本线路以雪山峡谷、高山草甸、江河湖泊等壮丽的自然风光和自然和文化遗产，加上摩梭人独特的民族风情和东巴文化为特色，突显了生态文化的主题旅游。

任务 8.3 畅游贵州

一、地理环境概述

贵州位于中国西南的东南部，东靠湖南，南邻广西，西毗云南，北连四川和重庆。贵州介于东经103°36′～109°35′、北纬24°37′～29°13′之间，全省国土总面积17.62km^2，至2008年年末常住总人口793万，省会贵阳。贵州是一个多民族的省份，全省有49个民族成份，而世居少数民族有苗族、布依族、侗族、土家族、彝族、仡佬族、水族、回族、白族、瑶族、壮族、毛南族、蒙古族、仫佬族、羌族、满族等16个。少数民族人口占全省总人口的37.9%。贵州地处云贵高原，地势西高东低，自中部向北、东、南三面倾斜，平均海拔约1100m。贵州素有"八山一水一分田"之说。全省92.5%的面积为山地和丘陵，境内山脉众多，重峦叠峰，绵延纵横，山高谷深。而其岩溶地貌发育非常典型，喀斯特（出露）面积109 084km^2，占全省国土总面积的61.9%。贵州境内河流密布，处处川流不息，河流处在长江和珠江两大水系上游交错地带，顺地势由西部、中部向北、东、南三面分流，主要有乌江、赤水河和北盘江等。贵州属亚热带湿润季风气候区，"较低纬度"与"较高海拔"两相调节，所以四季温差不大，寒暑适中，称得上是一个"天然大空调"。但受大气环流及地形等影响，贵州气候呈"一山分四季，十里不同天"的多样性。贵州植被丰厚，具有明显的亚热带性质，组成种类繁多，区系成分复杂（图8.7）。

贵州是古人类的发祥地之一，在普定县发现的"穿洞文化"遗址，被誉为"亚洲文明之灯"。西部大开发战略的实施，让贵州成为国家重要的能源基地、交通枢纽和生态屏障。在交通方面，铁路以贵阳为中心，黔桂铁路、川黔铁路、贵昆铁路、湘黔铁路四

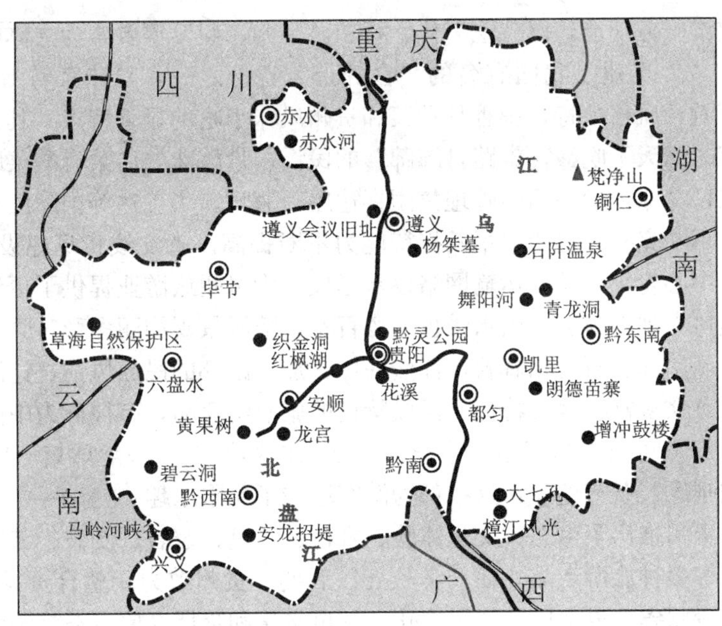

图 8.7

条铁路干线贯穿贵州，目前贵州公路通车里程已超过 14 万 km，基本形成以贵阳为中心、沟通贵州各市县的公路网。民用航空已开通贵阳至香港以及贵阳至北京、广州、深圳、上海等约 40 个城市的航线。而未来 10 年，省会贵阳通往全国的“7 小时快铁交通圈”正在变成现实。

二、旅游业掠影

目前，贵州按照《国务院实施西部大开发若干政策措施通知》中提出的“发展特色旅游业”的精神，围绕省委、省政府提出的“要把旅游业作为特色优势产业加以大力扶持和发展，培育成支柱产业，成为新的经济增长点”的目标，积极推进贵州省旅游业的建设和发展。近年来，经过各方面的共同努力，充分发挥旅游业富民强省、保护自然生态和民族民间文化、推动改革开放等功能和产业联动效应，使旅游业的发展与实现资源环境与社会经济相协调，贵州省旅游业发展取得了可喜的成绩，“文化千岛，生态贵州”的旅游目的地形象已经凸现（表 8.2）。

表 8.2　2008 年贵州省旅游业发展情况一览表

省份及其在全国的地位	国内旅游人数/万人次	入境旅游人数/万人次	国内旅游收入/亿元	旅游外汇收入/亿美元	星级酒店数/家	旅行社数/家	4A 级以上景区数/家
贵州省	8 150	39	653	1.2	279	202	5
全国总数	17 1000	13 003	8 749	408	14 099	20 110	872
占全国比例	5%	0.3%	7%	0.3%	2%	1%	0.6%
在全国排名	21	26	17	27	23	27	31

随着国家和贵州省各相关部门不断加大对旅游业的投入，接待服务设施档次不断提

高，完善了旅游服务功能，以“吃、住、行、游、购、娱”等要素为主体的旅游产业体系基本建设完成。贵州是我国有名的“食辣带”省份之一，黔味菜肴有别于川、粤、鲁、苏等系菜肴，风格独特，辣香是黔菜和贵州风味小吃的显著特点。其另一大特色就是酸，贵州有“三天不吃酸，走路打蹿蹿”的民谣，带酸味的名菜有酸菜蹄膀、酸汤火锅等。近年来，全球顶尖的酒店管理集团喜达屋、假日、华美达等国际酒店品牌进驻贵州，酒店设施不断完善，接待水平及接待能力不断提高。省支线机场建设的发展迅速，以贵阳机场为中心轮辐式航空运输网络逐步形成，为贵州旅游业提供了更便捷的交通条件。境内自然风光神奇秀美，山水景色千姿百态，溶洞景观绚丽多彩，野生动物奇妙无穷，山、水、洞、林、石交相辉映，浑然一体，加上浓郁的民族风情，让游客感受多彩贵州。贵州拥有众多富有地方特色、民族特色的旅游纪念品，有被称为中国戏剧的活化石的安顺地戏等民间戏剧和其他民俗表演，众多的影剧院、保龄球馆、康乐宫、夜总会、酒吧和咖啡厅、茶艺馆等，这些都为游客增添了无限乐趣。

近年来，贵州推出了生态、文化体验、乡村、红色、避暑、度假、节庆、体育健康及工农业旅游等多种旅游产品。在“十一五”后期，贵州致力于整合资源，挖掘潜力，突出重点，把贵州省建成多民族特色文化、红色文化和喀斯高原生态旅游的重要目的地和中国的旅游大省，使旅游业成为贵州省新的支柱产业。

三、旅游城市与景区览胜

1. 贵阳

贵州省省会，因位于境内贵山之南而得名，古代以制作乐器“筑”而闻名，故别称“筑”。作为高原腹部的中心城市，是贵州省最重要的旅游集散服务中心。贵阳拥有非常丰富的旅游资源，主要是以“山奇、水秀、石美、洞异”为特点的喀斯特自然景观和人文旅游资源。主要景区景点有：甲秀楼、黔灵公园、花溪公园、红枫湖景区、青岩古镇、息烽集中营旧址和息烽温泉等。

图 8.8

（1）甲秀楼，是贵阳市的标志，矗立在城区南明河中的万鳌矾石上，始建于明万历年间，是三层三檐四角攒尖顶的木结构阁楼，楼高约 20m，红棂雕窗，下有十二根白石柱托檐，四周白色雕花石栏相护，华丽宏伟，独具特色（图 8.8）。

（2）红枫湖，位于贵阳之西约 30km，是贵州省最大的人工湖，素来就有“高原明珠”之称，是国家级风景名胜区。红枫湖湖面辽阔，湖水清澈，湖汊蜿蜒，192 个大小岛屿及半岛散布其间，形成山外有山、水外有水、湖中有岛、岛中有湖的奇异景观。除了特色美景之外，还有侗族风情旅游村和苗族风情旅游村，令人流连忘返。

（3）黔灵公园，是国家 AAAA 级旅游区，因“黔南第一山”黔灵处于园中而得名，公园位于贵阳市西北，距市中心约 1.5km，由三岭湾猕猴观赏园、弘福寺、麒麟洞、动物园、黔灵湖、风雨桥等景区及盘山步道组成，尤以明山、秀水、幽林、古寺、圣泉、灵猴而闻名遐迩。

2. 遵义

遵义是中国首批历史文化名城之一，位于贵州省北部，俗称黔北，唐贞观十六年将播州所领的罗蒙县改名遵义县，遵义之名沿用至今。遵义是川黔渝交通要冲，有铁路、公路呈南北向贯穿全市，近几年来经济持续、稳健发展，经济总量仅次于贵阳市，稳居全省第二。遵义旅游区是大西南旅游的重要组成部分，是川渝黔金三角旅游区的重点景区，全市有自然生态、人文景观和社会资源三大类共 300 多处。主要景区景点有：遵义会议会址、赤水风景名胜区、茅台国酒文化城、夜郎城址、习水自然保护区、娄山关、盐津大峡谷生态旅游区、水晶温泉、乌江渡景区和杨粲墓等。

（1）遵义会议会址，坐落在遵义市红花岗区，是一幢砖木结构、中西合璧的两层楼房，原为黔军 25 军第二师师长柏辉章的私人官邸，建于 20 世纪 30 年代初。1935 年 1 月，党中央政治局长征途中，在此召开了著名的“遵义会议”。毛泽东手书的“遵义会议会址”六个大字，高悬于会址的大门正中。会址内的垣门里，是一个青石铺就的天井，天井北侧就是遵义会议会址的主楼。

（2）赤水风景名胜区，位于黔北赤水市，是国务院唯一以行政区名称命名的国家级风景名胜区，总面积为 630km^2，占市域面积的 1/3，由 18 个独立景区组成。目前已对游人开放有：赤水大瀑布、四洞沟、五柱峰、红石野谷、中国侏罗纪公园、燕子岩国家森林公园、竹海国家森林公园等自然景区；以及大同古镇、丙安古镇、红军长征遗址等人文景区。其中，尤以赤水风景四绝“千瀑之市”、“丹霞之冠”、“竹子之乡”、“桫椤王国”而著称。而中国侏罗纪公园是世界上唯一的侏罗纪地球史迹自然生态园林，也是中国唯一以“侏罗纪”命名的国家级公园。十丈洞大瀑布被地质专家誉为“中国丹霞第一瀑”、“神州又一瀑布奇观”，是我国丹霞地貌上最大的瀑布，也是长江流域第一大瀑布。

3. 铜仁地区

铜仁地区位于贵州省东北部，东邻湖南，北接重庆，是连接中原地区与西南边陲的纽带，素有“黔东门户”之称。铜仁地区下辖 1 个县级市、4 个县、4 个自治县和 1 个特区。近几年，一批新的景区、景点相继开发建设，旅游基础设施不断完善。铜仁以其独具的优越区位，优势资源，优惠政策，优质服务吸引着越来越多的外来投资者和游览观光者。铜仁地区旅游资源丰富，主要景点有梵净山、沿河乌江三峡风景名胜区、九龙洞、石阡温泉、夜郎谷、舞阳河景区、情人谷景区、文昌阁、豹子岭、寨英古镇、苗王城等。

梵净山得名于“梵天净土”，位于铜仁地区的江口、印江、松桃三县交界处，是国家级自然保护区、联合国“人与生物圈保护区网”成员。梵净山海拔 2493m，山体庞大深邃，峰峦巍峨雄奇，有“众名岳之宗”美誉。全境山势雄伟，层峦叠嶂；坡陡谷深，群峰高耸；溪流纵横，飞瀑悬泻；古老地质形成的特殊地质结构，塑造了它千姿百态、峥嵘奇伟的山岳地貌景观。主要景点有：护国寺、睡佛、剪刀峡、蘑菇石、万卷书、九皇洞和梵净主峰——金顶等(图 8.9)。

4. 黔东南

黔东南苗族侗族自治州位于贵州省东南部，下辖 15 个县，首府凯里。东邻湖南，南接广西，与本省黔南、铜仁毗邻。青山绿水孕育出的黔东南，境内有原始的自然生态、原生态的民族文化、远古的历史烟尘，是全球十大“返璞归真、回归自然”旅游胜地之一，有“世界上最大的民族博物馆”、“人类疲惫心灵的最后家园”和“人类保存的最古老的歌谣”等美誉。主要景区景点有：镇远古城、云台山、西江苗寨、车江侗族古榕风情风景区、雷公山、杉木河漂流、剑河温泉等等。

(1) 镇远古城，是国家级历史文化名城，位于贵州东部。宋绍定元年（1226 年），赐名镇远州，“镇远”这一名称从此沿用至今。镇远古城群山耸翠，诸水流青，四周都被挺峻高山如屏障将她护卫，而舞水呈“S”形穿城而过，北为府城，南为卫城，都建于明代。城中有青龙洞、和平村、周达文故居、天后宫、四宫殿、府城垣、卫城垣、吴王洞和大片的古民居院落、古巷道、古码头和民族民俗文化组成一幅幅色彩斑斓的多元文化图（图 8.10)。

图 8.9

图 8.10

(2) 西江千户苗寨，位于黔东南雷山县东北部的雷公山麓，距离县城 36km。由十余个依山而建的自然村寨相连成片，为全国最大的苗寨，素有“千户苗寨”之称。千户苗寨四面环山，重峦叠嶂，梯田依山顺势直连云天，白水河穿寨而过，形成了一幅优美的山水田园风光，而自山脚直铺到山顶吊脚木楼，更显得壮观美丽。

5. 黔南

黔南布依族苗族自治州位于贵州省南部，面向南部沿海、背靠西南内陆腹地，是西南地区入海最近通道的必经之地，州人民政府驻都匀市。黔南山青峰奇、风光绚丽，名胜古迹众多，民族文化悠久，民俗风情浓郁，旅游资源十分丰富。主要景区景点有：荔波樟江风景名胜区、惠水涟江燕子洞风景名胜区、掌布峡谷风景区、斗篷山风景名胜区、甲茶风景名胜区、福泉山、杜鹃湖、猴子沟等等。

（1）荔波樟江风景名胜区，是国家级风景名胜区，也是中国南方喀斯特世界自然遗产地之一。位于黔南荔波县境内，总面积 273.1km^2，以喀斯特地貌上樟江水系的水景和浩瀚苍茫的森林为主体，由小七孔鸳鸯湖景区、大七孔地峨宫景区、水春河峡谷景区及樟江沿江风光带等构成，主要景点有 58 个。

（2）惠水涟江燕子洞风景名胜区，位于黔南惠水县，洞高 215m、群栖百万雨燕的惠水燕子洞，以及它所在的“万洞之乡”——羡塘，被国际环境组织命名为亚太地区第一个“亚太国际地理标志公园”。整个风景区由涟江河、岗渡瀑布、慕塘燕子洞三个片区组成，以“山、水、洞、瀑布、峡谷、林、竹”构成的自然景观与古桥、古建筑、红军长征等人文景观交相辉映。

6. 黔西南

黔西南布依族苗族自治州，位于贵州西南部，州府驻兴义市。由于盛产黄金，被中国黄金协会授予“中国金州”称号。因地处珠江上游黔、滇、桂三省区结合部，历史以来就是三省通衢的物资集散地和商贸中心。近几年来，黔西南发展迅速，逐渐树立起了“山水长卷、水墨金州”的地域形象。主要景区景点有马岭河大峡谷风景区、安龙招堤、兴义国家地质公园、三岔河风景区、仙鹤坪国家森林公园、兴义云湖山、何应钦故居和安龙永历皇宫等。

（1）马岭河大峡谷风景区，位于贵州兴义市境内马岭河，以万峰、百瀑、六河、两湖网织而成，以万峰、千岛、百瀑、奇谷、彩画般神奇地缝为景观特色而著名。景区内主要景点景观有彩崖峡、石窟崖、飞虹锁天、瀑布群、奇泉、万峰林等。

（2）三岔河风景区，地处黔西南贞丰县境内，以三岔湖为中心向四周辐射，景区内山峦、峰丛、石林、湖泊、岛屿、峡谷、暗河、泉潭、溶洞、生物化石等丰富多彩，千姿百态；古文化遗址、古墓群、古建筑、革命文物、摩崖石刻令人神往；布依村、苗家寨、民族风情、田园风光与古老的手工艺、土特产、风味小吃使人留连忘返。

7. 安顺

安顺位于贵州省中西部，距离省会贵阳 90km，是贵州西部旅游的中心。安顺历史悠久，源远流长，是贵州省最早设立郡治的古城。素有“中国瀑乡”、“屯堡文化之乡”、“蜡染之乡”、“西部之秀”的美誉。由于地处中国华南喀斯特地貌中心，江河峡谷纵横交错，峰丛石林、森林湖泊、暗河泉水星罗棋布，瀑布和地表溶洞密布，构成一幅幅绚丽多姿的立体画卷。而其 100 多处的古遗址、古墓葬、古建筑、古岩壁画、摩崖石刻等，形成了众多的人文景观。主要景区景点有：黄果树风景名胜区、龙宫风景区、夜郎洞风景区、格凸河风景区、安顺屯堡、九龙山森林公园、“千古之谜”红崖天书、华严洞南郊摩崖、王若飞烈士故居等。

（1）黄果树瀑布，距安顺市区 45km，国家 5A 级景区。景区以大瀑布景区为中心，分布有石头寨景区、天星桥景区、滴水滩瀑布景区、霸陵河峡谷三国古驿道景区、陡坡塘景区、郎宫景区等几大景区。其中以黄果树大瀑布而闻名于世，是世界上唯一可以从上、下、前、后、左、右六个方位观赏的瀑布，也是世界上唯一有水帘洞自然贯通且能从洞内外听、观、摸的瀑布(图 8.11)。

图 8.11

(2) 龙宫风景区，位于安顺市西南 27km 处的马头乡龙潭村，是全世界天然辐射最低和全世界水旱溶洞最多、最为集中的景区。景区总面积约 60km^2，随地势起伏，集山、水、林、洞、溪、湖、石林于一体，自然成片成串分布有 41 个景点。尤为突出的是被誉为“绝景”的龙宫水溶洞群和全国最大的洞中瀑布——龙门飞瀑。

8. 六盘水

六盘水位于贵州省西部，六盘水，取六枝、盘县、水城三个县字头而得名，素有“中国凉都”、“西南煤海”之美誉。喀斯特自然风貌、古文化遗址、30 多个民族灿烂的民俗民风和民间文化，犹如颗颗明珠镶嵌在这块乌蒙大地上。主要景区景点有：玉舍国家森林公园、野钟黑叶猴自然保护区、韭菜坪景区、盘县大洞、长角苗风情、阿勒河景区、龙凤地宫、盘县古银杏风景名胜区、水城天生桥、折溪傩戏、牂牁江景区、六枝梭嘎生态博物馆等。

(1) 玉舍国家森林公园，位于贵州省水城县南部，距六盘水市中心 30km，公园由森林游览区、森林游乐园、森林生态保护区、综合服务区、森林探险区、发展区等 6 个景区组成。景区内旅游资源丰富，类型齐全，以“林茂、山青、水秀、物丰、树美、石奇、峡险、情浓”为主要特色。

(2) 龙凤地宫，位于六盘水市水城西部，是一座非常独特的地下公园，深入地下近 100m，全长 2.8km。地宫内景色奇极妙极，美不胜收。地宫中还有一个神奇的大厅，叫做音乐厅，洞中洞面积达 1600 多平方米，能容纳 1500 人，厅的右侧还有一个天然舞台，面积约 80m^2，厅内满了千姿百态的钟乳岩溶造型，宛若一个典雅、灿烂辉煌而有气派的音乐厅。

9. 毕节地区

毕节地区位于贵州省的西北部，辖毕节市、大方县等 8 个县市。毕节属岩溶地貌，开发历史悠久，具有众多的名胜古迹、岩溶景观和其他自然风光，旅游资源十分丰富。主要景区景点有：织金洞、威宁草海、百里杜鹃、纳雍总溪河风光、九洞天及十里溶洞探险漂、大屯土司庄园风景区、可乐遗址、黔西观音洞遗址等。

(1) 织金洞风景名胜区景区包括织金洞和织金古城丰富的人文景观及县内独具特色少数民族风情。织金洞是其中心景区，原名打鸡洞，位于县城东北约 23km，是一个多格局、多层次、多类型的高位旱洞，洞内岩溶生长独特，景物规模宏大，雄伟壮观，千姿百态，精妙绝伦。素有“地下艺术宝库”、“举世无双的岩溶博物馆”等美誉。

(2) 九洞天风景名胜区，位于大方、纳雍两县的交界处，面积约 150km^2，由总溪河、九洞天两个景区组成，有 15 个主要景点。总溪河景区主要景点有万寿桥、小三峡、宣慰洞、一线天、石龙锁江、梯子岩古驿道和梯子岩石林等；九洞天景区为岩溶伏流自然景观，由水洞、旱洞、峰林、峰丛、湖泊、峡谷组成。

四、旅游线路与行程设计

1. 短线

(1) 贵州精品一日游：黄果树、陡坡塘、天星桥、龙宫。

(2) 贵阳经典一日游：黔灵山、弘福寺、甲秀楼、阳明祠、文昌阁。

(3) 梵净山云舍佛教文化土家风情二日游：云舍土家民俗文化村、梵净山。

(4) 西部神奇二日游：天台山、屯堡古镇、苗族村寨、黄果树瀑布、水帘洞、盆景园、龙宫。

(5) 荔波大小七孔二日游：小七孔古桥、拉雅瀑布、六十八级跌水瀑布、水上森林、龟背山、鸳鸯湖、天钟洞、卧龙潭、恐怖峡、天生桥、妖风洞 漳江部落。

(6) 红色经典一日游：息烽集中营、遵义会议会址、红军总政治部旧址、中国苏维埃银行旧址、红军烈士陵园。

2. 中长线

(1) 多彩贵州七日游：贵阳花溪公园、青岩古镇、甲秀楼；安顺天龙屯堡、龙宫、黄果树瀑布、天星桥；兴义马岭河、万峰林。本线路涵盖的景观内容比较丰富，能反映贵州的特色。

(2) 黔中古寨亲水入地六日游：龙里草原、龙架山；黄平重安江三朝桥、枫香革家寨、飞云崖；施秉云台山、杉木河漂流；镇远古城、青龙洞、铁溪、报京侗寨；铜仁十里锦江、九龙洞、梵净山、黑湾河佛教文化园、云舍土家民族村。本线以自然生态、民族文化为特色。

(3) 红色征途感怀四日游：息烽集中营，遵义会议会址、红军山、海龙屯、娄山关；仁怀国酒文化城、盐津温泉；习水土城四渡赤水纪念馆、三岔河；赤水四洞沟、桫椤自然保护区、竹海、丙安古镇。本线路以红色旅游为特色。

(4) 贵州山水民族风情十游：凯里南花苗寨、麻塘革寨、舟溪苗寨；黄平飞云崖、野洞河漂流；施秉杉木河漂流、云台山；台江施洞苗寨、反排苗寨；雷山郎德上寨、西江千户苗寨；榕江三宝侗寨、宰荡侗寨；从江岜沙苗寨、增冲鼓楼、小黄侗寨；黎平肇兴侗寨、堂安侗寨、地坪风雨楼。本线路以少数民族文化、少数民族风情旅游为特色。

任务 8.4　畅 游 广 西

一、地理环境概述

广西全称广西壮族自治区，简称“桂”，首府南宁。广西壮族自治区地处祖国南疆，南临北部湾，面向东南亚，西南与越南毗邻，东邻粤、港、澳，北连华中，背靠大西南，介于东经104°26′～112°04′，北纬20°54′～26°24′之间。全区土地总面积23.67km^2，2008年末全区总人口5049万人，境内居住着壮、汉、瑶、苗、侗、仫佬、毛南、回、京、彝、水、仡佬等12个世居民族，各少数民族人口占全区人口总数38.54%，其中壮族人口1605万人，占少数民族人口的84.57%。省境南部濒临属于南海的北部湾，海岸线长1959km，海域辽阔，滨海旅游资源丰富。广西位于云贵高原东南边缘，地处两广丘陵西部，整个地势自西北向东南倾斜，四周多被山地、高原环绕，呈盆地状，有"广西盆地"之称。区内河流众多，沿着地势从西北流向东南。全区地处中、南亚热带季风气候区，气候温暖，热量丰富。全年林木葱郁，景色优美，动植物资源丰富(图8.12)。

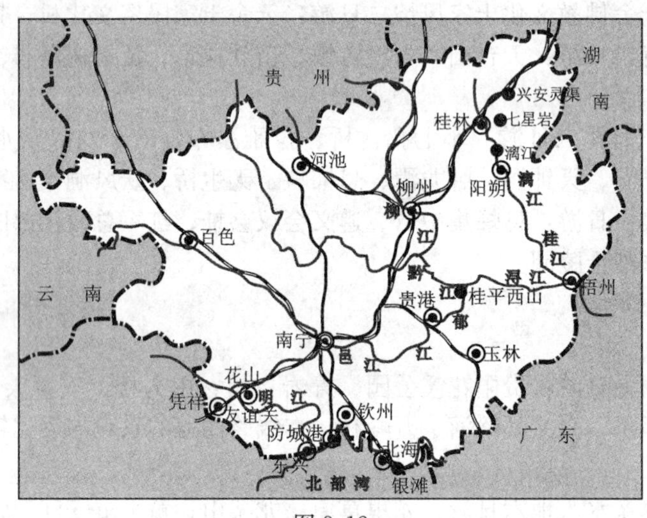

图8.12

广西壮族自治区历史悠久，春秋战国时为百越地，秦置桂林郡，唐属岭南道，宋置广南西路，简称广西路，为广西得名的开始，元属湖广行省，明、清始才有广西省之称，1958年成立广西壮族自治区。改革开发20多年来，国民经济和社会发展取得了长足进步，综合实力明显增强。

而经过近几年的发展，广西已经初步形成了以沿海港口为龙头，铁路、公路、河流为主干，各种运输方式相配合的综合性出海、出省大通道。而泛珠江三角洲经济圈和中国—东盟自由贸易区的建立，更加强了广西与东盟各国企业的联合与合作，将给处于前沿地带的广西的发展提供更加广阔的空间。

二、旅游业掠影

广西自然资源和人文资源丰富，既面向东南亚，又背靠云贵川、邻近港澳台，具有全国唯一的沿海、沿江、沿边优势，20世纪90年代以来，广西的旅游业向广度和深度发展，取得了全面的进展，旅游业已成为广西国民经济中发展速度最快、最具活力的新兴产业之一，对国民经济的贡献越来越大，广西将成为旅游产业大省和旅游经济强省(表8.3)。

表 8.3　2008 年广西旅游业发展情况一览表

省份及其在全国的地位	国内旅游人数/万人次	入境旅游人数/万人次	国内旅游收入/亿元	旅游外汇收入/亿美元	星级酒店数/家	旅行社数/家	4A 级以上景区数/家
广西	9 687	201	534	6	393	378	35
全国总数	17 1000	13 003	8 749	408	14 099	20 110	872
占全国比例	6%	2%	6%	1.5%	3%	2%	4%
在全国排名	16	10	21	14	16	23	12

近年来，广西旅游产业基础不断增强、规模不断壮大，产业布局进一步优化。其中，旅行社、旅游饭店、旅游文化娱乐和旅游商品等旅游要素配套得到了更进一步的发展。广西菜用料丰富，注意色味、配菜适当，在长期发展中形成一定特色。再加上不同的少数民族的饮食习惯，形成了独特的饮食文化。随着广西旅游业的快速发展，越来越多投资者前来广西开发建设高星级酒店，将为旅游接待创造更好的条件。全区航空、公路、铁路、航运和海港建设取得突破性进展，初步构建起便捷畅通的立体旅游交通网络。区内旅游资源丰富多彩，奇观胜景遍布八桂大地。广西素有“土特产仓库”之美誉，据不完全统计，各类土特产达 1200 多种。新兴娱乐活动层出不穷，全区各旅游城市市区每到夜晚，城内一片灯红酒绿。而各大景点娱乐设施齐全，并各富特色。其中体验少数民俗风情，观看民族歌舞最受欢迎。可与瑶、侗、壮、苗族人共舞，领略各少数民族的文化。

随着全面启动建设广西旅游强省，旅游业发展成为广西国民经济的重要支柱产业。建立中国——东盟自由贸易区、推进泛北部湾区域、大湄公河次区域和“两廊一圈”合作以及“泛珠”合作等机遇将给广西的旅游业带来更大的发展空间。利用这些机遇，广西将进一步发挥桂林市对广西旅游产业发展的龙头辐射和带动作用。建设完善“桂林/贺州—柳州/河池—来宾—南宁—钦州、防城港（东兴）—北海”和“梧州—玉林—贵港—南宁—百色/崇左”两条黄金旅游带。建设和完善桂林市、南宁市两大旅游集散中心。突出自然山水、滨海休闲、边关揽胜、民族风情和红色旅游五大旅游特色。着力打造桂林山水、德天瀑布、北海银滩、百色天坑、民族风情、红色旅游六大旅游品牌。全面推进大桂林山水文化旅游区、南宁壮乡绿城会展商务旅游区、德天跨国大瀑布旅游区、环北部湾滨海跨国旅游区、百色大天坑群旅游区、大瑶山生态民俗文化旅游区、桂东宗教历史文化旅游区、左右江红色旅游区等八大旅游区的规划建设。

三、旅游城市与景区览胜

1. 南宁

南宁是广西壮族自治区的首府，位于广西西南部，与越南毗邻，是红豆的故乡，也是一座历史悠久的边陲古城，具有深厚的文化积淀，古称邕州。南宁阳光充足，雨量充沛，树木四季常青，人称“绿色城市”。南宁是连接东南沿海与西南内陆的重要枢纽，是国家级经济区——北部湾经济区建设的核心城市，还是中国——东盟博览会的永久举办地。南宁旅游基础良好，优势明显，特别是进入 20 世纪 90 年代中期以后发展迅速。

主要景区景点有：青秀山风景区、大明山风景区、扬美古镇、广西壮族自治区博物馆、广西民族文物苑、九龙瀑布群森林公园、良凤江国家森林公园、嘉和城温泉谷、昆仑关风景区等。

(1) 青秀山风景区，位于南宁东南约5km处，青秀山风景区包括凤凰岭，凤翼岭和青秀山，景区兴建于隋唐，在古代已是邕南著名的避暑游览胜地。景区内景点众多，各有自己的特色，引人入胜，是国内外游客到南宁旅游必到之地。

(2) 扬美古镇，位于南宁西南部，距离市区约36km。扬美古镇始建于宋代，繁荣于明末清初，以古镇、老街、碧水、金滩、奇石、怪树著称，也是辛亥革命党人黄兴、梁烈亚进行革命活动的根据地。

2. 桂林

桂林位于广西东北部，是世界著名的风景旅游城市和国家级历史文化名城，素有“游山如读史，看山如观画”的赞誉。桂林地处南岭山系的西南部，平均海拔150m，属典型的“喀斯特”岩溶地貌，遍布全市的石灰岩经亿万年的风化与侵蚀，形成了千峰环立、一水抱城、洞奇石美的独特景观，被世人美誉为“桂林山水甲天下”。主要景区景点有：漓江景区、世外桃源景区、龙胜龙脊梯田景区、阳朔西街、银子岩风景旅游度假区、大榕树风景区、尧山景区、滨江景区、灵渠景区、荔江湾景区、龙胜温泉、七星景区、冠岩景区、图腾古道景区、阳朔聚龙潭景区、临桂义江莲花岛休闲乐园、桂林经典刘三姐大观园等。

图 8.13

(1) 桂林漓江，风景区是世界上规模最大、风景最美的岩溶山水游览区，以桂林市为中心，北起兴安灵渠，南至阳朔，由漓江一水相连。桂林山水向以“山青、水秀，洞奇”三绝闻名中外（图 8.13）。桂林漓江风景区游览胜地繁多，其中一江（漓江）、两洞（芦笛岩、七星岩）、三山（独秀峰、伏波山、叠彩山）最具有代表性。

(2) 龙脊梯田，景区距龙胜县城27km，距桂林市80km，面积约70km^2。整个龙脊梯田景区山青水秀，瀑布成群，春如层层银带，夏滚道道绿波，秋叠座座金塔，冬似群龙戏水，四季各有神韵。更以其磅礴的气势、流动的线条，变幻的神韵和独特的民俗风情而享誉中外，堪称“世界之最”和“天下一绝”。

(3) 阳朔西街，“桂林山水甲天下，阳朔风景甲桂林”，阳朔不仅田园风光如诗如画，文化遗产也十分丰富，古建筑、古桥梁、摩崖石刻等，点缀于山水间。最有名的要数阳朔古老的石板街——西街。西街位于县城中心，大理石路面，房屋建筑古色古香，地方特色浓厚。街中有众多的工艺品店、书画店、旅馆、咖啡厅、酒吧、中国功夫馆，是洋人聚集最多的地方，是中西文化的交汇地，更西街男女老少都能说外语，所以有“洋人街”、“地球村”之说。

3. 玉林

玉林地处广西东南部，位于粤桂两省区交界处，是桂东南地区政治、经济、文化、交通中心。“关古、阁奇、环美、水秀”，述说千年古州过往；商贾、名流、铜鼓、侨乡，演绎“岭南都会”繁华，形象地反映了玉林历史悠久，物产、景观丰富，商贸发达繁荣。玉林旅游资源丰富，被誉为“天然南国园林”、“岭南美玉，胜景如林”。主要景区景点有：大容山森林公园、真武阁、北流铜石岭风景区、陆川谢鲁山庄、佛子山旅游度假区、博白天仙桥、兴业庞村古民居、城隍鹿峰山等。

大容山森林公园位于北流市城区北面约 20km，因山体雄伟博大，无所不包，无所不容而得名。大容山是一座历史名山，曾经被封为“南方西岳”。大容山以森林生态旅游为特色，以山水闲情为主题，树木终年常绿，四季花开果熟，山涧瀑布飞溅，百鸟啾鸣，素有“绿色宝库，植物王国，动物乐园，旅游天堂”之美称。其中，莲花山一带形成了世界罕见的高山草甸、高山湖泊、高山飞瀑、高山圣诞林的综合景观，被誉为“中国的欧色风光”。

4. 柳州

柳州，又称龙城、壶城，是中国历史文化名城之一，位于广西中北部，是广西的工业重镇，素有“山水城市中工业最强，工业城市中山水最美”之称。“山青、水秀、洞奇、石美”，“壮歌、瑶舞、苗节、侗楼”简约地概括了这座国家历史文化名城和优秀旅游城市的风情魅力所在。主要景区景点有：柳侯公园、鹿寨香桥风景名胜区、程阳风雨桥、大龙潭风景区、都乐岩、柳州奇石城、鱼峰山公园、柳州白莲洞、江滨公园、柳州市博物馆、三江侗乡、融水苗寨、三门江国家森林公园、马鞍山、西来寺、大桥洛维农业旅游区、柳州清真寺等。

1）柳侯公园

柳侯公园位于柳州市中心，始建成于 1906 年，是为纪念唐代大文豪曾任柳州刺史的柳宗元而建的公园，是广西唯一一个国家重点公园。公园占地面积约 0.2km^2，园内主要景点有：罗池、柳候祠、柳宗元衣冠墓、柑香亭等古迹和山水来归盆景园、儿童乐园等。

2）程阳风雨桥

程阳风雨桥位于柳州三江县城古宜镇的北面 20km 处，又叫永济桥、盘龙桥，建于 1916 年，集桥、廊、亭三者于一身，是侗寨风雨桥的代表作，是目前保存最好、规模最大的风雨桥，是侗乡人民智慧的结晶，也是中国木建筑中的艺术珍品(图 8.14)。

图 8.14

5. 百色

百色地处广西西部，是滇、黔、桂三省中心城市，是我国大西南通往太平洋地区出海通道的“黄金走廊”，市政府驻百色镇。百色历史悠久，山川秀丽，人文景观和民族风情多姿多彩，旅游业发展前景十分广阔。百色是中国 12 个红色旅游重点景区之一，而被誉为“天崩”“地裂”的乐业天坑群和靖西峡谷群堪称为世界奇绝。主要景区景点有：通灵大峡谷、乐业天坑群、古龙山峡谷漂流风景区、大石围天坑、红七军军部旧址、罗妹莲花洞、黑水河、绿岛行云、沙屯叠瀑、旧州绣球一条街、百色起义纪念馆、百色起义纪念碑、仙人桥、布柳河、凌云水源洞、百色澄碧湖、田阳布洛陀遗址等。

(1) 通灵大峡谷，位于广西中越边境的靖西县境内，整个景区含念八峡，通灵峡等，总长达 10km，峡谷内荟萃了举世罕见的特高瀑布群、洞中瀑布、地下河、峡谷溪流、洞穴观光、古石垒、古悬棺葬、原始植被等自然景观与人文景观。最奇特的还是单级落差达 160m，宽 30m 的通灵大瀑布，堪称是目前我国已经发现的最高单程瀑布。

(2) 乐业天坑群，位于百色乐业县，方圆不到 $20km^2$ 的崇山峻岭里，分布着 24 个天坑，是世界上最大的天坑群，天坑群集独特奇绝的容洞与原始森林和珍稀动植物于一体，形成天然的洞底有洞，洞中有河、河流湍急，冷热相交汇的两条地下暗河，地下暗河中的石笋挺拔丛生，石柱峭然擎天，石帘晶莹透亮，石瀑到处都有，景观奇特迷人，景点丰富多彩。

(3) 百色起义纪念馆是国家 4A 级景区。位于百色市中心风景秀丽的迎龙山公园内，占地面积 6 万平方米，展厅面积 $2200m^2$。纪念馆建筑以壮族图腾青蛙为造型，外墙砌以灰色的丰抱石，古朴庄重。馆内设“百色风雷”“革命英杰”、“邓小平与百色”、“建设新百色”等多个展厅。

6. 崇左

崇左位于广西的西南部，1951 年 4 月，崇善县与左县合并为崇左县，“崇左”因此得名。于 2003 年 8 月崇左市正式挂牌成立。全市有宁明、龙州、大新、凭祥 4 个县(市)与越南接壤，边境线长 533km，是广西边境线最长的地级市。随着西部大开发的深入，崇左市建成中国——东盟自由贸易区陆路通道上以亚热带农业、边境工业、国际商贸、边关旅游、壮族文化和山水园林为特色的桂西南中心城市。崇左市境内名胜古迹众多，风景秀丽，主要景区景点有：德天瀑布、大新明仕田园风光、崇左弄官生态公园、天然盆景崇左石林、扶绥恐龙化石群、凭祥友谊关、崇左归龙斜塔、宁明花山崖壁画群、大小连城、红八军纪念馆等。

图 8.15

(1) 德天瀑布，位于崇左市大新县硕龙镇和越南潭水社交界的边境线上，距大新县县城 66km。德天瀑布为国家特级景点，横跨中越两国，宽约 200m，高约 60m，纵深约 70m，年均流量 $50m^3/s$，是黄果树瀑布的 5 倍，终年有水。瀑布呈三级跌落，四周古树参天，花草掩映，是世界第四大、亚洲第一大跨国瀑布（图 8.15）。

(2) 宁明花山崖壁画群，位于崇左市宁明县城西北 25km 的明江河畔，是世界同类岩画中单位面积最大、画面最集中、内容最丰富、保存最完好的一处岩画，被誉为壮族文化瑰宝和世界岩画的极品，迄今已有2300多年历史。整幅崖画画面长172m、高50m，总面积8000多平方米，绘有大小图像1900多个，画面以人物造型为主，也有铜鼓、箭簇和野兽之类。画面色调为赭红色，图像线条粗犷，结构严紧，神态各异，形象逼真，整个画面气势恢弘，热情奔放，场面热烈而富有诡秘色彩，富有艺术感染力，具有相当高的艺术造诣和浓厚的少数民族情调，构成一幅反映古骆越民族生活的历史画卷。

7. 北海

北海地处广西南端，北部湾东北岸。北海市因市区北面濒临海而得名，始建于清康熙初年，清嘉庆年以来沿称为市。北海旅游资源十分丰富，主要有：滨海类、风光类、人文类、古迹类四大旅游资源。市区南北西三面环海，风光旖旎，具有了发展滨海旅游业“海水、阳光、沙滩”的全部要素，现已成为中国南方重要的滨海旅游城市。主要景区景点有：北海银滩、北海海底世界、涠洲岛、北海海洋之窗、合浦汉墓群、文昌塔、红树林生态自然保护区、北部湾广场、冠头岭风光、北海老街、白龙珍珠城、北海海滨公园、北海海滩公园等。

北海银滩是国家级旅游度假区，享有“天下第一滩”的美誉。景区位于北海市南部海滨，距北海市区8km，由西区、东区和海域沙滩区组成，以滩长平、沙细白、水温净、浪柔软、无鲨鱼、无污染的特点称奇于世。景区内沙子不含泥，纯净度极其高，沙子洁白如雪，细腻如脂，松软如棉。阳光下，一望无际的沙滩，银光闪闪，与蔚蓝的大海交汇在一起，构成一幅奇特瑰丽的图景，美不胜收。

8. 其他旅游城市与旅游景区

此外，还有贺州、贵港、梧州、来宾、钦州、防城港、河池等旅游城市，主要景区景点有姑婆山国家森林公园、黄姚古镇、贺州客家围屋、玉石林、桂平西山风景名胜区、骑楼城·龙母庙景区、琅南蝴蝶谷漂流风景区、石表山风景区、岑溪吉太漂流、太平天国封王建制遗址公园、白霜涧瀑布、象州温泉、忻城莫氏土司衙署、武宣百崖大峡谷、圣堂山峡谷漂流、三娘湾旅游区、八寨沟旅游区、冯子材故居、十万大山国家森林公园、北仑河口风景区、巴马盘阳河-水晶宫风景名胜区、下枧河景区、六甲小三峡等。

(1) 贺州客家围屋，建于清乾隆末年，是目前中国保存最完整、规模最大、历史最悠久的客家古建筑之一。围屋占地面积约$2km^2$，分南、北两座，相距300m，围屋四周有3m高的围墙与外界相隔，屋宇、厅堂、房井布局错落有致，井井有条，上下相通，屋檐、挡风板、回廊、梁柱雕龙画凤，富丽堂皇，是典型的客家建筑文化艺术结晶，素有江南“紫禁城”之美称。

(2) 巴马盘阳河-水晶宫，国家4A级景区，水晶宫景区由神秘的命河、长寿水晶宫、大型天生桥三个景点构成，以量最大、色最白的非重力水沉积物岩溶乳石景观独步天下；盘阳河景区享誉小漓江，一条色如翡翠的巴马长寿母亲河将养生圣坛——百魔天坑、洞天水府——水波天窗、十里画廊——盘阳河漂流、铁索寒桥——盘阳河大峡谷以及万顷碧波——赐福湖等几处景点串在一起，美轮美奂，胜甲天下。

四、旅游线路与行程设计

1. 短线

（1）南宁经典一日游：民族大道、南湖公园、青秀山、南宁国际会展中心、五象广场、地王大厦云顶观光、昆仑关。

（2）漓江风光一日游：象鼻山、穿山、斗鸡山、净瓶山、磨盘山、冠岩、秀山、仙人推磨、画山、黄布倒影、螺蛳山、碧莲峰、书童山、阳朔大榕树、月亮山、聚龙潭。

（3）阳朔山水精华二日游：兴坪古街、元宝山、九马画山、银子岩、西街、印象·刘三姐、遇龙河、大榕树景区、阳朔"十里画廊"。

（4）德天瀑布、边境风情二日游：龙虎山、屯叠瀑布、硕龙边境工作站、硕龙桥、中越 53 号界碑、德天跨国瀑布、明仕田园风光。

（5）红色之都百色二日游：红七军军部旧址、大王岭风景区、平圩民族村、矮马风情园、百色起义纪念公园、澄碧湖风景区、百色国家农业科技园区。

2. 中长线

（1）醉美广西八日游：桂林七星公园、象山公园、伏波山、叠彩山、芦笛岩、榕杉湖景区、正阳步行街，阳朔杨堤、画山、西街、银子岩、遇龙河漂流、印象·刘三姐，南宁武鸣伊岭岩景区、嘉和城温泉谷，大新明仕田园景区、中越两国界河归春河、德天跨国大瀑布、中越边境 53 号国界碑，靖西通灵大峡谷，北海银滩、北部湾广场。

（2）桂东四日游：梧州龙母庙、西竺园、天主教堂、白鹤观，贵港桂平西山，玉林真武阁、都峤山、勾漏洞、铜石岭风景区、陆川谢鲁山庄、李宗仁屯兵遗址。本线路以宗教历史文化旅游为特色。

（3）桂中五日游：柳州柳侯祠、鱼峰山、马鞍山、驾鹤山、大龙潭、都乐岩，融水贝江、雨卜苗寨、归秀侗寨、贝江漂流，三江程阳风雨桥、马胖鼓楼。本线路以民族风情、文化旅游为特色。

（4）环北部湾五日游：钦州三娘湾、七十二泾、灵东水库、八寨沟景区，北海银滩旅游度假区、白龙珍珠城遗址、北海海底世界、涠洲岛、英罗红树林保护区，防城港江山半岛、北仑河漂流、万尾金滩、京岛旅游度假区。本线路以环北部湾滨海旅游为特色。

实训与思考

（1）西南三省区旅游资源有何共性？应怎样对本区旅游资源合理的开发？

（2）根据所学知识，设计一条以体验西南少数民族文化游为主题的旅游线路。

（3）根据所学知识，设计一条以西南边境文化游为主题的旅游线路。

游历西北四省

目标与导读

本项目主要就内蒙古、宁夏、甘肃、新疆四省区的旅游地理环境、旅游业发展状况、特色旅游资源和旅游线路等方面进行了介绍。通过对本项目内容的学习，应了解内蒙古、宁夏、甘肃、新疆各省区的旅游地理环境特征、特色旅游资源，熟悉各省区内的主要旅游城市及旅游景点概况，掌握各省区旅游业发展现状与趋势，并能通过对既有旅游线路的学习，培养根据不同的旅游主题和市场需求设计相宜旅游线路的能力。

任务9.1 区域认知

一、位置与范围

西北四省包括内蒙古自治区、宁夏回族自治区、甘肃省、新疆维吾尔自治区，地处亚欧大陆中部，是我国北部和西北部边陲地区。北面和西面分别与俄罗斯、哈萨克斯坦、阿富汗、蒙古等国接壤；东面和南面分别与东北、华北、青藏地区相邻（图9.1）。

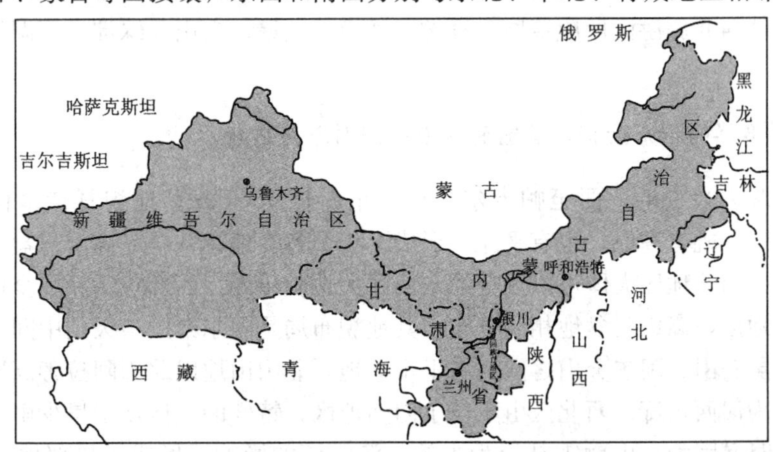

图9.1

西北四省土地总面积336.4万km^2，占全国土地面积的35%，总人口约8351.85万人，约占全国总人口数的6.3%。其中少数民族人口约占总人口的1/3，主要有蒙古族、回族、维吾尔族、哈萨克族等，是中国少数民族聚居地区之一。本区地处我国西北内陆，面积广大，民族众多，自然旅游资源丰富，历史文物古迹众多，少数民族风情浓郁，是我国内地主要旅游区之一。但从总体来看，西北四省深居内陆，地理位置偏远，交通不太便利，在一定程度上限制了旅游业的进一步发展。

二、旅游环境与资源

1. 冬寒夏热的大陆性气候，复杂多样的自然景观

本区由于纬度偏北，深居内陆，远离海洋，四周高山环列，使得湿润的海洋气流难以进入，形成了极端干燥的大陆性气候。其特点是温差大，降水稀少，日照充足。西北地区冬季严寒，夏季炎热，冬夏温差非常大。新疆阿尔泰地区和内蒙古大兴安岭地区季最低气温达－30℃，阿尔泰地区出现过－51.5℃的低温，创全国最低气温纪录。夏季各地气温差异不大，大部分地区7月平均气温为26～29℃，几个盆地地区气温较高，吐鲁番盆地内部7月平均气温为40℃，极端最高气温曾达49.6℃，居全国之冠，素有“火洲”之称。本区降水较少，多集中在夏季，且地区分布差异较大。内蒙古地区降水量呈现出由东向西递减趋势，内蒙古东南部降水较多；在新疆，基本上是由西北向东南递减，塔里木盆地内部年降水量不到20mm；而在甘宁地区则由东南向西北递减。

由于降水较少，西北地区气候最显著的特点是干燥。空气湿度低，云雨少，经常是晴空万里，阳光灿烂，日照时间长，有利于棉花、瓜果的生长。夏季日照时间长，白天气温高，到了夜晚，由于沙漠缺少保持热量的能力，地面冷却散热的速度特别快，温度迅速下降，导致昼夜温差特别大，一天之内好像经历了寒暑变化，这种现象在全国是罕见的。“早穿皮袄午穿纱，围着火炉吃西瓜”就是对西北地区昼夜温差大的形象反映。由于气候干燥，风沙剧烈，因此植被稀少，主要是草原植被和荒漠植被。以旱生灌木和半旱生灌木为主，具有极强的耐旱力，如胡杨、碱蓬、沙拐枣、柽柳等。由于气候与地形的结合，使西北旅游区形成草原、森林、沙漠、戈壁、雪山、绿洲、河湖等多种自然景观。

2. 独特多样的地形结构，美丽的沙漠绿洲与草原风貌

本区东起大兴安岭，西至帕米尔高原，东西长4000km。地貌复杂多样，既有山地，也有盆地；既有高原，也有平原，形成了一个各类地貌齐全、高山与盆地相间排列的地表结构。西北地区大体可以划分为东西两大地貌单元。西部包括新疆全境及内蒙古和甘肃西部地区，高山与盆地相间分布。其地貌布局是阿尔泰山与天山中间为准噶尔盆地，天山与昆仑山、阿尔金山之间为塔里木盆地，北山山地以北为阿拉善高原，北山与祁连山之间为河西走廊。西北区由于位于内陆地区，特殊的气候，干旱少雨，形成了荒漠景观，同时又因为高山融雪补给为主的内流河流的影响，形成了局部地区的绿洲景观。位于塔里木盆地中部的塔克拉玛干沙漠，面积约33万km^2，是我国最大、世界第

二大流动沙漠。位于准噶尔盆地中部的古尔班通古特沙漠，是中国第二大沙漠，大部分是固定和半固定沙丘。此外，还有世界沙丘最高大的巴丹吉林沙漠以及浩瀚无边的腾格里沙漠。沙漠地区风力强大，成为塑造地表的主要应力，风沙地貌发育典型，风蚀地貌和风积地貌类型多样，形成独特的自然景观。本区著名的大漠奇观有新疆的魔鬼城、罗布泊、火焰山、甘肃的鸣沙山、月牙泉、宁夏的沙坡头、沙湖、内蒙古的响沙湾、胡杨林等，这些神奇的自然景观给沉寂的沙漠增添了神秘色彩，令人遐思冥想，成为探险者的乐园。近年来开辟了多条以沙漠探险为主题的旅游线路，吸引了大量中外游人。神奇莫测的大沙漠，流沙滚滚，塑造着各种风成地貌，沙漠边缘是一片片阡陌良田，流水环绕的肥沃绿洲上，散布着一座座古老、美丽的城镇和一个个浓荫掩映的村庄。河西走廊位于甘肃省西北部，是夹于合黎山、龙首山与祁连山之间的东西狭长的平原。河西走廊分为山岳区、山前戈壁区和中部绿洲区。祁连山上的冰雪，夏日消融，雪水大量渗入山前戈壁沙砾层中，成为地下水来源，供农业引水灌溉，形成历史悠久的灌溉农业区。

东部包括内蒙古自治区的大部分、甘肃和宁夏回族自治区的一部分。地形上表现为高原、山地和平原镶嵌排列，呈带状分布，其中以高原面积最为广阔。我国拥有草原3.93 亿 hm，仅次于澳大利亚，居世界第二位。主要分布于西北的内蒙古、新疆、甘肃、宁夏各省区。内蒙古是我国草原面积最大的省区，占全国草原面积的 22%。内蒙古大草原东起大兴安岭，西至居延海，包括呼伦贝尔草原、锡林郭勒草原、科尔沁草原、乌兰察布草原、鄂尔多斯草原等。这里草原辽阔、富饶而美丽，尤其在凉爽宜人的夏秋季节，塞外草原更添风采神韵，蓝天白云下，无涯的芳草中蒙古包点点，牧歌声声，牛羊成群，好像白云在茫茫绿海中飘移，游人身临其境，心旷神怡。草原上生活着蒙古族、鄂伦春族、鄂温克族等 30 多个少数民族，游牧历史悠久，民族风情浓郁。辽阔壮美的草原风光和丰富多彩的民族风情构成了西北地区独特的旅游资源，近年来开辟了多条草原风情旅游路线。

3. 悠久漫长的丝路文化，引人入胜的丝路古迹

两千多年前，我们的祖先开拓了丝绸之路，它曾是中西陆路交通、文化交流的大动脉。我国的四大发明、丝绸、陶瓷、玉器等经过丝绸之路传向西方，西方的天文、历法、数学、医学、宗教、艺术等也由此路传至中原。在东西方交流中，丝绸贸易额巨大，引起了西方世界的轰动，由此得名“丝绸之路”。西北地区是古代丝绸之路的主要通道，由长安出发，经河西走廊、新疆天山南北，越过帕米尔高原，到达中亚、西亚、欧洲等地。

随着丝绸之路的开辟和繁荣，沿途许多地方得到开发，曾盛极一时，并留下了数量巨大、种类丰富的历史遗物和历史遗迹，有着很高的历史价值、艺术价值和旅游价值。如在军事设施方面，以临洮秦长城遗址、汉代阳关和玉门关、明代嘉峪关最为著名；在宗教建筑方面，以石窟、寺院最为突出，其中主要有敦煌莫高窟、麦积山石窟、炳灵寺石窟、拜城克孜尔千佛洞和夏河县拉卜楞寺等；丝路沿途古墓遍布各地，其他文物亦多有发现，如文书、印章、竹简、绘画、货币、丝织品、兵器等。其中有些具有很高的历史价值，有些属于艺术珍品。出土于武威雷台东汉墓葬的铜天马，想象大胆，造型奇

特，已被选作中国旅游的标志。古丝绸之路上曾有过众多小国，后由于气候变化，河流改道或疾病、风沙、战火等原因，有的成为废墟，有的已被风沙掩埋，如阳关、玉门关、米兰古城、古楼兰、高昌故城、交河故城等。这些古城的古颜残荣，令人遐想，别具魅力。另外，曾跋涉在丝绸之路上的历史名人，如张骞、班超、李广、高适、岑参、林则徐、左宗棠等留存下来的故事与遗迹，以及遗存的游记、小说、诗词等，都为丝绸之路增添了豪壮、神奇色彩。

4. 绚丽多姿的民族风情

西北地区是我国少数民族的主要聚居地，有蒙古、回、维吾尔、哈萨克、鄂伦春、鄂温克、裕固、东乡、西波等 40 多个少数民族。各民族有着悠久的历史和独特的文化，民俗活动异彩纷呈，民族风情绚丽多姿。因此，本区是我国重要的民俗风情旅游地区之一。

内蒙古自治区是蒙古族的主要聚居地，蒙古族是著名的“马背民族”。历史上“逐水草而居”的游牧生活，造就了蒙古族人剽悍纯朴的民族性格和独具魅力的草原文化。蒙古族人能歌善舞，喜爱竞技，热情好客，他们的服饰艳丽多彩，富有民族特色。那达慕大会是蒙古族民间传统节日，届时男女老少身着民族盛装，参加体育竞技活动，开展商贸活动。

新疆维吾尔自治区是维吾尔族的主要聚居地，维吾尔族以能歌善舞闻名中外。女子舞姿轻盈优美，旋转快速多变，男子动作热烈奔放，强悍刚劲。传统的节目有塞姆、刀郎、顶碗、大鼓、铁环、普塔、婚礼、麦斯舞等。音乐舞蹈史诗“十二木卡姆”是传世之作，麦西莱甫是民间娱乐形式之一。维吾尔族民族服装艳丽多彩，冠履饰物搭配协调。新疆各地到处可见弹着乐器载歌载舞的人们，他们舞姿优美，歌曲动听，表现了新疆各民族热情、开朗、活泼的性格。在新疆观看民族歌舞已经成为特色旅游项目之一。维吾尔族信仰伊斯兰教，十分重视传统节日，尤以古尔邦节最为隆重。维吾尔族人民最爱吃馕、手抓饭、面条等食品，有很多著名的风味菜肴和小吃，如烤全羊、手抓羊肉、烤羊肉串等。

宁夏回族自治区是我国回族的主要聚居地，回族信仰伊斯兰教，伊斯兰教对其历史、文化和日常生活都有重要影响。清真寺遍布宁夏各地，穆斯林定期到清真寺中做礼拜。回族人喜欢高亢、婉转、动听的民间高腔山歌——花儿。在山坡上、麦田里、谷场上、农家院里，到处都能听到花儿歌声。花儿形式灵活，曲调优美，不用乐器伴奏，即兴演唱，内容非常广泛，人们唱劳动、唱生活、唱家乡、唱爱情、唱未来。花儿已成为回族男女老少生活、劳动、娱乐中不可缺少的重要组成部分。回族喜饮茶和用茶待客，西北地区回族的盖碗茶很有名，清真饭店、清真小吃比比皆是。回族民间节日主要有开斋节（也叫肉孜节）、古尔邦节、圣纪节等，其节日独特隆重，展示出中国穆斯林的民俗风情。

任务 9.2　畅游内蒙古

一、地理环境概述

内蒙古自治区简称蒙，位于中国北部边疆，东部与黑龙江、吉林、辽宁三省毗邻，南部、西南部与河北、山西、陕西、宁夏四省区接壤，西部与甘肃省相连，北部与蒙古国为邻，东北部与俄罗斯交界。内蒙古地区历史悠久，是抚育北方诸游牧民族成长的历史摇篮。春秋战国时期，一些北方的游牧民族，如匈奴、林胡、楼烦、东胡都曾在这里游牧生活，如赵武灵王在今呼和浩特托克托县境内建云中城。战国后期，燕国、赵国、秦国的领土已经拓展到今天的内蒙古地区，中原的华夏民族开始在内蒙古南部定居。秦汉时期，匈奴兴起，称雄于蒙古高原，秦朝修筑万里长城，连接从前各国的长城，以防御匈奴。内蒙古南部，如云中郡，就是当时的边防重镇。隋唐时突厥势力左右蒙古高原，唐为突厥地，宋时出现蒙古部落，后建元朝，其地直属中书省及岭北行省，明朝时期分达鞑靼及瓦剌。清统一蒙古，以漠南蒙古居内地称内蒙古，漠北蒙古居边外称外蒙古，并属理藩院。民国初分属热河、察哈尔、绥远等特别区，后均改省，1947 年 5 月 1 日中共以今内蒙古东部设内蒙古自治区，是我国成立最早的少数民族自治区。内蒙古自治区疆域辽阔，地跨中国东北、西北地区，介于东经 126°29′～97°10′，北纬 53°20′～37°20′之间，是我国跨经度最大的省级行政区，东西直线距离为 2400 多千米，南北跨度为 1700 多千米。全区总面积 118.3 万 km^2，占全国总面积 12.3%，仅次于新疆和西藏，居全国第三位。总人口 2413.73 万人（2008 年末）。省会呼和浩特市。内蒙古境内民族众多，有蒙古族、汉族、满族、回族、达斡尔族、鄂温克族、鄂伦春族、朝鲜族等 49 个民族。其中蒙古族人口为 421.1 万人，约占总人口的 17.45%（图 9.2）。

内蒙古的地形以高原为主，高原从东北向西南延伸 3000 余 km，地势由南向北、由西向东缓缓倾斜，一般地区海拔为 1000～1500m。内蒙古高原可划分为呼伦贝尔高原、锡林郭勒高原、乌兰察布高原和巴彦淖尔、阿拉善及鄂尔多斯高原四部分。高原上分布着辽阔的草原，是我国著名的天然牧场，另外还分布着一部分沙漠。高原边缘的山峦，主要有大兴安岭、阴山、贺兰山等。这些山脉的位置和走向，构成一条牧业区与农业区的分界线。高原的外沿，分布着河套平原、鄂尔多斯高原和辽嫩平原。这三个地区，除鄂尔多斯高原土质较差和比较干旱以外，其他两个地区均为肥土沃野，是自治区的主要农耕地带。本区属温带大陆性季风气候，因地域辽阔，各地差异较大，多数地区四季分明，夏短冬长，较为干冷。内蒙古作为我国重要的畜牧区，皮毛产品是本区的特产，如骆驼毛、山羊绒、羊羔皮以及具有传统特色的仿古地毯等。草原盛产的发菜、口蘑、黑木耳以及名贵中药材党参、黄芪、麻黄、大蓉、甘草等也很著名。

在交通方面，内蒙古境内的主要机场有呼和浩特白塔机场、包头机场、赤峰机场、海拉尔机场、满洲里机场、锡林浩特机场、乌兰浩特机场、通辽机场、乌海机场、鄂尔多斯机场等。内蒙古航空运输市场已形成了以国航集团、南方航空集团、海南航空集团、东方航空集团为主，多家航空公司共同参与运营的局面。2009 年，内蒙古民航机场集团积极引进运力、挖掘客源，进一步完善“支线连接干线、干线连接枢纽”的航线

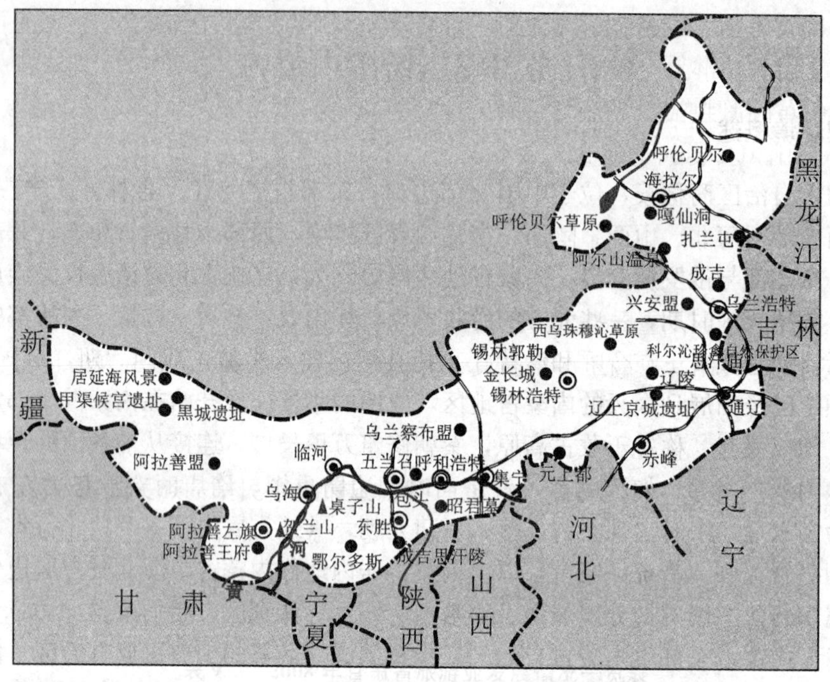

图 9.2

网络布局，使得运营航线达 122 条，通航城市达 53 个。铁路方面，现有 19 条国有铁路干线、12 条支线、5 条地方铁路，与北京、西安、海拉尔、兰州、银川等数十个城市均有火车通行。另外，内蒙古境内有 14 条国道经过，全长 7018km，省道 31 条，全长 7486km。许多世代闭塞的农牧区和边境地区也建起了公路，并开辟了与蒙古、俄罗斯边境省区通车的 6 条客运班车路线。

二、旅游业掠影

内蒙古自治区是一个以蒙古族为主体的少数民族地区，地域辽阔，地形复杂。辽阔的草原，古老而神秘的人文古迹，浩瀚的沙漠，迷人的湖泊，原始的森林，独特的少数民族文化与风土人情，构成内蒙古丰富的旅游资源。丰富的旅游资源是内蒙古发展旅游的优势，也是内蒙古发展旅游业的依托。内蒙古旅游业起步较晚，并且是从边贸旅游做起的，但是它的发展速度较快。特别是近年来，内蒙古旅游的发展取得了长足的进步和较大的成就，旅游客源市场在不断拓宽，综合接待能力在不断提高（表 9.1）。

表 9.1　2008 年内蒙古旅游业发展情况一览表

省份及其在全国的地位	国内旅游人数/万人次	入境旅游人数/万人次	国内旅游收入/亿元	旅游外汇收入/亿美元	星级酒店数/家	旅行社数/家	4A 级以上景区数/家
内蒙古	31 98.68	154.93	429.5	5.77	242	603	19
全国总数	171 200	13 003	8 749.3	408.43	14 099	20 110	872
占全国比例	1.87%	1.19%	4.9%	1.41%	1.72%	3%	2.18%
在全国排名	25	12	25	15	26	15	23

改革开放 30 多年的发展，内蒙古依托自己拥有的资源优势，已经初步形成了独具特色的精品旅游景区，如成吉思汗陵旅游区、阿斯哈图石林旅游区、锡林浩特草原风情旅游区和阿尔山温泉度假旅游区等。初步构建了四条能够集中展示内蒙古旅游产品精华的旅游线路：以呼伦贝尔、满洲里口岸和阿尔山为核心的草原森林、火山温泉、民族风情旅游线；锡林郭勒—克什克腾—喀喇沁草原风情、民族文化、地质奇观旅游线路；呼和浩特—包头—鄂尔多斯—乌兰察布—巴彦淖尔民族文化、民俗风情、草原沙漠旅游线路；阿拉善—乌海大漠秘境、岩画访古、航天科技旅游线路。

三、旅游城市与景区览胜

1. 呼和浩特市

呼和浩特市是内蒙古自治区的首府。呼和浩特，系蒙古语，意为“青色的城市”，故有“青城”之称。因其历史上召庙较多，又称“召城”。内蒙古人则通常称其为“呼市”或“呼和”。呼和浩特是一座拥有 400 多年历史的塞外名城，为国务院批准的国家历史文化名城，城区内保存有丰富的名胜古迹，如：人类旧石器时代的大窑文化遗址、坐落在大黑河畔的昭君墓、东郊辽代的白塔、公主府、将军衙署、大召寺、五塔寺、席力图召等。呼市不仅拥有丰富的文物古迹，还拥有美丽的自然景观，哈达门国家森林公园、乌素图旅游开发区、哈素海旅游度假村、大青山避暑山庄等无不是风光秀丽、景色怡人之处。

（1）大召寺，位于呼和浩特市玉泉区大召前街，蒙语称“伊克召”，意为“大庙”。始建于明朝万历七年（1579 年）由当时明代蒙古土默特部落的首领阿拉坦汗主持创建，寺庙建成后，明延赐名为“弘慈寺”。清崇德五年（1640 年）皇太极命土默特都统重修此庙，又改“弘慈寺”为“无量寺”。清康熙年间整修殿顶，并改铺黄色琉璃瓦，将大召视作“帝庙”。因大召寺内供奉有一尊高 2.5m 的释迦牟尼纯银佛像，西藏的三世达赖喇嘛曾亲临大召为这尊银佛主持了开光法会，大召遂成为当时漠南蒙古（今内蒙古）有名的寺院，故又有“银佛寺”之称。大召的宗教文物众多，其中银佛、龙雕、壁画堪称“大召三绝”。大召是明清时期内蒙古地区最早建立的喇嘛庙，也是呼和浩特现存最大的黄教寺院。

（2）昭君墓，又称“青冢”，蒙古语称“特木尔乌尔琥”，意为“铁垒”。位于内蒙古呼和浩特市南呼清公路 9km 处的大黑河畔，是史籍记载和民间传说中汉朝名妃王昭君的墓地。王昭君，名嫱，字昭君，西汉南郡秭归宝坪（今属湖北省兴山县）人，汉元帝时被选入宫，竟宁元年（前 33 年）匈奴呼韩邪单于入朝求和亲，昭君自愿出嫁远入匈奴，后立为宁胡阏氏，留下了脍炙人口的“昭君出塞”的故事。相传，昭君死后，汉匈人民都非常悲痛，纷纷赶来送葬，人们用衣襟包着土，一包一包地填在她的坟上寄托自己的哀思，最后就形成了一座形似小山的坟墓。现在我们看到的昭君墓墓体是于 1977 年经内蒙古自治区政府同意，按照汉墓“封土为坟”的结构特点，在原来的墓体基础上填土修复而成的，整体呈现为覆斗形的封土堆，墓的上部为方形平顶（又名方上），是典型的秦汉封土形制。2006 年，昭君墓景区进行了扩建，新竣工的景区占地

图 9.3

132000m²，并更名为昭君博物院。昭君博物院参观内容主要有汉代阙门、嫱云浮雕、青冢牌坊、董必武题诗碑、神道石像生、和亲铜像、匈奴文化博物馆、昭君宅、和亲园、单于大帐、墓表、昭君墓墓体、“藏墨苑”书画展厅、历代诗词碑廊等（图 9.3）。

（3）将军衙署，位于呼和浩特市新城区西街鼓楼西侧，原为清代绥远城将军的办公衙门，建成于乾隆四年（1739 年），清代曾有 67 位将军在此任职，是管辖绥远城驻防八旗、归化城、土默特旗、乌兰察布盟、伊克昭盟和节制宣化和大同绿旗兵事务的机构。衙署建筑风格严谨对称，建筑布局全部按清代一品封疆大吏官署营建成，占地约 3 万 m²，共有 132 间房屋。门前有高大的影壁，门侧立石狮 1 对。院内厅堂 3 进，前为大厅，两侧为东西庑堂，大厅后为公廨，后院为将军私邸。如今，将军衙署经多次修缮后已向游人开放，共有十一个展厅，主要用于介绍呼和浩特新旧两城——归化城和绥远城的建城历史、衙署的概况和变迁史、归绥驻节将军概况等。将军衙署作为内蒙古自治区重要的历史遗存，不仅是呼和浩特作为中国历史文化名城的直接见证之一，也是研究清代军事、政治、八旗制度、民族关系以及官衙建筑的实物资料。

2. 包头市

包头，源于蒙古语“包克图”，意为“有鹿的地方”，所以又叫鹿城。包头位于内蒙古自治区西部，是内蒙古自治区最大的工业城市和中国西北地区重要的工业基地。包头钢铁（集团）有限责任公司是全国著名的钢铁工业骨干企业；包头铝厂是中国十大铝厂之一，也是中国第一个稀土铝材国家重点生产厂家；包头稀土高科是国内首家稀土上市公司；内蒙古第一机械制造集团、北方重工业集团公司是中国兵器工业特大型企业。包头市矿产资源丰富，其中最为著名的白云鄂博矿山，稀土储量居世界之最，占到全国稀土储量的 91.6%，占世界总产量的 60%，因此，包头又有“世界稀土之都”的美誉。包头是内蒙古中西部地区的重要的旅游城市，境内的景区主要有美岱召、五当召、希拉穆仁草原旅游区、梅力更自然生态风景区、九峰山自然保护区和南海旅游度假村等。

（1）五当召，原名巴达嘎尔庙，藏语巴达嘎尔意为“白莲花”。蒙古语“五当”意为柳树，“召”为庙。五当召位于内蒙古包头市东北约 70km 的五当沟内，因此得名“五当召”。始建于清康熙年间（1662～1722 年），是第一世活佛罗布桑加拉错在此兴建的，乾隆十四年（1749 年）重修，赐汉名“广觉寺”。五当召依地势面南而建，整个建筑采用西藏式建筑风格，平顶方形楼式结构，结构严谨，布局合理，映照在蓝天、青山之下的白色外表，更显辉煌耀眼。其主体建筑由 6 座大殿（苏古沁独宫、却依拉独宫、洞阔尔独宫、当坎希德独宫、日木伦独宫、阿会独宫）、3 座活佛府（甘珠尔府、章嘉府、洞阔尔府）和 1 座陵堂（苏木盖陵）组成，另有白塔两座，博物馆一座，喇嘛住房 46 栋，全部房舍达 2500 余间，占地 20 万 m²。其中最大的建筑为苏古沁独宫，里面供奉着最大的铜铸佛像，以及释迦牟尼，黄教创造人宗喀巴及历代佛师（图9.4）。五当召是内蒙古自治区重点文物保护单位，素有“小布达拉宫”的美誉。

图9.4

（2）希拉穆仁草原。希拉穆仁，蒙语意为“黄色的河”，位于呼和浩特以北约100km，包头市达茂联合旗的东南部。因其境内有希拉穆仁河，又有一座藏传佛教召庙——普会寺，故又名“召河”。希拉穆仁草原是典型的高原草场，每当夏秋时节绿草如茵，鲜花遍地。近年来当地政府不断的投资建设，接待设施相当完善，已成为著名的内蒙古草原风光旅游胜地。草原的夏秋，香花遍野，芳草依依，迷人的美景使人心旷神怡。羊、马、牛、驼，一群群，一片片，或疾驰，或漫游，像彩霞在天际飘动，也像仙女撒下的珍珠、玛瑙，落在银链般的希拉穆仁河两岸。在牧民的蒙古包里，好客的蒙古族主人会捧出鲜洁的奶食，肥美的羊肉，爽口的炒米，醇香的奶茶待客，草原食品那特有的风味将透入您的心田。在希拉穆仁草原，每年都要举行盛大的草原那达慕活动。游客既可以看到勇敢剽悍的草原健儿的精湛表演，也可以亲自披挂上阵，大显身手，一抒豪情。

3. 鄂尔多斯市

鄂尔多斯为蒙古语，意为“众多宫殿”。位于内蒙古自治区西南部，地处鄂尔多斯高原腹地。东部、北部和西部分别与呼和浩特市、山西，包头、巴彦淖尔市，宁夏自治区、阿拉善盟隔河相望；南部与陕西省榆林市接壤。鄂尔多斯市拥有丰富的自然资源，以“扬眉吐气”著称。“扬”，指的羊毛和羊绒制品，“鄂尔多斯”羊绒现在已经闻名海内外；“眉”，即煤，在鄂尔多斯的地下蕴藏着丰富的煤炭资源，全市已探明煤炭储量1496亿多吨，约占全国总储量的1/6；“吐”，即高岭土，也是当地的重要资源。鄂尔多斯境内已探明石膏储量约35亿t，石灰石65亿t，高岭土65亿t，经化验，在全国硬质高岭土中质量最优；“气”，指的天然气，我国最大的整装气田——苏里格气田就位于鄂尔多斯市境内，天然气探明储量8000多亿m^3，占全国的1/3。鄂尔多斯境内的人文和自然旅游资源非常丰富。人文旅游资源主要有“河套人”文化遗址、古长城遗址、成吉思汗陵园、“秦直道”遗迹、大夏国都城统万城、藏传佛教寺庙准格尔召等。自然旅游资源中，最为神奇的是有“会唱歌的沙子”之称的响沙湾，此外，还有库布其沙漠、毛乌素沙地、沙漠绿洲恩格贝、晋蒙黄河大峡谷等丰富多彩的自然景观。

（1）成吉思汗陵，坐落于鄂尔多斯市伊金霍洛旗的甘德尔敖包山上，距东胜区70km。由三个蒙古包式的宫殿一字排开构成，三个殿之间有走廊连接，在三个蒙古包式宫殿的圆顶上，金黄色的琉璃瓦在灿烂的阳光照射下，熠熠闪光，圆顶上部有用蓝色琉璃瓦砌成的云头花，即是蒙古民族所崇尚的颜色和图案，具有浓厚的蒙古民族风格。成吉思汗陵主体建筑分正殿、寝宫、东殿、西殿、东廊、西廊6个部分。中间正殿高达26m，平面呈八角形，重檐蒙古包式穹庐顶，上覆黄色琉璃瓦，房檐则为蓝色琉璃瓦；

东西两殿为不等边八角形单檐蒙古包式穹庐顶，亦覆以黄色琉璃瓦，高 23m，整个陵园的造型，犹如展翅欲飞的雄鹰，极显蒙古民族独特的艺术风格。正殿正中摆放成吉思汗的雕像，高 5m，身着盔甲战袍，腰佩宝剑，相貌英武，端坐在大殿中央。塑像背后的弧形背景是“四大汗国”疆图，标示着 700 多年前成吉思汗统率大军南进中原，西进中亚和欧洲的显赫战绩。后殿为寝宫，安放四个黄缎罩着的灵包，包内分别供奉成吉思汗和他的三位夫人的灵柩，灵包的前面摆着一个大供台，台上放置着香炉和酥油灯。在正殿的东西廊中有大型壁画，主要描绘了成吉思汗出生、遇难、西征、东征、统一蒙古各部等重大事件(图 9.5)。

图 9.5

(2) 响沙湾，位于鄂尔多斯市库布齐沙漠北缘，达拉特旗境内，属于沙漠类自然风景区，为新月形丘链或格状丘地貌。2009 年被评为 5A 级旅游景区。响沙湾背依库布其沙漠，面临罕台川，又名“银肯”响沙，是中国三大响沙之一。人从沙坡滑下，沙响妙音春如松涛轰鸣，夏拟虫鸣蛙叫，秋比马嘶猿啼，在冬日则似雷鸣划破长空。关于响沙的成因众说纷纭，科学工作者进行过多次科学考察得出的理论有筛匀汰净理论、摩擦静电说、地理环境说、“共鸣箱”理论等等莫衷一是，响沙之谜还在探索中。响沙湾景区内的沙漠旅游特色的活动项目颇多，游客可以乘坐沙漠观光索道，鸟瞰沙漠的壮观景象，滑沙与沙共舞，也可以骑骆驼、骑马，乘沙漠冲浪车，玩沙漠滑翔伞和沙漠太空球，近距离亲近沙漠。大漠深处独具特色的沙漠住宿体验，蜚声中外的“鄂尔多斯婚礼”表演，大型的沙漠歌舞晚会，大漠篝火晚会以及祭敖包等特有的深度体验类活动将带游客亲密接触神秘大漠，领略蒙古族别样风情。

4. 呼伦贝尔市

呼伦贝尔市地处祖国北部边疆，东南毗邻黑龙江省和内蒙古自治区兴安盟，西北部与俄罗斯和蒙古国接壤。总面积 26.3 万 km^2，是全国面积最大的一个地级市，也是“世界上土地管辖面积最大的城市”。呼伦贝尔市是内蒙古自治区旅游资源最丰富的地区，已被列为全国旅游二十胜景之一和全国六大景区之一，是全国唯一一家列为国家草原旅游区进行重点开发的地区。目前，呼伦贝尔市已开发兴建了以呼伦贝尔草原、森林、冰雪、湖泊、口岸、少数民族风情等为主的一批重要旅游景区和景点。

(1) 呼和诺尔草原，位于呼伦贝尔市陈巴尔虎旗境内，距海拉尔市约 45km，是呼伦贝尔草原的一部分，也是当地最具代表性的草原民俗旅游点。呼和诺尔草原是呼伦贝尔大草原秀丽风光的缩影，坦荡无垠的草原环抱着波光潋滟的呼和诺尔湖，夏秋季节，绿茵如毯，鲜花烂漫，蒙古包点点，犹如绿海中的白帆。游人们可以泛舟垂钓于湖中，可以野炊露营于湖畔，可以纵马奔驰于田野，也可谐趣狩猎于林中。游客可以穿上蒙古袍，骑着骏马奔驰；也可以骑着双峰驼漫步或乘坐原始的勒勒车漫游。还可划着小船在呼和诺尔湖中垂钓，或背着猎枪到附近的林中草地狩猎，饱览美丽草原风光。

(2) 巴彦呼硕草原，坐落在鄂温克族自治旗巴彦呼硕草原上，距海拉尔 39km，巴彦呼硕草原旅游区始建于1989年，现已发展为呼伦贝尔境内最大的草原旅游景区之一。这里有目前国内装潢一流的新型蒙古包，其客房内设淋浴、卫生间，装饰风格各异的餐厅蒙古包，配以风味独特的草原奶品和正宗的民族餐饮(图9.6)。夏天，碧绿的草原一望无际，悠悠的白云举手可及，成群的牛羊散游草地，弯弯的伊敏河在碧绿无垠的草原上像一条银色的玉带。茶余饭后，游客可骑马或乘勒勒车漫游阳光下的草原，亦可去访真正的“草原上的人们”，还可观赏赛马、摔跤、套马、驯马等表演。

图9.6

5. 通辽市

通辽市位于内蒙古自治区东部，东靠吉林省，西接赤峰市，南依辽宁省，西北和北边分别与锡林郭勒盟、兴安盟为邻，属东北和华北地区的交汇处。通辽市历史悠久、文化灿烂，这里不仅是蒙古族文化的发祥地，而且也是中华民族璀璨的红山文化发祥地之一。至今仍保留着燕国长城、金代界壕、辽代古墓壁画、元代佛塔和清代王府等历史文化古迹。这里是清代国母孝庄文皇后和清代名将僧格林沁、民族英雄嘎达梅林的故里，被誉为“中国安代艺术之乡”、“中国民歌曲艺之乡”、“中国马王之乡”。通辽市还有一些驰名全国的旅游景区，如大青沟自然保护区、莫力庙沙湖旅游区、珠日河草原旅游区、奈曼旗王府等。

(1) 大青沟国家自然保护区，地处西辽河流域南部的科尔沁沙地中，通辽市科左后旗境内。是一处保存完好的古代残遗森林植物群落，总面积0.083万km^2，是一条南北走向的绿色深谷，断面呈Y字型，长达24km，深约100m，宽200～300m。这里地貌怪异，沟深林密，景观奇特，为沙海一绝。沟外是连绵百里的半固定沙丘，气温干燥，植被稀少，沟内则绿树繁茂，冬暖夏凉。据考察，这里共栽植物700多种，其中不乏稀有植物和南方树种，有动物39种，堪称天然的动植物宝库。大青沟旅游项目独具特色，在不破坏生态环境和原始风貌的前提下，现已开发建成了漂流探险、大漠漫游、草原赛马、民俗风情等项目。大青沟可分为三个景区，即大青沟远眺景区、三岔口漂流探险景区和小青湖度假村景区。

(2) 奈曼王府，位于奈曼旗政府所在地大沁他拉镇，是内蒙古自治区仅存的一座保存完好的清代王府。建于清同治二年(1863年)，为清代奈曼第十一任王爷德木楚克扎布所筹建，是当年奈曼旗最高行政长官扎萨克生活和办公的地方，被列为区级重点文物保护单位。遗憾的是原王府建筑大部分已毁掉，现存部分仅为原王府的百分之三十七，占地面积14500m^2。王府整体呈台榭回廊式四合建筑，共有房一百余间。正面是豪华艳丽的两扇朱红大门，四合院有两道过道门房，院内正殿和配殿宏伟壮观，兽头瓦当，叶脉滴水，金碧辉煌。正殿和东西二殿均有丹青彩绘，包括山水、花草、人物等。整个建筑风格具有鲜明的蒙古民族特色，设计和布局反映了当时王公的尊严和严格的等级制度。现已对外开放，有七个陈列室，全面反映了昔日王府概貌及奈曼旗的历史沿革，很受游人的欢迎。

6. 赤峰市

“赤峰”是蒙古语“乌兰哈达”的汉译，因城区东北部有一座赭红色山峰而得名。赤峰市位于内蒙古自治区东南部、蒙冀辽三省区交汇处，东、东南与通辽市和辽宁省朝阳市毗邻，西南与河北承德接壤，西和北部与锡林郭勒盟相连。赤峰是原生态景观的巨大宝库，境内拥有1个世界地质公园、6个国家级自然保护区、6个国家森林公园、6个国家级水利风景区。碧波万顷的达里湖、“塞外小黄山”马鞍山、两大响水、三大温泉、辽上京中京遗址吸引着国内外众多的游客。赤峰地区特有的巴林石是与寿山石、青田石齐名的我国三大珍稀名贵彩石之一。巴林石雕工艺品远销五大洲一百多个国家和地区。

(1) 阿斯哈图石林。阿斯哈图，汉语意为“险峻的岩石”。阿斯哈图石林位于赤峰市克什克腾旗境内，处于大兴安岭最高峰附近的北大山一带，石林主要是在冰盖冰川的刨蚀、掘蚀和冰川融化时形成的大量冰川融水的冲蚀作用下产生的，所以叫“冰川石林”。石林通体为坚硬的花岗岩石，这是世界罕见的。由于近水平裂隙特别发育，在石林侧面有保存较多的冰水冲刷形成的悬沟槽，远看恰似千层饼。石林顶部有冰臼分布，这是花岗岩地貌的新类型，在国内外尚属首次发现。石林发育类型很多，形状千姿百态，有的像“石柱”、“石丛”、“石笋”，有的好似“石塔”、“石墙”，还有的像“秀女望月”、“比萨斜塔”。阿斯哈图石林为第四纪冰川遗迹，是克什克腾世界地质公园八大园区之一，4A级景区（图9.7）。石林总面积约5km²，共有月亮城堡、桃园结义、雄鹰敛翅、围城、卧虎石5个主题景区。

图 9.7

(2) 玉龙沙湖旅游度假区，位于赤峰市翁牛特旗乌丹镇东北，距乌丹镇14km，是一个以沙湖自然景观和蒙古族风情为主要特色的旅游区。玉龙沙湖景点集湖泊、草原、沙漠、奇山为一体。古朴的民族风情，美妙动人的蒙古族歌舞，风味独具的蒙古族食品，特色浓郁的蒙古包，传统的草原“那达幕”盛会和祭敖包的庆典。荡舟湖上，置身草原，举步沙漠，放眼远眺，绿水、白沙、锦鳞跳跃、大漠孤烟，雄伟壮观。“玉龙沙湖之晨”、“玉龙沙湖夕照”已经成为来此休闲度假的游客们必然观赏的景观。玉龙沙湖旅游度假区为游客提供骑马、射箭、乘船、游泳、水上飞伞、沙浴、垂钓、攀山等多项旅游服务，使人乐不思归，流连忘返。

7. 其他旅游城市与景区

此外，内蒙古自治区还有兴安盟、锡林郭勒盟、阿拉善盟等旅游城市。其中，兴安盟旅游资源丰富，种类齐全，品位较高，近年来，全盟各地以科尔沁草原民俗旅游为主题，开发出了一批具有民族特色的草原民俗观光旅游、森林观光旅游、疗养旅游、那达慕旅游、湖泊旅游、革命历史遗迹旅游以及观鸟、考古等多种旅游项目。兴安盟境内主要的旅游景点有阿尔山温泉、成吉思汗庙、哈拉哈河、石塘林、七仙湖草原、葛根庙、科尔沁珍禽自然保护区、金界壕、乌兰毛都草原、五一会议旧址、杨树沟地下瀑布群等。锡林郭勒盟以其辽阔的草原、富集的资源和独特的草原风光驰名中外，这里有中国唯一被纳入国际生物圈的国家级草地类自然保护区——锡林郭勒国家级草原自然保护区。其他主要的旅游景区有元上都遗址、洪格尔岩画群、玄石立马、古长城遗址、突厥石人、札格斯坦诺尔保护区景区、贝子庙等。阿拉善盟位于内蒙古自治区最西部，总面积28万km^2，是内蒙古面积最大的盟。其境内的代表景观有：世界著名大沙漠巴丹吉林、腾格里、乌兰布和及沙漠湖泊，沙生植物；西夏要塞、元代要塞——黑城遗址；居延文化遗址；世界古老艺术珍品——曼德拉岩画；中国第一座航天城——东风航天城；贺兰山原始森林；额济纳胡杨林国家级自然保护区等。

四、旅游线路与行程设计

1. 短线

(1) 呼和浩特一日游：大召寺、内蒙古博物院、将军衙署、昭君墓、蒙古风情园、太伟高尔夫度假村、哈素海。

(2) 鄂尔多斯两日游：响沙湾、成吉思汗陵、成吉思汗陵旅游区、世珍园、恩格贝、夜鸣沙。

(3) 赤峰市内二日游：喀喇沁亲王府、玉龙沙湖、巴林奇石馆、热水塘温泉度假区、阿斯哈图石林、达里湖旅游区、青山景区、乌兰布统旅游区（以上景点可自行组合）。

(4) 通辽两日游：大青沟自然保护区、巴胡塔沙漠、科尔沁区大乐林寺、珠日河草原旅游区。

(5) 海拉尔——满洲里草原口岸两日游：海拉尔西山国家森林公园、世界反法西斯战争海拉尔纪念园、陈巴尔虎旗呼和诺尔旅游景区、满洲里口岸城市风貌、国门、俄罗斯歌舞表演。

2. 中长线

(1) 呼市、草原、沙漠、成陵经典四日游：大召寺、内蒙古博物院、将军衙署、昭君墓、希腊穆仁草原（或格根塔拉草原、辉腾希勒草原）、五当召、响沙湾（或库布其沙漠旅游区）、成吉思汗陵、成吉思汗陵旅游区。

(2) 呼伦贝尔风情六日游：海拉尔西山国家森林公园、世界反法西斯战争海拉尔纪念园、扎兰屯吊桥公园、雅鲁河漂流、柴河景区、新巴尔虎左旗诺门罕战争遗址、额布都格口岸、甘珠尔景区、呼伦湖、满洲里中俄互市贸易区、国门、巴尔虎旗巴彦哈达或白音呼硕景区。

(3) 赤峰温泉疗养休闲度假五日游：克什克腾旗达里诺尔湖、嘎松山原始牧场、金代长城、达里湖度假村、阿斯哈图石林、白音敖包原始沙地云杉林、黄岗梁国家森林公园、克什克腾世界地质公园青山冰臼景区。

3. 特色旅游线路

（1）历史文化游：呼和浩特—包头—鄂尔多斯线路　景点包括内蒙古博物院、昭君博物院、大召、五塔寺、乌兰夫纪念馆、五当召、秦长城、美岱召、成吉思汗陵等。

（2）草原风情游：赤峰—锡林郭勒线路　景点包括乌兰布统草原、白银敖包草原、蒙元文化园、九曲河草原、游牧部落、金莲滩等。

（3）休闲健身游：呼伦贝尔—满洲里—阿尔山线路　景点包括牙克石滑雪场、满洲里室内滑雪场、阿尔山滑雪场、阿尔山温泉等。

（4）现代工业科技游：呼和浩特—包头—鄂尔多斯—巴彦淖尔线路　景点包括蒙牛工业园区、伊利工业园区、北方兵器城、鄂尔多斯羊绒工业园区、河套酒业工业园区等。

（5）沙漠观光游：阿拉善—乌海线路　景点包括金沙湾、月亮湖、沙漠地质公园等。

（6）自然奇观游：乌海—阿拉善线路　景点包括海森楚鲁怪石林、西部梦幻峡谷、额济纳怪树林、胡杨林等。

（7）边城异趣游：二连浩特—蒙古国扎门乌德—乌兰巴托线路　景点包括二连浩特边城市容、恐龙遗址博物馆、扎门乌德、乌兰巴托景区等。

任务 9.3　畅游宁夏

一、地理环境概述

宁夏回族自治区，位于我国的西北地区，简称宁。东邻陕西省，西部、北部接内蒙古自治区，南部与甘肃省相连。介于东经 104°17′～107°39′，北纬 35°14′～39°23′之间，处在中国西部的黄河上游地区，自古以来就是内接中原，西通西域，北连大漠，各民族南来北往频繁的地区。宁夏秦属北地郡，汉属朔方，宋为西夏和秦凤路地，元置宁夏路，明清置宁夏府，1928 年置宁夏省，1958 年成立宁夏回族自治区，是我国五大少数民族自治区之一。全区土地面积为 6.6 万 km^2，总人口约 610 万人（2008 年末），省会银川。宁夏是一个多民族聚居的地方。除汉族外，还有回族、维吾尔族、东乡族、哈萨克族、撒拉族和保安族等少数民族。其中回族人口约占自治区总人口的1/3，占全国回族人口的 1/5。回族主要分布在固原市和吴忠市（图 9.8）。

宁夏地处黄土高原与内蒙古高原的过渡地带，地势南高北低。从地貌类型看，南部以流水侵蚀的黄土地貌为主，中部和北部以干旱剥蚀、风蚀地貌为主，是内蒙古高原的一部分。境内有较为高峻的山地和广泛分布的丘陵，也有由于地层断陷又经黄河冲积而成的冲积平原，还有台地和沙丘。在宁夏不大的版图上，包含了山脉、高原、平原、丘陵、河谷等类型多样的地貌，使宁夏呈现出丰富的自然景观。滔滔黄河从境内斜穿而过，灌溉了大河两岸，形成了“塞上江南”的秀美风光。贺兰山、六盘山横亘西部和南部，塑造了奇险的山岳景观。

宁夏位于“丝绸之路”上，历史上曾是东西部交通贸易的重要通道，作为黄河流经

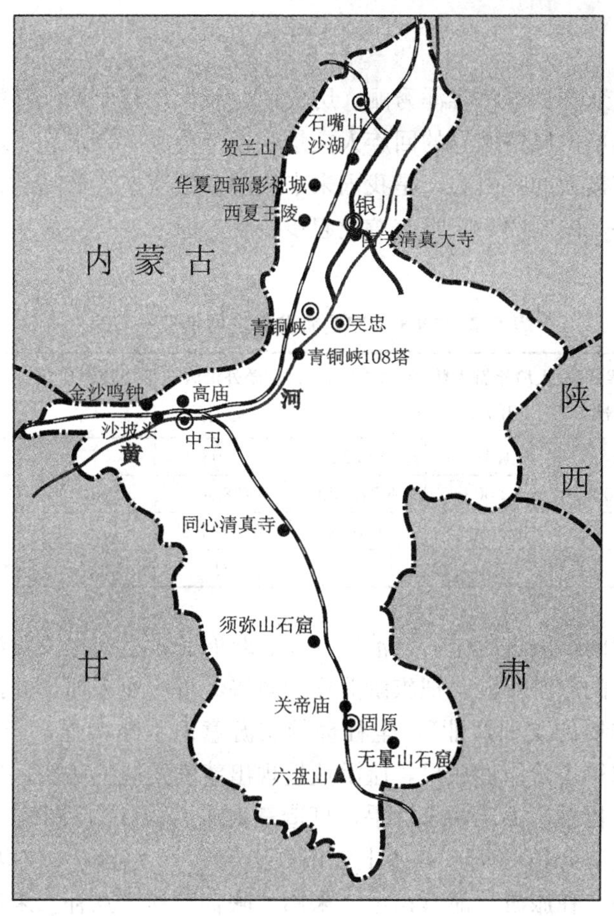

图 9.8

的地区，这里同样有古老悠久的黄河文明。早在三万年前，宁夏就已有了人类生息的痕迹，历史上李元昊曾在此称帝建立西夏国，并定都中兴府（今银川市），创造了神秘的西夏文化，显赫一时。后被成吉思汗所灭，西夏文明也成了风中绝唱。800 年过去，留下若干形式怪异的陵墓古塔和众多的文物古迹，成为宁夏丰富的人文旅游资源。

宁夏交通便利，已形成铁路、公路、空运运输等方面组成的交通网络。包兰铁路横穿宁夏的北部和中部；宝中电气化铁路纵贯宁夏中部和南部山区并联通了京包、陇海两大铁路干线；区内首条地方铁路——大古铁路的开通，使区内铁路运营里程达到 769km。全区公路通车里程逾万 km，形成了以首府银川为中心，以 12 条国道、省道为骨架，以县乡公路为脉络的公路网。区内民用航空发展较快，可起降各类大中型飞机的现代化国内干线机场——银川河东机场目前已开通了银川至北京、上海、广州、西安、成都、重庆、昆明、武汉等航线，形成了通往华北、东南、西南的空中网络，并还将逐步开辟新的国内及国际航线，为宁夏与外界的交往拓展更加广阔的空间。

二、旅游业掠影

宁夏山川湖泊众多，景色雄浑秀丽，历史源远流长，其原始纯朴的自然环境、雄奇独特的自然景观与境内风格迥异的回族人文景观，符合旅游者求新、求异、求知、求乐的需求趋势，具有极大的吸引力，是我国未来旅游业更新换代产品的主要基地。由于历史原因和区位条件等的制约，宁夏旅游业起步较晚，但发展势头较快，目前处在全国后进状态（表 9.2）。

表 9.2　2008 年宁夏旅游业发展情况一览表

省份及其在全国的地位	国内旅游人数/万人次	入境旅游人数/万人次	国内旅游收入/亿元	旅游外汇收入/亿美元	星级酒店数/家	旅行社数/家	4A 级以上景区数/家
宁夏	776	1.16	40.32	0.03	57	85	9
全国总数	171 200	13 003	8 749.30	408.43	14 099	20 110	872
占全国比例	0.45%	0.009%	0.46%	0.0073%	0.4%	0.42%	0.1%
在全国排名	30	31	30	31	31	30	28

在宁夏旅游业的发展进程中，自治区党委、政府非常重视大漠黄河、西夏文化、回族风情等宁夏独特的旅游资源，把旅游业作为新兴经济产业来抓，并提出了“要把宁夏旅游业建成宁夏重要的支柱产业”。全社会的旅游意识不断增强，产业形象渐趋鲜明，产品结构的调整取得了阶段性成果，旅游业呈现出蓬勃发展的势头。未来，宁夏的旅游工作将“围绕一个目标，突出两个抓手，打造三大旅游板块”，围绕“一河两山两沙两文化”旅游资源优势，精心打造“塞上江南新天府、贺兰山历史文化、六盘山红色生态”三大旅游板块。在旅游产品营销上，采用“联合”和“互补”来扩大宁夏旅游业发展的市场份额。加强与陕西、甘肃、青海、内蒙等相邻省区的横向联合，实现资源共享、客源互送，大力发展区域旅游。全面展示宁夏独具特色的旅游产品，推介“进回乡、上贺兰、攀六盘、看王陵、观沙湖、漂黄河、游沙漠”等旅游项目。积极争取周边省区联合参加国际、国内旅游交易会，实现统一布展，联手推介丝绸之路旅游线和西部帝陵旅游线，达到共同发展，双方受益的目的。

三、旅游城市与景区览胜

1. 银川市

银川市是宁夏回族自治区首府，位于宁夏北部，西依贺兰山，东临黄河，素有“塞上江南”之美誉。东与吴忠市盐池县接壤；西依贺兰山与内蒙古自治区阿拉善盟阿拉善左旗为邻；南与吴忠市利通区、青铜峡市相连；北接石嘴山市平罗县，与内蒙古自治区鄂尔多斯市鄂托克前旗相邻。银川是我国西北地区回、蒙、藏少数民族风情线上的重要旅游城市，境内自然风景秀丽，人文历史景观众多、特产丰富。自然景观主要有苏峪口森林公园、滚钟口风景区、金水旅游区、大小西湖、鸣翠湖、鹤泉湖等；人文历史景观主要有西夏王陵、贺兰山岩画、拜寺口双塔、三关口明长城、水洞沟遗址、鼓楼、玉皇阁、海宝塔、承天寺塔、南关清真大寺、纳家户清真寺、马鞍山甘露寺、镇北堡华夏西部影视城等。银川盛产枸杞、甘草、贺兰石、滩羊皮、发菜，成为宁夏著名的红、黄、蓝、白、黑“五色宝”。风味名食有银川清真糕点、牛羊肉酥等。丰富的西夏文化遗迹、诱人的水乡景色、奇特的塞上风光以及多彩的回族风情使银川成为中国西北最具魅力的城市之一。

（1）西夏王陵，位于银川市西约 30km 的贺兰山东麓，是西夏历代帝王的陵墓群。在方圆 53km^2 的陵区内，分布着 9 座帝陵，253 座王侯、勋臣、贵戚陪葬墓，有佛寺遗址 1 处和西夏砖瓦窑 10 余处，是我国现存规模最大、地面遗迹保存最完整的帝王陵园之一。西夏王陵内现存的 9 座帝陵，分别为裕陵、嘉陵、泰陵、安陵、献陵、显陵、寿陵、庄陵、康陵，坐北面南，按昭穆（古代宗法制度）宗庙次序，左为昭，右为穆；父曰昭，子曰穆葬制排列，形成东西两行。陵区内每个陵园都是一个单独的完整建筑群体，陵园四角建角楼，由南到北依次排列门阙、碑亭、外城、内城、献殿、灵台，四周有神墙环绕。由黄土夯筑的八角塔形陵台高 20 余米，被国外誉为“中国的金字塔”。为了让海内外人士更好地了解西夏历史，探究西夏文化的奥秘，陵区着力开发了以三号陵为中心的游览区，相继建设了西夏博物馆、西夏史话艺术馆、西夏碑林等能够展现西夏深厚历史文化的景点（图 9.9）。

图 9.9

（2）海宝塔，位于银川市北郊海宝塔寺内，俗称北塔，始建年代不详。据明代《万历朔方新志》记载，我国南北朝时期大夏国王赫连勃勃重修，明代叫“黑宝塔”。塔高 53.9m，是一座方形 9 层 11 级楼阁式砖塔，塔身呈正方形，四面中间又各突出一脊梁，故平面呈“亚”字形，棱角分明，风格独特，其艺术风格为我国古塔罕见。登塔远眺，东望黄河如带，西顾贺兰巍峨，四周田园阡陌，渠道纵横，“塞上江南”的美景尽收眼底。明清时代列为宁夏八景之一，称为“古塔凌霄”。

（3）南关清真大寺，位于银川市兴庆区玉皇阁南街，是银川市区内最大的清真寺，也是银川市的标志性建筑。1981 年，银川穆斯林群众募资重建了这座具有阿拉伯风格和民族特色的清真大寺。该寺高达 22m，分上下两层，主建筑大礼拜殿可容 1300 余人做礼拜；下层设沐浴室、小礼拜殿、女礼拜殿、阿拉伯语学校、阿訇卧室、会客厅等。楼顶正中耸立一大四小绿色穹隆顶，顶端新月高悬。殿前两侧各建 30m 高的“宣礼塔”，中部设一座直径 15m 的喷水池。整座建筑以穆斯林崇拜的绿色为基调，象征着圣洁，整个建筑布局严谨，装饰华丽，精致典雅，宏伟壮观，具有鲜明的阿拉伯建筑风格。每逢“主麻日”或每年回族传统节日时，成千上万穆斯林在此聚礼，从事民族宗教活动。

（4）镇北堡西部影城，位于银川市西夏区镇北堡镇，原址为明清时代的边防城堡。迄今为止，这里已接待国内外摄制组近 100 家，已拍摄了《牧马人》、《红高粱》、《黄河谣》、《黄河绝恋》、《大话西游》、《新龙门客栈》等 60 多部影视剧。镇北堡西部影城在中国众多的影视城中以古朴、原始、粗犷、荒凉为特色，是中国西部题材和古代题材的电影电视最佳外景拍摄基地。在此摄制影片之多、升起明星之多、获得国际、国内影视大奖之多，皆为中国各地影视城之冠，被誉为“中国一绝”。因其对中国电影事业的特殊贡献，享有“中国电影从这里走向世界”的美称，被誉为“东方好莱坞”。

2. 中卫市

中卫市位于宁夏回族自治区中西部，宁夏、甘肃、内蒙古三省区交界点上。东临吴忠市，南与固原市及甘肃省靖远县相连，西与甘肃省景泰县接壤，北与内蒙古自治区阿拉善左旗毗邻。中卫得黄河自流灌溉之利，钟灵毓秀，物华天宝，人杰地灵，自古以来就是西北重要的商品粮、畜产品、水产品和果菜生产基地，被誉为“塞上江南”、“鱼米之乡”。而今现代农业向精品化、集约化方向发展，形成了枸杞、蔬菜、西甜瓜种植、家禽养殖、草畜、马铃薯、优质米、生猪、水产养殖和红枣林果等优势特色产业，“中国枸杞之乡”、“世界枸杞之都”、“西部养鸡第一市”的美名享誉全国。集沙、山、河、园于一体的沙坡头旅游区、以丹霞地貌著称的寺口子旅游区、古代岩画、中卫高庙、双龙山石窟等多处古迹名胜既是独具特色的旅游资源，又展示着中卫灿烂的古代文明和深厚的文化底蕴，为中卫赢得了“塞上文化明珠”的美誉。

(1) 沙坡头旅游区，位于宁夏中卫县西 20km 的腾格里沙漠东南边缘处。过去这里曾是一片荒凉，如今，这里集大漠、黄河、高山、绿洲为一处，既具西北风光之雄奇，又兼江南景色之秀美，自然景观独特，人文景观丰厚，被旅游界专家誉为世界垄断性旅游资源。沙坡头有我国三大鸣沙之一的百米沙山，悬若飞瀑，人乘沙流如从天降，如洪钟巨鼓，沉闷浑厚，称之为“金沙鸣钟”；有总长 800m，横跨黄河的“天下黄河第一索”——沙坡头黄河滑索；有黄河文化的代表——古老水车；有黄河上最古老的运输工具——羊皮筏子，游客可以在这里乘坐古老的羊皮筏子漂流黄河，既惊险又有趣，回味无穷。此外，游人还可以骑骆驼、穿越沙海、进行沙浴等丰富多彩的旅游项目。2007 年，沙坡头旅游景区经国家旅游局正式批准为国家 5A 级旅游景区（图 9.10）。

图 9.10

(2) 中卫高庙，位于中卫县城城北。据传，始建于明永乐年间（1403～1424 年），经历代增建重修，至清代已成为一处规模较大的古建筑群，表现出宁夏古建筑的风貌。它与“大漠奇观”齐名，是中卫两大景观之一。高庙景区分为保安寺和高庙两部分。保安寺在前，山门朝南，正面为单檐歇山顶的大雄宝殿。殿后为高庙，有 24 级砖砌台阶，拾级而上，至南天门，途中有仿木建筑的砖砌牌楼一座，东西两侧建有对称的重檐歇山顶天池各一座。南天门后建有二层三重檐、四面坡顶的中楼一座。中楼后为五岳庙，高 20 余米，三层三重檐歇山顶，是高庙的最大建筑物。整个建筑群沿中轴渐次升高，层楼重叠，檐角飞翘，有凤凰展翅凌空之势，为中外罕见之古建筑。

3. 石嘴山市

石嘴山市位于宁夏回族自治区北部，东跨黄河，与内蒙古鄂尔多斯市为邻；西邻贺兰山与内蒙古阿拉善盟隔山相望；北依黄河与内蒙古乌海市相邻；南与自治区首府银川市兴庆区、贺兰县交界。石嘴山旅游资源独特，兼备江南秀丽的水上景观和塞外豪放的沙漠风景于一体的国家5A级旅游景区沙湖，是全国35个王牌旅游景点之一。还有正在开发建设的大武口森林公园、大武口三湖水上公园以及北武当庙、平罗玉皇阁、贺兰山岩画、古长城遗址、陶乐兵沟汉墓等，逐步成为宁夏乃至西北的旅游热线。

沙湖风景名胜区位于宁夏北部石嘴山市境内，距银川市56km。风景区总面积为45.10km^2，土地面积24.16km^2，湖水面积8.2km^2，沙漠面积12.7km^2。沙湖以自然景观为主体，资源蕴藏量丰富，“沙、水、苇、鸟、山”五大景源有机结合，构成独具特色的秀丽景观，是一处融江南水乡与大漠风光为一体的“塞上明珠”。这里宽阔的湖泊出现在茫茫沙漠之中，形成沙海水乡的独特景观。湖面呈月牙形，其面积是杭州西湖的1.5倍，湖中芦苇丛丛，荡舟其中，仿佛进入遮天蔽日的森林之中。湖面是鸟的天堂，万亩水域上栖息着白鹤、黑鹤、天鹅等几十种鸟类。湖南面是一片广袤的沙漠，沙海金浪起伏，湖水碧波荡漾，两者相映成趣。湖西面贺兰山磅礴而立，倒映湖中，其势超然。碧水、蓝天、青山、黄沙、绿苇、金穗、翠树、百鸟，构成一幅大西北乃至世界罕见的奇景。风景区内娱乐项目较多，湖西四周有滑沙、骑驼、骑马、游泳、垂钓、滑翔、沙滩排球、足球等游乐设施，还有旅游飞机空中观光节目。目前，沙湖已被列为全国35个王牌景点之一，国家5A级旅游景区，成为我国西北地区的旅游热点。

4. 其他旅游城市与景区

此外，宁夏境内还有固原、青铜峡等旅游城市。固原市是宁夏回族自治区回族聚居地区，历史悠久、物产丰富，山川秀美，其境内主要的旅游景区有：六盘山旅游区、泾源旅游区、火石寨、战国秦长城、须弥山石窟等。青铜峡市位于宁夏平原中南部，九曲黄河穿境北流，黄河流域第二座水利枢纽工程——青铜峡拦河大坝就坐落境内，被誉为“塞上明珠”。青铜峡市旅游景点众多，境内有两千多年前秦汉时期建造的古渠水系；有线条清晰、写意逼真的广武口子门岩画；有号称“宁夏小八达岭”之称的北岔口明长城；有西北最大最多的佛教庙群牛首山寺庙和始建于西夏时期排列奇特的一百零八喇嘛塔；有气势雄伟，蔚为壮观，集发电、灌溉、防洪于一体的大型水利枢纽工程——青铜峡拦河大坝；有风光旖旎的库区鸟岛、金沙湾、黄河风情园；有颇具民族特色的回乡民俗风情园等众多旅游观光胜景。

四、旅游线路与行程设计

1. 短线

(1) 银川经典一日游：海宝塔、西夏王陵、玉皇阁、承天寺塔、西部影视城、南关清真大寺、沙泉寨、中华回乡风情园、贺兰山岩画。

（2）银川—中卫二日游：沙坡头旅游区、腾格里沙漠旅游区、沙湖、华夏西部影视城、万亩生态枸杞园、西夏王陵。

2. 中长线

（1）宁夏常规三日游：沙湖、华夏西部影视城、西夏王陵、青铜峡108塔、明长城、高庙、沙坡头、同心清真大寺、须弥山石窟、固原博物馆。

（2）宁夏经典三日游：南关清真寺、承天寺塔、玉皇阁、海宝塔、青铜峡水库、108塔、黄河鸟岛、沙坡头风景区、沙湖、华夏西部影视城、华夏珍奇艺术城、西夏王陵。

（3）宁夏省内四日游：承天寺塔（宁夏博物馆）、沙湖、华夏西部影视城、贺兰山岩画、西夏王陵、明长城、青铜峡一百零八塔、高庙、泾河源风景名胜区、固原博物馆、须弥山石窟、吴忠农贸市场。

3. 特色旅游线路

（1）宁夏回乡风情游：南关清真寺、海宝塔、宁夏伊斯兰教经学院、品尝银川特色“德隆楼”涮羊肉、回族歌舞表演、纳家户清真寺、吴忠回乡贸易市场、回民家访（品尝回族风味小吃、阿訇讲经等）、青铜峡、108塔、沙坡头、中卫高庙、沙湖自然风景区、西夏王陵、华夏西部影视城。

（2）沙漠、黄河、草原、银川塞上江南游：纳家户清真寺、回族家访（品尝回族风味，手抓肉、盖碗茶、油香）、腾格里沙漠、沙坡头旅游区（缆车滑沙、聆听沙坡鸣钟、乘黄河古老摆渡工具羊皮筏漂流、骑骆驼遨游腾格里沙漠）、中卫高庙、青铜峡108塔、黄河快艇观黄河大坝、西夏王陵、华夏西部影视城、海宝塔、宁夏博物馆（承天寺塔）、沙湖旅游区。

任务9.4　畅游甘肃

一、地理环境概述

甘肃省，简称甘或陇。因境内的甘州（今张掖）与肃州（今酒泉）而得名甘肃。位于黄河上游地区，东接陕西，南邻四川，西连青海、新疆，北靠内蒙古、宁夏并与蒙古人民共和国接壤。介于北纬32°11′～42°57′，东经92°13′～108°46′之间。甘肃省历史悠久，先秦时期，境内大部属雍、梁二州，旧称“雍梁之地”。秦始皇统一中国后，分全国为36郡，省境东南地区为北地郡和陇西郡。汉代先在省境置凉州，至元封五年（前106年）省境先后改置武威、张掖、酒泉、敦煌等10郡。唐代改郡为道，省境分属关内道、陇右道和山南道。元代始设甘肃行中书省。明代废省设司，省境属陕西布政司、陕西都司、陕西行都指挥使司。清代设陕西右布政司，后改甘肃布政司，行政中心迁至兰州市，辖今甘肃、新疆、青海、宁夏省区范围。光绪十年（1884年）分出新疆。1912年省境又划分为宁夏、西宁等七道。1927年废道，1929年分出青海和宁夏两省区。1949年8月26日成立甘肃行政公署。1950年1月8日，甘肃省人民政府正式成立，甘肃省名相沿至今。全省土地面积为 45.5 万 km²，常住人口为 2628.12 万（2008 年末），省会兰州市。甘肃是一个多民族的省份，全省现有 54 个少数民族成份，世居甘肃的少数民族有回、藏、东乡、土、裕固、保安、蒙古、撒拉、哈萨克、满族等 16 个少数民族。其中，东乡族、裕固族、保安族为甘肃的独有民族（图 9.11）。

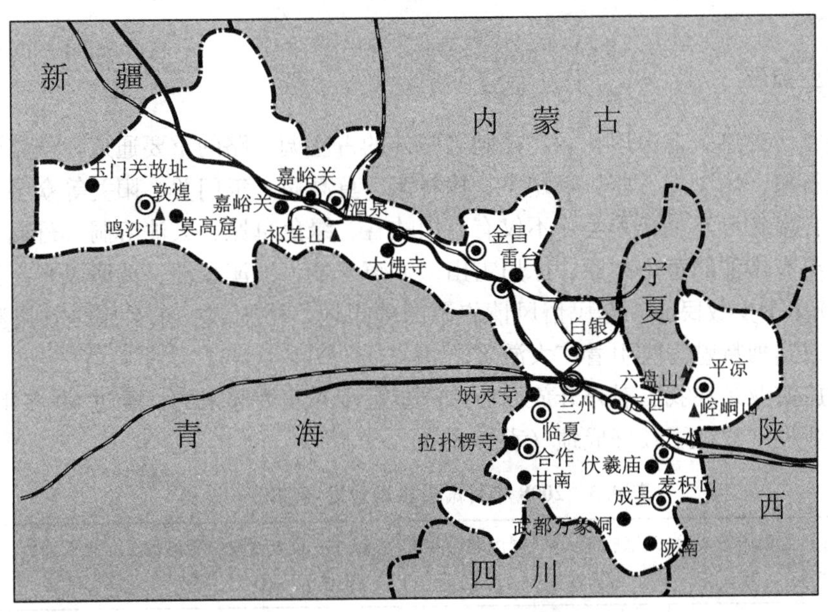

图 9.11

甘肃省地处黄土高原、青藏高原和内蒙古高原交接地区，地貌复杂多样，山地、高原、平川、河谷、沙漠、戈壁交错分布。地势自西南向东北倾斜，地形狭长，大致可分为各具特色的六大区域：陇南山地、甘南高原、陇中黄土高原、河西走廊、祁连山地和河西走廊以北地带（北山山地）。其中甘南高原是“世界屋脊”——青藏高原东部边缘一隅，地势高耸，平均海拔超过 3000m，是典型的高原区，草滩宽广，水草丰美，牛肥马壮，是甘肃省主要畜牧业基地之一。河西走廊位于祁连山以北，北山以南，东起乌鞘岭，西至甘新交界，是块自东向西、由南而北倾斜的狭长地带。地势平坦，机耕条件好，光热充足，水资源丰富，是著名的戈壁绿洲，是甘肃主要的商品粮基地。甘肃是个多山的省份，最主要的山脉首推祁连山、乌鞘岭、六盘山，其次诸如阿尔金山、马鬃山、合黎山、龙首山、西倾山、子午岭山等，多数山脉属西北—东南走向。省内森林资源多集中在这些山区，大多数河流也都从这些山脉形成各自分流的源头。本省河流多属黄河水系，以黄河及其支流洮河、渭河、祖历河等为主，长江水系的支流有嘉陵江。由于甘肃地形复杂，山脉纵横交错，海拔相差悬殊，其境内从东南到西北包括了北亚热带湿润区到高寒区、干旱区的各种气候类型。气候干燥，气温日较差大，光照充足，太阳辐射强。

在交通方面，兰州是西北最大的铁路枢纽，陇海线、兰新线、包兰线、兰青线四大铁路干线交汇于此，除此之外，干武线和宝中线也是甘肃境内重要的铁路干线。省内的公路四通八达，十分方便。主要有公路干线有西兰公路、甘新公路、甘川公路、京藏公路等。民航方面，现已开辟了以兰州为中心，通往北京、上海、广州、成都、西安、乌鲁木齐、南京、昆明、敦煌、庆阳等全国主要城市及省内主要旅游胜地和革命老区的航空网。现有的民用机场有：兰州中川机场、敦煌机场、嘉峪关机场、庆阳机场和天水机场。

二、旅游业掠影

甘肃省历史悠久，山川壮丽，是驰名中外的古丝绸之路的重要通道，丝路沿线留下了麦积山石窟、炳灵寺石窟、嘉峪关、榆林窟、莫高窟、玉门关、阳关等众多的历史文化遗迹，甘肃省自然风光秀美，不仅有高山峡谷、绿色草原、天池溶洞、丹霞奇观、珍稀物种，更有雄浑的黄土高原、冰川雪山、大漠戈壁、沙漠绿洲、黄河风光。另外甘肃境内有 40 多个少数民族，是民俗风情旅游的理想地，裕固族、东乡族是甘肃独有的少数民族，以其独特魅力吸引着广大游客。

甘肃旅游业是在我国对外开放以后才逐步起步并发展起来的，经过 30 多年的时间，甘肃旅游业发展取得了较好成绩（表 9.3）。

表 9.3　2008 年甘肃省旅游业发展情况一览表

省份及其在全国的地位	国内旅游人数/万人次	入境旅游人数/万人次	国内旅游收入/亿元	旅游外汇收入/亿美元	星级酒店数/家	旅行社数/家	4A 级以上景区数/家
甘肃省	2 482.3	8.32	136.4	0.16	280	328	28
全国总数	171 200	13 003	8 749.3	408.43	14 099	20 110	872
占全国比例	1.45%	0.06%	1.56%	0.04%	2%	1.63%	3.21%
在全国排名	26	28	28	29	22	24	18

甘肃是旅游资源大省，旅游资源具有类型全、品位高、功能齐、特色鲜明厚重和原始、质朴的特点，对国内外不同类型、不同年龄和不同爱好的旅游者都具有强大的吸引力。虽然目前甘肃旅游业在全国旅游业中所占的份额还比较少，但是甘肃省旅游业发展潜力巨大，前景十分广阔。未来，甘肃旅游业将继续以兰州为中心，建立以敦煌市为依托的西部旅游区（武威、金昌、张掖、酒泉、嘉峪关五市），以兰州市为依托的中部旅游区（兰州、白银、定西、临夏、甘南三市两州），以天水市为依托的东部旅游区（天水、陇南、平凉、庆阳四市），发展中、西、东三大旅游区。还将重点培育敦煌景区群、酒泉嘉峪关景区群、张掖武威金昌景区群、兰州白银定西景区群、临夏甘南景区群、天水陇南景区群和平凉庆阳景区群 7 个重点景区群。另外，还将以兰州为起点，重点发展六大旅游主线，在西线建立河西走廊、丝绸古道、古今飞天、大漠风情旅游线；在东线建立丝路胜迹、名山石窟、三国古道、朝觐旅游线；在南线建立回藏风情、宗教文化、化石遗迹、草原风光旅游线；在北线建立白银铜都、取水提灌、黄河奇观、石林风光旅游线；在东北线建立陇东风情、崆峒风光、红色胜地旅游线；在东南线建立绿色陇南、秀美天池、官鹅峡谷、天然溶洞自然风光旅游线。在区域合作方面，积极参加西北五省区旅游协作、黄河旅游协作、陕甘渝川协作、甘新两省区五市旅游协作等区域协作。加

强甘肃省与邻省区精品资源线路整合，继续开展“甘肃陕西好邻居”推广活动，编排多种跨区域产品，加强区域合作开发，实现资源共享、客源共享、市场共享。积极参加各省区联合开展的宣传推广活动，形成宣传推广的叠加优势。

三、旅游城市与景区览胜

1. 兰州市

兰州是甘肃省省会，是黄河流域唯一黄河穿城而过的省会城市，市区依山傍水，山静水动，形成了独特而美丽的城市景观。兰州是古“丝绸之路”重镇，历史和大自然为兰州留下了许多名胜古迹。全市拥有省级文物保护单位 16 处，文物点 500 多处，古遗址 250 处，古城 12 处，古建筑 50 余处。国家级森林公园有徐家山、吐鲁沟、石佛沟、兴隆山；市区有五泉山、白塔山、白云观、白衣寺等名胜古迹，还有兰山公园、南湖公园、西湖公园、滨河公园、水上公园等风格各异的景点。另外，兰州还是驰名中外的瓜果名城，夏秋季节更是具有避暑和品瓜果的旅游特色。兰州百合，瓣大肉厚，香甜可口，是高级滋补营养品；兰州的玫瑰花，花大色艳，玫瑰油产量占全国的 80%；兰州的黑瓜子，板大形正，被称为“兰州大片”，畅销海内外；兰州的白兰瓜、黄河蜜，清香溢口，素有“赏景下杭州、品瓜上兰州”的赞誉。

（1）滨河路黄河风情线。兰州是一个东西向延伸的狭长型城市，夹于南北两山之间，黄河在市北的九州山脚下穿城而过。经过城建部门的规划建设，沿黄河南岸，已开通了一条东西数十公里的滨河路。因路面宽阔笔直，两旁花坛苗圃，星罗棋布，被誉为绿色长廊，现已成为全国最长的市内滨河马路。游客游览滨河路，可以欣赏黄河风情，参观沿途点缀的平沙落雁、搏浪、丝绸古道、黄河母亲、西游记等众多精美的雕塑；并可参观中山铁桥、白塔山公园、水车园等景点。在旅游旺季，可看到古老的皮筏摆渡，体验“吹牛皮，渡黄河”的古韵；也可乘坐橡皮艇在黄河上漂流。滨河路被誉为兰州的“外滩”，已成为老年人晨练和年青人浪漫的场所。外地游客来兰州旅游，必先到滨河路，从东到西一游。

（2）白塔山，位于兰州市黄河北岸，因山上有白塔寺而得名。白塔山海拔 1720m，是观赏兰州市容的最佳处。山上白塔寺始建于元代，寺内有白塔一座，塔为七级八面，底为高大须弥座，上为半圆形覆钵式塔身和八角楼阁式塔，上置绿顶，通高约 17m，具有印度佛塔的特点，上楼阁与下覆钵的结合形式，在我国古塔中少见，为古塔中佳作。山上还有旭日阁、罗汉殿、三宫殿、三星殿、云月寺等建筑。登临殿阁，可凭栏远眺日出、黄河九曲，气象万千，景色壮美。

2. 嘉峪关市

嘉峪关市位于甘肃省西北部，河西走廊中部，东临酒泉市，西连玉门市，南与肃南裕固族自治县接壤，北与酒泉金塔县、酒泉卫星发射基地和内蒙额济纳旗相连接。嘉峪关地处古“丝绸之路”的交通要冲，又是明代万里长城的西端起点。这里的旅游资源非常丰富，有雄伟壮观的汉代和明代万里长城、嘉峪关关城、长城第一墩以及展现古代游牧民族社会生活的黑山岩画、国家重点文物保护单位魏晋墓地下画廊等人文古迹；有亚洲距城市最近的七一冰川及祁连积雪、瀚海蜃楼等独具特色的西部风光；有博大精深的中国第一座“长城博物馆”和被誉为世界三大滑翔基地之一的嘉峪关国际滑翔基地及国家5A级关城文化旅游景区；有西北民俗风情旅游和讨赖河大峡谷探险、沙漠探险、花海魔鬼城探险等具有西部情调的探险旅游胜地；有乾圆山庄、新城草湖等休闲度假的好去处；此外还有石关峡、黑山湖等多处正在开发的旅游资源，形成了以嘉峪关关城为龙头的四大资源、八大景点，为旅游业的发展奠定了资源基础。

嘉峪关位于河西走廊中西结合部（中部偏西），关城始建于明洪武五年（1372年），历时168年，于公元1540年建成完工。嘉峪关关城布局合理，建筑得法，由内城、瓮城、罗城、城壕及三座三层三檐歇山顶式高台楼阁建筑和城壕、长城峰台等组成。内城是关城的主体和中心，其周长640m，面积2.5万m^2。内城东西二门外，都有瓮城回护，面积各有500余平方米。瓮城门均向南开，西瓮城西面，筑有罗城，罗城城墙正中面西设关门，门楣上题“嘉峪关”三字。关城内现有的建筑主要有游击将军府、官井、关帝庙、戏台和文昌阁。嘉峪关附近烽燧、墩台纵横交错，关城东、西、南、北、东北各路共有墩台66座。嘉峪关地势天成，攻防兼备，与附近的长城、城台、城壕、烽燧等设施构成了严密的军事防御体系，是明代长城沿线建造规模最为壮观，保存程度最为完好的一座古代军事城堡，是明朝及其后期各代，长城沿线的重要军事要塞，素有“中外钜防”、“河西第一隘口”之称，又被誉为“天下第一雄关”。

3. 敦煌市

敦煌市位于甘肃西北边境，河西走廊西端，古称瓜州、沙州，是丝绸之路的西陲重镇，隶属甘肃省酒泉市管辖。境内名胜古迹星罗棋布，莫高窟、榆林窟、西千佛洞是保存完整的佛教艺术宝库，阳关、玉门关的残垣断壁镌刻着历史的印迹，沙漠奇观鸣沙山与月牙泉，金黄的沙山与清澈的泉水相互映衬，景色奇异迷人。

1）莫高窟

莫高窟又名千佛洞，位于敦煌市东南25km鸣沙山东麓的断崖上，因地处莫高镇而得名。它是我国最大、最著名的佛教艺术石窟。始凿于前秦建元二年（366年），共分上、下五层，现存北魏、西魏、西周、隋、唐、五代、宋、西夏、元等朝代的洞窟492个，壁画4.5万m^2，彩塑2415身，是世界上历史最悠久、规模最大、内容最为丰富、保存最完整的文化艺术宝库，被列入《世界文化遗产名录》。莫高窟的艺术特点主要体现在建筑、彩塑和壁画三者的有机结合上，系统反映了公元6～14世纪的艺术风格。洞窟最大者高40余米，宽30m见方，最小者高不盈尺。彩塑为敦煌艺术的主体，有佛像、菩萨像、弟子像以及天王、金刚、力士、神等，彩塑形式丰富多彩，有圆塑、浮塑、影塑、善业塑等，题材之丰富和手艺之高超，堪称佛教彩塑博物馆。石窟壁画富丽多彩，各种各样的佛经故事，山川景物，亭台楼阁等建筑画、山水画、花卉图案、飞天佛像以及当时劳动人民进行生产的各种场面等，是十六国至清代1500多年的民俗风貌和历史变迁的艺术再现。在莫高窟众多的石窟中，以九层楼和藏经洞最令人注目（图9.12）。

2）鸣沙山-月牙泉

鸣沙山位于敦煌市南郊，古代称神沙山、沙角山。全山系沙堆积而成，东西长约40km，南北宽约20km，高有数十米，北峰陡峭，背如刀刃，极为壮观。游人从山顶下滑，细沙与人体下落，发出悦耳的鸣鸣声。若在夜间下滑，还能观赏到人体与沙粒摩擦产生的缤纷火花。晴朗之日，风停沙静，也有丝竹管弦之音。尽管白天游人遍野，沙面“千疮百孔”，一夜过去，又是坡如水面，背如刀削，使人倍感大自然的神奇魅力。月牙泉位于鸣沙山北麓，因呈月牙形而得名。泉水东西长约218m，南北宽54m，平均水深5m，经历千年而从不干涸，堪称天下奇观。月牙泉边，水草丛生，绿树扶疏，倒映水中，与周围沙山的环境形成鲜明对比，构成一幅奇丽画面。景色以月夜、清晨最美，“月泉晓澈”为敦煌八景之一（图9.13）。

图9.12

图9.13

3）玉门关

玉门关又称小方盘城，位于敦煌市西北约100km处，为汉代西陲两关之一，是丝绸古道西出敦煌进入西域北道和中道的必经关口。自西汉张骞出使西域以来，通过玉门关这座关口，中原的丝绸和茶叶等物品源源不断地输向西方各国。而西域诸国的葡萄等名优特产和宗教文化相继传人中原。现玉门关关城四周城垣保存完好，呈方形，面积633m^2，墙高9.7m，全部为黄土构筑，西、北墙各开一门。城墙高达10m，上有女儿墙，下有马道，人马可直达顶部。

4. 天水

天水市位于甘肃东南部，渭河南岸，地处陕、甘、川三省交界处。天水市历史悠久，历代人文荟萃，境内文物古迹众多，天水伏羲庙、卦台山是海内外炎黄子孙朝宗拜祖的场所；大家熟知的“马谡失街亭”、姜维三战小陇山的历史故事都发生在天水。甘谷大象山，拔地而起，巍峨壮观，山上有安详、宁静的大象山大佛；与麦积山毗邻的仙人崖，群峰对峙，是一处儒、释、道三教合一的游览胜地。还有以精美的泥塑艺术、险峻的洞窟著称于世的麦积山石窟。另外天水还是甘肃少有的山青水绿的地方，境内的麦积山风景名胜区，是国务院公布的第一批风景名胜区，区内重峦叠翠、山环水绕，兼具江南水乡的秀美和北国山川的雄奇，是理想的旅游胜地。

麦积山，位于天水县东南，因山势突兀，仿佛农家麦垛而得名。麦积山石窟就位于麦积山的南侧，我国四大石窟之一。始凿于十六国时期的后秦，后历经10多个朝代的不断开凿和修复，现有洞窟194个，保存历代泥塑、石雕像7200多件，壁画1300m^2。麦积山石窟艺术，以其精美的泥塑艺术闻名中外。泥塑有高浮塑、圆塑、粘贴塑、壁塑四种，从高约16m的阿弥陀佛到10cm小的影塑，从神圣的佛到天王脚下的牛犊，均精巧细腻，栩栩如生。这里的塑像充分体现了千余年来各个时代塑像的特点，系统反映了我国泥塑艺术的发展和演变过程。另外，麦积山石窟的惊险陡峻，在我国现存石窟中是罕见的。洞窟大都开凿在20～80m高度的悬崖峭壁上，层层相叠，上下错落，密如蜂房，洞窟之间全靠架设在崖面上的凌空栈道连接。石窟周围，景色极为秀丽，重峦叠嶂，松柏苍翠，云雾缭绕，有著名的“麦积烟雨”等景观。在我国四大石窟中，麦积山石窟的自然景色最佳，现为全国重点风景名胜区。

5. 夏河县

夏河县位于甘肃省南部，是甘肃南行旅游线进入甘南州的第一站。夏河因藏传佛教文化独特，风情浓郁而有“小西藏”之称。县内人文景观众多，拉卜楞寺是全国重点文物保护单位和甘肃省三大旅游景点之一。甘加八角城、斯柔古城、麻当古城、桑科古城、土门关明代边墙遗址等吸引着众多中外游客前来旅游观光。自然景观除甘加草原、桑科草原、达久滩草原等胜景外，还有横卧10余里的白石崖绝壁、曲径通幽的白石崖溶洞，神灵奇幻的达里加湖以及达尔宗圣湖等，使夏河县的旅游资源显示了无穷的魅力。

拉卜楞寺位于甘肃夏河县境内，是中国藏传佛教格鲁派六大宗主寺之一。始建于清康熙四十八年（1709年），历经多年的修建、扩充，已发展成为一个庞大建筑群，其规模仅次于布达拉宫，故有“小布达拉宫”之称。寺院占地822584m^2，殿宇90多座，僧舍万余间，可容纳喇嘛3000余人。拉卜楞寺内珍藏文物数万件，藏文经典、书籍六万余册，其藏书量居全国各类寺庙之首。寺内有众多佛教塑像、壁画和唐卡，是藏传佛教艺术中的瑰宝。寺佛像多达万余尊，就质地而言，有金、银、铜、铝等金属制品，还有象牙、檀木、玉石、水晶和泥塑作品。各种题材的壁画几乎布满所有经堂和佛殿的四壁，包括历史故事、宗教人物故事、民俗风情和建筑装饰等内容。寺内珍藏的上万幅唐卡，多出自藏画之乡——青海五屯的艺人之手。除绘制外，还有刺绣、贴花、缂丝等多种工艺，内容丰富，制作考究，为广大藏民所喜爱。拉卜楞寺的节庆及法会甚多，其中晒大佛是拉卜楞寺的重要佛事活动之一。每年农历正月十三日，将数十米长方的绣制佛像展挂在拉卜楞寺对面的山麓，寺内僧人盛装莅临，善男信女蜂拥前往顶礼膜拜，场面庄严宏大。

6. 其他旅游城市与景区

此外，甘肃省还有张掖、武威、平凉等旅游城市。张掖历史悠久，文化灿烂，山川秀丽，民风淳朴，水草丰美，素有“金张掖”的美誉。张掖市名胜古迹众多，旅游资源丰富，人文景观奇特。境内有大佛寺、西来寺、土塔、镇远楼、山西会馆、明粮仓等古代建筑；黑水国遗址、汉墓群、古城墙、长城烽燧等历史足迹；还有甘泉公园、沙漠公园、黑河山庄、大野口自然风景区等融南国秀色与塞外风光为一体的绚丽的自然景观。其中，隋代木塔、明代镇远楼、黑水国遗址等古迹享誉中外，特别是保存完整的西夏大佛寺，以其精湛的建筑艺术和现存全国最大的室内卧佛名扬海内外。

武威是“中国旅游标志之都”、“中国葡萄酒的故乡”，素有“银武威”之称。武威悠久的历史留下了许多闻名遐迩的文物古迹和文化艺术珍品，其中比较知名的有被国家指定为中国旅游标志的“铜奔马”及其出土的“雷台汉墓”；有元太子阔瑞与西藏宗教领袖萨班举行“凉州会盟”，见证西藏正式纳入中国版图的“凉州百塔寺”；有举世无双，具有较高研究价值的国家级珍贵文物“西夏碑”；有建于明正统四年，气势恢弘的“武威文庙”和被誉为中国石窟之祖的“天梯山石窟”；还有古长城遗址、丝绸之路名刹海藏寺、古钟楼、罗什寺塔等大量珍贵历史文物古迹，有亚洲第一的沙漠水库、沙漠公园、沙生植物园，还有景色秀丽的天祝“三峡”，这些都是观光旅游的理想境地。

平凉历史悠久，文化灿烂，旅游资源丰富。其境内有国家重点风景名胜区、国家首批 5A 级风景名胜崆峒山，此外还有王母宫、温泉、柳湖、南石窟寺、龙泉寺、莲花台、紫荆山、国家级森林公园云崖寺，以及明代宝塔、李元谅墓等风景名胜。

四、旅游线路与行程设计

1. 短线

（1）敦煌经典一日游：莫高窟、藏经洞陈列馆、鸣沙山、月牙泉、玉门关、阳关。

（2）敦煌—嘉峪关两日游 ：莫高窟、鸣沙山、月牙泉、雅丹地貌魔鬼城、嘉峪关城楼。

（3）兰州—天水两日游：麦积山石窟、麦积山植物园、温泉度假山庄、南郭寺、玉泉观、飞将军李广墓、滨河路黄河风情线、白塔山。

（4）甘南草原两日游：则岔石林、郎木寺、德合仓拉姆、玛曲、格萨尔王广场、尕海湖。

2. 中长线

（1）兰州—嘉峪关—敦煌三日游：滨河路黄河风情线、白塔山、水车园、嘉峪关城楼、莫高窟、鸣沙山、月牙泉。

（2）兰州—嘉峪关—酒泉—敦煌四日游：嘉峪关城楼、东风发射基地博物馆、东风烈士陵园、931 发射架、东风水库、东风公园、胡杨林、鸣沙山、月牙泉、莫高窟、滨河路黄河风情线、白塔山、水车园。

（3）兰州—夏河—敦煌—嘉峪关五日游：中山大桥、古水车、黄河风情线、桑科草原、拉卜楞寺、嘉峪关城楼、悬臂长城、莫高窟、鸣沙山、月牙泉。

（4）兰州—武威—张掖—嘉峪关—敦煌六日游：武威文庙、天梯山石窟、海藏寺、雷台汉墓、张掖大佛寺、木塔寺、黑水国遗址、山丹军马场、焉支山森林公园、马蹄寺、肃南丹霞地貌、康乐草原、嘉峪关关城、悬壁长城、长城博物馆、滑翔基地、黑山摩崖浅石刻岩画、魏晋墓壁画、长城第一墩、“七一”冰川、莫高窟、鸣沙山、月牙泉、安西榆林窟、阳关、玉门关、影视城、魔鬼城。

3. 特色旅游线路

(1) 甘肃丝绸之路精品旅游线：武威文庙、海藏寺、雷台汉墓、张掖大佛寺、木塔寺、黑水国遗址、山丹军马场、焉支山森林公园、马蹄寺、肃南丹霞地貌、康乐草原、麦积山石窟、伏羲庙、嘉峪关关城、莫高窟、鸣沙山、月牙泉。

(3) 甘肃南部藏回风情草原风光旅游线：临夏州内风格各异的清真寺、和政古生物化石博物馆、永靖黄河三峡，拉卜楞寺、甘南草原、碌曲郎木寺。

(4) 甘肃东部黄土风情红色革命旅游线：会宁、榜罗会议遗址、六盘山、南梁苏维埃政府旧址、抗大七分校有平凉崆峒山、泾川王母宫石窟、庆阳周祖陵。

(5) 甘肃东南部自然生态旅游线：伏羲庙、玉泉观、南宅子、麦积山风景名胜区、成县鸡峰山—西狭颂景区、武都万象洞、康县梅园、宕昌官鹅沟、文县天池。

任务 9.5 畅 游 新 疆

一、地理环境概述

新疆维吾尔自治区，位于我国西北部，地处欧亚大陆中心。简称新疆或新。东部和南部依次与甘肃、青海和西藏三省区连接，东北与蒙古人民共和国相邻，西与俄罗斯、哈萨克斯坦、吉尔吉斯坦、塔吉克斯坦接壤，西南和阿富汗、巴基斯坦、印度相邻，边界线长达 5300 多千米，为我国边境线最长的省区。地处东经 73°40′～96°18′，北纬 34°25′～48°10′之间。在历史上是沟通东西方、闻名于世的“丝绸之路”的要冲，现在又成为第二座“亚欧大陆桥”的必经之地，战略位置十分重要。新疆，古称西域，自古以来就是中国不可分割的一部分。汉属西域都护府，唐属北庭和安西都护府，宋为辽西地，清光绪十年（1884 年）清政府在新疆设省。1949 年新疆和平解放，1955 年 10 月 1 日成立新疆维吾尔自治区。全区面积 166 万 km^2，约占全国面积的 1/6，是我国面积最大的一个省区，人口 2700 万（2009 年），省会乌鲁木齐。新疆是多民族聚居的省区，有汉、维吾尔、哈萨克、柯尔克孜、乌孜别克、锡伯、蒙古等 47 个民族。在各民族中，维吾尔族约占总人口的 45.73%，汉族约占新疆总人口的 40%（图 9.14）。

新疆南有昆仑山和阿尔金山，北有阿尔泰山，西跨帕米尔高原，中部有天山横贯。天山，作为新疆象征，横贯中部，形成南部的塔里木盆地和北部的准噶尔盆地。习惯上把天山以南地区叫南疆，天山以北地区叫北疆，把哈密、吐鲁番盆地叫东疆。新疆还有中国最大的沙漠塔克拉玛干沙漠和中国最低的盆地吐鲁番盆地。新疆的高山、盆地、沙漠在大陆性气候影响下形成了独特的地理景观。例如吐鲁番洼地、火焰山、坎儿井、罗布泊风蚀地貌、天山高山湖泊天池等。新疆的农产以小麦、玉米、水稻、棉花、蚕茧为主。各地特产有新疆长绒棉、和田桑蚕、吐鲁番葡萄、鄯善哈密瓜、伊宁苹果、库尔勒香梨、和田玉石、阿勒泰宝石等。

新疆交通发达，形成航空、铁路、公路均以乌鲁木齐为中心辐射四周的立体交通枢

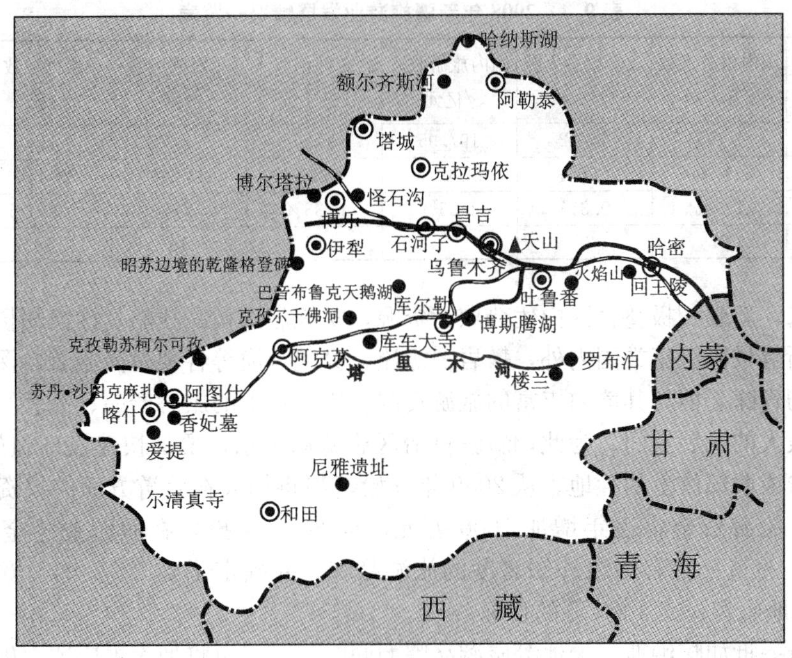

图 9.14

纽。新疆是中国航空线路最长、航站最多的一个省份，乌鲁木齐、喀什、和田、阿克苏、库车、库尔勒、且末、伊宁、阿勒泰、克拉玛依、塔城和富蕴都建有机场。新疆已建成了三条铁路：兰新铁路（兰州—乌鲁木齐）、南疆铁路（吐鲁番—库尔勒—喀什）、兰新铁路西段（乌鲁木齐—阿拉山口），特别是兰新铁路西段连通了我国与欧洲大陆的铁路，形成了一条东起江苏连云港，西至荷兰鹿特丹的交通干线，促进了新疆与独联体及东欧、西欧、中东等国家经济贸易的往来和国际旅游业的发展。新疆的公路网四通八达，主干公路为乌伊公路、乌喀公路、兰新公路西段、中巴公路、天山独库公路、库伊公路。兰新、青新，新疆三条省级公路，是新疆与邻近省区的交通干道。另外，新疆与巴基斯坦、哈萨克斯坦、蒙古国等周边国家之间还开通了 25 条国际间客货联运线路。

二、旅游业掠影

新疆文物古迹众多、自然景观独特、民族风情丰富多彩。据《中国旅游资源普查规范》统计显示，新疆有各类旅游景区（点）1171 处，分别归属 67 个基本类型，占全国分类系统类型总数的 90.5%。旅游资源数量之大、种类之多，居全国首位。改革开放 30 多年来，新疆旅游业以独特的自然风光和风土人情每年都吸引大量的国内外游客前来观光游览，旅游业已完成了由“接待型”向“经济产业型”的转变，并成为了支撑新疆经济发展的主要产业之一（表 9.4）。

表 9.4　2008 年新疆旅游业发展情况一览表

省份及其在全国的地位	国内旅游人数/万人次	入境旅游人数/万人次	国内旅游收入/亿元	旅游外汇收入/亿美元	星级酒店数/家	旅行社数/家	4A 级以上景区数/家
新疆	2 195	36.32	197.95	1.36	421	414	23
全国总数	171 200	13 003	8 749.3	408.43	14 099	20 110	872
占全国比例	1.3%	0.3%	2.26%	0.33%	3%	2%	2.64%
在全国排名	27	27	26	26	15	22	19

近年来，新疆积极整合区内优势旅游资源，实施旅游精品战略。沙漠胡杨、天山天池、喀纳斯等景区已享誉国内外，攀岩、漂流、穿越沙漠等各项时尚旅游，深受户外探险爱好者的青睐。但与其境内丰富的旅游资源相比，新疆的旅游产品、品牌知名度、美誉度还有很大的发展空间。为此，新疆自治区旅游局表示，要加快建设新疆旅游品牌，将新疆打造成西部旅游的胜地。从 2009 年开始新疆将加大在旅游方面的投资力度，在数年内投入旅游资金将逐年增加 1000 万元，至 2012 年投入在旅游业的金额将达到 6000 万元，打造一批有国内外知名度的旅游品牌。并确定了到 2012 年入境旅客人次 100 万、内地旅客人次 4000 万的目标。

在打造一批如喀纳斯、天池等旅游品牌的同时，新疆也将加大推广冰雪旅游、边境旅游、乡村旅游和特种旅游的力度。在新疆，香港游客占境外旅客近两成，冰雪旅游一直最能吸引香港客人。新疆邻近八个国家，边境旅游将是新疆旅游的重要王牌。此外，新疆将会大量引入外资及具海外管理经验的人才来壮大新疆旅游业的发展。与此同时，各地将加大精品景区的开发建设力度，做好资源的合理开发和保护工作。进一步加强喀纳斯、天池、吐鲁番葡萄沟的精品景区建设工作，切实加大那拉提、赛里木湖、温宿大峡谷、卡拉库里湖等一批 4A 级景区的质量提升工作，积极促进这些景区向 5A 级景区的行列迈进。

三、旅游城市与景区览胜

1. 乌鲁木齐市

乌鲁木齐，是自治区首府，简称乌市，意为“优美的牧场”。位于新疆维吾尔自治区北部，西部和东部与昌吉回族自治州接壤，南部与巴音郭楞蒙古自治州相邻，东南部与吐鲁番地区交界。乌鲁木齐有着雄奇壮美的自然景观和富有地域民族特色的人文景观。久负盛名的达坂城、景色迷人的天池、被誉为“冰川活化石”的一号冰川，以及风光秀丽的南山天然牧场、甘沟菊花台、白杨沟瀑布等，都是中外游客向往的游览胜地。市内主要革命遗址、革命纪念地有八路军驻新疆办事处、毛泽民烈士故居、中国工农红军西路军旧址、乌鲁木齐市革命烈士陵园等。主要古迹、古寺有乌拉泊古城、陕西大寺、阿拉沟“石垒”、文庙、巩宁城遗址、纪晓岚微草堂、“一炮成功”等。二道桥民族集贸市场（大巴扎）是民族风情最集中、最浓郁的地方，吸引着国内外众多游客。

天池风景区距乌鲁木齐 110km，天池位于天山博格达峰北侧，是世界著名的天然高山湖泊。湖面海拔 1910m，湖面呈半月形，南北长 3400m，东西最宽处约 1500m，面积为4.9km²，最深处达105m。天池湖水清澈，晶莹如玉，四周群山环抱，绿草如茵，野花似锦。天池东南面的博格达主峰海拔5445m，峰顶的冰川积雪闪烁着皑皑银光，与天池瓦蓝碧绿的湖水相映成趣，构成高山平湖多姿的自然景观。天池周围还有“石门一线”、“龙潭碧月”、“顶天三石”、“定海神针”、“南山望雪”、“西山观松”、“海峰晨曦”、“悬泉飞瀑”八大景观。天池风景区，以天池为中心，融森林、草原、雪山、人文景观为一体，形成别具一格的风光特色。它北起石门，南到雪线，西达马牙山，东至大东沟，总面积达160km²。立足高处，举目远望，一片绿色的海浪，此起彼伏，那一泓碧波高悬半山，就像一只玉盏被岩山的巨手高高擎起。沿岸苍松翠柏，怪石嶙峋，含烟蓄罩；环山绿草如茵，羊群游移；更有千年冰峰，银装素裹，神峻异常，整个湖光山色，美不胜收（图9.15）。

图9.15

2. 吐鲁番

吐鲁番，维吾尔语意为“富庶丰饶的地方”。位于天山东部博格达山南麓，吐鲁番盆地中心，距乌鲁木齐市184km。吐鲁番盆地南部的艾丁湖是我国陆地最低的地方，海拔−154m。盆地中常刮大风，最大风力可达12级以上，故又有“风库”之称。另外，吐鲁番盛产葡萄等瓜果和长绒棉，葡萄等瓜果的含糖量高。故火洲吐鲁番是中国最低、最热、最旱、最甜的地方，其自然环境独特、神奇。吐鲁番风光美丽，市郊有火焰山、千佛洞、苏公塔、葡萄沟、交河故城、高昌故城、坎儿井、阿斯塔那古墓等美丽的景观和古迹，市内有高昌公园、水上乐园、民俗度假区和博物馆，博物馆里面还有新疆地区保存最完整的巨蜥化石。

（1）火焰山，位于吐鲁番市东北10km处，横亘于吐鲁番盆地中部，为天山支脉之一。东西走向，长98km，宽9km，主峰海拔831.7m。亿万年间，地壳横向运动时留下的无数条褶皱带和大自然的风雨剥蚀，形成了火焰山起伏的山势和纵横的沟壑。在烈日照耀下，赤褐砂岩灼灼闪光，炽热气流滚滚上升，云烟缭绕，犹如火焰燃烧，此即“火焰山”名称之由来。历史上，火焰山处在“丝绸之路”北道上。至今仍留存许多文化古迹和历史佳话。火焰山神奇的地貌、独特的物产、众多的文化遗址以及《西游记》中“孙悟空三借芭蕉扇”等优美的传说，脍炙人口。近年来，游人如织，形成了火焰山旅游热。

（2）葡萄沟，坐落于吐鲁番市东北，距城市中心10km。葡萄沟系火焰山西侧的一个峡谷，南北长8km，宽1km，狭长平缓。沟谷两岸，悬崖对峙，犹如屏障。沟内，溪流环绕，水质纯净。溪流两侧，葡萄架遍布。葡萄藤蔓层层叠叠，绿意葱葱，给沟谷增添了无限诗情画意。各种瓜果及多种树木，遍布沟中，使葡萄沟又成了“百花园”、“百果园”。春季，繁花似锦；盛夏，硕果累累。沟中藤蔓交织，曲径通幽，串串葡萄，举手可及。

(3) 高昌故城，坐落在火焰山脚下，西距吐鲁番市 40km，属全国重点文物保护单位。公元前 1 世纪，西汉在此屯田，后逐步发展，成为吐鲁番盆地的政治、经济、文化中心。公元 460 年成为高昌国都城，后经唐代两百余年的经营，达到鼎盛时期，以后由于战火绵延，高昌故城渐次衰落，直到废弃。高昌故城是丝绸之路上保存最好的遗址之一，城墙高耸，昔日雄风犹存。登高展望，全城平面略呈不规则的正方形，布局可分为外城、内城和宫城三部分。城垣保存较好，外城大体呈正方形，墙基厚 12m，高 11.5m，周长约 5.4km。城墙夯土筑成，间杂少量的土坯，有极清晰的夹棍眼。全城有九个城门，其中南面有三个城门，东、西、北面各有两个城门。西面北边的城门保存最好。内城居外城正中，西南两面城墙大部分保存完好。宫城为长方形，居城北面。内城中偏北有一高台，上有高达 15 余 km 的土坯方塔，俗称“可汗堡”，意为王宫，稍西有一座地上地下双层建筑，可能为宫殿遗址。外城内西南有一大型寺院，从遗址看，有寺门、场院、正殿、多层佛龛的塔基，龛中还可见到残存的彩色壁画、佛像（图 9.16）。

图 9.16

3. 阿勒泰市

“阿勒泰”系蒙古语，意为“金子”。阿勒泰市，位于新疆维吾尔自治区北部，阿尔泰山南麓，额尔齐斯河北岸。东、南与福海县接壤，西北与布尔津县相邻，西南与吉木乃县交界，东北与蒙古国接壤。它隶属于伊犁哈萨克自治州，是阿勒泰地区政治、经济和文化中心。其境内的主要风景名胜有闻名遐迩的喀纳斯湖风景区、布尔根河河狸自然保护区、福海海滨风景区、蝴蝶沟、乌伦古湖海滨浴场、白沙湖、鸣沙山，以及高山风光、冰川雪岭、湖泊温泉、岩画石刻，切木尔切克古墓群及草原石人等。

喀纳斯湖位于新疆最北端布尔津县境内，“喀纳斯”是蒙古语，意为“峡谷中的湖”。喀纳斯湖湖面海拔 1374m，南北长 24km，平均宽约 1.9km，面积 44.78km^2，湖水最深处达 196m 左右。喀纳斯湖面碧波万顷，群峰倒影，春夏时节湖水会随着季节和天气的变化而变换颜色。另外，喀纳斯湖有几大奇观：一是千米枯木长堤，这是喀纳斯湖中的浮木被强劲谷风吹着逆水上漂，在湖上游聚堆而成；二是湖中有巨型“湖怪”（近年有人认为是当地特产的一种大红鱼），常将在湖边饮水的马匹拖入水中，给喀纳斯湖平添了几分神秘；三是雨过天晴时才有的喀纳斯云海佛光。此外，图瓦族风情、阿勒泰岩画等，都是十分具有吸引力的旅游资源。1983 年，以湖为中心成立了喀纳斯自然保护区。2007 年，正式批准为国家 5A 级旅游景区。

4. 喀什市

喀什市是新疆维吾尔自治区喀什地区政治、经济、文化、交通以及宗教中心，位于新疆西南部，帕米尔高原东北麓，塔克拉玛干沙漠西缘，东西部与疏附县接壤，北倚古玛塔格山与克孜勒苏柯尔克孜自治州阿图什市毗邻，南面与疏勒县相接。喀什市是新疆最古老的绿洲之一，农副土特产丰富，主要盛产甜瓜、西瓜、葡萄、石榴、无花果、巴旦杏等瓜果，素有“歌舞之乡”和“瓜果之乡”的美誉。喀什市作为历史文化名城，旅游资源十分丰富，有国家级旅游景区香妃墓、盘橐城，艾提尕清真寺、徕宁城、九龙泉等旅游景点。

艾提尕尔清真寺位于喀什市中心的艾提尕尔广场西侧，是新疆地区伊斯兰教著名的清真寺，也是我国最大的一座清真寺。“艾提尕尔”意为“节日礼拜场所”。该寺以其悠久的历史、宏伟的建筑闻名中外，在中亚地区与布哈拉、撒马尔罕等地的著名清真寺一样受到穆斯林的注目。始建于回历 846 年（1426 年），历经重修扩建，始成现在规模。大寺南北长 140m，东西宽 120m，占地总面积 1.68 万 km^2，分为“正殿”、“外殿”、“教经堂”、“院落”、“拱拜孜”、“宣礼塔”、“大门”等七部分（图 9.17）。整个清真寺布局合理，建筑工艺精细，装饰古朴典雅，风格独特，是我国阿拉伯式伊斯兰教建筑的典范。艾提尕尔清真寺不仅是新疆地区宗教活动的重要场所，在古代还是传播伊斯兰文化和培养人才的重要学府，天山南北以致中亚地区许多教阶较高的伊斯兰教神职人员和学者都从这里毕业，其他还有更多的有影响的诗人、文学家、史学家和翻译家早年也在此受过严格的学业培训。

图 9.17

5. 罗布泊

罗布泊游览区系指以罗布泊为中心的旅游区域，这是一块充满神秘色彩的土地。罗布泊古名盐泽、蒲昌海、土幼泽、牢兰海等，位于新疆塔里木盆地东部，若羌县的北部。古罗布泊诞生于第三纪末第四纪初，距今已有 200 万年，面积约 2 万 km^2 以上。在新构造运动影响下，湖盆自南向北倾斜抬升，分割成几块洼地。现在的罗布泊是位于北面最低、最大的一个洼地，曾经是塔里木盆地的积水中心。20 世纪 60 年代，因塔里木河下游断流，使罗布泊渐渐干涸。两千多年来，不少中外探险家来罗布泊考察，写下了许多专著和名篇，发表了不少有关罗布泊的报道。但是，由于各种局限和偏见，也制造了许多讹误，为罗布泊罩上了神秘的色彩。罗布泊地区广泛分布着蔚为壮观的雅丹地貌，纵目望去，鳞次栉比，逶迤起伏，气势雄伟，吸引着大量海内外游客前来追寻那神秘的风貌。

6. 楼兰古城遗址

楼兰古城位于罗布泊西部，处于古西域的枢纽。古王国的范围，东起古阳关附近，西至尼雅古城，南至阿尔金山，北到哈密，在古代丝绸之路上占有极为重要的地位。楼兰王国从公元前 176 年建国，到公元 630 年消亡，共有 800 多年的历史。这个王国究竟为什么会消亡，直到现在仍然是一个谜，楼兰遗址也成为世界注目的焦点。楼兰古城遗址内最高建筑物是位于城东部的一座高 10m 多的佛塔，塔身是由土坯加木料垒砌而成的。塔基为方形，每边长近 20m，塔身的南面连接着一大片大型建筑遗址，堆积着许多木料，这些木料都经过精细加工。楼兰城中最显眼的建筑遗迹是城中部的“三间房”。这三间房屋都是木结构，木料上还残留着朱漆。从位置和构造等情况分析，这里可能就是当年楼兰城统治者的衙门府所在地。另外，在城内还到处可见大量的厚陶缸片、石磨盘断片、残破的木桶和各种钱币、戒指、耳环和汉文木简残片等。这些物品，为研究古“丝绸之路”和楼兰兴衰提供了重要的依据和线索（图 9.18）。在人类历史上，楼兰是个充满了神秘色彩的名字，楼兰消失于雅丹地貌和沙丘之中，牵动人们西去探索游览的情思。

图 9.18

7. 其他旅游城市与景区

此外，新疆境内还有库尔勒、哈密、克拉玛依等旅游城市。库尔勒市是旅游探险的好地方，境内有许多文物胜迹、其中最有名的是位于城北的铁门关。还有王孜千古城、托务其古城、爱力克满古城、库尔楚土墩遗址及古陶遗物等。哈密市历史悠久，文化底蕴厚重，民族风情浓郁，人文、历史、自然景观星罗棋布，主要旅游景点有：哈密鸣沙山、巴里坤湖、哈密回王陵、白石头风景区、哈密黑沟、拉甫乔克故城、焉不拉克古墓群等。克拉玛依市的主要旅游点有黑油山、黑油山公园、一号井、克拉玛依九龙潭、克拉玛依乌尔禾魔鬼城等。

四、旅游线路与行程设计

1. 短线

(1) 天山天池一日游：石门一线、大小天池、定海神针、南山望雪、西山观松。

(2) 火洲吐鲁番一日游：火焰山、葡萄沟、高昌故城、坎儿井、万佛宫。

(3) 南山牧场一日游：高山牧场、白杨沟瀑布、哈萨克民族风情。

(4) 吐鲁番、天池两日游：火焰山、葡萄沟、高昌故城、坎儿井、天池风景区。

(5) 新疆吐鲁番、鄯善库姆塔格沙漠两日游：吐峪沟大峡谷景区、库木塔格沙漠、苏公塔、郡王府、交河故城、天山野生动物园。

2. 中长线

(1) 乌鲁木齐—吐鲁番—天池—伊宁—拉提—喀纳斯湖—喀什八日游：新疆国际大巴扎、火焰山、坎儿井、葡萄沟、交河故城、天池、那拉提草原、赛里木湖、喀纳斯湖、达瓦昆湖、达瓦昆沙漠、香妃墓、艾提尕尔清真寺。

(2) 禾木村—喀纳斯湖—乌尔禾魔鬼城—赛里木湖—那拉提草原—巴音布鲁克草原七日游：草原石人景区、禾木河山谷自然风光、禾木村、喀纳斯景区、月亮湾、卧龙湾、神仙湾、喀纳斯图佤人村落、观鱼亭、乌尔禾魔鬼城、那拉提草原、巴音布鲁克草原、天鹅湖、霍尔果斯口岸。

(3) 库尔勒—库车—阿克苏—喀什南疆民俗风情四日游：博斯腾湖莲花湖、铁门关、罗布人村、寨苏巴什故城、天山神秘大峡谷、克孜尔千佛洞、克孜尔尕哈烽火台、天山神木园、卡拉库里湖、艾提尕尔清真寺、香妃、墓高台民居。

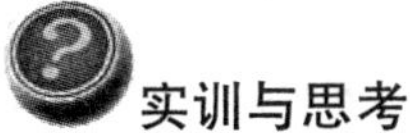

实训与思考

(1) 简述西北四省的主要旅游城市及旅游景区概况。

(2) 结合西北四省旅游业现状，试分析西北地区旅游业发展前景。

(3) 西北地区是我国少数民族比较集中的地区，当我们前往这些地方旅游时应该注意哪些事项？他们在服饰、饮食、信仰、民族节日等方面有什么特色？

(4) 依据西北四省旅游资源，设计特色旅游线路，要求能够提供设计的主题、依据，并简要介绍旅游线路内的各项旅游景区、景点情况。

游历青藏地区

目标与导读

本项目将对青藏地区的人文及地理旅游环境、旅游业发展现状、特色旅游资源和旅游线路等方面进行分析。通过本项目学习，你应了解青藏高原独特的自然旅游地理环境特征，熟悉本区以藏传佛教为主的人文地理环境特征，并具有根据不同的旅游主题和市场需求设计本区不同旅游线路的能力。

任务 10.1 区域认知

一、位置与范围

本区包括青海省和西藏藏族自治区，位于我国西南部的青藏高原之上。其东部和南部与我国的四川、云南相连，西部和西南部分别与印度、尼泊尔、不丹、缅甸等国家接壤，北部与新疆、甘肃相接（图 10.1）。青藏两省（区）总面积约 192km^2，约占全国土地总面积的 20%，总人口约为 838 万（2008 年底），占全国的 0.6%，这里是我国藏族聚居的地区。由于本区地广人稀，与内地相比经济比较落后，旅游业的潜力和优势也未能得到真正发挥，但随着青藏铁路的开通和旅游配套基础设施建设步伐的加快，青藏

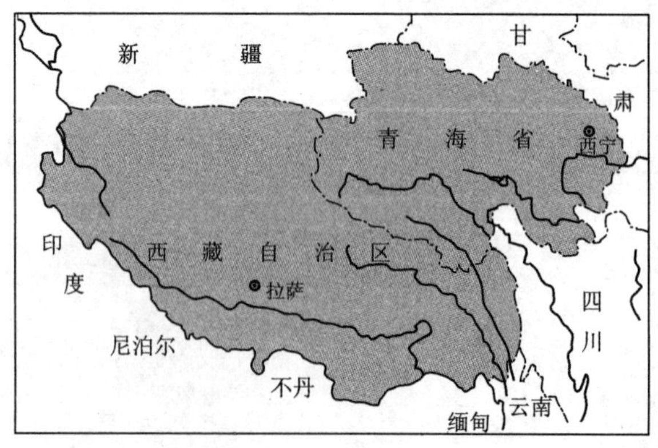

图 10.1

地区的旅游业将迎来新的发展契机。

二、旅游环境与资源

1. 雄奇壮丽的自然景观

青藏高原是我国面积最大、世界上海拔最高的高原，总面积约为250万km^2，平均海拔4500m以上，最高峰珠穆朗玛峰8848.13m，另外高逾7000m的山峰数10座，素有“世界屋脊”之称。青藏高原总的地势是由西北向东南倾斜，地形复杂多样、景象万千，主要有山地景观、水体生态景观和珍稀动植物景观。

青藏高原地边缘和内部分布着一系列雄伟地山脉，高山上雪山连绵、冰川广布。“远看是山，近看成川”是青藏高原地表形态的形象写照。高原有高峻逶迤的山脉，有陡峭深切的峡谷，有冰川、裸石、戈壁等多种山地景观。如昆仑山、唐古拉山、念青唐古拉山的神秘雪峰和冰川，多年冻土区的冻胀丘、冰锥、热融湖塘等冻土奇观等。

青藏高原是亚洲不少大江大河的源头，素有“中华水塔”、“水源”等美誉。如拥有黄河、长江的发源地和汹涌澎湃、姿态万千的澜沧江、金沙江、怒江、岷江、雅砻江、雅鲁藏布江等大江大川以及虎跳峡、雅鲁藏布江大拐弯等瑰丽景观。青藏高原又是我国最大、地球上最高的湖区，湖泊总面积占全国湖泊总面积的52%。这里有青海湖、纳木错、色林错、扎日南木错、当惹雍错、羊卓雍错、鄂陵湖、扎陵湖、昂拉仁错以及班公湖等著名大湖。

在这特殊的地理环境中，孕育了极其丰富的野生动植物资源。既有高寒灌丛、高寒草甸、高寒草原、高寒荒漠组成的水平高寒生态景观，又有高寒草甸、高寒草原、冰雪带等组成的垂直高寒生态景观；既有可可西里和三江源地区有蹄类野生动物的栖息和迁徙环境，又有西藏境内广布的沼泽湿地和鸟类的栖息环境。

2. 古老神秘的文化遗迹

青藏高原是一个具有古老色彩的高原，其独特的自然、地理环境深刻地影响着高原地区的经济生产活动和居民的社会生活，因而也造就了青藏地区鲜明特色的高原文化。青藏地区有丰富而独特的有形文化遗产和无形文化遗产，尤其浓厚的宗教色彩显得更为神秘。青藏地区居民笃信宗教，而主要信奉藏传佛教。藏传佛教及其寺庙凭借本地区独特的人文地理环境，创造了民族风格鲜明、灿烂辉煌的藏传佛教文化。青藏地区林林总总的寺院，在整体设计、建筑工艺、艺术风格等方面都体现了很高的水平，形成了本区鲜明、独特的建筑风格和佛教艺术。如西藏的布达拉宫、青海的塔尔寺，殿宇巍峨，富丽堂皇，加上神秘的活佛转世制度，形成了深邃而神秘的西藏文化，格外令人神往。

除了神秘的宗教文化，在青藏地区，那两千年的丝绸之路的印迹，戈壁滩上残垣依稀可辨，也总能使人对大汉王朝的强盛产生自豪之感；柴达木盆地的唐代吐蕃墓葬群、诺木洪文化遗址；可可西里自然保护区的神秘幽境、石经岩画石刻以及西王母神话所展示的文化神韵无不散发出迷人的光彩。

3. 风格迥异的民族风情

青藏地区是少数民族聚居区，其中藏族是人口最多的少数民族，珞巴族、门巴族、土族、撒拉族是青藏地区独有的少数民族。各少数民族民俗文化的内容包含丰富，民俗文物多姿多彩，举凡服饰、饮食、居室、婚丧、节日娱乐等等，都为我们演绎出各少数民族丰厚的历史文化的变迁与升华的过程。各少数民族世世代代生息繁衍在这片神圣的土地上，创造了一副绚丽多彩的民族风情文化长卷。

而这一幅民族风情文化长卷的核心是藏族文化，藏族文化是中华民族优秀文化的重要组成部分，是世界文化宝库中一颗璀璨的明珠，其悠久的历史、丰富的内容和独特的表现形式越来越受到世人的瞩目。藏族服饰是青藏高原一道绵延流长的亮丽文化景观，是研究西藏文化的活化石。在饮食上，藏族人忌食奇蹄五爪类、禽兽类，而日常生活不能没有茶，酥油茶是藏族人时刻不可缺少的饮料佳品，而青稞酒是藏民过节必备的饮料。藏族节日多具有浓厚的宗教色彩，并伴以许多娱乐活动。每当节日来临，人们总是穿戴华丽的服饰，或游园，或载歌载舞，极富浓郁的民俗风情。藏族婚丧习俗因人因地而异，且奢简有别，而在婚丧嫁娶、民俗节庆、拜会尊长、拜佛，迎送宾客等等场合，通常都要献哈达，以表敬意、祝贺，表达纯洁、诚挚之心。

任务 10.2 畅游青海

一、地理环境概述

青海省简称青，省会西宁，位于我国西北地区，地处青藏高原东北部，与甘肃、四川、西藏、新疆接壤，介于东经 89°20′～103°05′，北纬 31°40′～39 °15′之间。面积约 72 万 km²，人口约 554 万（2008 年底），其中少数民族人口占 42.8%。青海山脉纵横，峰峦重叠，湖泊众多，峡谷、盆地遍布。祁连山、巴颜喀拉山、阿尼玛卿山、唐古拉山等山脉横亘境内。长江、黄河之源头在青海，因域内有中国最大的内陆高原咸水湖——青海湖，而得名“青海”。青海属于高原大陆性气候，具有气温低、昼夜温差大、降雨少而集中、日照长、太阳辐射强等特点。青海良好的生态环境，为高原野生动植物的生长、栖息和繁衍提供了独特的自然条件，是无数珍禽异兽的天然乐园。如珍贵的稀有动物有雪山之王——雪豹、高原勇士——野牦牛、荒漠之舟——野骆驼、珍禽之冠——黑颈鹤，除此以外还有白唇鹿、天鹅、雪鸡、岩羊等（图 10.2）。

青海具有悠久的历史，自古以来就是各民族活跃的舞台，在漫长的历史发展进程中，各民族在这块神奇的高原上生息、繁衍、迁徙、融合、发展，创造了独具特色的民族文化，形成了农牧文化共存、多种宗教文化共生、多种制度文化共举、民族风俗文化迥异的多元文化特点。改革开放以来，青海的经济发展活力显著增强，而随着西部大开发战略的实施，青海经济和社会都取得了长足发展。

近年来，青海紧紧围绕建设高原旅游名省的目标，不断加快旅游交通基础设施建设，兰青、青藏铁路贯通全省东西，公路运输已形成了以西宁为中心，辐射全省的运输网。民航已开通西宁至北京、乌鲁木齐、兰州、西安、广州、成都、上海、沈阳、武

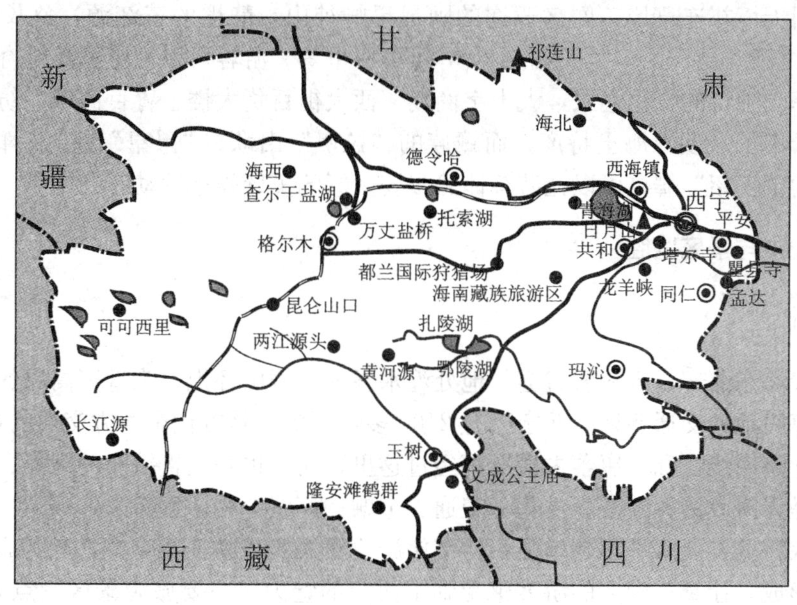

图10.2

汉、拉萨、格尔木等约20多个城市的航班。

二、旅游业掠影

青海旅游资源独特而丰富，加快发展旅游业，建设高原旅游名省，对促进青海经济又好又快发展具有重要的现实意义。改革开放后，青海旅游业得到逐步发展，而青藏铁路的全线贯通，使其旅游业进入了快速发展阶段，旅游接待人次逐年大幅递增，旅游收入逐年攀升，旅游发展形势喜人，“大美青海”的旅游品牌正在国内外逐步形成(表10.1)。

表10.1　2008年青海省旅游业发展情况一览表

省份及其在全国的地位	国内旅游人数/万人次	入境旅游人数/万人次	国内旅游收入/亿元	旅游外汇收入/亿美元	星级酒店数/家	旅行社数/家	4A级以上景区数/家
青海省	902	3	47	0.1	117	184	9
全国总数	171 000	13 003	8 749	408	14 099	20 110	872
占全国比例	0.5%	0.02%	0.5%	0.02%	0.8%	1%	1%
在全国排名	29	30	29	30	28	28	28

虽然青海旅游发展起步较晚，但近年来，通过不断完善旅游业发展规划，加快旅游基础设施建设和配套设施建设，旅游环境质量等级逐步提高，增强了“大美青海”旅游目的地吸引力。青海是多民族聚集之地，因此菜肴、小吃面点品种多样，风味各不相同，具有浓郁的高原特色和民族风格；银龙酒店等一大批高档酒店和各式经济型酒店为旅游者提供了舒适的住宿环境；兰青、青藏铁路和以西宁为中心的公路运输网为旅游业提供了便利的交通。青海湖的碧水蓝天，塔尔寺的酥油花、壁画和堆绣，日月山的美丽

传说，人间天境祁连草原，闻名遐迩的阿尼玛卿神山，静谧的三江源，悠长的唐蕃古道，“万山之祖”昆仑山，“美丽的少女”可可西里等。游客可以饱览青海雄奇壮美的自然风光和享受独特的文化之旅，大十字商场、西大街百货大楼、青百商城、纺织品大楼等商场内云集了众多青海土特产，而藏族的“拉伊”山歌、“果卓”、铃鼓舞，安多藏戏，土族的“安昭”舞更可以让游客体验多姿多彩的民族娱乐活动。

三、旅游城市与景区览胜

1. 西宁

位于青海东北部，青海省省会。地处湟水谷地，群山环抱，为青藏高原的东方门户和通往青海腹地的交通要地。西宁已有2100多年历史，是古代东西方交通的重要通道，著名的“丝路南线”和“唐蕃古道”都经过这里，而今也是兰青铁路的终点、青藏铁路的起点，是青海政治、经济、文化、交通、金融和商贸中心。近年来，西宁城市旅游服务功能和旅游业发展水平不断增强，西宁旅游业发展步入快车道，“中国夏都”的旅游品牌逐渐形成，让越来越多的游客感受到了西宁的魅力。主要旅游景区景点有塔尔寺、日月山、东关清真大寺、青海省博物馆、北禅寺、老爷山、虎台、娘娘山、卡约文化遗址、馨庐公馆、西宁市人民公园、青唐城遗址等。

图 10.3

（1）塔尔寺，位于西宁市区西南25km的湟中县鲁沙尔镇西南隅，是我国著名的喇嘛寺院，是喇嘛教黄教创始人宗喀巴诞生地，亦是西北地区佛教活动的中心（图10.3）。塔尔寺始建于明嘉靖三十九年（1560年），1749年，乾隆皇帝曾御赐寺额“梵宗寺”。寺内藏有丰富的文物，包括各种法器、千姿百态的佛像和浩瀚的藏文、蒙文和满文佛经和碑刻，是一座佛教艺术宝库。塔尔寺建筑物高低起伏，错落有致，集藏、汉、梵建筑风格于一体。塔尔寺诸佛殿装饰的堆绣、壁画和酥油花，被人们称为艺术“三绝”，其中尤以酥油花最为有名。

（2）日月山，位于西宁市湟源县境内，海拔约3500m，山顶有红色岩系裸露，故古称赤岭。传说唐朝的文成公主远嫁吐蕃王朝的松赞干布途径此地，遗下日月宝镜，人们为了纪念文成公主进藏和亲将赤岭称之为日月山。日月山是我国自然地理上的一条非常重要的分界线，是我国外流区域与内流区域的分水岭，季风区与非季风区、黄土高原与青藏高原和青海省农业区与牧业区的分界线。山顶修有遥遥相望的日亭和月亭，山南脚下有流向独特的倒淌河。

（3）东关清真大寺，位于西宁市区东关大街，始建于明洪武年间，历代几经修葺、扩建，规模日臻宏大，是青海省目前最大的伊斯兰教寺院，也是西北地区四大清真寺之一。整体建筑雄伟壮观，具有中国古老的建筑艺术和伊斯兰教特色。寺内主建筑有大殿和南北楼，其中礼拜大殿主体占地面积 1102m^2。东关清真大寺迄今已成为西北地区伊斯兰教的教育中心和最高学府。

2. 海北

海北藏族自治州位于青海省东北部，因地处青海湖北岸而得名。海北藏族自治州是一块美丽富饶的地方。自治州历史悠久，境内有许许多多的古代文化和建筑物遗址，闻名于世的青海湖及鸟岛，广阔壮美的草原森林、令人神往的原子城，多彩多姿的民族风情，更构成了海北独具特色的旅游景观。主要景区景点有青海湖沙岛景区、鸟岛景区、金银滩（原子城）、百里油菜花海景区、祁连山风光景区、岗什卡雪峰、仙女湾湿地、年钦夏格日山、仙米国家森林公园、祁连卓尔山景区、五世达赖圣泉、祭海台、三头俄博、沙陀寺、龙洞天池、岗隆岩雕、哈龙岩画等。

（1）青海湖沙岛景区，位于海北州海晏县境内，是国家级重点风景名胜区和国家AAAA级旅游风景区。面积约 18km^2，是青海湖中最大的岛屿，高出湖面 58m。景区内沙漠、湖泊、草原相辅相成，自然景观壮丽。

（2）青海湖鸟岛景区，位于青海湖西北角，距刚察县城 72km，由两座大小不一，形状各异的岛屿组成，因岛上栖息数以十万计的候鸟而得名。岛上鸟类数量多，更是斑头雁、鱼鸥、棕颈鸥的世袭领地。每年春天，数十万只鸟类翱翔湖面，遮天蔽日，声扬数里，堪称天下第一绝景，吸引着八方游客来这里观赏群鸟戏海、万鸟争鸣的迷人景观，从而使其景区成为青海湖王牌旅游景点。

（3）金银滩（原子城），位于海北州海晏县境内，是国家 4A 级景区。碧草如茵的大草原——金银滩，漫山遍野绿草如茵，花团锦簇，蓝天、流云、碧草，悠闲的羊群，翔鸣的小鸟，如诗如画，这里诞生了由西部歌王王洛宾激情创作的《在那遥远的地方》；国家级爱国主义教育示范基地——原子城，是我国第一颗原子弹、氢弹研制基地，为我国核工业和国防事业立下了不朽功绩的地方。

3. 海东

海东地区位于祁连山脉东段、青海省东北部，因位于青海湖东而得名。海东地区有着丰富的旅游资源，这里不仅有悠久的历史文化、秀美的自然风光，回、藏、土、撒拉等民族的民俗风情更是别具一格。主要景区景点有互助土族故土园、循化撒拉族绿色家园、北山国家级森林公园、孟达天池、柳湾墓地、瞿昙寺、十世班禅故居、佑宁寺、夏宗寺、李家峡库区、夏琼寺、峡群景区、药草台景区、天井峡景区等。

（1）互助土族故土园，国家 4A 级景区。位于海东地区的互助土族自治县威远镇，土族故土园是一个全面展示土族历史、婚嫁、丧葬、服饰、歌舞、传统刺绣、风味饮食等民族风情的主题园区。以其原始纯朴的自然环境、雄奇独特的生态环境、古老神秘的文化遗迹，风格迥异的民族风情而具有很强的吸引力。

（2）循化撒拉族绿色家园，国家 4A 级景区。位于海东地区循化撒拉族自治县东北，平均海拔 2500m 以上，主峰高 4178m，山清水秀，数百种树木掩天蔽日，各种花草植物绿茵盖地，有人参、三七、贝母等名贵药材，还有大量的珍稀动物，有“高原西双版纳”之美称。

4. 黄南

黄南藏族自治州位于青海省东南部，地处九曲黄河第一湾的南岸，是一个以藏族为主体的少数民族自治州，州府隆务镇是全州政治、经济、文化中心。黄南州旅游资源丰富，遍布全州神秘厚重的宗教人文景观、精美绝伦的热贡艺术、神奇浓郁的民族风情以及多姿多彩的自然风光为黄南旅游业发展提供了得天独厚的条件。主要景区景点有坎布拉国家地质森林公园、同仁吾屯文化村、麦秀原始森林、和日石经墙、河南圣湖、仙女洞、宁木特黄河大峡谷、隆务寺、年都乎寺、郭麻日寺、昂拉千户宅院、亲王府等。

坎布拉国家地质森林公园位于黄南州尖扎县西北部，总面积 152km^2。其中森林面积 42km^2，水面面积 32km^2，村庄农田 22km^2，其他陆地 56km^2。景区有景点 50 多处，是以丹霞地貌、佛教寺院为主体景观，并兼有宏大的李家峡水电工程，以游览观赏、宗教朝觐、消夏避暑为主要功能的综合性自然风景名胜旅游区。典型景点有“仙女聚会”、“强起岗”、“南家沟”和南宗寺等。

5. 海南

海南藏族自治州位于青海省东部，因地处著名的青海湖南部，故名海南。州府驻共和县恰卜恰镇。海南州有着悠久的历史、古老的宗教文化和独特的民族风情。境内群山起伏，峰峦叠嶂，河流绵延，森林茂密，草原茫茫，湖水无限，旅游资源十分丰富。主要景区景点有龙羊峡景区、赛宗寺、伏俟城遗址、同德河北原始森林、石藏寺、卓贡沟、贵德黄河旅游风光、扎仓温泉、贵南直亥风景、阿什贡丹霞地貌等。

龙羊峡景区位于海南藏族自治州共和县境内的黄河上游，龙羊峡水电站是黄河上游第一座大型梯级电站，人称黄河“龙头”电站。由电站的建成而产生的龙羊峡景区全长 40km，黄河穿越其间，河谷宽 9km，河谷两岸，一边是起伏峻险的茶纳山，一边是连绵不断的莽原，中间是一片宽阔平坦、肥沃丰腴的盆地，使整个峡谷成为一个巨大的天然库区。

6. 海西

海西蒙古族藏族自治州位于青海西部，因地处青海湖以西而名，州府驻德令哈市。海西州以柴达木盆地为主体，是中华文明的发祥地之一和西部矿产资源、旅游资源富集地区。海西州拥有丰富的旅游资源，景观独特、奇美、神秘。主要景区名胜有格尔木昆仑文化旅游区、外星人遗址旅游区、贝壳梁、国际狩猎场、霍鲁逊湖、大柴旦温泉、褡裢湖、柏树山、哈里哈图原始森林、扎群神山、唐代吐蕃墓葬群、科肖图自然风景区、虾聚峰等。

格尔木昆仑文化旅游区是国家 4A 级景区。位于海西格尔木市西南部，景区包括格尔木市约 12 万 km^2 的辖区内的昆仑山、盐湖（含雅丹地貌）、胡杨林、民族风情园等旅游景区（点），是青藏铁路世界顶级旅游带上以原生态旅游资源为主的自然和人文旅游景观最为丰富壮美的区段之一。主要景点有昆仑山口、玉虚峰、西王母瑶池、昆仑神泉、万丈盐桥、胡杨林、昆仑文化碑林等(图10.4)。

图10.4

7. 果洛

果洛藏族自治州位于青海省的东南部，州府驻玛沁县大武镇，是青海省的重要牧业生产基地之一，是一个面积大、人口少、地势高、草原广、资源富的民族自治州。主要景区景点有鄂陵湖、扎陵湖、阿尼玛卿雪山、托索湖、莫格德哇遗址、年宝玉则、白玉寺、格萨尔大王狮龙宫殿、玛玉文化中心、唐蕃古道、玛可河原始森林等。

阿尼玛卿雪山位于果洛州玛沁县西北部，海拔6282m，是昆仑山系支脉阿尼玛卿山的主峰，“阿尼玛卿”藏语意为“黄河流经的大雪山爷爷”，是“四大神山”之一。山顶终年白雪皑皑、冰川闪亮，山腰是美丽的高原草甸草场，登高远眺，群山之中雪峰突兀，银装素裹，犹如一条洁白的哈达迎风飘动，闪闪耀目，气象万千，令人心旷神怡。

8. 玉树

玉树藏族自治州，位于青海省西南青藏高原腹地的三江源头，平均海拔在4200m以上。玉树藏语意为“遗址”。在玉树州这片26万多平方km的神奇高原上，世代居住着28万勤劳智慧的藏族人民。历史悠久、文化灿烂、风情万种、独具魅力。素有“江河之源、名山之宗、牦牛之地、歌舞之乡”、“唐蕃古道”和“中华水塔”的美誉。主要景区名胜有可可西里自然保护、三江源、文成公主庙、巴颜喀拉山、尕朵觉悟雪山、黄河源、结古寺、勒巴沟岩画、星宿海、唐蕃古道、通天河晒经台、群果扎西滩、隆宝滩等。

图10.5

(1) 可可西里自然保护区。可可西里蒙语意为“美丽的少女”，位于玉树藏族自治州西北部，是国家级自然保护区。可可西里地区因气候严酷，自然条件恶劣，人类无法长期居住，被誉为“世界第三极”、“生命的禁区”。可可西里地区雪山耸立，冰川广布，湖泊众多，草原广袤，是野生动物的天堂，拥有的野生动物多达230多种。其中，藏羚羊是我国特有物种，国家一级保护动物，被称为“可可西里的骄傲”(图10.5)。

(2) 文成公主庙，又称大旦如来佛堂，位于玉树结古镇东南约25km的贝纳沟，庙宇坐北朝南，背依高山，面临清溪，设计巧妙，造型奇特，别具一格。庙堂内东西墙壁上有两组大型壁画，画面内容主要是当时文成公主进藏路过白纳沟时，当地藏族头人和群众如何隆重欢迎的动人情景，在庙堂正上方的岩壁上，凿刻有九尊浮雕佛像，居中的是一尊高约7.3m的主佛像，名“大日如来佛像”。

四、旅游线路与行程设计

1. 短线

(1) 青海湖一日游：赞普林卡、日月山、倒淌河、青海湖、金银滩、原子城。

(2) 西宁贵德二日游：西宁塔尔寺、东关清真大寺、青海省博物馆、青海省民俗博物馆、北禅寺，贵德丹霞地貌、玉皇阁、南海殿、文昌庙、贵德风光、清清黄河。

(3) 碧水丹山、“热贡艺术之乡”二日游：李家峡水库、南宗寺、坎布拉国家森林公园、“热贡艺术之乡”——同仁隆务寺、郭麻日佛塔、上、下吾屯寺、热贡艺术馆。

(4) 撒拉之乡风情二日游：循化黄河上游风光、丹霞地貌、骆驼泉、街子清真寺、黄河索道，“西双版纳”——孟达天池自然保护区、十世班禅故居、文都寺。

2. 中长线

(1) 环青海湖经典四日游：青海湖、鸟岛、海心山、沙岛、二郎剑、日月山、倒淌河、小北湖、布哈河、沙柳河、五世达赖泉、月牙湖、夏格尔山、西王母传说、三角城遗址、伏俟城遗址、舍布齐岩画、祭海台、沙陀寺、佛海寺、风察大寺、藏族风情、鱼雷发射基地、原子城、金银滩、王洛宾传奇、卧佛山。本线路以观光、避暑、休闲、度假、生态旅游为特色。

(2) 唐蕃古道七日游：西宁塔尔寺、日月山、青海湖，玛多阿尼玛卿雪山、巴颜喀拉山口、歇武大草原，玉树结古镇、三江源纪念碑、唐僧晒经台、结古寺、新寨嘛呢石堆、文成公主庙、勒巴沟岩画、天葬台、巴塘草原风光、班庆寺。本线路以历史、民俗文化为特色。

(3) 柴达木盆地探秘七日游：德令哈、可鲁克湖、昆仑山口、青藏铁路、一步天险、昆仑神泉、玉珠峰、无极龙凤宫、碑林、长江源头纪念碑、万丈盐桥、盐湖奇观、胡杨林。本线路以寻访华夏文明起源，感受藏汉文化底蕴旅游为特色。

(4) 青海民族风情五日游：塔尔寺、青海湖、日月山、互助土族故土园、循化撒拉族绿色家园、骆驼泉。本线路以少数民族风情旅游为特色。

任务 10.3 畅 游 西 藏

一、地理环境概述

西藏自治区简称藏，位于我国西南边陲，青藏高原的西南部。北与新疆和青海毗邻，东连四川，东南与云南相连，南边及西部与缅甸、印度、不丹、尼泊尔等国接壤，介于东经 78°15′～90°07′，北纬 26°50′～36°29′之间。土地面积约为 123 万 km^2，人口 284 万（2008 年底），首府拉萨市。西藏是以藏族为主体的民族自治区，其他还有回族、门巴族、珞巴族等少数民族。西藏平均海拔 4000m 以上，是青藏高原的主体部分，有着“世界屋脊”之称，总的地势由西北向东南倾斜，境内纵横延展着许多高耸山系，构成了高原地貌骨架，主要有喜马拉雅山、冈底斯山、念青唐古拉山、喀喇昆仑山、唐古拉山、昆仑山、芒康山、他念他翁山和伯舒拉岭等，在众多平行的山脉之间，分别挟持着金沙江、澜沧江和怒江的深切峡谷，构成世界上有名的平行岭谷地貌。西藏境内江河纵横，水系密布，是我国河流分布最多省区之一。而在广袤的西藏高原上也点缀着大小湖泊1500多个，是中国最大的湖泊密集区，也是世界上湖面最高、范围最大、数量最多的高原湖区。西藏地势高，空气稀薄，含氧量少，昼夜温差大，太阳辐射强。西藏自治区有高等植物5000多种，是中国少有的天然植物博物馆，而其复杂的自然条件为动物提供了不同的生态环境，动物资源十分丰富，很多是世界稀有的品种（图10.6）。

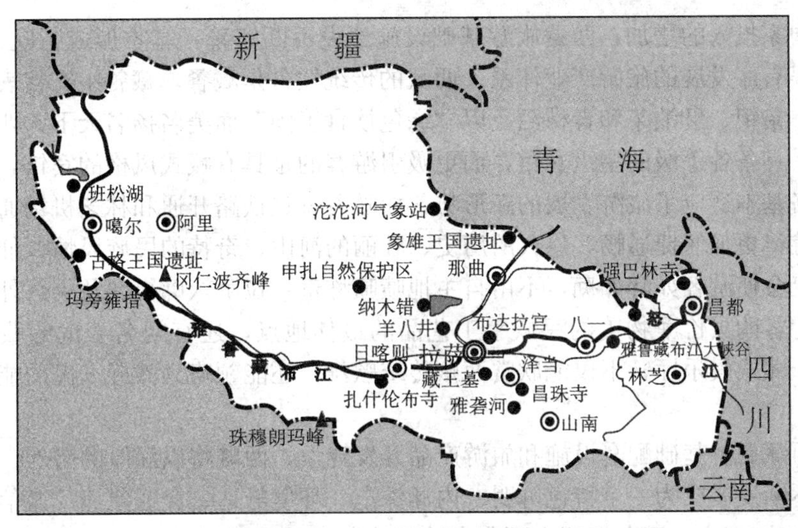

图10.6

西藏自治区古为羌、戎人居住地，至唐、宋形成吐蕃国。清朝时统称西藏，驻藏大臣与达赖喇嘛共同管理西藏地方行政事物。1965年成立西藏自治区。西藏民主改革以来，特别是改革开放后，西藏自治区在其经济发展、人类发展和可持续发展等方面取得了举世公认的成就。随着中央对西藏的投资力度和转移支付力度的增强，农牧民收入水平的提高及居民新消费需求的形成等有利因素的显现，西藏经济将又好又快地发展。

二、旅游业掠影

1980年初，中央第一次西藏工作座谈会后，西藏的旅游业开始起步。2005年，中央下发关于进一步做好西藏发展稳定工作的意见，强调大力发展旅游业，西藏自治区党委、政府按照中央精神，加大工作力度，促进了旅游业跨越式发展。特别是青藏铁路建成通车后，西藏的旅游业更是突飞猛进，旅游人次达到251.2万人次，是1980年的712.6倍。神奇美丽的自然景观，底蕴丰厚的人文景观，为西藏旅游业的发展创造了绝佳的条件，“西藏”成为最热门的旅游词汇，成为旅游者心目中最向往的地方，旅游业也因此成为西藏的优势产业（表10.2）。

表 10.2　2008 年西藏自治区旅游业发展情况一览表

省份及其在全国的地位	国内旅游人数/万人次	入境旅游人数/万人次	国内旅游收入/亿元	旅游外汇收入/亿美元	星级酒店数/家	旅行社数/家	4A 级以上景区数/家
西藏自治区	225	6.8	23	0.3	86	47	8
全国总数	171 000	13 003	8 749	408	14 099	20 110	872
占全国比例	0.1%	0.05%	0.3%	0.07%	0.4%	0.5%	0.9%
在全国排名	31	29	31	28	30	31	30

随着国家投入的增加，西藏旅游基础设施建设不断完善，基本形成了吃、住、行、游、购、娱有序发展的旅游产业体系。西藏的传统饮食是藏餐，藏餐中有代表性的是烧羊、牛肉、糌粑、酥油茶和青稞酒，以“绿色饮食王国”而美名扬名天下，西藏各旅游城市都几乎具备各等级的星级宾馆，而更吸引游客的是具有藏式风格的宾馆，西藏的公路交通网络基本适应了旅游发展的新形势，而随着青藏铁路开通和林芝机场通航，游客在西藏旅游将更加便捷通畅，悠久的历史、壮丽的河山、奇特的民族风情、仙景般的自然景观，定会使游客如醉如痴，不由自主地啧啧称奇，拉萨八廓街区及街区外围的民族商场，是游客购买价廉物美的民族手工艺品的最佳地点，还有闻名于世的藏药、藏毯等，置身于藏式娱乐厅，不仅能欣赏西藏传统歌舞，还能领略到藏族人民的能歌善舞与热情好客。

随着西藏旅游基础配套设施和旅游产品开发建设，西藏将以深厚的自然、人文资源为底蕴，不断发展成为一个特色鲜明、内涵深邃、环境舒适、交通便捷、诚信安全的新型旅游目的地。“十一五”期间，西藏自治区旅游业的发展以政府投入为主，全力推进旅游基础设施和配套设施建设，确保在改善旅游发展“硬环境”上有实质性提升，同时确保在旅游管理与服务水平等“软环境”上有实质性提升，实现从旅游资源优势向旅游产品优势的跨越，把西藏建设成享誉海内外的精品旅游胜地。而在“十二五”期间，则将大力提升以优秀传统文化为支撑的旅游产业素质，形成主题鲜明、特色突出、结构合理、互为支撑的旅游产品体系，吃、住、行、游、购、娱有序发展的旅游产业体系，把旅游业培育成富民强区的主导产业。

三、旅游城市与景区览胜

1. 拉萨

拉萨位于西藏自治区东南部，雅鲁藏布江支流拉萨河北岸，是西藏自治区首府，国家级历史文化名城。“拉萨”在藏语中为“圣地”或“佛地”之意，长期以来就是西藏政治、经济、文化、宗教的中心。拉萨名胜古迹众多，山河壮丽，风景迷人，有气势磅礴的山峰，一望无际的草原，壮观的宗教宫殿建筑，举世罕见的珍贵文物，别具一格的风俗人情，形成独具特色的旅游资源，素有“圣地拉萨”、“高原日光城”的美誉。主要景区景点有布达拉宫、大昭寺、罗布林卡、哲蚌寺、色拉寺、小昭寺、甘丹寺、宗角禄康、藏王陵、楚布寺、拉萨清真寺、曲贡遗址、西藏博物馆、药王山、直贡噶举派寺庙群、纳木错、德中温泉和林周、墨竹工卡自然保护区等。

(1) 布达拉宫，位于拉萨市西北郊区约 2km 的红山上，最高处海拔 3767.19m，是世界上海拔最高的古代宫殿。布达拉宫始建于公元 7 世纪，是藏王松赞干布为远嫁西藏的唐朝文成公主而建。宫堡依山而建，现占地 41 万 m^2，建筑面积 13 万 m^2，宫体主楼 13 层，高 178m，由红宫（佛殿及历代达赖喇嘛灵塔殿）、白宫（达赖喇嘛居住的地方）两大部分组成，红宫居中，白宫横贯两翼，红白相间，群楼重叠，是集宫殿、城堡、陵塔和寺院于一体的宏伟建筑（图 10.7）。

图 10.7

(2) 大昭寺，大昭寺是位于拉萨老城区中心，是一座藏传佛教寺院，是西藏现存最辉煌的吐蕃时期的建筑，也是西藏现存最古老的土木结构建筑。大昭寺始建于公元7 世纪唐朝初期，后经历代多次整修、增拓，遂形成了如今占地 25100 余平方米的宏伟规模。大昭寺有 20 多个殿堂，主殿高 4 层，镏金铜瓦顶，辉煌壮观，具有唐代建筑风格，也吸取了尼泊尔和印度建筑艺术特色，成为藏式宗教建筑的千古典范。

(3) 罗布林卡，藏语意为“宝贝公园”，位于拉萨西郊，是历代达赖喇嘛的夏宫。建于 18 世纪 40 年代，全园占地 36 万 m^2，建筑以格桑颇章、金色颇章、达登明久颇章为主体，有房 374 间，是西藏人造园林中规模最大、风景最佳的、古迹最多的园林。

2. 昌都

昌都地区旧名察木多，位于西藏自治区东部、澜沧江上游，是西藏自治区的东大门，地区行署驻昌都县城关镇。昌都地处三河一江地区（昂曲、扎曲、色曲、澜沧江），藏语意为“水汇合口处”。境内奇峰异洞、神山圣湖、雪域风光等造就了雄伟壮丽的自然景观；千百年厚重的历史文化积淀形成了独特的“康巴文化”底蕴；古老而神秘的茶马古道赋予了昌都鲜明的文化特征和深遂的文化内涵。主要景区景点有卡若遗址、强巴林寺、查杰玛大殿、孜珠寺、仁措湖、然乌湖、布托湖、长毛岭养鹿场、卡玛多塔林、波罗吉荣大峡谷、嘎学岩画、生钦朗扎神山、伊日温泉等。

卡若遗址，位于昌都县城东南约 12km 处。1978～1979 年国家考古研究所等四家单位联合对卡若遗址进行两次较大规模的发掘，共清理出房屋遗址 28 座，道路 2 条，石墙 3 段，圆石台 2 座，石围圈 3 座，灰坑 4 处，出土各类石器 7968 件，骨器 366 件，陶器 2 万余片，装饰物 50 余件，此外还有部分粟米、动物骨殖等，是我国西南地区保存较好的新石器文化遗址，是被考古界和古人类学研究者认为西藏的三大原始文化遗址之一。

3. 林芝

林芝地区位于西藏自治区东南部，山清水秀的林芝藏语意为“太阳宝座”，行政公署驻林芝县。林芝地区地处藏东南雅鲁藏布江下游，平均海拔 3000m 左右，海拔最低的地方仅仅 900m，气候湿润，景色宜人。境内湖泊密布，林海浩瀚，雪山耸立，瀑布飞泄，素有“香帕拉”、“生态绿洲”等美誉，是西藏最重要的生态旅游大地区和大香格里拉生态旅游圈中心腹地。主要景区景点有雅鲁藏布大峡谷、巴松措、南迦巴瓦峰、藏布巴东瀑布群、米堆冰川、岗乡云杉林、列山古墓群、易贡国家地质公园、色季拉山国家森林公园等。

(1) 雅鲁藏布大峡谷，位于雅鲁藏布江中下游林芝地区，全长 504.6km，极值深度 6009m，是世界上最大的峡谷。这里拥有我国山地生态系统最完整的垂直植被组合，旅游区内拥有壮观的跌水、雄伟的雪山、丰富的宗教传说等人文景观（图 10.8）。

图 10.8

(2) 巴松措，位于林芝工布江达县雪卡区境内，又名错高湖，“错高”在藏语中意为“绿色的水”，是红教（藏传佛教宁玛派）的一处著名神湖和圣地。巴松措景区集雪山、湖泊、森林、瀑布牧场、文物古迹、名胜古刹为一体，婉若人间仙境。

4. 山南

山南地区位于西藏南部边陲，雅鲁藏布江中下游地区，历史上称为“雅砻河谷”，地区行政公署驻乃东县。山南是藏民族的摇篮和文化发祥地，人文与自然资源都十分丰富。如有西藏历史上第一座宫殿、第一座寺院、第一部经书、第一块农田等众多第一；有羊卓雍错等高山湖泊孕育的美丽而神奇的传说；而且在西藏历史进程中，“土蕃王朝的强盛”、“松赞干布的崛起”、“帕竹王朝的建立”等都与山南息息相关。主要景区景点有雅砻河风景名胜区、羊卓雍错、山南烈士陵园、吉堆吐蕃墓群、拉加里王宫遗址、普莫雍错、卡若拉冰川等。

(1) 雅砻河风景名胜区，位于山南地区南部，是西藏第一个国家级风景区，是西藏古代文明的摇篮，藏民族的发祥地。景区面积约 920 万 m^2，集雪山冰川、田园牧场、河滩谷场、古文化遗产和民风民俗等于一体，构成了一幅神秘、古朴而又壮观的画面。景区内的著名人文景观有西藏最早的宫殿雍布拉康，西藏第一座寺庙桑耶寺，西藏最早的佛殿昌珠寺，以及西藏唯一的藏王墓等。

(2) 羊卓雍错，简称羊湖，是西藏三大圣湖之一，位于山南地区浪卡子县境内。羊卓雍湖是大约亿年前因冰川泥石流堵塞河道而形成高原堰塞湖，其形状很不规则，壮若纸扇，南宽北窄，分叉极多，湖岸曲折出蜿蜒，并附有空母错、沿错和三个小湖。羊湖风景秀丽而神秘，湖中山地突兀，有 21 个小岛，各自独立水面，岛上牧羊肥美，野鸟成群，湖光山色，相映成趣。

5. 日喀则

日喀则地区位于西藏自治区西南部，行政公署驻日喀则市。日喀则地区旅游资源十分丰富，旅游产业蕴藏着巨大的发展潜力，许多自然景观和人文景观独具特色，每年吸引着大批的国内外游客。近年来，地委行署加强旅游基础设施建设和配套设施建设，改善环境卫生，规范旅游服务，进一步优化旅游外部环境，旅游业成为日喀则地区支柱产业之一。主要景区景点有扎什伦布寺、萨迦寺、珠峰自然保护区、夏鲁寺、班禅新宫、热拉雍仲林寺、雍则绿错湖、江孜城堡抗英遗址、白居寺、绒布寺、樟木口岸、宗山遗址、帕拉庄园、噶举寺等。

(1) 扎什伦布寺，位于日喀则市尼色日山南侧，藏语意为“吉祥须弥山”，是西藏佛教格鲁派在后藏地区的最大寺院，也是全国著名的六大黄教寺院之一。从第四世班禅起，后世班禅均以此寺为驻锡地。整个寺院依山坡而筑，背附高山，座北地向阳，殿宇依次递接，疏密均衡，和谐对称。

(2) 萨迦寺，位于日喀则地区萨迦县境内，是藏传佛教萨迦派的主寺。公元十三世纪中叶，这里曾是萨迦王朝的首府，是西藏地方的政治、经济、文化、军事的中心。萨迦寺分南北二寺，殿宇宏伟，布局紧凑，富有元代建筑风格，寺内保存有大量元代壁画、雕像，素有中国第二敦煌之称。萨迦寺还是西藏著名的藏书和写经中心，收藏各种经书 28000 多本，经书之多在全国寺庙中居于首位。

6. 那曲

那曲地区地处西藏北部，素有“万里羌塘”之称，行政公署驻那曲县。那曲地区地域辽阔，旅游资源独特而丰富，具有类型多，数量大，分布广，功能齐全等特点。众多巨大的山脉横空出世，无数湍急的江河蜿蜒奔流，高原富丽壮阔，牛羊肥美，山水险峻多姿，景象万千。冬季千里冰封万里雪飘，夏季流金溢彩，山清水秀，民族风情十分独特。主要景区景点有当惹雍措、念青唐古拉山、羌塘（藏北）草原、比如骷髅墙、达果雪山、色林错、羊原八塔、申扎自然保护区、仲吾尔寺、卓玛峡谷、绒玛岩画和温泉等。

羌塘草原是西藏面积最大的一个纯天然草原，是中国五大牧场之一，又称藏北草原。羌塘草原位于昆仑山脉、唐古拉山脉和冈底斯山脉之间，长约 2400km，宽约 700km，平均海拔在 4500m 以上，面积达 60 多万平方 km。这里地形地貌多变，草原、高山草甸、戈壁、湖泊、山川遍布其间。

7. 阿里

阿里地区位于西藏自治区的西部，首府狮泉河镇。阿里是喜马拉雅兴山脉、冈底斯山喀喇昆仑山脉和昆仑山脉相汇聚的地方，又是境内外几条著名江河的发源地，被称为“万山之祖”、“百川之源”。近年来，阿里地区不断加强旅游基础设施建设，提升旅游接待和服务水平，随着青藏铁路通车、219 国道西藏段改造、阿里昆莎机场建设等交通“大环境”的改善，昔日偏远闭塞的西藏阿里地区旅游业呈现快速发展的势头，将成为西藏旅游新的亮点。主要景区景点有神山冈仁波齐峰、圣湖玛旁雍错、古格王国遗址、班公湖、札达土林、托林寺、温泉湖温泉、东嘎石窟、纳木那尼峰等。

(1) 冈仁波齐峰，在阿里地区普兰县境内，藏语意为“神灵之山”，通称雪灵山。冈仁波齐峰山形如橄榄，直插云霄，峰顶如七彩圆冠，周围如同八瓣莲花四面环绕，山

图 10.9

身如同水晶砌成。每年都有许多来自内地、印度和尼泊尔的信徒前来朝拜转山。冈仁波齐峰还是西藏佛教、印度教和原始苯教等教的朝圣中心，素有“神山之王”的美称（图 10.9）。

（2）玛旁雍错，又称玛法木错，藏语意为“永远不败之湖”，位于阿里地区普兰县城东约 35km 处。圣湖玛旁雍措是世界最高的淡水湖，也是西藏三大圣湖之一。湖面海拔约为 4400m，面积为 330km²，形状像丰满的月亮，周围有六座寺庙，朝圣转一圈为 80km，湖水清澈，景色秀丽。

四、旅游线路与行程设计

1. 短线

（1）圣城拉萨一日游：布达拉宫、大昭寺、八角街。

（2）圣湖纳木错一日游：青藏公路沿线自然风光、藏北大草原、念青唐古拉山、纳木错、湖心扎西半岛、羊八井地热温泉。

（3）江南林芝二日游：达孜平原、墨竹工卡、米拉雪山、巴松措湖、巨柏公园、尼洋河谷风光、唐蕃古道。

（4）后藏重镇日喀则二日游：冈巴拉山、羊卓雍湖、江孜古城、白居寺、扎什伦布寺、十世班禅大师灵塔、雅鲁藏布江峡谷。

2. 中长线

（1）西藏完美全境八日游：布达拉宫、大昭寺、八角街，纳木错、念青唐古拉雪山、藏北草原、羊八井地热温泉区，冈巴拉雪山、羊卓雍湖、卡诺拉冰川，扎什伦布寺，米拉雪山、尼洋河谷风光、松赞干布出生地，巴松措、巨柏公园。本线路贯穿西藏最具特色的景点。

（2）雪域西藏藏传文化深度十二日游：雅砻河谷风景区，桑耶寺、雍布拉康、昌珠寺，楚布寺，纳木措、扎西岛、念青唐古拉山、第十一届亚运圣火采集地、羊八井地热温泉，米拉雪山、尼洋河谷风光、巴松措湖，鲁朗林海、南迦巴瓦峰，甘丹寺，哲蚌寺、罗布林卡、色拉寺，布达拉宫、大昭寺、八角街，羊卓雍湖、卡诺拉冰川、白居寺、宗山抗英炮台、帕拉庄园、雅鲁藏布江河谷，萨迦寺，云珠林寺、扎什伦布寺、十世班禅大师灵塔。本线路以探访藏传佛教各教派寺院和深入西藏古文明的发祥地为特色。

（3）藏东醉美林芝深度四日游：雅鲁藏布江峡谷、南迦巴瓦峰观景台、千年核桃民俗村，巨柏树、色季拉山、南迦巴瓦峰、鲁朗林海，巴松措、秀巴千年古堡、工布江达尼洋河、米拉山口、太昭古城、唐蕃古道、茶马古驿站、清朝古墓群。本线路以秀美可餐的大自然景色、蕴涵风情意味的人文景观为特色。

(4) 藏南雅砻文化五日游：扎塘寺、敏竹林寺、朗色林庄园、雅鲁藏布江的风光，雅砻博物馆、昌珠寺、雍布拉康、山南烈士陵园、吐蕃故都藏王墓群，桑耶寺、修行圣地青朴、雅砻藏药厂、贡布日神山、圣洞—猴子洞，拉加里王宫、拉姆拉措。本线路以藏族发祥地西藏山南地区雅砻文化旅游为特色。

实训与思考

(1) 青藏高原的独特自然条件对该旅游区旅游业发展有何影响？

(2) 青海、西藏两省区旅游业发展各有什么优势？

(3) 根据所学知识，设计一条以青藏铁路为媒介贯穿青藏地区的旅游线路。

(4) 根据所学知识，设计一条以青藏文化为主题的旅游线路。

项目11

游历港澳台

目标与导读

本区包括香港、澳门、台湾三地，本项目将对港澳台三地旅游地理环境、特色旅游资源和旅游线路等方面进行分析。通过本项目学习，你应了解本区的旅游地理环境特征，掌握本区独具特色的旅游景区景点，并具有根据不同的旅游主题和市场需求设计本区不同旅游线路的能力。

任务11.1 区域认知

一、位置与范围

本区包括香港特别行政区、澳门特别行政区和台湾省，位于我国东南沿海，因三地在政治、经济体制上大体类似，有别于中国大陆（内地）的政治体制，故将香港、澳门、台湾统称为“港澳台”。港澳地区面对南中国海，北与内地的深圳、珠海相接，台湾省东临太平洋，南界巴士海峡，与菲律宾相隔约 300km^2，西隔台湾海峡与福建相望（图11.1）。本区总面积约为3.7万 km^2，总人口约为3058万（2008年底）。港澳台地区长期以来都是我国面向世界、沟通海外的桥头堡，多年来港澳台凭借各自的种种优势，发展了各自独具特色的旅游业，已成为国际旅游胜地。

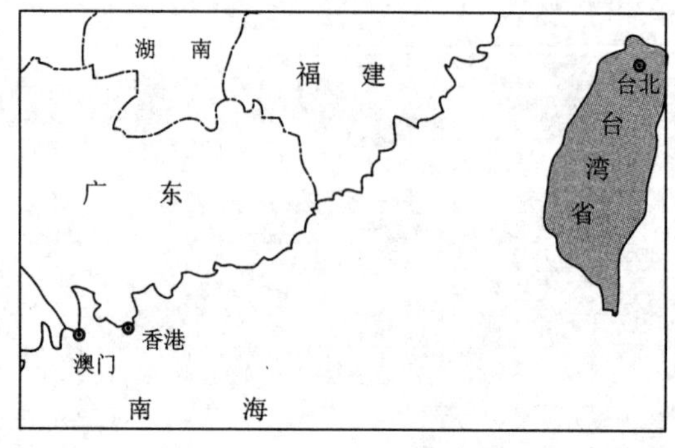

图11.1

二、旅游环境与资源

1. 海岸线曲折、绵长，海滨旅游资源丰富

港澳台地区由我国东南沿海的一些岛屿或半岛组成。香港除新界北部与大陆相连外，东、西、南三面均濒临大海，有着无数的海湾、岬角、半岛、海峡，海滨风光迥然有异，各具特色；台湾四面环海，有长达1600km海岸线以及各种类型的海岸，各个方向的海岸都有着不同的景观特色；澳门海岸线长达937.5km，有九澳湾、竹湾、黑沙湾等。

本区绵长而曲折的海岸又拥抱着无数大大小小的海湾，它不仅给本区各地带来了优美的环境和景色，而且部分还成为良好的避风港，成为海滨旅游热区。

2. 山地丘陵为主的岛屿或半岛地形，山地旅游资源丰富多彩

本区面对广阔海洋，是由山地丘陵为主的岛屿或半岛组成。港澳地区基本上是广东丘陵地带的延续部分，地形地貌以山地为主，陆地由半岛和岛屿两部分组成，在海岸分布着形状不一的海湾。台湾的山脉众多，山地面积占了全岛总面积的2/3，由台湾本岛和周围80多个大小岛屿组成，是我国第一大岛。

在三地连绵起伏的山地中，山山瑰美，峰峰秀丽，层峦叠翠，旅游资源十分丰富，成为人们乐于前往的旅游地，如香港太平山、大屿山岛，澳门东西望洋山、莲花山、凼仔岛，台湾玉山、阿里山、澎湖列岛等都已成为著名旅游胜地。

3. 中西文化荟萃，民俗风情独具特色

本区三地由于其特殊的地理位置和历史原因，成为了中西文化互相了解、沟通的窗口和中西文化互相交流汇合的桥梁。

香港、澳门都是不折不扣的现代化都市和国际大都会，但在迅速发展的同时，仍保留着丰富的中国传统文化，与西方文化巧妙地相互协调、融合。而台湾所表现出来的文化是中华文化（又分为闽南文化、客家文化、近代中原文化）、日本文化和西方文化的融合。在港澳台三地，东方传统与西方文化荟萃，新旧事物交织共融，细致深刻，造就本区独一无二的风情。

4. 旅游服务业发达，且各具特色

港澳台地区旅游业开展较早，旅游基础设施和配套服务完善，旅游产品精彩纷呈，旅游服务水平高。拥有快捷、多元化的交通网络，酒店、餐饮、娱乐、零售等行业发达，旅游业已成为港澳台区域经济的重要经济产业。

香港形成了以购物旅游、商贸旅游、主题公园旅游为特色的国际旅游形象，素有“商品橱窗”、“购物天堂”和“美食之都”等美誉。澳门凭借其优越的地理位置，秀丽的自然风光，舒适宜人的气候和独特的、中西结合的、华洋杂处的文化史迹和市井风情，种类齐全、内容丰富的博彩旅游，使澳门成为一个多姿多彩的旅游胜地。台湾省面

积大，各类旅游资源都比较丰富，主要以山水风光、温泉疗养、滨海度假、民俗风情游为特色。

任务 11.2 畅游香港

一、地理环境概述

香港特别行政区位于我国大陆南部，珠江口东侧，北接广东省深圳市，南面是广东省珠海市万山群岛，西边与澳门隔江相对，介于北纬 22°9′～22°37′、东经 113°52′～114°30′之间。土地面积 $1104km^2$，人口 701 万（2008 年底），境内居民大部分原籍广东。香港面临南海，多港湾岛屿。香港水资源短缺，河流源短流急，多为季节性河流。香港属亚热带地区，气候多为和暖宜人，拥有丰富的生物种类（图 11.2）。

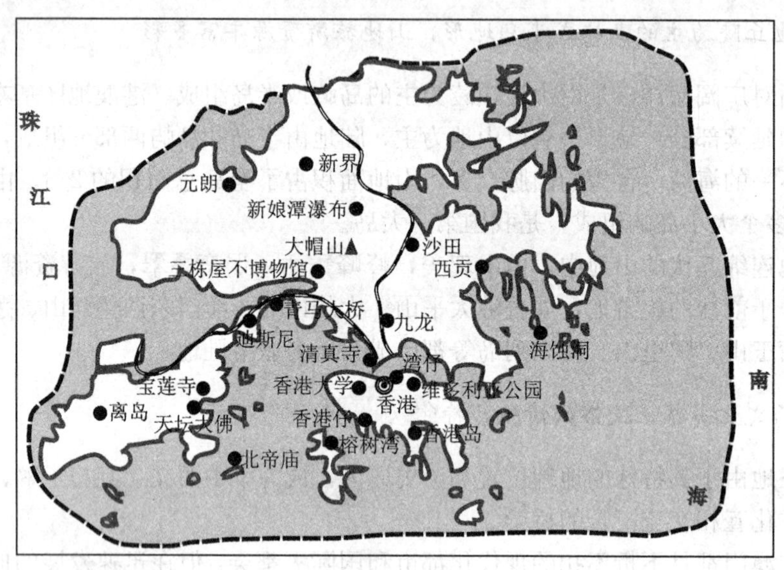

图 11.2

秦始皇统一中国后，香港便置于中央政权的管辖之下。而 19 世纪中叶清朝战败后，被割让及租借予英国成为殖民地，直至 1997 年 7 月 1 日，香港终于回到了祖国的怀抱。20 世纪 70 年代初，香港推行经济多元化方针，香港金融、房地产、贸易、旅游业迅速发展，成为了亚太地区的国际贸易、金融中心，四通八达且快捷的交通体系也使其成为国际重要航运中心。

二、旅游业掠影

香港是一个中西合璧的城市，既保留着传统的中国文化，又深受英国殖民地时代的影响，同时也是高科技的现代化城市，素有“东方之珠”、“美食天堂”等美誉。香港以其庞大的商品零售网络、本地佳肴美食结合中西饮食文化精粹、景色怡人的郊野和独特的文化遗产等为特色，加上舒适的住宿环境和服务、便利的交通条件，现已发展成为了国际旅游胜地。

近年来，特区政府继续巩固香港作为世界级都市与亚洲国际都会及世界级的度假与商务旅游目的地的地位，大力发展“国际大都会旅游”。据世界旅游组织“2020年东亚及太平洋旅游业远景”报告预测，香港作为中国的门户，在内地旅游业发展带动下，2020年访港旅客将多达5600万人次。

三、旅游城市与景区览胜

1. 香港岛

香港岛，简称为港岛，是香港政治、经济、文化中心，也是开埠最早发展的地区。香港岛与九龙半岛隔海相望，港岛的南部有著名的深水湾、浅水湾，这里是香港的主要旅游区和高级住宅区。主要旅游景区景点有太平山顶、香港杜莎夫人蜡像馆、海洋公园、深水湾、浅水湾、皇后像广场、香港会议展览中心、兰桂坊、维多利亚公园、赤柱小镇、香港岛跑马地、汇丰银行与中银大厦、动植物公园、西港城、荷李活道、文武庙、中环广场等。

图11.3

(1) 太平山顶，位于香港岛西北部，又称扯旗山，是香港最著名的游览胜地之一，有“游港第一正选”之称。太平山顶是观赏香港美妙夜景的最佳去处，每当夜幕降临之际，站在太平山上放眼四望，在万千灯火的映照下，港岛和九龙宛如镶嵌在维多利亚港湾的两颗明珠，交相辉映(图11.3)。

(2) 海洋公园，位于香港岛南区的黄竹坑，占地约共约0.9km^2，是世界最大的海洋公园之一。海洋公园依山而建，包括山上、山下和集古村三个景区。各景区之间通过高架缆车和电动扶梯相连接。山上以海洋馆、海洋剧场、海涛馆、机动游戏为主，山下则有水上乐园、花园剧场、金鱼馆及仿照历代文物所建的集古村，仿中国宫廷建筑，村内有亭台楼阁、庙宇街景，反映中国历史风貌，使中国古代街景重现，并有民间艺术表演。

(3) 浅水湾，位于香港岛南部，是香港最具代表性的美丽海湾。呈半月型的浅水湾海岸漫长，沙滩宽阔，水清沙细，是十分理想的海水浴场。沙滩东面建有古色古香的镇海楼公园，门前面海矗立着两尊巨大塑像“天后圣母”和“观音菩萨”。而沙滩后则是富有殖民地色彩的影湾园。

2. 九龙

九龙全名为九龙半岛，位于新界与维多利亚港之间，南隔海与香港岛相望，是组成香港繁盛的市区不可或缺的一部分。主要景区景点有幻彩咏香江、黄大仙祠 、九龙寨城公园、星光大道、香港体育馆（红磡体育馆、红馆）、前九广铁路钟楼、太空馆、科学馆、九龙清真寺、历史博物馆、尖东海滨、香港文化中心、九龙公园等。

(1) 幻彩咏香江，是香港著名的镭射灯光音乐汇演，由香港维多利亚港两岸合共44座大厦摩天大楼及地标合作举行，44幢香港的主要建筑同时化身成为声光交织的舞

图 11.4

台，以缤纷艳丽的色彩，引领观众体验香港这个活力充沛、朝气蓬勃、多姿多彩的国际大都会的魅力。2005 年正式获列入《吉尼斯世界纪录大全》，成为全球最大型灯光音乐汇演（图 11.4）。

（2）黄大仙祠，位于九龙半岛的东北面，又名啬色园，始建于 1921 年，是香港最著名的庙宇之一。到黄大仙祠祭祀，据说有求必应，就像泰国的四面佛一样，成了普通香港市民的一种精神寄托。庙宇占地 1.8 万多 m^2，建筑雄伟，金碧辉煌，除主殿大雄宝殿外、还有三圣堂、从心苑等。其中以牌坊建筑和祠内的九龙壁最具特色。

3. 新界

新界覆盖了香港大部分地方，还包括大屿山、长洲及南丫岛等 260 个离岛，约占香港面积的 92%，主要分为新界东和新界西。主要景区景点有香港迪士尼乐园、宝莲禅寺、天坛大佛、青衣城、青屿干线访客中心及观景台、香港文化博物馆、大帽山郊野公园、竹林禅院、香港米埔野生动物保护区、车公庙、青山禅院、香港铁路博物馆、新田大夫第等。

（1）香港迪士尼乐园，位于大屿山竹篙湾东南面，是一座融合了美国加州迪斯尼乐园及其他迪斯尼乐园特色于一体的主题公园。乐园包括四个主题区：美国小镇大街、探险世界、幻想世界、明日世界。每个主题区都能给游客带来无尽的奇妙体验。

（2）天坛大佛，位于大屿山木鱼峰顶，是当今世界上最大露天青铜坐像。大铜佛由中国航天科技部设计和制作，佛像身高 23m，连莲花座及基座总高约 34m，重 250 吨，共由 202 块青铜焊接而成。大佛造型集云岗、龙门佛像和唐代雕塑技术之精华，庄重慈祥，被誉为尖端科技与东方艺术的结晶。

四、旅游线路与行程设计

（1）香港经典一日游：黄大仙、星光大道、会展中心、金紫荆广场、浅水湾、太平山顶、维多利亚海港夜游。

（2）香港购物一日游：铜锣湾、中环、尖沙咀、佐敦、油麻地、旺角。

（3）香港二日游：香港会展中心、金紫荆广场、海洋公园、浅水湾、太平山顶，黄大仙、珠宝商场、名表中心、百货免税店、市区观光、星光大道、夜游维多利亚港。

（4）香港四日完全自助游：香港太空馆、香港艺术馆、兰桂坊，金紫荆广场、香港回归祖国纪念碑、会议展览中心的升旗仪式、海洋公园、幻彩咏香江，浅水湾、影湾园、赤柱小镇、太平山顶、杜莎夫人蜡像馆，香港大学、自由品尝美食、购物、黄埔新天地。本线路以观光、购物自由行为特色。

（5）香港四日风情游：青屿干线观景台、南丫岛、幻彩咏香江、星光大道，宝莲禅寺、天坛大佛，金紫荆广场、升旗礼、太平山顶、海洋公园、铜锣湾，博物馆、尖沙咀。本线路以观光、现代文明与传统文化为特色。

任务 11.3　畅游澳门

一、地理环境概述

澳门特别行政区位于中国大陆东南沿海，地处珠江三角洲的西岸，东面隔珠江口与香港相望，北与广东省的珠海市拱北连接；西与同属珠海市的湾仔和横琴对望，介于东经 113°34′～113°35′，北纬 22°6′～22°13′之间。土地面积约 29km²，人口 54.9 万（2008 年底），居民以华人为主。澳门地区由澳门半岛、凼仔岛和路环岛组成。澳门位于北回归线以南，地处低纬，又位于海岸地区，深受海洋和季风影响，因此，澳门的气候温暖、多雨、湿热，动植物种类相当丰富（图 11.5）。

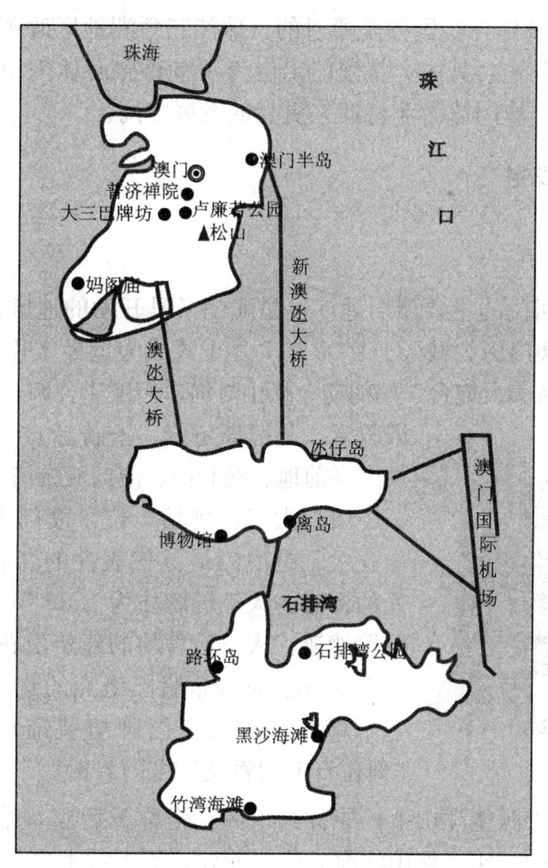

图 11.5

澳门由秦朝起成为中国领土，1887 年葡萄牙占领澳门，澳门开始被葡萄牙强行租借，1999 年 12 月 20 日，葡萄牙结束对澳门的统治，政权移交中华人民共和国。20 世纪 60 年代以后，澳门经济经过长时间衰落之后开始持续增长，基础配套设施不断完善，特别是澳门国际机场启用，更融合了珠三角立体交通枢纽，大大推动了城市可持续发展，形成了出口加工业、旅游博彩业、金融保险业和房地产建筑业四大经济支柱。

二、旅游业掠影

20世纪90年代以来，澳门旅游业进入蓬勃发展的阶段，成为了澳门社会和整体经济的重要部门。近年来，特区政府明确将发展策略定为博彩旅游、国际会议展览及休闲中心，澳门将逐步发展为亚太区内重要的旅游目的地之一。

澳门林林总总的餐厅荟萃了中西南北的美食，拥有众多设备一流的星级酒店和满足不同游客需求的经济型旅馆和公寓等，澳门国际机场、便利的市内交通为旅游业提供了良好的交通环境，众多中西结合的历史文化遗迹和沿岸优美的海滨胜景，而其多姿多彩的娱乐购物生活，既神秘迷人、又富大都会色彩。

随着泛珠三角区域的旅游合作的深入开展，澳门旅游业已进入了一个新的阶段，并朝向多元化发展。2008年，经国务院通过的《珠江三角洲地区改革发展规划纲要》，重点支持粤港澳发展服务业，其中，将澳门定位为“世界旅游休闲中心”，在国家和特区政府的重视与支持下，澳门旅游业将迎来更大的发展空间。

三、旅游城市与景区览胜

1. 澳门半岛

澳门半岛是澳门居民的主要聚居地，也是澳门最早开发的地区，有超过四百年的历史，位于澳门半岛的澳门历史城区于2005年7月正式成为世界文化遗产城区。主要旅游景区景点有大三巴牌坊、大炮台、妈阁庙、松山灯塔、卢廉诺公园、普济禅院、圣母雪地殿教堂、圣奥斯定堂、圣若瑟修院圣堂、白鸽巢公园、议事亭前地、融和门、澳门旅游塔等。

图11.6

（1）大三巴牌坊，位于澳门大三巴街旁的一座小山丘上，是澳门最具代表性的名胜古迹，也是澳门风光的标志。大三巴牌坊为1580年竣工的圣保罗教堂的前壁遗迹。大三巴牌坊的建筑由花岗石建成，宽23m，高25.5m，属古希腊巴洛克的建筑风格。精美绝伦的艺术雕刻，将大三巴牌坊装饰得古朴典雅，被称为“刻在石上的教义”（图11.6）。

（2）妈阁庙，位于西望洋山下，原称妈祖阁，俗称天后庙，始建于1488年，是澳门三大禅院中最古老的一座。枕山临海，倚崖而建，周围古木参天，风光绮丽。主要建筑有大殿、弘仁殿、观音阁等殿堂。

2. 凼仔岛

凼仔岛位于澳门半岛南方约2.5km处，西面与珠海市的小横琴岛隔海相望。经过近几年发展，凼仔岛已发展成为澳门的一座卫星城镇。主要旅游景区景点有龙环葡韵、澳氹大桥、嘉模公园、菩堤园、澳门赛马会、花城公园、天后宫、北帝庙等。

龙环葡韵位于凼仔半岛，“龙环”是凼仔的旧称，“葡韵”是指葡萄牙的建筑风格，龙环葡韵指的是氹仔海边马路一带的景致。整个景点包括海边马路的五幢葡式住宅、嘉模教堂、图书馆和两个小公园。尤以海边马路的葡式建筑群最具代表，这五幢翠绿的小型别墅，是氹仔重要的文物建筑与文化遗存，同时也是澳门极富代表性的景点之一。

3. 路环岛

路环岛位于澳门最南面，西面与珠海市的大横琴岛隔海相望。路环岛发展比较缓慢，过去以渔业为主，直至1969年，连接氹仔与路环的连贯公路建成，经过快速发展。主要旅游景区景点有黑沙海滩、妈祖文化村、竹湾、石排湾郊野公园、圣方济各圣堂、路环村等。

（1）黑沙海滩，位于路环岛的南边，古称“大环”，因沙质黝黑、幼滑而得名，是澳门著名的天然海浴场。海滩呈半月形，宽约1km，坡度平缓，滩面广阔，水质明净。黑色的细沙据说是由于海洋特定环境形成的带黑的次生矿海绿石所致，而使原来洁白明净的白沙滩，变成了迷人神秘的黑沙滩。

（2）妈祖文化村，位于路环岛叠石塘山，于2003年建成。占地6200m²，其主体建筑为妈祖巨雕神像和天后宫。妈祖雕像矗立在叠石塘山顶，是用精选的北京房山汉白玉雕成，高19.99m，重1000t，象征1999年澳门回归。而天后宫占地面积约7000m²，整体建筑有甬道、亭式山门、祭坛、大殿及梳妆楼四幢建筑，建筑物两侧对称建有钟楼、鼓楼、南北廊庑楼。

四、旅游线路与行程设计

（1）澳门经典一日游：四面佛、赛马会、垮海大桥、妈阁庙、望海观音像、旅游观光塔、金莲花广场、大三巴牌坊、渔人码头。

（2）澳门历史城区一日游：妈祖阁、亚婆井前地、圣老楞佐堂、岗顶剧院、圣奥斯定堂、何东图书馆、民政总署大楼、议事亭前地、三街会馆（关帝庙）、澳门主教座堂、大三巴牌坊、大炮台、旧城墙遗址、圣安多尼堂、基督教公墓、东方基金会会址、东望洋山。

（3）澳门离岛风光休闲二日游：嘉谟公园、卢廉若公园、孙中山市政纪念公园、望夏山公园、石排湾郊野公园、黑沙公园、二龙喉公园、路环圣方济各圣堂、九澳七苦圣母小堂、凼仔住宅博物馆、黑沙海滩、澳门赛马会、住宅式博物馆、竹湾海滩。

（4）澳门三日完全自助游：妈阁庙、港务局大楼、亚婆井前地、主教山教堂、圣老楞左教堂、圣约瑟修院及圣堂、何东图书馆、圣奥斯丁教堂，民政总署大楼、议事厅前地、主教座堂、玫瑰堂、耶稣会纪念广场、大三巴牌坊、大炮台、哪咤庙、旧城墙遗址，圣安多尼教堂、东方基金会会址、基督教坟场、东望洋炮台、官也街、龙环葡韵、威尼斯人。本线路以体验澳门独特文化自由行为特色。

任务 11.4　畅游台湾

一、地理环境概述

台湾省位于我国东南海域，东濒太平洋，北临东海，南界巴士海峡与菲律宾相邻，西隔台湾海峡与福建相望，介于东经 119°18′～124°34′、北纬 20°45～25°56′之间。土地面积约 3.6 万 km^2，人口 2304 万（2008 年底），汉族约占总人口的 98%，少数民族占 2%。台湾地势中间高，东西两侧低，境内河流大多流程短、落差大、水势急，多险滩和瀑布。台湾属于热带和亚热带季风气候区，终年气候宜人，动植物资源丰富，更有“蝴蝶王国”、“海上翠微”之美誉（图 11.7）。

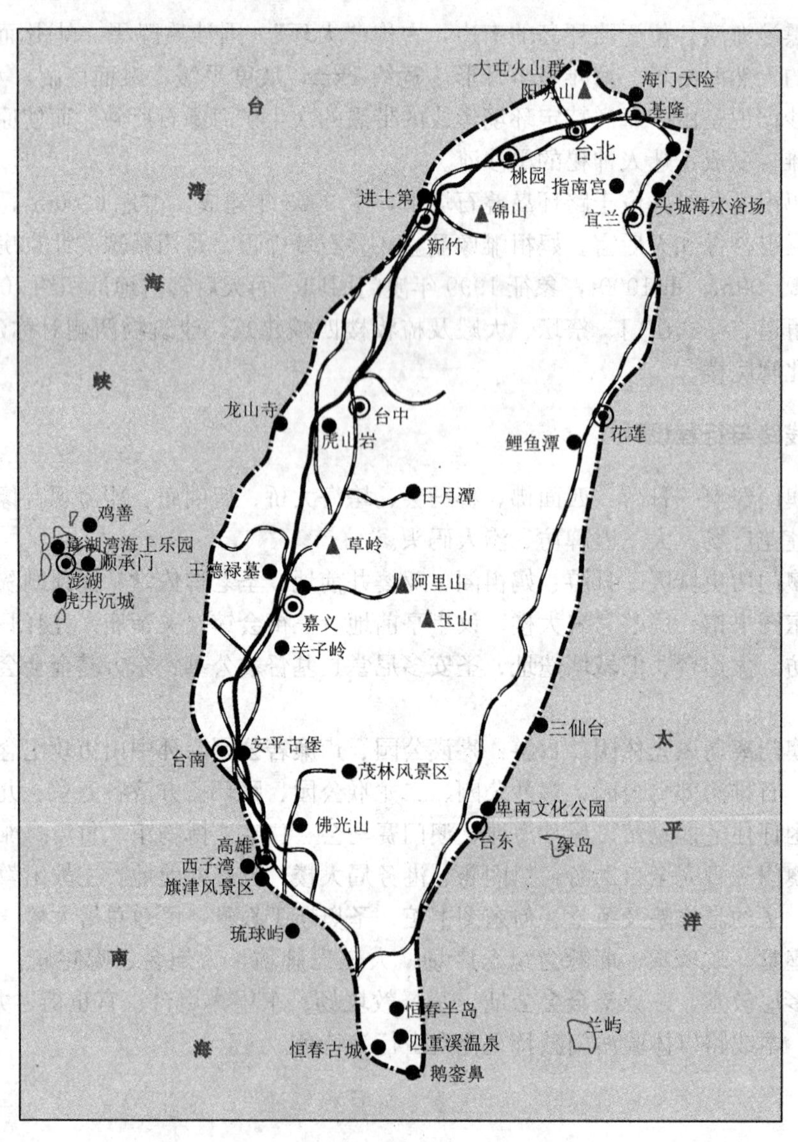

图 11.7

台湾自古以来就是中国领土的一部分。1894 年日本发动甲午战争，台湾沦为日本的殖民地，1945 年 10 月 25 日，台湾重新回归祖国。近 30 年来，两岸经贸关系得到快速发展，大陆已成为台湾最大的贸易伙伴、出口市场和贸易顺差来源地。

台湾省内交通发达，业已形成了航空、铁路、公路、海运的多层次立体交通网络。台湾拥有桃园、高雄国际机场和高雄、基隆、花莲等大型港口，而一条途经台北、新竹、台中、台南、高雄的铁路主干道贯穿了台湾省全境，省内公路系统发达，公路密度较高，多条市县之间的高速公路加强了各地的联系，方便了人们的出游。

二、旅游业掠影

台湾旅游产业从 1956 年开始有计划地发展起来，至今已成为了台湾重要的产业之一。近年来，特别是两岸直航和开放祖国大陆居民赴台旅游后，全岛旅游业不断发展，占 GDP 的比重逐年增加。

近年来，台湾逐渐形成了完善的旅游服务体系。台湾饮食种类繁多，小吃更是令人应接不暇，几乎每个市县都有着自己引以为傲的特色食品，形成丰富多彩的饮食文化，国际级的观光饭店、平民化的旅社等各种住宿十分普及，四通八达的交通网为游客提供了极大的方便。从北到南都有大型购物中心与连锁百货公司林立的商圈，可以充分满足旅游者的购物欲望。晚上的台湾“越夜越美丽”，数量众多的夜市成为了休闲娱乐的首选。

随着两岸经贸交流不断深入，大陆居民赴台旅游稳步推进，赴台旅游人数的持续增长。目前，台湾已大致实现入境旅游、出境旅游和岛内旅游“三位一体”的旅游发展格局。

三、旅游城市与景区览胜

1. 北域风光（台湾北部）

本区域主要包括台北市在内的大台北地区和桃园县、新竹县、新竹市、苗栗县及宜兰县。其中台北是全台湾的政治、经济、文化和教育中心，为台湾第一大城市，有“亚太之都”之称。主要景区景点有台北故宫博物馆、北投温泉名胜区、士林官邸、台北 101 大楼、中正纪念堂、士林夜市、阳明山国家公园、野柳风景区、九份老街、十分瀑布、慈湖、北横风情、通宵海水浴场、桃园小人国、苗栗香格里拉游乐区等。

（1）台北故宫博物馆。坐落在台北市士林区外双溪，原为“中山博物院”，始建于 1962 年，是仿照北京故宫样式设计建筑的宫殿式建筑，于 1965 年孙中山诞辰纪念日落成。台北故宫博物馆收藏之富举世公认，典藏品数量近 70 万件。

（2）台北 101 大楼。原名台北国际金融中心，是目前世界第二高楼，楼内两部观光电梯是目前世界速度最快的电梯，由地面直达 89 层观景台只需要 39 秒，再顺着楼梯走到九十一层，可以俯瞰台北全景。大楼融合了东方古典文化，造型宛如劲竹节节高升，象征着生生不息的深厚内涵。

2. 东岸雄姿（台湾东部）

台湾东部地区包含花莲县及台东县。本区东临太平洋，西靠海岸山脉，被誉为“台湾省最后一块净土”。主要景区景点有太鲁阁公园、花东纵谷、东部海岸风景区、玉山国家公园、八仙洞、兰屿、绿岛、知本温泉、海山寺、台东海滨公园、鲤鱼潭、秀姑峦溪、文山温泉、阿美文化村等。

(1) 太鲁阁公园，太鲁阁是原住民的语言，意思是“伟大的山脉”。公园位于台湾东部，横跨花莲、台中、南投三县，面积约为930km²，其间山峦起伏，河流纵横交错，架构出一个自然而原始的环境，不仅拥有雄伟峻秀的太鲁阁峡谷及独特的高山地理景观，同时也蕴藏有丰富的野生动、植物资源。

(2) 东部海岸风景区，位于花莲、台东县的滨海部分，绵亘于海岸山脉东侧以及太平洋之间，北起花莲溪口，南迄小野柳风景区，拥有长达170km的海岸线，是台湾面积最大的风景区。海岸狭长而富有变化，奇岩突立，浪花皎白，在碧海蓝天中揉合著东部特有的纯朴，形成海岸公路独特的风情。

3. 中部奇观（台湾中部）

台湾中部地区包含台中县、台中市、南投县、彰化县、云林县。目前以台中市为区域中心，台湾中部已经形成了一个大约600万人口的都会带，成为台湾第三个大型都市圈。主要景区景点有日月潭、鹿港小镇、草岭风景区、大坑风景区、八仙山、雪山群峰、慈光寺、中山公园、南瑶宫、郑成功庙等。

日月潭位于南投县中部鱼池乡之水社村。湖面海拔760m，面积约9km²，平均水深30m，是台湾地区最大的天然湖泊，是闻名遐迩之山水佳胜。日月潭四周青山环抱，重峦迭嶂，郁郁苍苍；湖面辽阔，水平如镜，潭水湛蓝；一年四季，晴、雨、晨、昏景色各有不同。日月潭四周还点缀着许多亭台楼阁和寺庙古塔，如有文武庙、玄光寺、涵碧楼、慈恩塔、孔雀园等。

4. 南滨胜景（台湾南部）

台湾南部地区台湾最早开发的地区，主要以高雄市及第四大城暨古都的台南市为中心，还包含台南县、高雄县、屏东县、嘉义市、嘉义县。其中，高雄市是南台湾的政治、经济、文化中心，为台湾第二大城市。主要景区景点有西子湾风景区、莲池潭、万寿山公园、旗津风景区、爱河、阿里山风景区、垦丁风景区、澄清湖、兰潭、茂林风景区、火山碧云寺、延平郡王祠、宝来温泉、安平古堡、大天后宫等。

(1) 阿里山风景区，位于嘉义县阿里山乡，东邻玉山山脉，北接雪山山脉。阿里山景观多元，春可赏花、夏能避暑，秋冬观日出、看云海，一年四季皆有可观，高山铁路、森林、云海、日出及晚霞，更号称阿里山五奇。景区除阿里山森林游乐区范围外，还涵括了瑞里、丰山、太和等汉人村落，以及邹族的达邦、山美、茶山等部落，这些人文资源给阿里山风景区更增添了许多奇趣。

(2) 垦丁风景区，位于屏东县境内的恒春半岛。景区总面积约为0.3km²，特殊的地形、丰饶的动植物及独特的民情风俗，不仅是保育、研究、环境教育的自然博物馆，更是游人休闲旅游的怡情胜地。主要有龙峦潭赏鸟中心、关山夕照、红柴坑搭半潜艇、猫鼻头、南湾戏水、青蛙石、帆船石、垦丁森林游乐区、社顶公园、鹅銮鼻公园、龙坑、龙盘公园等诸多景点。

5. 海峡宝珠（金门、马祖、彭湖）

本区域主要包括台湾海峡的大小金门岛、马祖列岛和澎湖列岛。随着两岸关系的改善和经贸交流不断深入，特别是“小三通”和 2008 年大陆居民经金门、马祖、澎湖赴台湾本岛旅游启动后，海峡中各列岛的旅游快速发展。主要景区景点有澎湖、莒光楼、芹壁聚落、壁山、风狮爷、中山纪念林、模范街、龟岛、烈女义坑、榕园、节孝坊、铁堡等。

（1）澎湖，风靡大街小巷的《外婆的澎湖湾》将澎湖之美，传唱万里。澎湖本岛有海上公园之称，有特殊的海蚀沟景观及著名澎湖跨海大桥，北海有吉贝屿长达数千公尺金黄色海滩，南海因有玄武岩、海蚀沿岸等天然造化胜景而被称为“澎湖的黄石公园”。还有七美人冢、天后宫、大义宫、观音亭、孔庙和西台古堡等人文景观。

（2）莒光楼，位于金门县的金城莒光湖旁，是一幢仿古代麒麟阁三层式建筑，飞檐画栋，碧瓦朱柱，外观雄伟、气宇非凡，现已成为金门的象征。另外，楼内有多媒体简介金门现状、金门建设成果图片、金门观光资源介绍与历史文物等（图 11.8）。

图 11.8

四、旅游线路与行程设计

1. 短线

（1）日月潭一日游：埔里酒文物馆、中台禅寺、日月潭、文武庙、德化社、慈恩塔、玄光寺、玄奘寺。

（2）阿里山一日游：天长地久桥、茶园、奋起湖、阿里山森林游乐区、沼平公园、阿里山桧木小火车、嘉义文化路商圈。

（3）台北经典一日游：故宫博物院、至善园、美丽华摩天轮、台北 101 大楼、中正纪念堂、忠烈祠、总统府。

（4）台北都会二日游：总统府、龙山寺、故宫博物院，台北 101 大楼、淡水老街、关渡宫、士林夜市。

2. 中长线

（1）台湾环岛十日知性之旅：航空科学馆、士林夜市，台北故宫博物院、士林官邸、野柳、邓丽君墓园、台北 101 大楼，三义木雕博物馆、自然科学博物馆、集集小镇、中台禅寺、埔里，南投酒厂、蓝田、日月潭风景区、阿里山国家森林游乐区，祝山观日出、安平古堡、西子湾、前清打狗英国领事馆、爱河，原住民文化园区、海洋生物博物馆、南湾、屏东关山夕照，垦丁公园、鹅銮鼻公园、水往上流、三仙台、八仙洞，太鲁阁、苏花公路、清水断崖、苏澳冷泉，龟山岛、鼻头角公园、凯达格兰大道、中正纪念堂。本线路以环台湾岛的自然和文化旅游为特色。

（2）台湾外岛八日自由行：金门莒光楼、邱良功母节孝坊、榕园、水头村得月楼、太武公园，马祖烈女义坑、芹壁聚落、龟岛、天后宫、北海坑道，澎湖澎湖跨海大桥、桶盘屿、通梁榕树、活龙岛、七美小台湾、观音亭、西台古堡。本线路以台湾离岛风情文化游为特色。

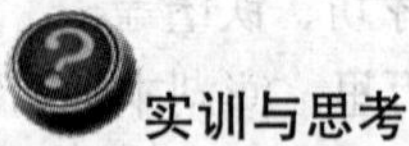

实训与思考

（1）与其他旅游区相比，港澳台地区旅游资源独特之处体现在哪里?

（2）根据所学知识，设计一条独具特色的港澳联游旅游线路。

（3）根据所学知识，分别设计出台湾北部、东部、南部、中部、离岛和环岛游6条线路。

附录　某旅行社导游培训之旅游线路资料

（特别说明：因个人经验和经历的不同，资料中的部分观点只是培训资料编撰人员的个人看法，不代表本书编者立场。）

华东之旅

综述：长三角地区的都市风采，六朝古都南京城、十里洋场上海滩、休闲之都杭州府、典雅园林苏州城、紫沙故乡无锡市（宜兴属无锡）……太湖的烟波浩森、西湖的婀娜多姿、水乡小镇的江南风情、上海埔东的世纪高楼，有机组成一条经典的游程——华东之旅，是一个融旅游、考察、休闲、怀旧、欣赏于一体的江南旅游风景线！

一、线路特色

（1）“东方明珠”——上海是中国最大的经济中心城市，也是国际著名的港口城市，是一座既怀旧又摩登，既富东方神韵又有西方风味的大都会。经典的剧集《上海滩》让人久久回味，穿城而过的黄埔江依旧浪奔浪流。

（2）白居易的笔下的“江南忆，最忆是杭州，日出江花红胜火，春来江水绿如蓝。”自古“上有天堂，下有苏杭”苏东坡笔下的西湖“欲把西湖比西子，浓妆淡抹总相宜。”家喻户晓的‘梁祝’故事，‘白蛇’传奇，就发生在杭州西湖边上。

（3）“姑苏城外寒山寺，夜半钟声到客船”苏州城除古钟怀旧外，移步换景，以小见大的苏州园林闻名全国，享誉世界。

（4）“江南佳丽地，金陵帝王洲”南京是中国四大古都（西安、北京、南京、洛阳）之一。自公元229年东吴建都南京始，南京曾十次成为京都，留下了丰富的历史文化遗产。十里秦淮、中山陵都是中国重要历史的印记。

（5）“绿野平川”无锡南临烟波浩森的太湖，并有因范蠡而得名的蠡湖，穿越市区的京杭古运河，称为“江南第一山”的惠山，象征无锡古老历史的锡山。这里，山水结合，以水见长。灵山大佛——无锡的标志之一，世界最大的青铜佛像。

（6）绍兴县是全国首批24个历史文化名城之一，伟大文学家鲁迅的故乡。在原始部落定居时代，属于河姆渡文化圈的绍兴就是中华文明的起源区域。素有“文化之邦”、“名士之乡”之美誉。

二、地方概况

（1）上海简称沪，别称申，中国最大的海港城市以及经济中心，是中国最具现代感和时尚感的国际化大都市，也是一座既怀旧又现代、既东方又西方的城市。上海以现在黄埔区大部分为中心，所谓在该区域有丰富的人文景观和历史遗迹。而杨浦区和闸北区，则是旧上海的工业中心。卢湾区，黄埔区，静安区，虹口区则集中了旧上海法英日等租界的历史风貌，所以在这片区域内遗留下一大批的名人故居和西式建筑群。上海的洋气大家或多或少知道一些关于上海的故事传说、名人名流、电视电影、文物古迹、在每个人心中，上海的形象就像花样年华中张曼玉的旗袍一样，万千风情各不同。

（2）杭州，浙江省省会，副省级城市，浙江省政治、经济、文化中心，中国东南重要交通枢钮，中国最大的经济圈——长江三角洲地区重要的第二大中心城市。杭州经济发达，有“钱塘自古繁华”之称，经济总量居全国省会城市第二位。杭州以其美丽的西湖山水著称于世，“上有天堂、下有苏杭”，表达了古往今来的人们对于这座美丽城市的由衷赞美。元朝时曾被意大利著名旅行家马可·波罗赞为“世界上最美丽华贵之城”。宋代大文豪苏东坡曾写道：“天下西湖三十六，就中最好是杭州”。西湖，她拥有三面云山，一水抱城的山光水色。杭州有着江、河、湖、山交融的自然环境。世界上最长的人工运河—京杭大运河和以大涌潮闻名的钱塘江穿城而过。杭州素有“鱼米之乡”、“丝绸之府”、“人间天堂”之美誉。

（3）南京，江苏省省会，副省级城市，与武汉、重庆并称“三大火炉”。古称金陵，简称宁。地处长江中下游平原东部苏皖两省交界处，江苏省西南部。东距上海市 300 余千米。地跨长江两岸，辖区总面积 6598m^2。相当于八个顺德的辖区。南京是中国重要的综合性工业生产基地。南京是华东地区重要的交通、通讯枢纽，是全国四大科研教育中心城市之一，拥有国家园林城市、中国优秀旅游城市、全国城市环境综合整治十佳城市、国家环境保护和国家卫生城市等称号。南京地处辽阔的长江下游平原，濒江近海，“黄金水道”穿城而过，南京港作为天然良港已成为远东内河第一大港。

（4）苏州是著名的历史文化名城和风景旅游城市，位于江苏省东南，东连上海，南邻浙江，京杭运河贯穿南北。境内山明水秀，气候温和，园林建筑名闻遐迩。苏州城始建于公元前 514 年，春秋时期吴王阖闾命伍子胥相土尝水，在此建城，历经沧桑。现在行政区划实行市领导县体制，辖平江、沧浪、金阊、虎丘区、相城区、吴中区苏州工业园区、苏州新区和常熟、张家港、昆山、太仓、吴江 5 个县级市，总面积 8488km^2。

三、接待条件

1. 食

华东地区与广东的口味区别不大，但总的来说是偏甜。团餐质量做的比较差，与北京差不多；特别在团队多的时候，等上菜的时间会比较长。有些餐厅环境也不太好。特别介绍：阳澄湖大闸蟹、南翔小笼包、龙井虾仁、东波肉、南京盐水鸭、

2. 住

华东地区的经济发展水平与广东大致相当，因而酒店的硬件建设都不错，高、中、低档酒店都配备完善，具体住什么样的酒店，主要是看菜吃饭，量体裁衣，由于目前的团队报价都是偏低的，所以地接社安排的酒店都是经济型的连锁酒店为主（对外都称为准三标准的酒店），比如：莫泰 168、如家等等，房间偏小，早餐很一般，但亦算干净

卫生，不过地段一般不属于城市中心区。

现将部分的酒店情况仅作参考：

（1）上海：

中悦苑景大酒店——到外滩约 40min 车程。房间比较宽敞，用木地板，房间设备比较新，大堂比较细。附近是住宅区，没有娱乐场所。

圣达大酒店——位于上海徐家汇区，到外滩约 30min 车程。房间设备一般，床铺比较小；附近是住宅区，没有娱乐场、大排挡。

（2）杭州：

普金大酒店——位于市郊的一条立交桥则边，离城中心区约 25min 左右。该酒店规模不是很大，大堂比较细，房间较窄，但房间设备比较新，并且酒店提供免费电影。酒店娱乐有：桑拿、按摩等，价格比较大众化。

田园宾馆——位于市郊的一条立交桥则边，离城中心区约 20min 左右，房间设备比较新，酒店提供免费电影。

恒励大酒店——位于黄龙体育馆的看台下面，是一间挂三星的酒店。一但碰上体育活动就非常之“热闹”。

敦煌大酒店——一间准三星的酒店，酒店设备都较好，附近没有大商场及娱乐城。

（3）南京：

白宫大酒店——位于火车站对面，房间隔音差比较吵，酒店及房间设施较旧，有些房间还发出霉昧，退房时间较长。附近有商场同麦当劳、娱乐场所。因在火车站附近，所以酒店附近治安比较差。

金陵之星——一间准四星的酒店，各项设施都比较新，房间比较大。

（4）苏州：

长城大厦——是一间新装修的酒店，有主楼同副楼，各项设施都比较好，房间宽敞，是一间专门接待解放军的酒店。

（5）宁波：

金龙大酒店——位于市中心火车东站对面，是一间老牌三星酒店。酒店设施比较旧，但房间干净、宽敞。晚上能听到火车的声音。

天海大酒店——一间准四星的酒店，离市中心比较近，酒店设施比较新，房间较宽敞。

（6）绍兴：

亚都大酒店——位于市中心路段（金融街\银行多）一间挂牌三星酒店。附近有食市、商场。房间设施都比较好，床铺与房间较大。

（华东地区酒店很多都在洗手间放有沐浴消费品，请客人注意，撕开封条就当消费，费用自理。）

3. 行

（机票具体打折的幅度视团队出行的时段）

广州飞南京（禄口国际机场）——标准里程 1121km，空中飞行约 1h 50min，南京禄口国际机场距市区 35km。

广州飞杭州（萧山国际机场）——标准里程 1056km，空中飞行约 1h 35min，杭州萧山国际机场离市区 25km 左右。

广州飞宁波（栎社国际机场）——标准里程 1108km，空中飞行约 1h 45min，宁波栎社国际机场离市区 20km 左右。

广州飞上海（虹桥国际机场或浦东国际机场）——标准里程 1668km，空中飞行约 2h；上海（虹桥国际机场离市区 15km，浦东国际机场离市区 30km 左右。

用车——华东地区一般用国产金龙车来接待，车况及司机的服务态度都比较好。由于目前一些经济团团费偏低，导致旅游用车的车价费用也相应地受到打压，因而在夏天的时候，可能会出现有些司机不会提早开空调，导游要注意事先协调好。

上海—杭州：230km； 上海—苏州：110km； 苏州—无锡：60km；
无锡—南京：60km； 上海—角直：86km； 上海—周庄：80km；
上海—同里：90km； 杭州—周庄：150km； 苏州—周庄：40km；
苏州—杭州：200km； 黄山—千岛湖 150km； 千岛湖—杭州 150km。

另附：[黄—千—杭] 早晨从黄山市屯溪乘车至歙县深渡码头换乘游船抵千岛湖中心湖区，游览神龙岛（约游 15min）、鸵鸟岛（约游 15min）、或温馨岛后（视时间情况而定），返回淳安县姜家码头乘车赴杭州。（船上用餐八菜一汤，用围餐比桂林漓江好点。所以条件所限请客人见谅，整个游程约 5～6h。）

4. 游

（1）上海外滩。外滩是上海的标志，是这座东方大都市最著名的景观。150 年前，当殖民者踏上上海这块陌生的土地时，就看中了黄浦江的这片江滩。于是，这条曾经是船夫与苦工踏出来的纤道，经过百余年的建设，高楼林立、车水马龙。外滩全长约 1.5km。东面西临黄浦江，西面为哥特式、罗马式、巴洛克式、中西合壁式等 52 幢风格各异的大楼。这些大楼建筑格调统一，轮廓协调，无论是极目远眺或是徜徉其间，都能感受到一种刚健、雄浑、雍容，华贵的气势。外滩五彩缤纷的夜景是上海的骄傲。彩色的灯管勾勒出了浦江两岸的整排高楼，宛如童话世界里的巨大城堡。众多建筑中，最著名的要数中国银行大厦和和平饭店，这两幢沉浸在淡紫灯光里的石砌大楼已成为外滩百年沧桑风云变化的历史见证。

上海外滩的游览，地接导游往往是在白天走马观花停留 20min 照个相，再车游一下，他们会向客人积极推介加点海陆空游览上海滩夜景（即船游黄埔江、车游黄埔江两岸 [埔东、埔西]、登上东方明珠塔或金茂大厦，鸟瞰市区夜景合共 180～200 元（视乎参加人数的多少而有所浮动），如果改登上海环球金融中心的话，费用要再上浮 40 元。（即 220～240 元）游程为 2.5h。

（补充：上海环球金融中心建筑主体高度达到 492m，比目前已建成的中国台北国际金融大厦主楼主体高度高出 12m，为世界第二高楼。（台北 101 大厦实体高度加天线高度为 508m），仍为名符其实的世界第一高楼。）

（2）七宝古镇。市区西南部（闵行区）的七宝镇，它是以塘桥为中心，分南北大街，在桥上南北观望，青瓦白墙，朱红门窗，一字排开。过了蒲汇塘便是北大街，塘桥头北宋造型的茶楼里传来评弹声，古镇上的老人爱听评弹。沿着二三米宽的石板路向前走去，看到的是丝绸缎、手工艺品、时尚唐装、还有书店、刻字店、扇子店，这条北大街是以购物为主。在一处屋里看到一部古代纺织机，从墙上说明中得知，当时上海的土布，不仅远销朝鲜，而且远渡重洋，到了伦敦。17 世纪的英国绅士，以穿着“龙华尖，七宝尖”为时尚。走到北大街头，是青年路步行街，举目高大的门梁上“七宝老街”四个硕大行书放着金光，在它的背后“北宋遗存”相印。正对面是汆来钟塔楼矗立着，塔正面有一幅对联：“日落长廊树影稀，风回高阁钟声远”，横批是：“汆来钟”。这塔楼里的钟，听说就是从蒲汇塘里汆（飘浮）过来的，所以叫“汆来钟”。

这里实际上是仿古的步行街，从北宋时期遗存下的古建筑物，经上海政府全部整修后，现作为上海市区水乡、古镇、老街的特色景观，商业气氛很浓，一般游览 30～40 分钟就差不多了。(不用门票)

(3) 豫园商城。豫园是著名的江南古典园林，全国重点文物保护单位。豫园始建于明嘉靖 38 年（1559 年），万历 5 年（1577 年）又加扩充，规模宏伟，被誉为“东南名园冠”。园主潘允端曾任四川布政使，建造此园是为“愉悦老亲”，故名豫园。现占地 0.02 余 km^2，全园擅江南园林之胜，有萃秀堂、仰山堂、三穗堂、玉华堂、点春堂、万花楼、会景楼、快楼、鱼乐榭、大假山等 40 多处胜景。其中点春堂为 1853 年上海小刀会起义的指挥部。“玉华堂”前的“玉玲珑”假山石是与苏州留园的“瑞云峰”、杭州花圃的“皱云峰”齐名的江南园林三大奇石之一。

豫园商城是在豫园外围的商业城，基本集中了上海所有特色的小吃和特色工艺品，这里的南翔小笼包很有名，经常都有人排队买，因附近有座城隍庙，所以也叫城隍庙商城，这也是老上海办庙会的地方（自由游览 1h 左右）。

(4) 南京阅江楼。阅江楼位于南京城西北，濒临长江。景区内有阅江楼、玩咸亭、古炮台、孙中山阅江处、五军地道、古城墙等 30 余处历史遗迹，是一个融人文景观与自然景观于一体的全国知名旅游胜地，为国家 AAAA 级旅游景区。狮子山原名卢龙山，高 78m，周长 2km，有“狮岭雄观”之美誉，为金陵 48 景之一。明太祖朱元璋在卢龙山大败陈友谅，为明王朝建都南京奠定了基础。朱元璋称帝后，赐改卢龙山名为狮子山，下诏在山顶建造阅江楼，但终因种种原因未建成。阅江楼于 2001 年建成并对外开放，阅江楼高 52m，共 7 层（外观 4 层暗 3 层），碧瓦朱楹、檐牙摩空，具有鲜明的明代风格，古典的皇家气派，成为南京标志之一。

登上阅江楼，放眼远眺，浩瀚的大江风光一览无余，令人心旷神怡。背江而望，整个南京城尽收眼底。安排游览的时间为 30～40min。

(5) 夫子庙商城。秦淮河，是一条曾对古城南京的政治、经济、文化发展起过重要作用的河流。相传秦淮河是秦始皇下令开凿的一条人工运河。秦始皇东巡会稽，经过南京时，为方便船只行驶，曾下令开凿方山，使淮水与长江沟通，因而这段河道得名“秦淮河”。但据地质考察证明，秦淮河是一条历史悠久的天然河流，当时这条古老的河流确是曾从方山经过，但由于地理变迁，河流改道，逐渐形成了现在的河道。历史上的秦淮河，河道宽绰。自五代吴王杨行密在长干桥一带筑石头城以后，河道开始变窄，并被分隔成内、外“秦淮”。内秦淮河由东水关入城，经夫子庙，再由水西门南的西水关出城与外秦淮河汇合。河流全长10km，这就是古往今来令无数文人墨客为之赞美倾倒、寻迹访踪的“十里秦淮”了。唐朝大诗人刘禹锡、杜牧等都曾为她写下诗篇。刘诗——“朱雀桥边野草花，乌衣巷口夕阳斜。旧时王谢堂前燕，飞入寻常百姓家。”杜诗——“灯笼寒水月笼沙，夜泊秦淮近酒家。商女不知忘国恨，隔江犹唱后庭花。”

这里是南京城最为重要的旅游商业步行街，“明间艺术大观园”就在夫子庙内，乌衣巷在这条街道边上，到这里客人不妨可以品尝地道的鸭血粉，盐水鸭。在这里安排游览的时间为1.5h。

(6) 总统府，迄今已有600多年的历史。明朝初年曾是归德侯府和汉王府。清朝为江宁织造署、江南总督署、两江总督署。清朝康熙、乾隆皇帝下江南时均以此为“行宫”。1853年3月太平军占领南京，定都天京，洪秀全在此兴建了规模宏大的太平天国天朝宫殿（天王府）。清军攻破南京后，焚毁宫殿建筑，于同治九年（1870）重建了两江总督署。林则徐、曾国藩、李鸿章等均任过两江总督。1912年1月1日，孙中山在此处宣誓就任中华民国临时大总统，并组建了中国历史上第一个共和制的国家政权——中华民国临时政府。

由于天王府就在总统府内，所以这个景点有时亦叫天王府，在这里客人主要了解太平天国的历史，参观民国时期国民党要员的办公室，（如蒋介石、李宗仁等人）游览时间一般在1.5h内。

(7) 中山陵，是中国近代伟大的政治家孙中山先生的陵墓。中山陵坐北朝南，其中祭堂为仿宫殿式的建筑，建有三道拱门，门楣上刻有“民族，民权，民生”横额。祭堂内放置孙中山先生大理石坐像，壁上刻有孙中山先生手书《建国大纲》全文。从空中往下看，中山陵像一座平卧在绿绒毯上的“自由钟”。中山陵自1926年春动工，至1929年夏建成。

这个陵墓是依山而建，若要进入祭堂参观孙中山像，须登上339个台阶才行，对于老年游客也都算是比较难行、比较辛苦。(一般安排游览1h左右)。

(8) 灵山大佛，坐落于无锡马山秦履峰西侧的小灵山上，该处原为唐宋名刹祥祥禅寺之旧址，为保护文物，宏扬文化，落实宗教政策，由修复祥祥禅寺、建造大佛立像筹建委筹划，在重建祥祥禅寺的同时，兴建88m高露天青铜释迦牟尼佛立像。大佛所在位置系由唐玄奘命名的小灵山，故名灵山大佛。

大佛采用锡青铜材料制造，除因青铜件持久永恒外，更重要的是青铜艺术是源于石器时代的古典艺术精粹，青铜艺术的古朴典雅和优美细致，在世界上享有崇高地位。在景区在九龙灌浴表演，时间为下午2:30；4:30，表演时间，各为20min。一般游览为2h，有时线路安排会赠送的‘船游太湖’，游船的码头离灵山大佛只有五分钟车程，游船有些残旧，如果天气不好，这个环节会被取消。

(9) 寒山寺。到苏州，如不到寒山寺，则不算苏州客。因为，寒山寺和苏州园林一样，都是姑苏的象征，寒山寺位于苏州城西十里的枫桥镇，创建于梁代天监年间，初名“妙利普明寺院”。相传唐贞观年间寒山子曾在此当主持，遂改名寒山寺。唐朝诗人张继当年途径寒山寺，满怀旅愁触景生情的写了下《枫桥夜泊》诗：“月落乌啼霜满天，江枫渔火对愁眠；姑苏城外寒山寺，夜半钟声到客船。”从此，诗韵钟声，脍炙人口；寺以诗名，传播中外。寒山寺中的主要景点有大雄宝殿、藏经楼、钟楼、碑文《枫桥夜泊》、枫江第一楼。

在寒山寺门外就是枫桥了，在桥边还停泊有可供游人夜宿的乌篷船，因为这里会有客人自行来到这里去体验那种‘夜半钟声’。“带走一盏渔火，让他温暖我的双眼，留下一段真情，让它停泊在枫桥边……”这首由陈小奇根据《枫桥夜泊》诗意发挥想象力创作、由毛宁演唱的《涛声依旧》，曾风行于华夏大地。当你驻足枫桥边，回想起《涛声依旧》，将目光停留在人去船空的乌篷船上，将会是一番怎样的心境？真是很值得玩味。（这个景区一般安排游览 1h）。

（10）怡园，建于清光绪年间，是富绅顾文彬的私人花园，东部原为明朝尚书吴宽的旧宅，西部为顾氏扩建。怡园在苏州各园林中建造时间最晚，因而它能吸收苏城各古典园林的优点，博采众长，自成一格。怡园分东西两部，中间用一道复廊相隔，复廊墙壁饰有花窗，从花窗中看东西两面的园景，显得特别幽深曲折。西部为全园的重点所在，以山水布局为主。于中央凿东西狭长之池，环池配置峰石、花木，参差自然，景色秀美。锁绿轩是西部的起点。由此西行上山，有六角亭高踞山巅，名沧浪。亭后有 3 块大石如屏，上刻，“屏风三迭”，为怡园奇石之一。园内主体建筑，四面厅北半厅称藕香榭，前有平台临池，以供夏季赏荷，故亦名“荷花厅”。

怡园面积仅 8 亩余，但胜在布局精巧，曲折多变。园内东西两部还有历代名人书画条石数十方，可供观摩欣赏，人称“怡园法帖”这对于喜好书法的人来说挺吸引的。（这个景区一般安排游览 45min）。

（备注：苏州四大名园分别是拙政园、留园、沧浪亭、狮子林。但现在的行程一般都不安排四大名园，而是安排如：怡园、藕园等等，说到底都是门票差价作怪，这方面的情况作为全陪导游心里清楚就好，介绍行程时应避重就轻，多肯定，这些小园林的特点，扬长避短。）

（11）周庄，位于苏州城东南 38km 的昆山市境内，靠近上海大观园旁的淀山湖畔，已有九百余年的历史。周庄是从北宋元佑年间开始，逐渐发展起来的商业集镇，而元朝时期的“江南第一富豪”沈万三在周庄的发展史发挥了重大的作用，他确奠定了周庄逐渐发展成为苏州名镇的基础，功不可没。周庄的魅力在于她的文化蕴涵。像台湾作家三毛那样钟情周庄，像旅美华人画家陈逸飞画了油画《双桥》后和“双桥”一样驰名世界，海外报刊称周庄为“中国第一水乡”。

周庄之美，首先在于水，有“镇为泽国，四面环水”之说，两横两纵的河流在此形成“井”字形从镇中穿过，水景如诗如画，而周庄之美，还在于河上的桥梁，14 座建于元、明、清时代的古石桥，客人可自费乘坐小木舟，穿梭于周庄古镇的水道之中，古景依依，水风习习，令人寻味。周庄的建筑多为明清之作，临水就势、深宅大院、檐高脊重、古色古香，而沈万三后裔所留下的沈厅则是这些建筑中的代表之作，这座面积 $2000m^2$ 的七进院落，从布局和建筑风格上来讲，都十分精致。行程安排团队在下午三点以后才进入周庄是因为旅行社优惠门票价格低至 25 元/位；60～69 岁优惠购票反而还要 30 元/位；70 岁免票。周庄内除大门票处要检票外，张厅和沈厅都还要检票。所以要跟着地接导游游玩。一般游览 1.5h。

(12) 杭州湾大桥，是一座横跨中国杭州湾海域的跨海大桥，它北起浙江嘉兴海盐郑家埭，南至宁波慈溪水路湾，全长 36km，长度相当于 21 座南京长江大桥，用钢量是七个鸟巢，总造价是 140 亿，是世界上最长的跨海大桥，比连接巴林与沙特的法赫德国王大桥还长 11km，成为继美国的庞恰特雷恩湖桥后世界第二长的桥梁。杭州湾跨海大桥缩短宁波至上海间的陆路距离 120km，是国道主干线——同三线跨越杭州湾的便捷通道。大桥大桥按双向六车道高速公路设计，设计时速 100km/h，设计使用年限 100 年，总投资约 118 亿元。

现在在华东线路的编排上一般都会在行程上赠送观赏杭州湾跨海大桥，在这里须特别注意的是：大桥的观赏点会安排在大桥边上一空地，让客人下车照像留念，而绝不会开车上桥车游跨海大桥，因为一旦上桥就会产生上桥费 80 元，在桥上一个来回超过 72km，产生综合费用在 300 元左右。这在向客人说明行程时也要婉转说清楚，避免客人到时觉得公司是在玩弄文字游戏，货不对版。

(13) 鲁迅故居，是一幢中式两层楼房。一切陈设均按当时实际情况原样成列。一条窄窄的青石板路两边，一溜粉墙黛瓦，竹丝台门，鲁迅祖居，鲁迅故居，百草园，三味书屋，咸亨酒店穿插其间，一条小河从鲁迅故居门前流过，乌篷船在河上晃晃悠悠，此情此景不能不让人想起鲁迅作品中的一些场景。精心保护和恢复后的鲁迅故里已成为立体解读中国近代大文豪鲁迅的场所，成为浙江绍兴的“镇城之宝”。

从 2008 年 6 月开始已经免费参观，但仍需凭票进入，一张团队联票客人要一起进入。游览时间 1h。

(14) 西湖，位于杭州市中心，旧称武林水、钱塘湖、西子湖，宋代始称西湖。湖面南北长 3.3km，东西宽 2.8km，水面原面积 5.66km^2，包括湖中岛屿为 6.3km^2，湖岸周长 15km。水的平均深度在 2.27m 左右，最泞处有 5m 多，最浅处不到 1m。如今伴随着“西湖西进”扩大为 6.5km^2，基本达到了 300 年前西湖的面积。苏堤和白堤将湖面分成里湖、外湖、岳湖、西里湖和小南湖五个部分。西湖与钱塘江沟通后，每天引入钱塘江水约 30 万 m^3，西湖水由原来的一年一换变成每月一换，透明度由原来的不足 0.6m 提升到 1.2m。中国古代以西湖命名的湖有 36 个之多，其中以杭州西湖最著名。

西湖的游览方式乘船游览，游船分普般的游船和仿古船，旅游团队一般采用普般的游船，游船码头不远就是‘花港观鱼’（实际上湖边几个观赏金鱼、锦鲤的池塘）。其余的西湖名景都是在游船观赏。西湖最靓是在每年的三、四月份，这时梅花未败，环湖的柳树刚吐新芽、樱花、紫荆花、百花争艳。景观很不错。

（补充：断桥残雪：美丽的神话故事《白蛇传》中白娘子与许仙的相会之桥，位于白堤始端。断桥之名得于唐朝，古时桥上有门，门上有檐，下雪时中间一段的雪都在门檐上，桥上只有两头有雪，远远望去桥像断了一样，所以称作断桥。）

(15) 西湖博物馆，突破传统博物馆的固定模式，把陈列展示与休闲文化相结合，既是旅游景点，又是文化休闲场所。建成后的西湖博物馆，分为西湖的展示中心、旅客服务中心、西湖学研究中心和西湖文献资料中心。

这个景点是免票的，游览时间 30 分钟。

5. 购

杭州：龙井问茶、丝绸、桐乡白菊、土特产。无锡：太湖珍珠、紫砂茶壶。

6. 娱

华东线路途经都是大城市为主，其中杭州晚上的‘宋城千古情’和上海夜景都值得向客人推荐。由于华东线多少有些走马观花，区间距离较远，坐车疲劳，不适宜夜夜笙歌。

四、注意事项

（1）团队行程一般安排较紧凑，几乎每晚换酒店，请提醒客人收拾好东西。为防备团队行进过程中出现突发事件，请将地陪（全陪）联络方式留下，出现情况立即通报。

（2）该线路途经景区属于热点旅游地区，游客非常拥挤，请客人听从当地导游的安排和指挥，以免发生走失或迷路的意外情况，同时全陪要和地陪一前一后跟好团队。

（3）若坐火车专列旅行：在火车上用餐一般自理，火车上不要接受陌生人馈赠的饮料、食品，因为里面可能含有麻醉药品。不要请陌生人照看行李或帮陌生人照看行李。夜间中途停车，要留心行李包。

（4）华东一般早出晚归，到晚上才能回到酒店入住。

（5）若走大华东坐车的时间相对比小华东来说就较长些，一般早上赶路玩一个景点，然后再走接下来的行程。

（6）气候及着装：冬天有时会下雪，7、8、9 月份则天气酷热，气温有时高达 36℃，要注意防暑；春天气候变化较大，有时可热达 30℃，但一雨成秋，所以出发前要留意当地的天气预报。

（7）旅游装备：华东游坐车时间较长，有晕车习惯者须带晕车药。

（8）购物：上海羊毛衫、五香豆可在豫园商场或南京路购买；杭州张小泉剪刀、龙井茶、杭州丝绸，其中真丝可在丝织厂购买，假丝可以在苏州市中心观前街夜市购买，比较便宜。

主要参考文献

范黎光，张仁军．2007 中国旅游地理．北京：化学工业出版社．

龚维嘉．2008．旅游线路开发与设计．合肥：合肥工业大学出版社．

国家旅游局．2009．中国旅游统计年鉴 2009．北京：中国旅游出版社．

何丽芳．2008．中国旅游地理．北京：北方交通大学出版社．

胡善风．2009．中国旅游地理．合肥：安徽大学出版社．

李娟文，刘名俭．2008．中国旅游地理（第三版）．大连：东北财经大学出版社．

李默．2005．中国精华游．广州：广东旅游出版社．

李世麟．2007．中国旅游地理．南京：东南大学出版社．

罗春祥．2008．中国旅游地理．北京：北京交通大学出版社．

罗兹伯，杨国胜．2005．中国旅游地理．天津：南开大学出版社．

庞规荃．2007．中国旅游地理（第四版）．北京：旅游教育出版社．

人力资源和社会保障部教材办公室组织．2009．旅游地理．北京：中国劳动社会保障出版社．

史东．2009．锦绣中华自驾游-华东游．重庆大学出版社．

天下美图．2003．带本地图游中国．成都：成都地图出版社．

佟慰．2007．中国旅游地理．武汉：武汉大学出版社．

吴国清．2009．旅游资源学．北京：清华大学出版社．

吴国清．2001．中国旅游地理．上海：上海人民出版社．

杨宇．2005．中国旅游地理．大连：大连理工出版社．

杨载田．2004．中国旅游地理（第二版）．北京：科学出版社．

张广瑞，刘德谦，等．2009．2009 年中国旅游发展分析与预测．北京：社会科学文献出版社．

周风杰．2007．中国旅游地理．北京：机械工业出版社．

周风杰，周宜君．2001．中国旅游地理．北京：中国林业出版社．

澳门旅游局网站：http://cn. macautourism. gov. mo.

台湾交通观光局网站：http://taiwan. net. tw.

香港旅游发展局网站：http://www. discoverhongkong. com/china/index. jsp.

中华人民共和国国家旅游局网站 www. cnta. gov. cn.

中华人民共和国国家统计局网站 www. stats. gov. cn.